南明日香

Asuka Minami, Crossing the Borders in Japanese Art History: A History of Cultural Exchange in the Era from *Japonisme to Japanology 1880-1920*

国境を越えた日本美術史

ジャポニスムからジャポノロジーへの交流誌　*1880-1920*

藤原書店

Histoire de l'art du Japon
（フランス語版『日本帝国美術略史』）表紙
1900 年開催パリ万博を機に編纂された本邦初の近代的美術史。
（国立ギメ東洋美術館図書館所蔵）本書「図 1-6」p.54。

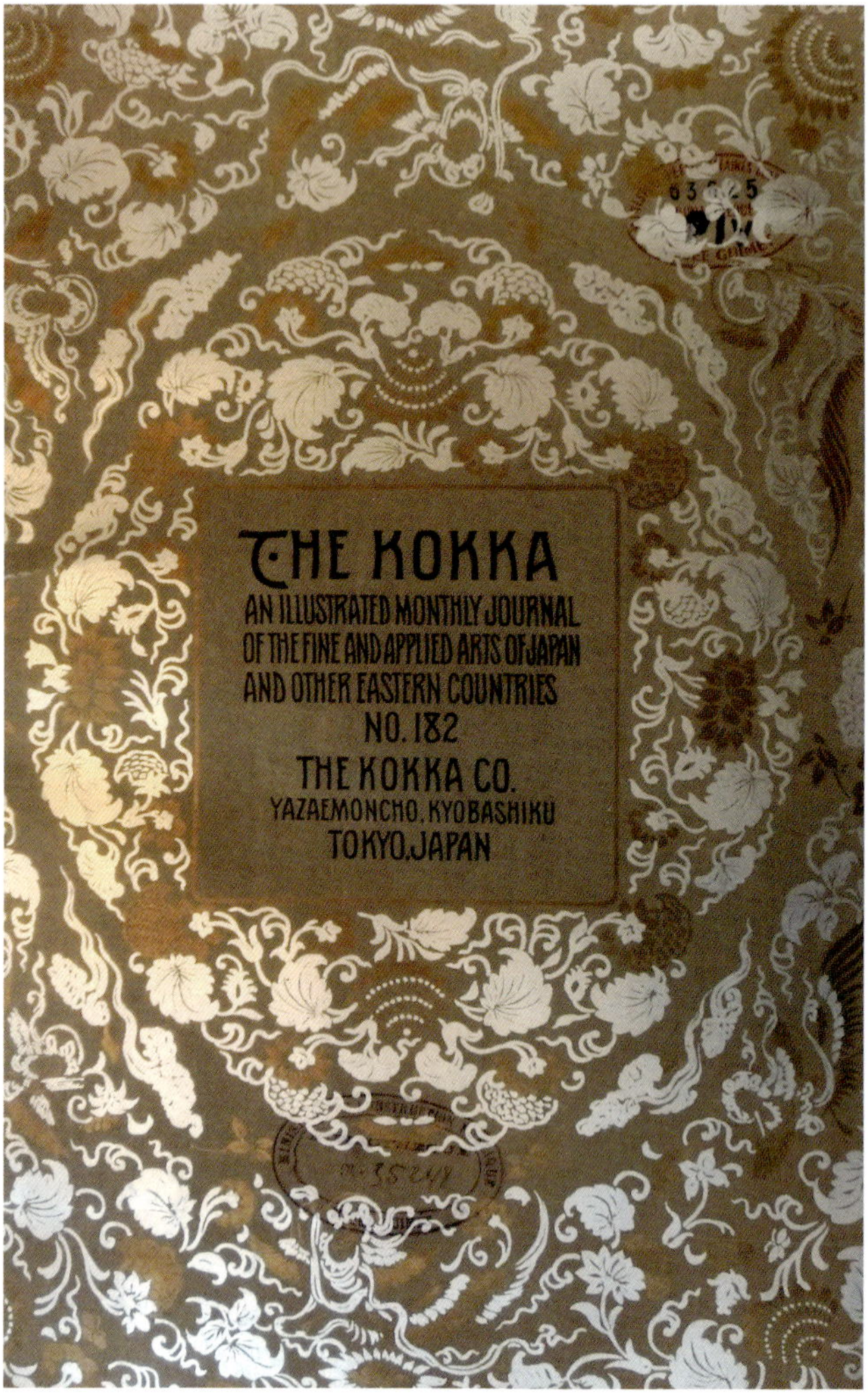

***The Kokka*, No.182, 1905.（『國華』英語版第 1 号）**
（国立ギメ東洋美術館図書館所蔵）本書「図 1-8」p.65。

《伴大納言絵詞》

The Kokka, No.182, 1905. 口絵
（紙本着彩、12 世紀末、掲載当時酒井忠道所蔵）
トレッサンの「日本における世俗画の誕生とその 11 世紀から 14 世紀までの変遷」図版 6 に転載。
（国立ギメ東洋美術館図書館所蔵）本書 p.237。

《閻魔天図》

（作者不詳、9 世紀頃。
掲載当時原富太郎所蔵）
トレッサン編集執筆の『ラール・エ・レザルティスト』掲載口絵。*The Kokka*, No.221, 1909 年より転載。トレッサンがギメ美術館での講演録で挙げた観智院所蔵の閻魔天図の類似の作品と説明している。本書 p.218。

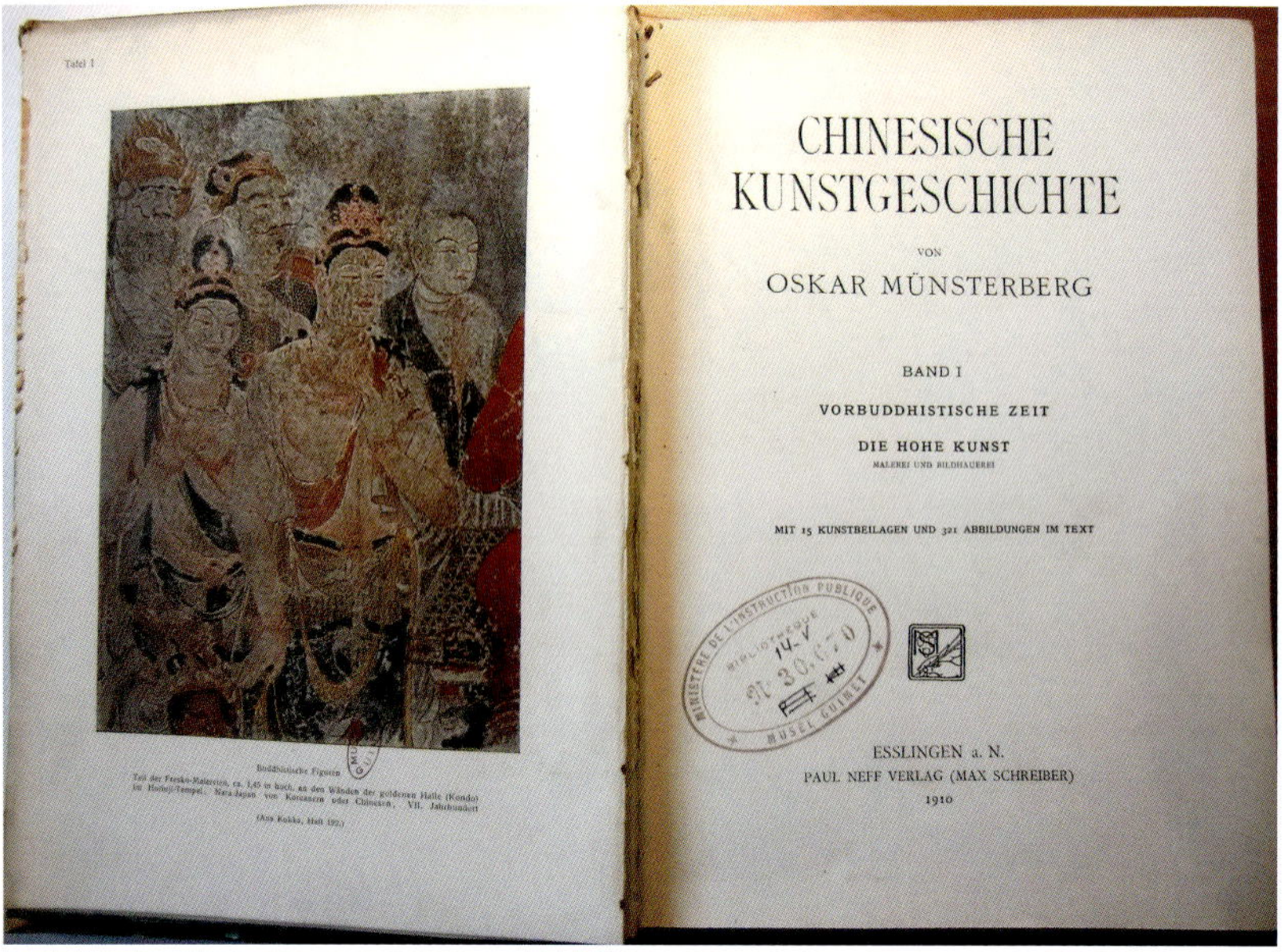

ミュンスターベルク『中国美術史』第１巻口絵

日本の法隆寺金堂壁画。*The Kokka*, No.192 から転載とある。渡来人の作と見なされていた。トレッサンは同じ図版を『ラール・エ・レザルティスト』で「日本の絵画」の章の口絵に入れている。（国立ギメ東洋美術館図書館所蔵。この本には、ミュンスターベルクから美術館への 1911 年 12 月献本の名刺が添付されている。）本書 p.145。

ミュンスターベルクの図版ファイル「日本絵画」の一部

（東北大学附属図書館所蔵）本書 p.148。

雲崗の北魏時代の洞窟 2 の写真

エドゥアール・シャヴァンヌ『北部中国（華北）考古学調査派遣団図録』(1909 年）より。トレッサンのギメ美術館での講演録図版 1 に転載。（国立ギメ東洋美術館図書館所蔵）本書 p.205。

東大寺戒壇院の四天王像のうち増長天像と持国天像

『真美大観』第一冊（1899 年）

トレッサンのギメ美術館での講演録図版 6 に転載。本書 p.217。

《御物如意輪観音像》

『國華』199 号（1906 年）濱田耕作「推古時代の彫刻」
（法隆寺献納宝物、現在東京国立博物館所蔵、重要文化財）本書 p.209。

巨勢金岡系の地蔵菩薩図

Histoire de l'art du Japon.（色刷木板Ⅲ）
（国立ギメ東洋美術館図書館所蔵）本書「図 3-5」p.232。

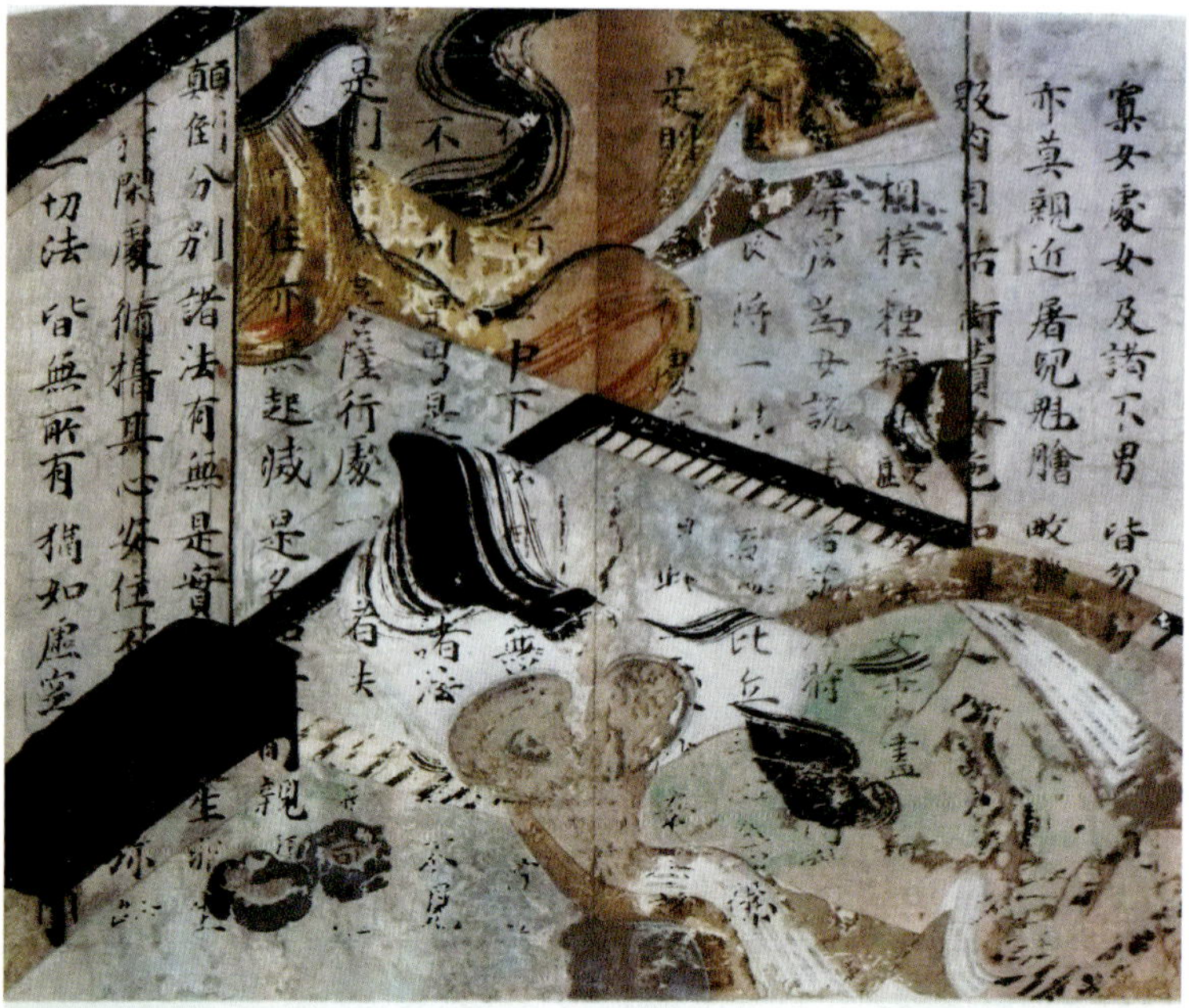

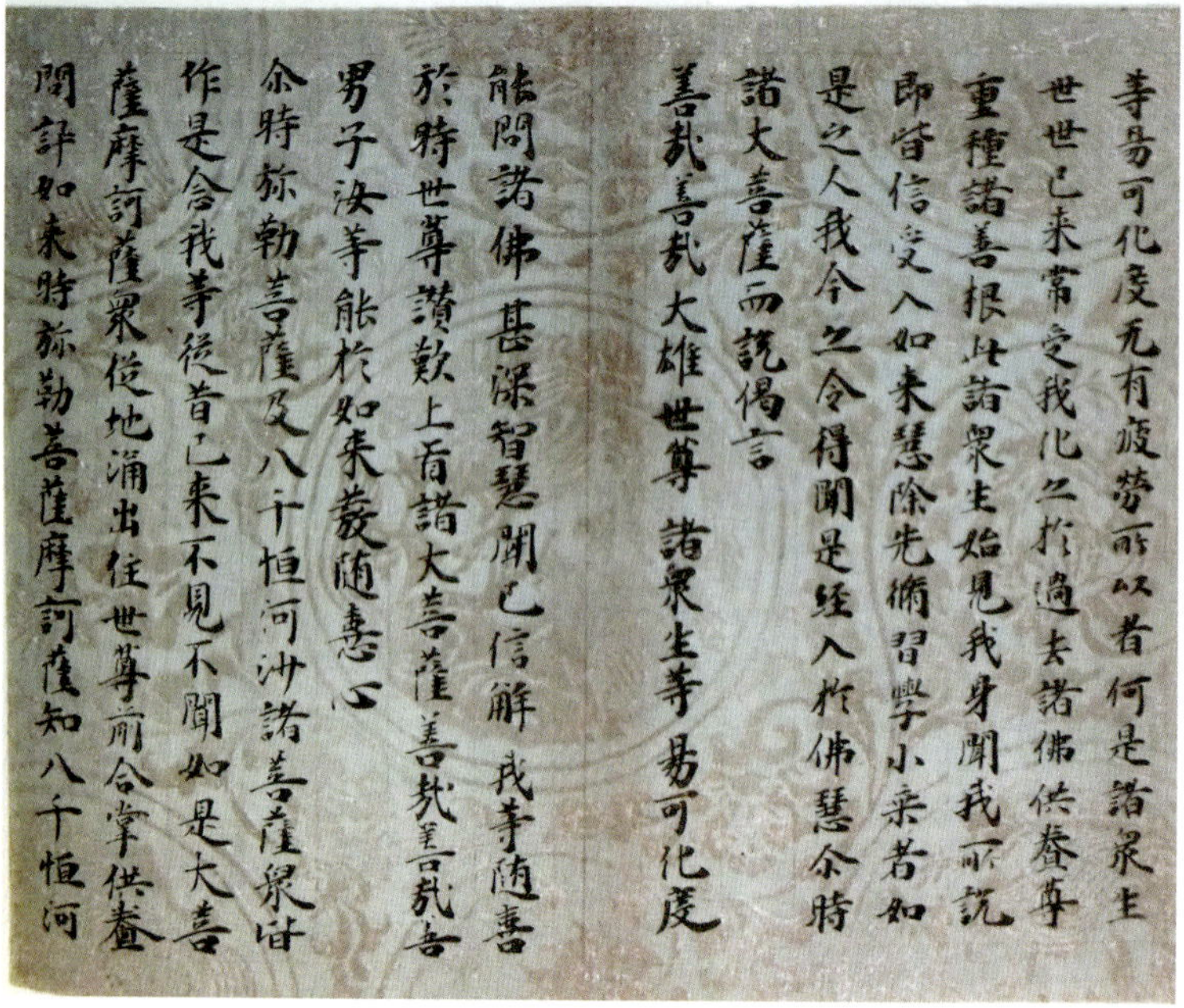

《平家時代法華経冊子》

（掲載当時上野理一所蔵）*The Kokka*, No.199, 1906. 口絵。

（国立ギメ東洋美術館図書館所蔵）本書 p.241。

《後白河法皇像》

（作者不詳、絹本着彩、鎌倉時代前半、掲載当時妙法院所蔵）

The Kokka, No.195, 1906. 口絵。

（国立ギメ東洋美術館図書館所蔵）本書「図 3-8」p.244

狩野正信《周茂叔愛蓮図》（紙本墨画淡彩、15 世紀）
（九州国立博物館所蔵　国宝）本書「図 3-12」p.274。

雪舟《四季山水図》「秋幅」

（絹本墨画淡彩、15 世紀）

（石橋財団石橋美術館所蔵　重要文化財）本書「図 3-13」p.282。

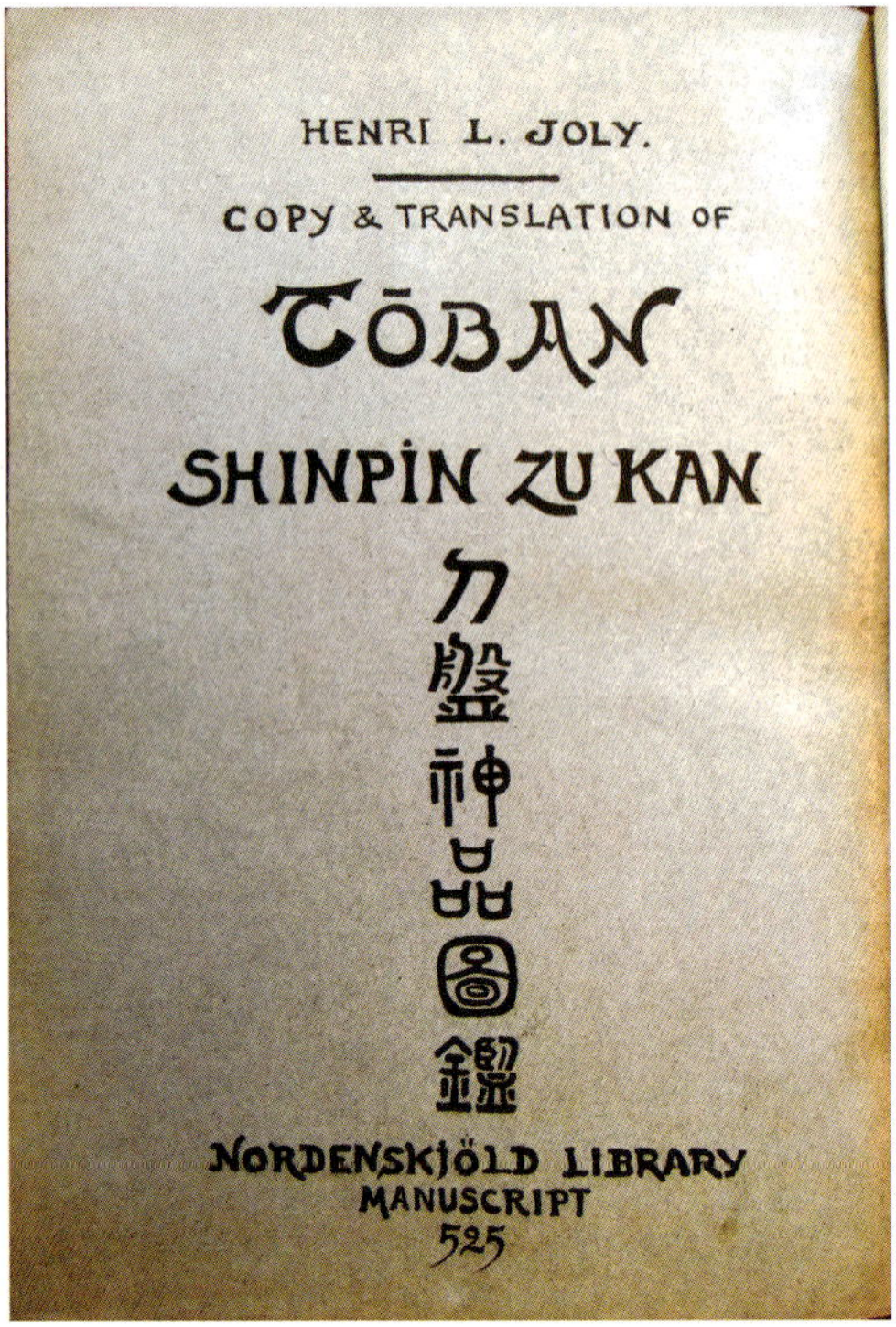

ジョリの書き写した松宮観山著『刀盤神品図鑑』

（アラン・ブリオ氏所蔵副本）

原本は 18 世紀中頃。本書 p.316。

旧トレッサン所蔵鐔

京都明珍作「卒塔婆」の意匠 ©PIASA

本書「図 3-29」p.334。

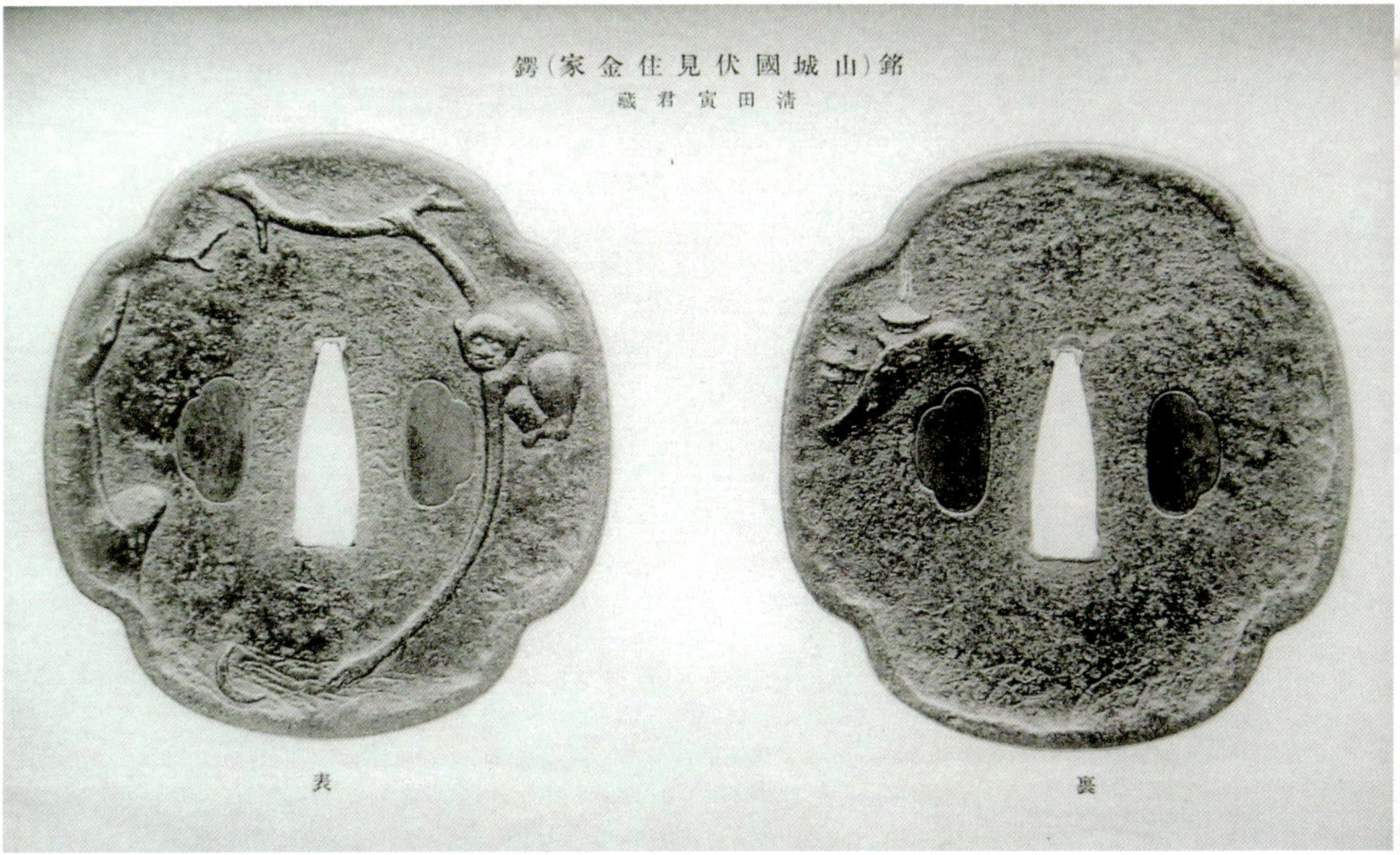

『刀剣会誌』165 号（1914 年）扉写真

（掲載当時清田寅君所蔵）

秋山久作がトレッサンのために、掲載した金家作の鐔。（現在重要文化財）本書 p.320。

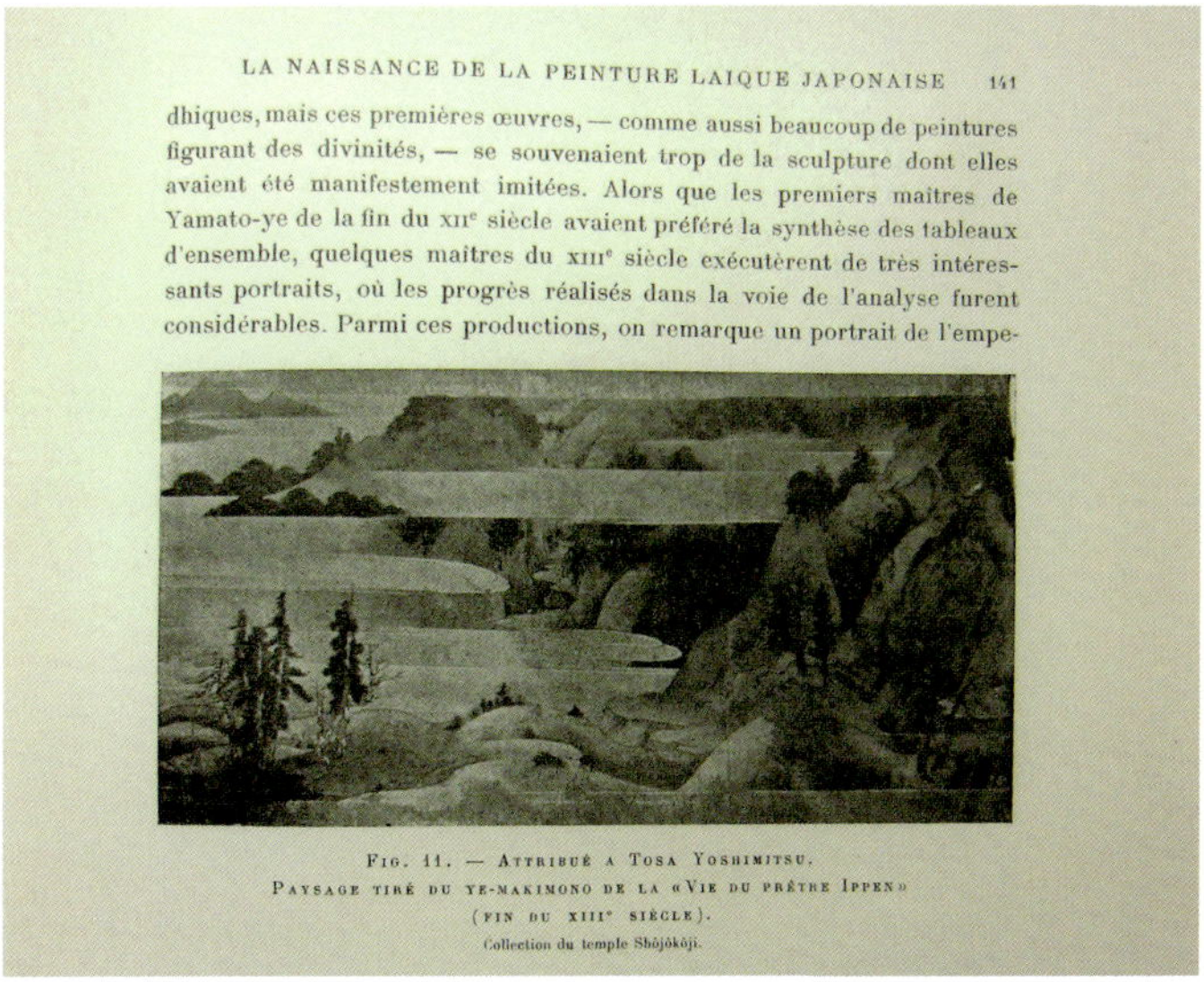
LA NAISSANCE DE LA PEINTURE LAIQUE JAPONAISE 141

dhiques, mais ces premières œuvres, — comme aussi beaucoup de peintures figurant des divinités, — se souvenaient trop de la sculpture dont elles avaient été manifestement imitées. Alors que les premiers maîtres de Yamato-ye de la fin du XIIe siècle avaient préféré la synthèse des tableaux d'ensemble, quelques maîtres du XIIIe siècle exécutèrent de très intéressants portraits, où les progrès réalisés dans la voie de l'analyse furent considérables. Parmi ces productions, on remarque un portrait de l'empe-

FIG. 11. — ATTRIBUÉ A TOSA YOSHIMITSU.
PAYSAGE TIRÉ DU YE-MAKIMONO DE LA «VIE DU PRÊTRE IPPEN»
(FIN DU XIIIe SIÈCLE).
Collection du temple Shôjôkôji.

トレッサン「日本における世俗画の誕生とその11 世紀から 14 世紀までの変遷」《一遍上人絵伝》

（絹本着彩、13 世紀末作）

The Kokka, No. 184, 1905. より図版 11 に転載。すやり霞のある巻物の一例。（清浄光寺所蔵）本文 p.240。

四天王寺の《扇面古写経下絵》

（紙本着彩、12 世紀頃）

The Kokka, No.204,1907.

（国立ギメ東洋美術館図書館所蔵）本書「図 3-7」p.241。

《羅漢図》

（伝西金居士〔中国宋末〕筆、掲載当時南禅寺蔵）*The Kokka*, No.203,1907.
トレッサンが『ラール•エ•レザルティスト』「中国の絵画」の章で図版として紹介。
（国立ギメ東洋美術館図書館所蔵）本書 p.260 参照。

《松下高士図》
（伝馬逵〔馬遠の兄〕筆、
絹本淡彩、南宋、
掲載当時徳川達道所蔵）
The Kokka, No.196, 1906.
「北宗的派の一適例」『真美大観』第九冊（1903 年）でも掲載。「山水画中の逸品」と絶賛されている。トレッサンの「中国北宗の絵画の影響下での日本絵画の復興」図版 2 に転載。
（国立ギメ東洋美術館図書館所蔵）
本書 p.260 参照。

はじめに

一般に日本趣味としてのジャポニスムのブームは、一九〇〇年を境に沈静化したといわれる。画家たちの目はアフリカの民族工芸品などに転じ、大量に出回った輸出用の安価な日本製品は飽きられた。価値の高い古美術品は、日本で一八九七年公布の古社寺保存法の保護下に入ったり、国内の目利きが買いとどめたりした。為替レートも変化した(1)。一九〇五年とその翌年に西欧のジャポニスムの中心にいた二人の美術商、ジークフリート・ビングと林忠正が亡くなり、これが象徴的にこのブームが過去のものになったことを伝えた。

しかしこの時期は同時に、趣味としてのジャポニスム、すなわちジャポネズリー Japonaiserie から本格的な日本美術・工芸研究のジャポノロジー Japonologie へと成熟する転換期でもあった(2)。殖産興業の文脈の中で、内務省や農商務省の主導で製作された品々の代わりに、宮内省や文部省により、国威を海外に知らしめるために古美術品が紹介されることになった。一九〇〇年開催のパリ万国博覧会では、日本政府は帝室御物、帝室博物館所蔵品、歴史ある社寺蔵の秘蔵品を展示して、日本が古代から優れた技術と審美趣味をもつ国民であることを実証しようとした。本書で取り上げるのは、こうした初期のジャポニスムのブームのあとの成熟したまなざしでもって、日本の美術品・工芸品という異文化に改めて目を開かれ、その世界に広く深く分け入ろうとした時代である。おおむね十九世紀末から一九二〇年頃に掛けて、年号でいえば明治十年代(明治十三年が一八八〇年)から第一次世界大戦後の大正十年頃（大正元年は一九一二年七月三十日から始まる）にほぼ該当する。

とはいえ西洋美術に慣れた目には、新たに見出された日本の美術品は、作品によっては受け入れにくい様を呈していた。画家であれば直感的に感じることが出来たであろう新しい造形表現の魅力も、イタリア・ルネサンスを美の規範とする立場からは、日本側が提示する美を説明するコードがなかったのである。浮世絵や精緻を極めた工芸品だけが日本美術ではないのはわかる。だがそれまでの古いコレクターの説明では不十分であった。コレクションは財産であり、個人の所有物になると実際以上に価値が見積もられることもあり、他の人に自慢しうるわかりやすさ、見栄えと同時にその価値を説明する言葉が必要になる。蒐集と価値付けは背中合わせであったからだ。したがって作品そのものに向き合うための、新たな概念の導入が求められたのである。

一方日本側では、古美術品の紹介に加えて、欧米に向けて新たに〈日本美術史〉を整え始めた。「日本という国民国家が成立しようとするとき、欧米に対する自画像として日本美術史が描かれる」という高木博志氏の表現を敷衍すると、(3) この〈欧米向けの自画像〉を見る欧米側のまなざしとの間に理解もあれば齟齬もあり、独自の発展の仕方もあるなど、いわば合わせ鏡のようにして互いの〈日本美術〉観が磨かれていったのである。なにより欧米では日本から発信された情報をふまえつつも、納得できる根拠を見出そうとした。

だが従来の研究では、欧米向けに整えられた像であることは認められても、日本側から出された欧米語で発信した情報について——たとえばフランス語版 *Histoire de l'art du Japon* と日本語版の『稿本日本帝国美術略史』とのニュアンスの違いや、美術雑誌『國華』の英語版の意義など——は比較検討がなされてこなかった。本書では改めて欧米語で発信された内容に注目する。そしてそれを読んだ外国人がどのように理解し利用したのか、あるいは受けつけなかったのかを確認する。本書のタイトルの「国境を越えた」というのは、日本の国境のみならずドイツやフランス、イギリス、ベルギー、アメリカなどの国境も越えて人と情報が行き交ったことを意味している。[4]ものの交流とそれらをめぐる言葉の交流があり、賛同もあれば反論もあったのである。

換言すると、本書は第一次世界大戦（一九一四年七月―一八年十一月）迄の、フランスを中心とした西欧での日本研究の実態に迫ろうという試みでもある。最初の近代戦争が西欧にもたらした影響は、日本では見過ごされがちである。しかしながら、甚大な人的物的被害は戦勝国も敗戦国も同様であり、戦争終結後も住宅事情や医療事情の悪化、厳冬による食糧危機、スペイン風邪の流行などで実に多くの人命が奪われ、物質的にはもちろんのこと精神的にも人々を痛めつけた。ドイツは大戦中から一九二一年まで日本と国交を中断した。こうした混乱のなか、戦争前に急速に進んだ日本の古美術や工芸品の国境を越えての研究が中断し、その実りの多くが戦後に伝わらないまま次第に歴史の闇に埋もれてしまった。「一九二〇年代から三〇年代にかけて、学術、鑑賞の両面で興味の対象が日本美術から中国美術に移った。[5]」という指摘もあり、外交戦略として日本がドイツやアメリカ、イタリアで展覧会を開催しているが、そのドイツでさえ、第一次世界大戦後の二四年にベルリン東洋美術館が専用の展示室を持って以後、「第二次世界大戦勃発までの間は新たに日本の古画がコレクションに加わる機会は極めて稀であった[6]」という状況であった。

要するにヨーロッパでは、中国やインドへの関心を経て、第二次世界大戦後、日本が経済力を急成長させるまで、ごく一部の美術館と浮世絵などの分野を除き、日本美術の研究は足踏み状態であったといってよい。[7]本書で取り上げる日本美術ことに絵画史の通史が翻訳も含めて、一九七〇年代以後も版を重ねて欧米で出版されている事実が、逆説的にこの時期の研究の成熟とその後の中断を暗示している。また大戦から復興した二〇年代後半以降は、日本でも欧米各国でも研究の専門化が進み、美術館や美術史家などを中心に研究が推進され、本書で見るような日本と欧米とで、いわば切磋琢磨で日本美術・工芸史を作り上げようとする気運は減少した。

ここで改めて強調しておきたいのは、この十九世紀末から第一次世界大戦が激化するまでの四十年ほどの間で、日本関係で当時評価されていた論考の著者の多くが、美術史教育を受けず、大学人でもなく美術館関係者でもなかったことだ。しかも第一次世界大戦中とその直後の混乱期に、命を落としている。そのためもあって受け継ぐ人材を育てることもなく、第二次世界大戦後は彼らの仕事は研究史からはずれて、「忘れられた在野の日本学者」[8]になってしまったという事情がある。本書で研究者ではなく「研究家」という些か馴染みのない語を用いたのは、彼らが専門の研究者ではない（あるいは、研究者になるために環境を整えた）、という状況を踏まえたことによる。しかしながらこと日本美術に関してはアカデミックな、すなわち西洋美術史の発想とボキャブラリーを持たないが故に、かえって日本の美術品工芸品と正面から向き合えたのだった。日本の方でも日中戦争前までは非専門家である大村西崖、黒田鵬心、太田正雄（木下杢太郎）らの活動が、大きな意味を持っていた時代である。[9]

とはいえ関係者の人名と業績を並べたてるのは、いたずらな拡散をもたらすだけでかえってこの時期の特徴を捉える妨げとなろう。そこで本書の第一部では、前提となっている十九世紀後半からの欧米での日本美術・工芸品を受け入れる背景と、日本側からの自国の美術・工芸品の欧米に向けての発信方法などを概観する。便宜上それぞれの国別に進めていく構成になっている。が、本書の狙いとしては、人と情報が国境を越えて欧米と日本の間で行き交っていた事実をみることにある。

第二部以降では、日本美術史へのとりくみの現場をジョルジュ・ド・トレッサン（一八八七―一九一四）を中心に読み解いていく。第一部でみた、いわばハードの運用のレヴェルの話である。トレッサンは侯爵家の嫡男でフランス陸軍将校という立場にありながら、最初の著作である二巻本の『日本美術論』（一九〇五、〇六年）は有力な出版社から刊行された。若干二十八歳の仕事でありながら、包括的な紹介を試みて、絵画史と金工史を中心に詳述しようとした。その後も日本美術・工芸史に関する論を執筆し、日本刀の鐔《つば》の詳細な目録を作成した。これが単なる貴族の余技でなかったのは、ルーヴル美術館友の会会長でパリの装飾美術館などの名誉職にあったレイモン・ケクラン Raymond Koechlin（一八六〇―一九三一）が、「トレッサンは、我々の間では蒐集のための情熱と学識とを結びつけていた無二の人物であった。」[10]と賞賛したことからもわかる。

他でもないトレッサンを中心にしたのは、次の理由からである。まずは情報が広範囲にわたり、記述が細かく丁寧なこと。二十世紀初頭に西洋で本格的に伝わった古代仏教美術、中古中世のやまと絵と室町水墨画、そして工芸の分野で鐔について、可能な限り先行研究を参照した上で長文の論文を書いている。そのため日本と西欧での、日本の美術や工芸をめぐる知識の広がりと認識の変化を押さえやすい。また本書で言及しているビニョン、ペトリュッチ、モリソンの三人のように、親しい友人関係にあり互いに引用し合っている場合、時に論の独自性が見えにくい。トレッサンも情報交換をし、得られた知識を論文に取り入れているが、中立的な立場を取りかつ自身の意見との違いははっきりさせ、しかも評価のために新たな言語表現を与えている。作品に対しては、コレクション自慢や、図版にして見栄えがする作品を選ぶなどの配慮はしない。何より残された資料から、日本美術という当時マイナーな分野について講演をしたり論文を発表したりする際の、具体的な現場での苦心がわかるのである。

実は日本でも、トレッサンの論考を早くから評価していた人物が二人いた。海外での日本美術研究の紹介に余念のなかった美術雑誌『國華』では、一九一三年三月号に「仏國貴族の日本美術史」の題でエッセイが掲載された。執筆者は京都帝国大学教授の原勝郎（一八七一―一九一四）で、専門は西洋史で欧米留学の経験もあったが、日本の歴史、ことに中世史を専門領域としていた。以下の引用から、トレッサンが一九一二年に著名な『両世界評論』誌に掲載した論考に注目して、一定の評価を与えていることがわかる。

西洋人の日本美術史にも一顧の値がある。〔中略〕といふのは彼等西洋人は西洋文化史によつて日本美術の研究を助ける。〔中略〕文化の発展上日本が西洋と軌を同くして居る範囲内に於ては、彼等の論にも聞くに足る点がないでもない。

下に紹介する仏国人トレッサン侯爵の「六世紀より十四世紀に至る日本絵画の発展」と題する論文の如きも、同じく他山の石の一である。此論文は昨年九月のルヴュー・デ・ドゥウ・モンドに掲載されたもので、今になつては、少々遅蒔の種であるけれども、中々奇抜な点があるから、其大意を摘んで日本美術史研究者の参考に供する。(11)

もう一人は作家の永井荷風（一八七九―一九五九）である。五年にわたるアメリカとフランスでの生活の間、改めて浮世絵の魅力に気づき西洋での関係書物を集めていた。まだ日本では浮世絵が大衆の娯楽品であって、美術品としての研究のなかった時代である。荷風は後に『江戸芸術論』に収める論考のうち三本で、トレッサンの『日本美術論』から長く引用した。(12)欧米人の研究に通じていた荷風だが、これは他に例がない。トレッサンの本名と一九一一年以降の爵位も知っていたことから、荷風は『巴里日仏協会誌』での連載などでその活動を追っていたのだろう。関心の深さがうかがえる。

一九一四年に弱冠三十七歳で全ての活動を終えてしまったために、トレッサンの研究は広範囲にわたりつつも全て志半ばにして中断、ありていにいえば中途半端に終わったと見える。今日の日本での作品研究の水準から見れば、邪道と取られても仕方がない部分もある。しかしながら、彼の活動を通して実に多くのことが見えてくる。残された数々の論考とその執筆に用いた参考文献、書簡、作品や図版を撮影した写真やガラス乾板、雑誌の切抜き、交換した論文の抜刷りなどが、二十世紀初頭の日本美術・工芸の研究方法、研究家や編集者、学芸員たちのネットワークとその機能、出版情報などを雄弁に物語ってくれるのである。絵画についてはトレッサンは他の日本研究家同様《ジャポニザン》、日本からの資料を多く参考にしている。とはいえ単なる受け売りには終わっていない。そして自覚こそはしていなかったが、トレッサンの論考は今日の美術史学での問題系に触れていた。この点においても見直される必要がある。東アジアと日本との美術の関係性、美術品と工芸品の境界、欧米に向けて整えた日本美術史の効果、西洋美術の規範《カノン》では説明できない絵画表現の価値付け、複製美術の意義などである。

加えて彼の鐔の研究は、今日でもなお基本的な資料となっている。鐔は本邦初の日本美術史である『稿本日本帝国美術略史』(フランス語版一九〇〇年刊)でも、時代と流派に沿って多くの頁を割いていたほど尊重されていた。欧米では現代でも大変人気のある日本の工芸品である。しかしその歴史や作者について改めて整理しようとしたのは、一九〇〇年前後になる。しかも日本とフランスやドイツ、イギリスなどで情報交換をしつつ、年代や作者や工房の特色などの分類を決めていた。コレクター間での審美的な蒐集品比べに終わらせず、客観的な評価の基準を設けようとしたときの、日欧でのとりくみの中心にトレッサンはいたのである。

また研究上の交流のあった美術関係のジャポニザンたちで、今日忘れられた三名(ドイツのミュンスターベルク、ベルギーのペトリュッチ、イギリスのジョリ)についても取り上げる。ペトリュッチはフェノロサの遺著『東洋美術史綱』第一版を見直して註を加え、第二版として世に出した人物である。ミュンスターベルクの旧蔵書は東北帝国大学が購入し、ジョリは東京美術学校校長の正木直彦が驚くほど日本の工芸に造詣が深く、正木に贈った著書は現在東京国立文化財研究所が所蔵している。しかし彼らの仕事の全体は伝わらなかった。彼らの活動を論考や書簡を通して知ることによって、トレッサンの個性が相対的に把握できると同時に、当時の国境を越えた日本美術研究のあり方が見えて来るであろう。

第二部では日本語学習にも言及している。従来の美術史での制度史研究では、外国人研究者の日本語のレヴェルについては問題視されなかった。現実的に一九四〇年代までは古語の知識がなくても西洋美術史のパラダイムを用い、欧文言語での先行研究によって研究できる余地はあった。だが、趣味のジャポニスムから研究のジャポノロジーへとシフト転換するときに最も重要だったのが、日本語ごとに古文の文字と意味の読解能力であった。早くにトレッサンは美術商に頼らない鑑定の必要から、日本語を学んでいった。

ところで美術品の魅力や価値を広く理解してもらうには（今日でいう教育普及活動になる）、展覧会や雑誌などのメディア、教育機関での教育や美術館などでの講演も必要である。日本関係の品のように美術館の所蔵品が少なく、寧ろコレクターの手元に数多くある場合、コレクションの目録も重要な情報源になる。トレッサンの遺品からは展覧会での展示の様子、漢字を含む論文の雑誌への掲載をめぐる出版事情を知ることが出来る。言い換えればトレッサンの仕事を通して、私たちは蒐集から研究への舞台裏、研究成果までを知ることが出来るのである。

第三部では、日本の美術や工芸をどのようなイメージで捉えて語ったのか、それがどのように変化していったのかを、トレッサンの古代仏教美術、院政期のやまと絵、室町水墨画、工芸の鐔に関する論文から辿る。つまり第一部でみる背景のもと、実際に研究家たちが書き表したものを考察する。当時急速に進んだ中央アジアでの仏教遺跡の調査の成果は、どのように日本の古代美術の解釈に寄与したのか。日本の浮世絵以外の絵画作品、なかでもやまと絵や中世期の水墨画など、日本人にとっては日本を代表する美術のジャンルが[13]、実は当初は評価が低かった。それはなぜか、そしてどのような〈言葉〉でもって、西洋人にとっても正統な芸術品と理解させようとしたのか、という問題系である。

トレッサンの論考は網羅性を特色としており、タイトルで挙げている時代をさらに本文で遡って詳述する。時代と様式を等しなみに扱っている訳ではなく、平安初期の唐風の強い仏教絵画や室町時代の土佐派なども押さえている。これはなるべく多くを伝えようとする彼の苦心からであるが、その論述をすべてなぞるのは煩瑣にすぎ、かえって個性が見えにくくなり比較もしにくくなる。そこで本書では限定的に取り上げている。全ての仕事については、他の三人同様巻末の書誌を参考にされたい。また作品の真贋が当時と現代とでは異なる場合があるが、「イメージ形成史[14]」の一端として本書では真筆に限定しないこととする。

国境を越えた日本美術史　目次

凡例

人名、美術館や博物館、雑誌の名称は一般に用いられている表記に従っているが、翻訳の仕方によって異なる場合などは（ ）内に併記する。『 』は単行本、雑誌や新聞のタイトル、《 》は造形作品のタイトル、「 」は引用及び論文タイトル、本文中の〈 〉は南による強調、引用「 」中の〔 〕の注記と傍線は、断りのない限り南による。［ ］は本書の図版番号を示す。引用文の翻訳と図版出典の詳細調査は南が行った。所蔵先が記されていない図版は個人提供による。トレッサン、ミュンスターベルク、ペトリュッチ、ジョリの文献に関しては、巻末書誌の番号でもって示し、煩瑣を避けるために引用の出典の頁は、段落ごとに引用順にまとめている。

国境を越えた日本美術史

ジャポニスムからジャポノロジーへの交流誌

1880-1920

私たちは今、ようやく初期の避けがたい手探りの段階から、抜けだしました。

ジョルジュ・ド・トレッサン

（ギメ美術館宛書簡から）

第一部
〈日本美術史〉創成の時代
欧米と日本それぞれの取り組み

第1章

欧米での受容

〈日本美術〉の受け入れ先

本章では、なぜ二十世紀初頭に日本美術研究が欧米で盛んに行われるようになったのか、この〈そもそも〉の背景をみるために、まず日本美術を扱った代表的な美術館・博物館について概観する。網羅性を目指したものではなく、第二部以降で取り上げる美術研究家とも関わりのある機関を選んでいる。日英博覧会など地域の日本関連の展示については、関連箇所で随時取り上げることにする。

周知のように、十九世紀後半のブルジョワ市民階級による工芸品への関心と需要により、美術工芸（応用美術）産業が発達した。イギリスのアーツ・アンド・クラフト運動を受けて、フランスでもドイツでも工業製品に機能のみならず、デザイン性が求められるようになった。そこで参考にされたのが、日本からの工芸品である。一八七〇年代から二〇年ほどは、欧米では一般に日本の美術品といえば、博覧会の出品物である幕末明治初期の職人の超絶技巧の品か、十八世紀以降の浮世絵であった。各国で事情は異なるが、概ね万国博覧会によって日本の美術品工芸品への関心が高まり輸入品が増加する。ブルジョワジーは狩野派の屏風や仏像から根付け、印籠、織物などを美術商から購入、もしくは直接日本で買い付けて蒐集した。まとまった数は美術館に寄贈されたり、オークションで競売にかけられたりして循環していった。東洋美術品のコレクションに加え、新たに開設された装飾美術（純粋美術を応用した品、応用美術）の美術館・博物館で積極的に蒐集をした。

一方で大衆化が進んで粗悪な雑貨が出回り、流行としてのジャポニスムは廃れていく。美術館の方では、そうした潮流と一線を画す必要がでてくる。そのためにも研究活動の紹介や普及活動の成果を、年報や講演集などにして発表した。結果として、稲賀繁美氏の巧みなまとめを借用すると、「非欧州の生産品を産業見本から美術品へと格上げする価値観、それはまた非欧米社会の産物にも時代様式の発展を認めるという、歴史認識上の刷新」が各国で興り、次第に「もはやグレコ・ローマの美的規範《カノン》のみを人類普遍の基準とするわけにはいくまい[1]」といった状況がおこっていく。

ここで従来言及がなかったが、一般向けに日本の応用美術品をわかりやすく解説した講演を紹介する。巴里日仏協会や装飾美術館の創設に尽力したレイモン・ケクランが、一九〇一年十一月二十七日に地方で行った講演である。筆記録によれば(2)、ケクランは一九〇〇年の博覧会出品物やコレクターの所蔵品をスライドを映写して、説明したという。要点をまとめると、――日本の品といえば百貨店のプランタンやボンマルシェで売っている、安物の傘や扇を思い出す人も多いだろうが、本当の日本の工業製品はそのようなものではない。日本人は同化吸収のセンスがあり、しかも大変器用である。古くから貴族や大名は審美眼が高く、日用品に洗練されたデザイン性を求めた。したがって日本の製品は実に見事であり、学ぶべき点は多い――、となる。こうした講演内容をさらに活字でも記録して発表することで、美術館に足を運ぶ前に新しい知識を得ることができた、という好例である。

印刷技術の発達に伴い図版も増え、日本の美術品に関して一般向け雑誌の他に研究的要素の強い定期刊行物でも、論文や紹介記事が掲載されて理解が進むことになる。日本美術の研究を志す者にとっては、これらの雑誌の書評欄、彙報欄が大変役に立った。今日でも新刊紹介や展覧会情報などの告知はあるが、当時は比べものにならないほど細かい。イギリスやフランスなどの国別に雑誌の内容が紹介されたり、中国や日本などの研究対象別に新刊情報を掲載したりしていた。もちろんこれは情報伝達のためのメディアが限られていたからであり、同時に西欧であれば、国家間の移動が鉄道で可能になった時代ならではの状況である。

より専門性の高い出版物になると、漢字などの日本語も併記されるようになる。印刷には手間と費用が掛かるが、図版同様論文と版元の価値を高めるものでもあった。当然のことながら、専門性が高くなるほど執筆者の数は限られてくる。国境を越えてこうした記事を読んで購入し、また自分の書いた本や論文の抜刷りを送ることで、ネットワークが出来ていったのである。そこからまた新たな研究誌が誕生することもあった。共同編集執筆者のリストに三、四カ国の人名が並ぶのは珍しくなかった。以下各国の機関を紹介し、紙幅の都合で全ての定期刊行物を取り上げるわけにはいかないが、日本研究家たちがよく利用したものを中心に挙げることにする。

1　イギリス

大英博物館日本美術部部長であったローレンス・スミスによれば、「日本の実情とその美術の歴史に取り組み、これを伝える仕事を開国後最初に手がけたのは、イギリス人であった。[3]」この言葉には少々説明がいる。「日本の実情とその美術の歴史」は、美術館という制度の下では大きく二方向で伝えられていたのである。

イギリスでは一八四五年に制定された「都市におけるミュージアム設置推進法」Act for Encouraging the Establishment of Museums in Large Towns を受けて、自然科学や産業デザインの美術館の設立が進められた。一八五一年のロンドン万国博覧会での収益を元に、五二年に誕生したのが製品博物館 Museum of Manufactures である。後に装飾美術博物館 Museum of Ornamental Art と改称し、五七年にサウス・ケンジントン・ミュージアム（一八九九年五月より、ヴィクトリア・アンド・アルバート・ミュージアム）となった［図1―1］。開館の目的は、世界の美術・工芸品の展示によって人々の趣味の向上と産業への応用を図ることであった。したがって大衆のデザイン教育のために展示は素材と技術別にはなっていたが、いささか玉石混淆といってもよいような方法をとっていた。[4] サウス・ケンジントン・ミュージアムでは、開館当初から献上物としての日本の美術品を所蔵していたが、一八七四年から九三年まで館長を務めたフィリップ・カンリィフ＝オーウェンの熱意もあって、新たに日本の実用的な工芸品

図 1-1　サウス・ケンジントン・ミュージアム南展示場の室内
ジョン・ワトキンスによる素描。1876 年頃。(『ヴィクトリア&アルバート美術館展　ヴィクトリア朝の栄光』NHK きんきメディアプラン、1992 年より)

が集められた。一八九九年にエドワード・ストレンジが、ついで一九〇〇年にアルバート・ジェームス・クープが学芸員となって日本美術の分野で貢献して、一〇年から一六年にかけて美術商からの購入とコレクターからの寄贈・遺贈によって量質共に充実し、江戸時代の装飾美術のコレクションができあがった。

一方すでに一七五三年に設立、六年後に開館という歴史を誇る大英博物館では、東洋美術の蒐集をインド・中国から日本へと拡大していった。大英博物館で当初核になったのはウィリアム・アンダーソンとアーサー・モリソンの旧コレクション、学芸員のローレンス・ビニョンの鑑識眼を経て収められた絵画などの美術作品である。[5] なかでもウィリアム・アンダーソン William Anderson（アンダースン、一八四二―一九〇〇）は、最も初期に日本で作品と文献を入手していたという点で注目される。いわゆるお雇い外国人の一人になるアンダーソンは、帝国海軍医学校と海軍病院の解剖学と外科の教授として、一八七三年十月赴任した。六年の滞日中に集めた絵画コレクション約三三〇〇点の殆どを、帰国後の八一年に大英博物館に売却した。これには英国・中世遺物民族学部部長のオーガスタス・ワラストン・フランクスの助力があった。そして依頼を受けてアンダーソンが自ら整理して『大英博物館蔵日本・中国絵画目録』[6]（一八八六年）をまとめた。同時に七九年に『日本アジア協会会報』に発表した論文を『日本絵画芸術』[7]として上梓した。土佐派や住吉派に始まり歴史的に系統立てて蒐集に努めただけあって、「アンダーソンのこの業績が、大英博物館の日本絵画コレクションの学問的な方向性の礎を築いた」[8]と評されるほどのレヴェルであった。もっともパイオニアの仕事だけあって、西洋美術の規範で日本美術の特性を語ろうとしたための限界はあった。

アンダーソンにやや後れて浮世絵コレクションを提供したのが、作家のアーサー・モリソン Arthur Morrison（モリスン、一八六三―一九四五）である。英文学者の平田禿木（一八七三―一九四三）によれば、「ロンドン東端区貧民窟の生活を描いた頗る写実的な小説幾巻を出して好評を博し、兼ねて劇にも筆を染めてゐた作家」[9]である。モリソンのコレクションもまたアンダーソン同様、「学術的に追求されてきたもの」であり、しかも「アンダーソン以上に洗練された鑑識眼をもって蒐集している。」[10]と目されている。大英博物館には一九〇六年に約一八〇〇点の浮世絵コレクションを売却し、さらに一三年にウィリアム・グウィン＝エヴァンスが約六〇〇点の中国と日本の絵画をモリソンから購入して、大英博物館に寄贈した。日本美術協会の名誉会員で、一九〇三年から五年にかけて下村観山がイギリスに遊学した折に、世話をしたことでも知られる。[11]日本絵画と中国絵画の多くは幼なじみで、外交官として日本に滞在したハロルド・パーレットを通じて入手した。日本語の読解も多少出来たようだが、鑑定家の古筆了任を雇い、大英博物館所蔵の美術雑誌『國華』などを研究していた。その成果は豪華な二巻本『日本の画家たち』[12]に結実している。多色刷りも含む一二二点の図版の大型本である。同書については改めて第三部で見ていく。

大英博物館ではローレンス・ビニヨン Laurence Binyon（ビニョン、一八六九—一九四三）の存在を忘れるわけにはいかない。多年海外の美術関係者と仕事をした矢代幸雄（一八九〇—一九七五）が、中でも「親しむ可く信頼す可き友人」[13]と評した人物である。但しオックスフォード大学のトリニティカレッジで古典文学を学んだ詩人でもあり、美術史の専門教育を受けたわけではない。一八九三年から大英博物館の最初は書籍関係の部門、ついで版画と素描の部門を担当し、一九〇九年には准学芸員、一三年には新しく設置された東洋専門の版画と素描の部署の学芸員となった。社交家で諸家に寄贈・遺贈を懇願して名作を蒐集し、大英博物館の肉筆と版画の浮世絵のコレクションを築いた。日本と中国の美術についての著『極東の絵画　アジアことに中国と日本の絵画史入門』[14]は各国語に訳されて広く参照され、一九六八年にフランス語訳の再版、六九年に最終改訂版の第四版が出るなどロングセラーとなった。

活字メディアのレヴェルでは、各国の日本協会の出す雑誌が専門的な論文を図版と共に出していて、イギリスでは一八九三年からのロンドンのジャパン・ソサエティ（一八九一年設立、アンダーソンが理事長を務めた）の『倫敦日本協会雑誌』*Transactions and proceedings of the Japan Society, London*（一八九二—一九三九、一九四一年）がある。二年前に開かれた国際東洋学者会議を契機に創刊されたこともあり、創刊の辞には同協会の目的は同時代と「過去の日本の言語、文学、歴史、民間伝承、芸術、科学と技術、日本人の社会生活と経済状況といった日本に関するあらゆる主題の研究の奨励」にあると謳っていた。講演会も開催し、その原稿を図版と共に掲載している。美術についても積極的に取り上げた。もっとも当初は、やはり歴史的研究と言うより審美的な面での関心が中心であったらしく、意匠別、すなわち鳥なら鳥の文様の鐔、根付け、蒔絵製品、絵画などを一頁にまとめて並べて、図版として掲載していた。

美術雑誌ではすでに一八八一年から『マガジン・オブ・アート』が、しばしば浮世絵を初めとする日本美術を取り上げていた。一八九三年からの『ザ・ステュディオ』*The Studio*（一八九三―一九六四年）、イギリスで権威ある専門美術研究誌である『ザ・バーリントン・マガジン』*The Burlington Magazine for connoisseurs*（一九〇三年―）も同様である。前者のコラム欄「ステュディオ・トーク」は、イギリスのみならず各国での日本美術についての情報を得る窓口になっていった。

2　フランス

フランスはいわずとしれたジャポニスムの本家である。ことに共和主義グループの批評家たちは、民衆芸術や応用美術を大いに鼓舞した。そうしたときに匠の技による自然をモティーフにした日本の工芸品は、よい見本になっていた。一八六四年にサウス・ケンジントン・ミュージアムに想を得、「用の中の美の実現」をスローガンに掲げた産業応用美術中央連合 Union centrale des Beaux-arts appliqués à l'industrie が結成し、小規模ながら展示館と図書室とを無料で開館した。講演会を開催して啓蒙を図り、有力なメンバーであったビュルティ Philippe Burty（一八三〇―九〇）とシェノー Ernest Chesneau（一八三三―九〇）が日本美術について語った。産業応用美術中央連合は、一八七七年に創立した装飾美術館協会と合併して、八二年に装飾美術中央連合 Union centrale des arts décoratifs（UCAD、二〇〇五年までこの名称、以後レ・ザール・デコラティフ les Arts décoratifs）に改組した。一九〇五年に装飾美術館を、ルーヴル宮殿の一部となるマルサン館に改めて開館。図書館はいち早く前年のうちに同じ建物に移った[15]。後述する巴里日仏協会図書室の美術関係の蔵書を、協会解散後に受け入れたために、今世紀初めの日本美術受容研究の宝庫となる。利用は多かったようで、今日でもトレッサンなどの同館宛の献辞のある論文の雑誌抜刷りが見つかる。[16] 定期刊行物では『アール・エ・デコラシオン』*Art et Décoration*（美術と装飾、一八九七―一九三八年）や『アール・デコラティフ』*Art Décoratif*（装飾美術、一九〇〇―一三年）（両誌は一九一四年に統合）が挙げられる。

一方でルーヴル美術館での日本美術の所蔵は、ようやく形を整えつつある段階であった。一八七七年から漆器と象牙細工の、九三年から浮世絵の蒐集が始まった。民間ではすでにルイ・ゴンス Louis Gonse（一八四六―一九二一）の企画で、八三年にジョルジュ・プティ画廊で「日本美術回顧展」を、美術商のジークフリート・ビングが九〇年にパリの国立美術学校で千点以上といわれる浮世絵展を開催し、それぞれ好評を博していた。これらと比べると後れていたが、寄贈を中心に徐々にその数を増やした。第二部でみるジョルジュ・ド・トレッサンが、自著『日本美術論　絵画と版画』の前文の謝辞にルーヴル美術館の名を記しているが、その参考文献リストには挙げていない。ただし八四頁の下段註に、かつてシャルル・ジロ Charles Gillot（一八五三―一九〇三）のコレクションであった鎌倉時代の掛け物が、ルーヴル美術館の極東美術の部屋に展示されていることを書いている。これによって浮世絵に止まらず歴史的に蒐集し、参考に供していたことがわかる。一九〇五年に学芸員のガストン・ミジョン Gaston Migeon（一八六一―一九三〇）が『日本美術の傑作』[17] という目録を発表したとき、館所蔵の作品に加えてギメ美術館や装飾美術館と、三二名のコレクターからの所蔵品を提供してもらっている。その結果絵画・彫刻・刀装品、夥しい数の根付、布の型紙まで計一一五四点の図版が掲載された。一八九四年には美術商の林忠正（一八五三―一九〇六）が、自身の刀の鐔のコレクションを目録[18]と共に寄贈し、これが西欧での最初期の鐔の分類の規範となった。しかしながら中近東の美術工芸品に力点が置かれて、結果的に日本美術は大きな割合を占めることはなかった。

　ところでミジョンの目録からもわかるように、十九世紀後半では、一人のコレクターが集めていた日本美術・工芸品の範囲が大変広かった。漆器・陶磁器や浮世絵版画、屏風はもちろんのこと、仏画・仏像、能や伎楽の面、古代裂《ぎれ》があり、根付と印籠と鐔などの刀装具は小さくて破損しにくいこともあってか、大量に西欧にもたらされていた。明治期になって輸出向けに制作されたものも随分出回っていたし、美術商から誤った情報の元に購入することもあった。それらを吟味する意味もあってか、夕食会などを開いて披露し合っていた様子は、売立てカタログの序文や回想録などからもうかがうことが出来る。これが発展し、個人の特色あるコレクションが、専門性の高い美術館へと発展したケースがフランスでは目立つ。しかも次に見るドイツとは異なって首都であるパリに集中している。これがまた、ルーヴル美術館に日本美術のコレクションが集中しなかった理由にもなる。

　その筆頭格として挙げられるのが、ギメ美術館（現、ギメ国立東洋美術館）である。

　創設者のエミール・ギメ Emile Guimet（一八三六―一九一八）[19]は、一八六〇年に父の後を継いでリヨンの顔料工場の経営者となった。欧州、ギリシャやエジプト、アラブ諸国、北米、インド、中国、日本などを漫遊。七九年九月リヨンにギメ美術館を開設し、八五年に所蔵品を国に寄贈したうえで、パリへ館を移転することが決定。パリ万国博覧会の会場敷地にも近いイエナ広場に、八九年十一月に開館した。広義でのオリエントの美術工芸品を蒐集したが、中でもアジアの宗教関係に力をそそいだ。仏像と仏画が中心で宗派別の展示があり、さらに膨大な数の陶磁器類が展示されていたのが当時の資料からわかる。[20]

　エミール・ギメにとって美術館は「哲学研究の工場であって、コレクションはその資源」にすぎず、したがって「展示室にその「資源」を常設展示し、ただ並べて見るのではまったく不十分」であった。そこで美術品の展

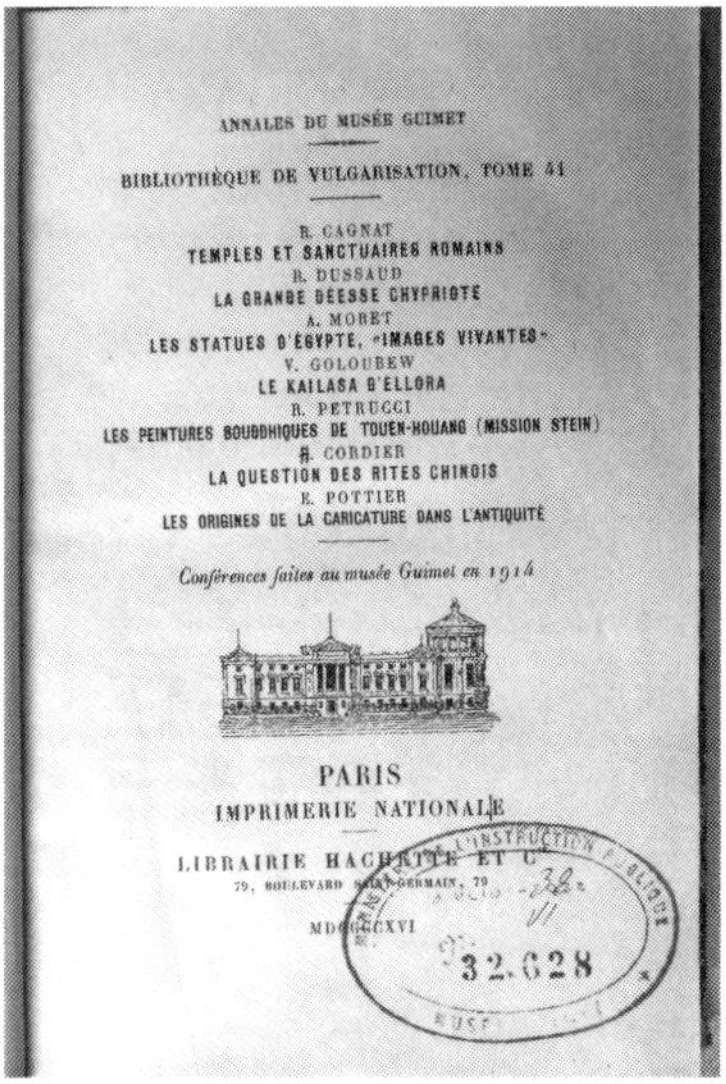
ANNALES DU MUSÉE GUIMET

BIBLIOTHÈQUE DE VULGARISATION, TOME 41

R. CAGNAT
TEMPLES ET SANCTUAIRES ROMAINS
R. DUSSAUD
LA GRANDE DÉESSE CHYPRIOTE
A. MORET
LES STATUES D'ÉGYPTE, «IMAGES VIVANTES»
V. GOLOUBEW
LE KAILASA D'ELLORA
R. PETRUCCI
LES PEINTURES BOUDDHIQUES DE TOUEN-HOUANG (MISSION STEIN)
H. CORDIER
LA QUESTION DES RITES CHINOIS
E. POTTIER
LES ORIGINES DE LA CARICATURE DANS L'ANTIQUITÉ

Conférences faites au musée Guimet en 1914

PARIS
IMPRIMERIE NATIONALE

LIBRAIRIE HACHETTE ET Cie
79, BOULEVARD SAINT-GERMAIN, 79

MDCCCCXVI

図 1-2 『ギメ東洋美術館年刊　入門叢書』扉。41 巻、1916 年
ペトリュッチの名がある。このシリーズにトレッサンも講演記録を掲載した。（国立ギメ東洋美術館図書館所蔵）

示と同時に、研究活動や東洋美術の啓蒙活動にも力を入れた。そのためにとられた普及活動の第一の方法が口頭によるもので、「説明つきの見学から専門的学術発表にいたるまでの、一般に公開された無料説明会や講演会が、定期的にギメ館長、図書館長兼学芸部長、副部長によって受け持たれた」のである。この他にも『ギメ美術館年報』［**図1―2**］として出版物を創刊。四種類の叢書に分け、「入門叢書」のシリーズは中でも「彼の方針を反映するというものであった」という。初期は主に学芸員のエミール・デエが連続講演を担当し、講演原稿は青焼きになっている。

東洋美術のコレクションと美術館開設ということで、アンリ・チェルヌスキ **Henri Cernuschi**（セルニュスキ、一八二一―九六）の存在も忘れてはならない。ミラノ生まれのチェルヌスキは一八四八年の革命の二年後にパリに逃れ、銀行家として財をなした。一八七一年から二年半弱のアジア旅行に出かける。同行したのは美術評論家のテオドール・デュレ Théodore Duret（一八三八―一九二七）で、二〇〇〇点ほどの青銅器と一六〇〇ほどの陶磁器を含む約五〇〇〇点の美術品と共に帰国した。九六年に邸宅とコレクションをパリ市に寄贈し、二年後に美術館として開館。邸宅では特別に建築家に依頼して、東京の目黒で入手した巨大な阿弥陀像を展示する空間を設けていた。一九〇五年から三二年まで学芸員を務めたアンリ・ダルデンヌ・ド・ティザック Henri d'Ardenne de Tizac（一八七七―一九三二）によって、美術館らしい学究的な体裁を整えることになる。第一次世界大戦直前の一一年から一四年末までの間にエドゥアール・シャヴァンヌ Édouard Chavannes（一八六五―一九一八）やヴィクトール・ゴルブ Victor Goloubew（一八七八―一九四五）の協力を得て五度の中国の古美術を中心とした展覧会を企画し、それを『アルス・アジアチカ』*Ars Asiatica*（一九一四―三五年）などで紹介した。

パリの個人美術館では小規模ながら、個性的な根付けのコレクションで有名なデヌリー美術館がある。劇作家のアドルフ・デヌリー Adolphe Philippe d'Ennery（一八一一―九九）の妻のクレマンス・デヌリー Clémence d'Ennery（一八二三―九八）は東洋美術のコレクターで、彼女の集めた根付けを初めとする日本と中国の美術品と邸宅が、夫人の没後国に寄贈された。時を経て一九〇八年五月にデヌリー邸の二階部分に美術館が開館した。

パリでロンドンのジャパン・ソサエティに相応する機関に巴里日仏協会があった。一九〇〇年のパリ万国博覧会を機に創設され、メンバーにはギメ美術館長のエミール・ギメのような東洋学のメセナ、在仏公使や外交官、将校がいて名士の交流会のような様も呈していたが、『巴里日仏協会誌』*Bulletin de la Société franco-japonaise de Paris*（一九〇二―三二年）では、学術論文の掲載にも力を入れていた。特筆すべきはデヌリー美術館の開館に先だって、一階部分に巴里日仏協会の図書室が置かれたことである。協会が図書室と機関誌や講演会によって、日本美術の研究活動に大きな貢献をしたことは後章で言及する。

この他『中仏友好協会機関誌』*Bulletin de l'association amicale franco-chinoise*（一九〇八―一九二二年）、『考古学雑誌』*Revue archéologique*（一八四四年―）といった直接日本関係ではない雑誌でも記事が見られる。今日なお続く『通報――アジア・オリエンタル（中国、日本、朝鮮、インドシナ、中央アジア及びマレーシア）の歴史、言語、地理及び民族に関する研究の為の記録』*T'oung Pao*（一八九〇年―）は、オランダのライデンで発行されている東アジア研究の雑誌で、一八九〇年にフランスのアンリ・コルディエらが共同で創刊した。ライデンはシーボルト・コレクションでも有名な東洋研究のメッカの一つである。同誌の使用言語はオランダ語、ドイツ語、英語、フランス語で、フランスの考古学の重鎮のエドゥアール・シャヴァンヌが中心メンバーの一人であり、ビニョンや後に見るペトリュッチの画論の翻訳や論文も掲載された。

なお、ベルギーでは創作の分野で日本の工芸品のデザインを取り入れた装飾美術の発展があり、ベルギー日本研究協会 Société d'études belgo-japonaises（一九〇六―一四）の存在、ハンス・デ・ヴィニヴァルター Hans（Jean）de Winiwarter（ジャン・ド・ウィニワルテール、一八七五―一九四九）のような科学者で浮世絵と近世の絵入本のコレクターがいたが、[21] 日本美術史の体系的研究とその国外への影響という点では、第二部以降で詳述するラファエル・ペトリュッチに限られた。

3　ドイツ・オーストリア

ドイツでは長く諸侯による地方統治があり、一八七一年統一ドイツ以降も連邦制をとった国だけあって、フランスのようにパリに集中するのではなく、各地方に有志によって特色ある美術館が誕生した。

やはりサウス・ケンジントン・ミュージアムを範に、一八六七年にベルリンで工芸美術館が、七七年にハンブルク美術工芸博物館が開館した[22]。後者の創設者であり初代館長であったユストゥス・ブリンクマンJustus Brinckmann（一八四三―一九一五）は、弁護士業を営む傍ら早くから応用美術のための博物館の必要性を唱え、日本の工芸品に注目していた。ドイツで初めて日本の美術・工芸を公のレヴェルで広く紹介したといわれるのが、ブリンクマンである[23]［図1―3］。一八七三年のウィーン万国博覧会で初めて日本美術を目にして、日本の職人の自然に対する観察力とそれを工芸作品に応用する熟練の技術に感銘を受けたといわれる。この万博がジャポニスムの発展に寄与したというのは、「せいぜい比喩的な意味でのみ正しいといえる[24]」という見解もあることを考えると、まさに慧眼であったと言える。

ブリンクマンは一八八〇年代から毎年パリに赴いて、美術商のジークフリート・ビングSiegfried Bing（Samuel Bing、一八三八―一九〇五）と林忠正の協力を得て日本の美術・工芸品を購入し、ハンブルク美術工芸博物館のコレクションの基礎をなした。ビングは同市出身で、普仏戦争後フランスに帰化し、七五年に来日して大量の美術品を購入。八八年から三カ国語の美術雑誌『芸術の日本』を三年間刊行し、九五年にはパリに「アール・ヌーヴォー」という装飾美術店を開いていた。ビングの協力を仰いだブリンクマンも、ライプツィッヒで出した『芸術の日本』のドイツ語版[25]の責任編集者として協力していた。同博物館ではブルジョワの趣味を満足させるというより、意匠と技術の両面で優れた作の展示を行うことで、美術家や工芸家の仕事に寄与することが目指されていた。トレッサンと鐔の箇所で再度触れるが、原震吉（信吉、一八六二―一九二七）という金工の目利きの医学生が雇われて、鐔のコレクション目録を作成している。

ブリンクマンは早くから日本で純粋美術と応用美術の境界がないこと、工芸品を作成する技術の高さと芸術性

図 1-3　エルンスト・バルラッハ作《ハンブルク美術工芸博物館創設 25 周年記念プレート》レプリカ

原盤は 1902 年製作。創設者の J・ブリンクマンの横顔と北斎の富嶽三十八景にちなむ富士山と高波がデザイン化されている。（ブリンクマン友の会所蔵。著者撮影）

の豊かさを説いた。この点は一八八九年に上梓した『日本の美術と工芸』[26]でも、強調された。同書の前半は日本の地理や動植物、民族、民間の建築と宗教建築、造園術、建具などの説明になっており、刀装具についても一章をあてている。鐔や目貫などは金工に加えて漆芸や象嵌、七宝など日本の工芸技術の精髄でもあり、工芸技術の参考品としては大変興味深いジャンルであったはずだ。後半は日本の絵画の概説になっていて、アンダーソン、ゴンス、フェノロサという三人の先駆者の功績を紹介し、日本の絵画の支持体の多様さ（掛け物、額、屏風、巻物）、画材（筆、顔料、紙、絹、金箔）、色彩や明暗などの特徴を概説する。画家については巨勢金岡、明兆、春日派、鳥羽僧正、土佐派へと続くやまと絵の流れと如拙から周文、雪舟へという流れ、狩野正信・元信父子からの狩野派の流れを押さえている。阿弥派を除く重要な画系が列挙されていることになる。もっとも中心となるのは浮世絵で、木版画の制作から印刷、画本について詳しい。ブリンクマンにとって浮世絵は絵画としての審美的価値よりも、工芸の制作技術との関わりで重要であり、日本の美術の庶民性を指摘する見解からも詳しい紹介がなされるべきであった[27]。

ブリンクマンの薫陶を受けて、ドイツ各地で日本の美術品工芸品の蒐集が始まった[28]。ペーター・イェッセン Peter Jessen（一八九四—一九二四）はベルリンで工芸博物館図書館 Bibliothek des Kunstgewerbemuseums（一九二四年よりベルリン国立美術図書館）の初代館長として浮世絵や版本を蒐集し、フリードリヒ・デーネケン Friedrich Deneken は一八九七年以後、十七世紀からベルベットとシルクの織物の町で知られるクレーフェルトのカイザー・ヴィルヘルム美術館長として日本の染色工芸などを披露し、『平面装飾のための日本モティーフ』[29]を著した。

同じくブリンクマンに師事した美術館関係者で、ベルリンのオットー・キュンメル Otto Kümmel（一八七四—一九五二）は、「ドイツ東洋美術史の基礎を築いた」[30]という点でも重要である。キュンメルは一九〇六年にベルリン民族博物館東洋部長に就任し、東アジア美術館（ベルリン東洋美術館）の開設に貢献している。一八七三年以来民族博物館で東洋のコレクションを扱っていたが、同美術館は一九〇六年十一月の大臣通達により、王立プロイセン美術館群の中での独立部門になったのである。ここでは美術史研究という尺度から日本からの文物を純粋美術の作品と、「美的価値の高い」「作者の創造的な意志がくみとれる」作品を選んだ[31]。つまりハンブルクの博物館とは異なり、西洋の美術史研究の規範に近づけようとしていたともいえる。

キュンメルも東アジア美術史を正式に学んだ世代ではない。フライブルク大学で考古学と哲学を学び、その後パリで林忠正のコレクションについて調査し、同時にパリの帝国東洋語専門学校（一七九五年創立、現、国立東洋言語文化研究院ＩＮＡＬＣＯ）で日本語を学んだ。一九〇一年にはフライブルク大学で古代エジプトの植物文様研究で博士号を取得。ベルリンの王立民族学博物館の管理アシスタントとして、〇六年十一月から〇九年一月まで日本でコレクションの基礎になる品を購入している。一九一二年からインドから日本までを含む美術雑誌『東アジア誌』*Ostasiatische Zeitschrift*[32]を、ヴィリアム・コーン William Cohn（一八八〇―一九六一）と編集刊行した。民族博物館では一二年に東洋部長に就任、二四年に館長に任命されて、三三年から三九年まで国立博物館総裁、その後総裁代理を第二次世界大戦が終わる四五年まで務めた。戦時中にはナチスの美術政策の中心にあって、ドイツの文化財・美術品の〈返還〉を強制した。彼については第二部でミュンスターベルクとの論争で再び取り上げる。

ベルリン東洋美術館ではエルンスト・グローセ Ernst Große（グロッセ、一八六二―一九二七）もまた、養母のマリア・マイヤーと共に林忠正の協力のもと、日本の作品蒐集に多大な貢献をした。彼はキュンメルとともに美術館から派遣されて、東京を中心に日本に滞在して美術品を入手し、日本人美術関係者と交流を持った[33]。林忠正が遺言書で、自身のコレクションのうちキュンメルとグローセが選定したものを、ベルリン東洋美術館に優先的に有利な条件で購入できるように記した。これによって優れた絵画が館に入ったといわれる[34]。ケルンではウィーン出身のアドルフ・フィッシャー Adolf Fischer（一八五七―一九一四）とその妻のフリーダ・バルトドフ Frieda Bartdorff（一八七四―一九四五）が、東洋美術館を開設した。一八九二年以後訪日五度、滞日延べ十年余で購入した膨大な美術工芸品をもとに、まずは一九〇一年に最初の東洋美術コレクションを、終身年金給付受給を条件にベルリン民族博物館に寄贈した。そこからさらに発展させて、日本の宮大工に作らせた日本間もある美術館を一九一三年に開館した。

フィッシャー夫妻ほどの規模には至らなくとも、ドイツではブルジョワジーたちの労働者も含む市民への還元として、コレクションの公開が各地であった。背景として、ヴィルヘルム二世統治下の一八九〇年に労働者保護勅令の「二月勅令」が通達されるなど、福利厚生への関心が資本階級に広まっていたことがある。一例を挙げるとカール・エルンスト・オストハウス Karl Ernst Osthaus（一八七四―一九二一）が、ルール地方のハーゲンにフォルクヴァング美術館を一九〇二年に開館。西欧やアフリカ、オセアニアの美術品工芸品に加えて、日本の工芸品も展示された。(35)

雑誌メディアについては、ドイツでは一八九七年に『ザ・ステュディオ』を模して、芸術家コロニーがあったダルムシュタットで『ドイツの美術と装飾』*Deutsche Kunst und Dekoration*（一八九七―一九三二年）が出るなど、美術雑誌の出版が盛んだった。美術館関係ではベルリンで『王立プロイセン美術コレクション年鑑』*Jahrbuch der Königlich Preussischen, Kunstsammlungen* があり、出版業の盛んなライプツィッヒで『造形芸術雑誌』*Zeischrift für bildende Kunst*（一八九〇―一九三二年）や『月刊芸術学』*Monatshefte für Kunstwissenschaft*（一九〇八―一九二二年）、『オリエンタリッシュ・アルヒーフ』*Orientalisches Archiv. Illustrierte zeitschrift fuer kunst, kulturgeschichte und voelkerkunde der laender des Ostens*（一九一〇―一三年）が、ブラウンシュヴァイクでは『月刊ヴェステルマンス』*Westermanns illustrierte Monatshefte*（一八八二―一九一四年）、ミュンヒエンでは『マルツ』*März: Halbmonatsschrift für deutsche Kultur*（一九〇七―一七年）、『デル・ツィツェロネ』*Der Cicerone*（一九〇九―一八年）等、日本美術関係の記事のある雑誌が刊行された。ベルリンの和独会は、一八九〇年にベルリン・フリードリッヒ・ヴィルヘルム王室大学の東洋語学ゼミナール会員により創立された（現、ベルリン独日協会）。『会議報告』*Sitzungsberichte* があるが、美術関係で目立った論文はない。

ウィーンでは(36)一八六四年に、これもまたサウス・ケンジントン・ミュージアムの役割に感銘を受けた美術史家のルードルフ・フォン・アイテルバーガーの尽力により、芸術産業博物館（現、オーストリア応用美術博物館、またはウィーン国立工芸美術館、ＭＡＫ）が創設された。当初は産業デザイン見本の展示場であった。一八七三年の万国博覧会で日本政府が出品して好評を博したこともあって、日本政府からの寄贈と買い上げた出品物とが館蔵となる。引き続き別名「商業博物館」とも呼ばれる「オリエント博物館」が設立された。オランダ医（出身はドイツ）のフォン・シーボルトの子息のハインリッヒ・フォン・シーボルト Heinrich von Siebold（一八五二―一九〇八）は、在日大使館員で美術品コレクターでもあった。彼は九二年から翌年にかけて、オリエント博物館に型紙と版画が大部分を占めるコレクションを寄贈。九九年の「日本の木版画展」を初め多くの日本美術展を開催した。一九〇七年にオリエント博物館が閉館した後、旧シーボルト・コレクションの大部分が、芸術と産業の博物館に移った。定期刊行物では応用美術博物館の『美術と美術工芸』*Kunst und Kunsthandwerk*（一八九八―一九二一年）があった。

4　アメリカ

アメリカでは一八七〇年代から八〇年代にかけて、現在エステティック・ムーブメントと呼ばれる現象が起こった。アメリカに特有の傾向として先祖代々の絵画彫刻、調度品を持たない新興財閥が、ヨーロッパのみならず世界中からもたらされた美術工芸品を購入して、自邸を飾ったという事情がある。新たなデザインへのあこがれは大西洋を越え、サウス・ケンジントン・ミュージアムをモデルにメトロポリタン美術館（一八七二年）、ボストン美術館（一八七六年）とフィラデルフィアの産業博物館（一八七六年）の開館があった。[37] 地方でも美術学校が、美術を産業に応用する目的で開校された。

広大な国土で情報を提供するために、インテリア雑誌や通信販売も発達した。一八八九年二月二十四日付ニューヨーク・タイムズの記事に、日本の最大の輸出受け入れ国としてアメリカがフランス、イギリス、中国をしのいでいることを報じている。もっとも日本の文物に関していえば、早くも八〇年代半ばから大衆化が進んで、雑貨店やチェーンストアで安価に購入できるようになり、時には無料の景品にまでなっていった。

　ボストン美術館についてはすでに多くの情報があり贅言を要しないが[38]、ビゲロー William Sturgis Bigelow（一八五〇―一九二六）、モース Edward Sylvester Morse（一八三八―一九二五）、フェノロサ Ernest Franchisco Fenollosa（一八五三―一九〇八）、が日本で蒐集した成果が同館の性格を決定したことは、やはり特筆に値する。岡倉天心（覚三、一八六二―一九一三）に請われて一九〇八年から同美術館に勤めた富田幸次郎（一八九〇―一九七六。アジア部門の副部長を経て一九三一年より「アジア部長」）の後年の回想によると、「明治二十二年にモールス《ママ》、ビゲロー、フェノロサの三人が三回目かに日本に来て会ったとき、「ボストンに世界一の日本美術コレクションを作ろう」と話し合った[39]」という。フェノロサの十年弱で千点以上、ビゲローの九年弱で一万五千点以上というのは驚異的数字である。新興国のアメリカでは、欧州の美術館と同レヴェルの古代ギリシャ・ローマ、ルネサンス時代の美術品のコレクションは望みにくかった。その代わり隣国でありいち早く国交を結んだ日本であれば、ハイレヴェルのコレクションが可能だったわけである。かくしてフェノロサ、ビゲロー、モースの尽力をベースに世界一の「中国・日本部」が誕生した。同館の『ボストン美術館紀要』*Museum of Fine Arts Bulletin*（一九〇三―二五年）は、ヨーロッパの日本美術史の研究家たちにとって、『メトロポリタン美術館紀要』*Bulletin of the Metropolitan Museum of Art*（一九〇五―四二年）以上に重要な情報源であった。

　フェノロサと岡倉天心の役割については、やはり外せないので確認しておく。アーネスト・F・フェノロサ（一八七八―九〇、九六、九八、一九〇一年滞日）はハーバード大学で哲学の修士号を取得し、大学院修了後ユニテリアン神学校、マサチューセッツ美術師範学校やボストン美術館附属絵画学校でも学んだ。モースの推薦で一八五三年に東京帝国大学に赴任。来日後は古美術品を蒐集し、京阪地方の古社寺宝物の調査に数度加わった。図画取調掛の委員に任命され狩野派の絵画を学び、鑑画会という美術団体を主催するなど日本の美術の保存に貢献したことはよく知られている。九〇年に宮内省・文部省との契約が終わった後は帰国して、ボストン美術館に雇用され日本美術部長として、千点以上の蒐集品を同館にもたらした。フェノロサはこれ以前の一時帰国の際、絵画コレクションをチャールズ・ゴダード・ウェルドに美術館への寄託を条件に売却。ウェルドがこれをボストン美術館に寄託していた。フェノロサの遺著『東洋美術史綱』[40]では、フェノロサ・コレクションの作品紹介とチャールズ・フリーアとボストン美術館のコレクションの作品記述の他に、日本で実見した多数の作品に言及している。

フェノロサは一八九六年にスキャンダルにより部長職を辞任し、ビゲローの懇願により一九〇五年に改めて岡倉天心が顧問に就任した（岡倉のボストン美術館勤務は一九〇四年から一三年で通算五回になる）。しかもこの時期は拡張移転計画に伴い、変革期に当たっていた。サウス・ケンジントン・ミュージアム式の材料・技術別の網羅的展示から、文化・時代別にそれにふさわしいしつらえの展示空間で優品が鑑賞できるような展示室が目指された。英文での正式名称がザ・ミュージアム・オブ・ファイン・アーツ The Museum of Fine Arts である美術館らしく、種々のジャンルの名品を精選して展示する方向に向かったのである。かくして一九〇九年十一月に開館したハンティントン通り新館の日本展示室では、岡倉の意向に学芸員のフランシス・ガードナー・カーティスの貢献が加わって、仏画仏像用に日本の寺院建築を彷彿とさせる展示室が誕生した［**図1―4**］。すでにコレクションの整理に着手していた岡倉は、調査した絵画五千点のうち贋作四七六点、複製品二七七点と鑑定した。このとき「フェノロサの鑑定は大部分否定され、ボストン美術館では、その後九十年以上も岡倉の鑑定が使われ続けていた。[41]」と

図 1-4　ボストン美術館 1909 年新装の「仏像展示室」
（展覧会図録『岡倉天心とボストン美術館』名古屋ボストン美術館、1999 年より）

いう。

とはいえもともとの個人コレクションの性格を尊重し、優れた作品であれば工芸品である漆工、金工、染織、木工の品々、具体的にいえば着物や陶磁器、刀装具などを閉め出すことはなかった。そして年報を通じて日本の美術展の開催とその展示の様子などをヨーロッパにも知らせたのである。このことが、日本の美術工芸の地位を示したともいえる。さらに同行していた六角紫水（一八六七―一九五〇）と岡部覚弥（一八七三―一九一八）にそれぞれ漆器と金工の鑑定に当たらせた。(42) 岡部はボストン美術館の鐔のコレクションについてカタログを作成しており、すでにハンブルク美術工芸博物館の原震吉による鐔の目録についてふれたように、これらが二十世紀の初めの鐔研究において先駆的研究として役立てられた。

フェノロサと岡倉の蒐集の違いは、中国絵画においても際立っていたことが指摘されている。本書第三部での水墨画の研究にも関わるので記しておく。フェノロサが彼の同時代の日本での中国絵画の理解、すなわち後に「古渡」と呼ばれる宋・元の絵画を最高としていたのに対して、岡倉はそれらが中国大陸では必ずしも正統派と認識されているわけではないことに気づいており、文人画の優品をも獲得して行った。[43] フェノロサの遺著『東洋美術史綱』ではことに宋の絵画を「杭州絵画」と称して、日本の美術より高く評価している。そして岡倉の営為にもかかわらず、欧米では一九三〇年代まで明清の時代の肖像画や花鳥画と、日本にもたらされた宋と元の絵画を通して、中国の美術からイメージを紡いでいたのである。

今日有名なワシントンのフリーア・ギャラリーは、一九二三年に一般公開であるので本書では取り上げない。が、すでに第一次世界大戦前からデトロイトのコレクター、チャールズ・ラング・フリーア Charles Lang Freer（一八五四—一九一九）の名は海外に知られていた。所蔵作品が欧米の美術書の図版に用いられていた一例として、現在ブリティッシュ・ライブラリーに保存されている、ローレンス・ビニヨンのアーカイヴにあるフリーアからの手紙を挙げておく。一九一三年六月三十日付の一通では、ビニヨンが自著の『極東の絵画』改版に載せる図版のことで相談をもちかけ、ニューヨーク滞在中のフリーアがそれに快く応じて、デトロイトの方に手配しているのがわかる。フリーアはビニヨンに、自分のコレクションについての相談もしており、大西洋を越えて情報交換していたのがよく伝わる。[44] 学芸員とコレクターとの相互協力の体制は、コレクションの基礎が寄贈品であるアメリカならではの状況のようだが、こと研究の域になると西欧でも盛んであったことは、第二部でも確認する。

5　O・ミュンスターベルクの美術館評（一九〇八年）

最後に同時代からみたこれらの美術館について、一九〇八年での過渡期の状況がよくわかる見解を紹介する。オスカー・ミュンスターベルク（一八六五―一九二〇）の「パリにおける東アジアに関する美術館[45]」と題した、いささか辛口のエッセイである。居住していたベルリンの雑誌に発表しており、パリの状況が中心とはいえロンドン、アメリカ東海岸とベルリンの現状にも触れている。彼の経歴については第二部で改めて取り上げるが、あらかじめ美術史家としての立場を記しておくと、工芸と美術の区別はするがヒエラルキーはもうけず、高価な美術品を買い求めるのではなく広く美術市場も活用しつつ、しかし新しいものや質の悪いものは除き、文物のみならず文献も蒐集し広く万民に供するべき、ということになる。これは彼が二年後に執筆した「ベルリンの東洋美術館」で鮮明に打ち出される方向であるが、この時点でも基本は変わっていない。以下は、彼の論考からの大意の要約になる。論述の繰り返しや言い換えなどを避けるために、原文とは表現や構成を変えていることをお断りしておく。

いわく、――かねてより極東からもたらされたのは陶磁器や織物などの品であり、これらは公の機関では民族博物館、応用美術（装飾美術）館で時代別技術別に見ることが出来た。そしていまだに真の美術館というよりは、「骨董品陳列棚（キャビネ・ド・キュリオジテ）」の状態に近い。

ルーヴル美術館ではグランディディエ〔Ernst Grandidier 一八三三―一九一二、実業家、一八九四年に陶磁器コレクションをルーヴル美術館に寄贈。後、国立ギメ東洋美術館に移される〕の何千もの陶磁器コレクション、シャヴァンヌのもたらした古代の墳墓からのコレクションが入って、美術の館らしくなってきた。が、絵画や鐔などの陳列はあっても時代が不確かで、中国の絵画などは見られない。驚くべきことに、同じ建物の三階の海洋博物館では、青銅器や中国の家具、日本の根付けの貴重なコレクションを見ることが出来る。とはいえ美術的な価値があるとはいえない。日本の武具のコレクションはアンヴァリッドの軍事博物館、同じく武具や刀装具はギメ美術館にあるが、システマティックな方法での展示ではない。やはり目録を作成して一般人にわかるようにしなければならない。個人のチェルヌスキやデヌリーやグランディディエは、技術的な面からの蒐集という点で健闘している。ギメ美術館は宗教美術の比較研究をしていて、興味深く新しい傾向である（中国の絵画も四点ある）。が、その横には日本の現代の陶器の陳列室が並んでいる。

最初に極東の美術品を集めたイギリスの状況はまだよく、アンダーソン、モリソン、サルティング〔ジョージ・サルティング George Salting 一八三五―一九〇九、オーストラリア出身のコレクター〕のコレクションが博物館や美術館に入っている。アメリカになると更に整っていて、ボストン美術館のモースの陶磁器コレクションは、ほぼ完全なパノラマになっている。フェノロサの版画や屏風などのコレクションも同様である。メトロポリタン美術館は未だしであるが、ニューヨークの自然史博物館のラウファー〔ベルトルド・ラウファー、第二部第5章参照〕によって集められた、古代の中国陶磁器と過去数世紀の中国絵画のコレクションは素晴らしい。

ドイツとなると話は変わる。他国のようなコレクターの寄贈はなく、ヘガー〔Franz Heger 一八五三―一九三一、ウィーンのコレクター〕のコレクションの散逸を目の当たりにしたばかりである。これでかえって寄贈された品々を保存する必要はなく、学術的な観点に立脚することが出来る。しかしながらパリと同じような散乱状況があって、しかも他国にあるような貴重な作品が欠けている。プロイセン王立美術館、装飾美術館、民族博物館には日本の版画があり、文献の方は王立図書館と民族博物館、人類学や地理の学会の図書室に分かれて収められている。アジアの国では美術品と工芸品の区別はしないとはいえ、単なる職人の手仕事の類は蒐集品からは区別すべきである。そして一つの場所かあるいは複数の専門の場所に集め、展示は学術的な基準に則って行うべきである――。

実のところ二十一世紀になっても、日本の美術品や工芸品を見ようとすると、まずはルーヴル美術館や大英博物館、メトロポリタン美術館のような大規模な美術館、そして東洋美術館、応用美術博物館、工芸館、民族博物館、個人コレクションを元に拡大した美術館に足を運ぶことになる。今日の視点から見れば、この「散乱状況」こそが受容史を表象しているということになるのであるが。

第2章

日本での対外政策としての美術と工芸

われわれが日本の美術の歴史を尋ねるべきは、アーカイヴも美術館もない日本人ではない。ましてや彼らに美術の年代的順序を聞いても無理である。私の滞在中に只一人の商人も将校も由緒正しき貴族も、私に有名な絵師や彫金師や蒔絵師についての情報を提供してくれるものはいなかった。確かな年代や正確な日付になると一層無理だった。(1)

このように自身の旅行記の「結び」の部分に書いたのは、一八七四年に日本を訪れたフィリップ・シシェル Philippe Sichel（一八四〇―九九）である。明治七年といえば太陽暦を採用して二年目、太政官が古器旧物保存法を布告して三年後、廃刀令が出る二年前で前時代までの品々を〈近代的＝西洋的〉に保存し継承しようというには、あまりにも人々の意識も制度も江戸時代のままであった。前章で見たような美術館、博物館はシシェルの滞在時にはまだ存在していなかった。現在の東京国立博物館は一八七二年に文部省博物館として湯島聖堂で博覧会を開き、これをもって創立としている。従って初期の文書は歴史的事項を記したアーカイヴではなく物品調書になる。所管を文部省博物局から内務省、農商務省と替えて一八八六年から宮内省の管轄に置かれる。八九年に官制がしかれて帝国博物館という位置づけが与えられた。こうした経緯自体が殖産興業の物産から、国民国家の文化の歴史の表象としての美術品・工芸品へと向かうイメージと取り扱いの変化を端的に表している。

北澤憲昭氏の指摘以来、江戸時代の日本には〈美術〉という言葉はあっても西洋でのファイン・アートに当たる概念はなく、明治期になって新たに欧米向けに〈美術〉というカテゴリーを設けたことはよく知られている。〈美術〉は一八七三年開催のウィーン万博参加準備の際、ドイツ語で造形美術を意味する Bildende Kunst と工芸美術を意味する Kunstgewerbe とを日本語に移すために利用された。爾後、西洋での絵画・彫刻・建築の純粋美術と、純粋美術を応用した応用美術としての工芸という分類の意識が生まれた。さらに従来の画史画伝とは異なる、各国別に様式の歴史的発展を記述する美術史というものも意識化された。この外来の発想によって欧米向けに日本の文物を歴史的にカテゴライズしたという事実は、「日本美術史はいかにしてつくられたか」という問題系に発展し、これがそのまま美術史専門誌の特集タイトルになるほどに、今日注目の集まっている主題である。[2] この章で改めて、これまでの成果をふまえつつ西欧側の視点もあわせてまとめることにする。

日本側から美術品や工芸品を輸出しようとしたのは、それらが輸出拡大・外貨獲得に大変有効だったからである。すでに来日外国人や美術商たちが大量に海外に持ち出していた。維新後急落した大名家が武具甲冑や巻物、掛け物、屏風を、武家が刀装具、根付け、印籠、和本を、廃仏毀釈により疲弊した寺院が仏画、仏像、仏具を売り払った。浮世絵にいたっては好まれることを知った美術商たちがかき集め、林忠正一人が輸出した数だけでも一五万枚ともいわれる。

民間だけでなく国策としても輸出工芸品の意義が確認された。一八七三年のウィーン万国博覧会を機に、日本政府出資の輸出商社である起立工商会社が創立された。この万博の事務局員として随行してきた松尾儀助が社長を、若井兼三郎（一八三四—一九〇八）が副社長を務めた。役割としては「官立民営のエージェンシー」[3] とみられ、以後十七年にわたって主として国際博覧会のために政府の事業の代行役を果たした。当時の万博は、物産展としての意味合いが強かったのである。一八七六年のフィラデルフィア万博では、より積極的に外国人に気に入られる意匠と超絶技巧の細工の磁器や七宝、ブロンズの製品を展示した。従来見過ごされてきたややマイナーな地方での万博である、一八八四年十二月からニューオーリーンズで開かれた万国産業綿花博覧会でも、日本から陶磁器や青銅器に織物（掛袱紗の類か）などの出品があった。これがイギリス育ちのラフカディオ・ハーン Lafcadio

Hearn（一八五〇―一九〇四）の日本へのあこがれを誘ったのは、この作家とそして日本の美がそれぞれに国境を越えて異国で結ばれたという意味で示唆的である。

同時に万国博覧会には、対外的に一国の国力及び独自の伝統やアイデンティティを視覚的に見せる、という意義があった。一八五一年のロンドン博覧会（水晶宮で有名）から始まる近代の万国博覧会は、当初は産業館、電気館など分野別に各国がブースを設けて陳列する体裁であったが、次第に国別にパヴィリオンを建設して、そこに特徴を示す文物を展示するようになったのである。日本館は一八九三年のアメリカのシカゴ万国博覧会World's Columbian Exposition（五月一日―十月三日）での、日本の平等院鳳凰堂を模した展示会場がよく知られているが、ほかにも毎回日本庭園や茶店、茶室などを日本から職人大工を引き連れて用意した。

一八七八年のパリ万博では、起立工商会社がこれに合わせてパリに支店を開いた。万博では、トロカデロの回廊の東洋美術展示場の一画とシャン・ド・マルスの陳列館と売店は別として、美術品は一室がギメ美術館の仏教美術に関わる展示に、残り一室が日本政府からの出品物に割り当てられた。したがって数は多くなく、むしろ別途農家風の建物を建てて内外に家具や調度品、陶磁器、団扇、盆栽などを並べ、庭には水田を作り、茶室で実演を行なったのが耳目を引いた。(4) こうしたデモンストレーションが、直接フランス人に日本の小物や家具調度を購入して、日常的に使う発想を促したことは疑いない。一八八九年のパリ万博はフランス革命百周年という性格もあってか、日本側では目立った展示はない。

一九〇〇年のパリ万国博覧会は四月十五日から十一月十二日の会期で、トロカデロを中心に開催された。(5) 同博は「工業技術に対する装飾の優位、そしてアール・ヌーヴォーの興隆」「植民地展示の拡大と、商業・広告の優位」「スペクタクル、イリュージョン、アトラクションの優位」とみなされている。(6) 資本主義と植民地主義を両輪に、装飾からアトラクションに至る大衆性を持った視覚的な快楽を追求する、その意味で二十世紀の始まりを告げるにふさわしい祭典であったといえよう。

日本の農商務省もその気運を共有していた。日清戦争の勝利を受けて対外的に勢いのあった時期でもあって、幕末時に締結した不平等条約の改正を一層推し進めるためにも、日本が長きにわたって独自の高度な文明を持つ国であることを示す必要があった。その点、この度の万国博覧会は欧米並みの帝国へのシフトを目指した日本の、格好のデモンストレーションと営業の場であった。作家のポール・モランは日本の展示を見て「ゴンクール兄弟の金屏風やマラルメの扇のあとで、これらの装甲板や煙管式ボイラー、政治におけるこの大胆さ、商売におけるこの無遠慮さはいったい何を表しているのか。」と、ジャポニスム・ブームにつきつけた日本政府の資本主義・帝国主義的戦略を読み取っている。ただしすでに輸出向けの工芸品が大衆化、俗化して飽きられていたことに気づいた日本政府の方で、量産品の雑貨ではない工芸品、すなわち「美術工芸品」もまた改めて提示しようとした。(7)

一方フランス政府側は、美術部門にも重きを置いていた。一八九七年の時点で日本美術協会総裁の有栖川宮威仁親王が、ヴィクトリア女王の即位六〇年の式典出席後に渡仏し、万国博覧会に日本の古美術品を展示するよう要請を受けたといういきさつがあった。日本美術協会は龍池会が一八八七年に改称した団体で、のち出品作の選定に関わった。パリ側で事務局長として出品規則を整えたのは、美術商の林忠正であった。シカゴ万博では工芸品は美術館に並べられたが、今回はそれを分ける必要が出て来た。美術作品は絵画、彫刻、建築に限られている。そこでトロカデロの敷地を法隆寺の金堂を模した二階建の特別館を中心に市場、茶室、温室、日本庭園、茶屋で構成し、彫刻や絵画や工芸品も含めた約一八〇点の日本古美術名品展を開催した。これにはフランスの前外務大臣（アノトー）の強い希望もあった。日本古美術館は評判をとって大賞が授けられた［図1―5］。

図 1-5　1900 年パリ万博での日本の古美術館（右奥）と茶屋
（Alfred Picard, *Rapport général administratif et technique*, t.5, Imprimerie nationale, 1903.）

今日的な視点から見て、古美術館の意義は二点ある。一つは展示場自体である。日本美術・工芸品の表現は日本の寺社や家屋にあうように工夫されているのだから、採光も内装も異なる西洋の建物内部に置かれるとその魅力が伝わらないことがままある。日本の同時代美術である日本画・洋画はグラン・パレに展示されたが、設営の不備もあって高い評価は得られなかった[8]。もう一点は主催側が美術と工芸の境界を定め、かつ日本での同時代美術と工業の発達を印象づけようとしたにもかかわらず、この会場内での古美術品の展示にあっては美術と工芸の区別はなかったということだ[9]。二階を絵画に、一階をその他の展示にあてた。陶磁器は欧州では十八世紀以来大変人気があったが、同博では色絵の磁器だけではなく楽や備前の土物もあり、蒔絵での印籠、金工での刀剣、甲冑、鐔など、欧州でも個人の蒐集熱が高まっていた分野での最も質の高い作が、展示替えをしながら披露されたのだった。

より具体的な情報として『千九百年巴里万国博覧会臨時博覧会事務局報告』上巻には、絵画一六四点、木彫品二五点、金属彫刻物一六三点、蒔絵品一三〇点、陶磁器二七三点、織物衣装古裂帖等三六点の全てと提供者の名が挙げられている。中には帝室御物の聖徳太子像、東京帝室博物館蔵の阿弥陀如来像があり、京都の北野神社、大徳寺、仁和寺、醍醐寺、奈良の東大寺、唐招提寺などの古刹、徳川家、伊達家などの旧大名家の華族が多く出品している。中でも極端な西洋化を推し進めて失脚した元外務大臣の井上馨（一八三六―一九一五）が、自らのコレクションの多くを提供したのは、特筆に値しよう。単なる西洋かぶれではなかったということである。[10]本来門外不出の家宝を海外で展示するために、事務局の上層部が説得に回り、輸送のための保険を三社に掛けたという、困難を乗り越えての成功だった。これで日本の歴史（宗教・政治・風俗）を展示物によって表象したことになる。仏像や仏画の展示は、東南アジアの仏教美術を見慣れているフランス人にとって、新たな関心を引き起こし得たであろう。

さらに注目すべきは、この万国博覧会を機に本邦初の官製日本美術史といわれる大部の書物が刊行されたことである。農商務省から『稿本日本帝国美術略史』（一九〇一年）の表題で出版されるこの書物は、その以前にフランス語で、『日本の美術の歴史』*Histoire de l'art du Japon*[11]というタイトルで一九〇〇年に出された［**図1―6**］（以下、フランス語版の方を『帝国美術略史』と呼ぶ）。フランス語版はエマニュエル・トロンコワ Emmanuel Tronquois（一八五五―一九一八）が訳した原稿を、[12]さらに『ル・タン』*Le Temps* 紙で美術批評を担当していたフランソワ・ティエボール＝シッソンが手を入れて、フランス語読者に自然な表現に直している。稿本の執筆者を本書との関わりで重要な箇所に限って挙げると、推古天皇時代から天智天皇、聖武天皇までの絵画と彫刻は福地復一と紀淑雄。桓武天皇、藤原氏、平氏の時代の絵画と彫刻は福地と溝口禎次郎。鎌倉時代の絵画は福地と片野四郎、彫刻は福地と大

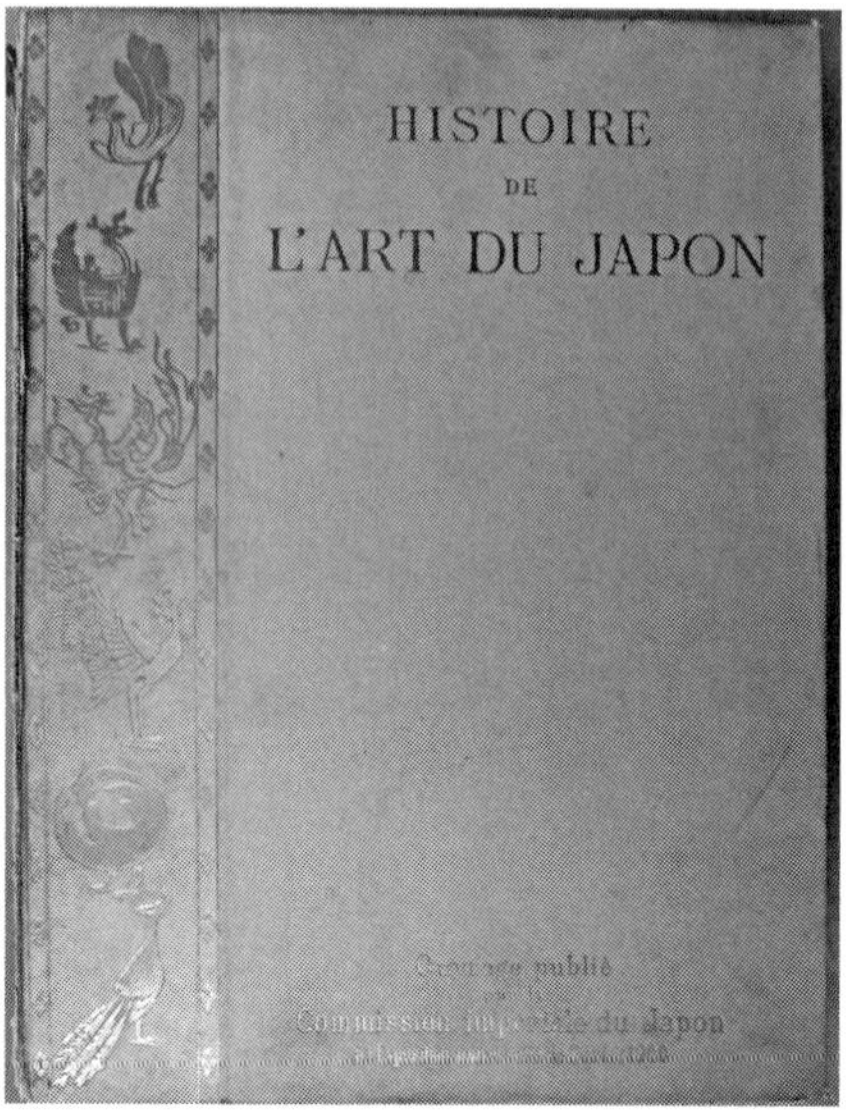

図 1-6　*Histoire de l'art du Japon*（本文では『帝国美術略史』）表紙。
1900 年パリ万博を機に編纂された本邦初の近代的美術史。（国立ギメ東洋美術館図書館所蔵）本書口絵 p.1。

村西崖、足利時代の絵画は福地と片野、彫刻は大村である。[13]

高木博志氏の言葉を借りるならば、同書は「欧米からの視線を意識した日本美術史の成立」であり、「日本も独自の「伝統」、独自の日本美術史を有すること」を、「日本美術が東洋美術を代表する、との日清戦争後の欧米に対する自負」に基づいて、「ヨーロッパの美術史と共通する（互換性のある）語り口」すなわち「欧米人にとってのわかりやすさ」[14]でアピールした、ということになる。だがここで強調しておきたいのは、時にそれが欧米への反論という形をとっていた事実である。ウィリアム・アンダーソンが自身のコレクションをもとに執筆した『日本絵画芸術』では、日本の絵画に遠近法や明暗法の技術、解剖学の知識などが欠けていることを批判的に書いている。アンダーソンはランベス美術学校で絵画を学んだことがあり、解剖学の教授でもあったことから、これらの西洋絵画の基本は絵画を評価する際の当然の規範として機能したのだろう。これを末松謙澄が『日本美術全書』（「沿革門」一八九六年、「応用門」九七年いずれも八尾書店）として邦訳を出版した。これでアンダーソンの批判が日本人に伝えられたのである。翻訳書は『稿本日本帝国美術略史』の編集に深くかかわった九鬼隆一（一八五〇―一九三一）と佐野常民が緒言を寄せている。こうした点を考慮するならば、同書でアンダーソンが批判した遠近法や色彩の問題に、ことさら言及しているのもうなずける。またゴンスの『日本美術』も邦訳が『日本美術協会報告』の一八九三年四月から翌年四月にかけて「根氏の日本美術」という題で掲載されており、浮世絵重視に対するフェノロサの批判は横浜から出ている新聞に発表された。つまり「ヨーロッパの美術史と共通する語り口」というのは、ヨーロッパの美術史とは〈共通しない〉日本の美術の特性を説明するために必要な要素だったのである。

その上で日本という国にはいかに豊かな風土と歴史があり、日本人がいかに自然を愛し優れた模倣と想像の才能と技術を持って古代（内容は古墳時代より始まる）より、美術・工芸・建築の各分野で素晴らしい作を生み伝えてきたかを、いささか自画自賛的な記述が目立つものの、精密な図版を豊富に交えて説いている。おそらくこの〈われぼめ〉的な性格とフランス語で書かれているためであろう、西欧では次章で詳述する『國華』や『真美大観』ほどには圧倒的な影響力を持たなかった。

とはいえ最初の日本美術史という、規範になった部分では無視できない部分がある。[15] まず後のトレッサンの文章に見られるように、個々の流派の傾向と歴史を詳述していること（国内的な配慮もあったのかもしれない）。西洋美術史の様式論と異なる、日本の流派別の絵師伝による歴史の記述の仕方が示されたのである。また仏語タイトルに単数の art を用い arts としなかったことも注目される（古美術館の名称は Palais des arts rétrospectifs）。同書ではおおむね各時代の一つの章内で「第三節　絵画」「第四節　彫刻」「第五節　建築」「第六節　美術的工芸」と割り振っていて、純粋美術（西洋の絵画・彫刻・建築）と応用美術（家具調度も含む漆芸・木工・金工・陶芸・染織など工芸の品）とを同じ〈美術史〉の土俵にのせている。こうした構成自体が、〈日本の美術〉の特性を伝えていた。今日の眼からすれば、日本美術史の本に長々と日本刀の鐔の流派・分派についての説明があるのは奇異に映るだろう。だが、こうした姿勢がそのまま後に見るフランスのトレッサンやドイツのミュンスターベルクなどの、ブリンクマン以後の美術史家に受け継がれたのである。

日本国内でも意義は大きかった。一九〇一年十二月刊行の『稿本日本帝国美術略史』の印刷を請け負った國華社や、日本初の美術全集と言われる『真美大観』などを出した審美書院の編集方針も合わせて、〈日本美術史〉を体系づけるための方向性が打ち出されたのである。この点についてはつとに佐藤道信氏の精緻な研究があるので、以下引用しながらまとめると、[16]明治二十年代（一八八八年以降）に「「日本美術史」のイメージを演出したメディア」として「モノ（作品）・言説（ことば）・図版（複製ヴィジュアル）・指定（権威）」があり、またその構築のための「四つのルート」として「一　官製の「日本美術史」」すなわち『稿本日本帝国美術略史』やその日本語原稿、一九一〇年の日英博覧会に出品された『特別保護建造物及国宝帖』、「二　美術研究誌「國華」」、「三　審美書院刊行の一連の全集類」「四　個人著作の「日本美術史」」があった。

これを欧米側から見ると次のようになろう。モノを実見する機会がきわめて少ない、しかも贋作の疑いもある。そして知悉の西洋美術の概念では説明しがたい作品がある。こうした場合に、質の高いカラー図版も含む、西洋の言語でわかりやすい説明のある日本人による日本の美術についての言説が、大きく権威として機能したのである。

第3章

日本美術・工芸史研究のための史料

――英文併記『真美大観』と英文版『國華』の意義――

海外での日本美術研究に精通していた矢代幸雄は、『國華』六〇〇号記念号（一九四〇年十一月）で、「欧米に於ける東洋美術研究の第一資料を提供した宝庫は正に國華とそして審美書院出版物であったと云っても過言でなく」[1]と、この二社による影響の大きさを強調している。[2] 矢代の言葉が大げさでないのは、大英博物館学芸員のビニヨンの文章からもわかる。前記『極東の絵画』によれば、大英博物館では『國華』の図版を切り離して流派と絵師別に分類しファイリングして学徒に役立てていたという。[3] たしかに同時期の売立て目録などにも、図版は挿入されていたが、この二社のものの美しさはそれらを遥かに凌駕していた。

『國華』六〇〇号記念号では、歴史学者の辻善之助（一八七七—一九五五）もその質の高さを誇っている。

而して其の芸術品の複製に至つては、単に妙品傑作の紹介たるに止まらずして、その木版色摺の如きは、優に一個の芸術品である。それと共に、この複製によつて芸術品の保存維持の用をも兼ねるのであつて、國華は実に縮小博物館の観を呈し、吾人は國華六百冊を展観することによつて、ひろく東洋芸術の精粋を一堂の中に陳列観賞することができる。[4]

『國華』では一九〇四年の九月号から、コロタイプで下摺をして立体感を表現しその上から木版によって色摺をするという方法を、古画の墨の濃淡の表現や彫刻などの彩色摺に用いたという。[5] 図版自体が「一種の美術品、鑑賞対象となることが創刊当初から期待されていた」のであり、経営が厳しい時期には「その多色木版図版は利益を生み出すものとして重視されていた」といわれる。[6]

筆者の調査したところでも、『國華』や『真美大観』の図版を切り取ったり写真撮影したりして、資料に活用していた研究家は複数いた。その中でオスカー・ミュンスターベルクは切り離した図版を国と時代とジャンルに分けて保存しており（口絵四頁）、それを同国の専門家に貸し出したりしていた。こうしたことからも、広く視覚資料としての価値が認められていたことがわかる。実際、第一次世界大戦前に出た日本美術に関する論考の図版の大多数に、『眞美大觀』と『國華』からの図版の転載が確認できる。キュンメルと共に美術雑誌『東アジア誌』の編集に携わるヴィリアム・コーンは、やまと絵と漢画についての一九〇九年の論文「藤原光長と雪舟、彼らの作品とその時代」[7]で、図版全一八点を『國華』一一点『眞美大觀』七点で構成している。ベルリン、パリ、エルランゲンで美術史を学んだコーンの立場なら他の図版が入手できたはずだが、あえてこの二社の出版物から転載したのは画質が優れていて、当時では真贋の問題がない最上の選択であったからだと推測できる。またペトリュッチも『極東における自然の哲学』（一九一〇年）で、図版一四点のうち自身のコレクションの他に九点を『國華』から取っていた。そして『眞美大觀』や『國華』からの図版を挿入していることが、著書の価値を高める宣伝にもなっていたのである。しかし美しい図版を挿入しただけでは、海外で大きな影響は持ち得ない。そこには両社の周到な戦略があった。

『眞美大觀』（英文タイトル *Selected Relics of Japanese Art* 全二十冊）は九鬼隆一とアーネスト・フェノロサ主導により、古美術の保存と啓蒙のために京都建仁寺の日本仏教眞美協会（のち東京京橋区の審美書院内日本眞美協会）から一八九九年五月に出版された。写真は小川写真製版所で、木版色刷印刷は田村鉄之助による。発行者は田島志一（生没年不明）。刊行の第一の目的は「美術の嗜好を利用して仏教思想を喚起する」ことにあった。フェノロサは第一冊（＝巻）の序に「今や此書出てゝ、古代の美術を蒐集し、之を愛好する人々の資料に供し、〔中略〕必すや大に世人の渇望を医するに足るものあらん。余は世人の為に此書の出るを賀するものなり。」（末尾に「千八百九十九年三月十六

日　日本東京に於て　ヱルネスト、ヱフ、フエノロサ）と記している。最初の数巻は圧倒的に仏画・仏像が多かったが、三井、岩崎、住友、大倉などの財界人の協力を得て美術品の時代も分野も拡大した。日露戦争のために二年あまりの中断があり、その後京都から東京に発行所が移る。谷信一によれば十一巻からは大村西崖が写真解説を担当した。(8)

保存意識の向上と同時に海外への伝播の志も有していた。『真美大観』の第一冊の田島志一による「凡例」（一八九九年三月一日筆）には［図1—7］、「本書は日本美術を世界に紹介し、兼て斯道の研究者に最好の材料を供給せんが為めに発行す」と、明確に海外への紹介を目標に掲げた。内容も「全国の古社寺及び名門旧家の所蔵に係る絵画彫刻中より選抜」した、つまり日本人も目にしたことのなかった秘蔵の作品を明らかにし、英語での解説をつけたのである。日本真美協会と真美書院は一九〇四年のセントルイス万国博覧会に際して、『真美大観』で既刊十巻分と同年刊行の二巻本狩野元信の画集 *Masterpieces by Motonobu with critical descriptions*（本文は『真美大観』をほぼ採る）を初め、伊藤若冲（全一巻）、尾形光琳（全二巻）作品集の英語版を出品している。これらは欧州では一時期パリのラルー書店等で入手できた。

審美書院は一九一〇年の日英博覧会での目録(9)の作成と同時期、本格的に欧米進出を計画したようである。筆者が調査したところ、審美書院はロンドンに支店を出し、フランスでも図版やカレンダーなどの販売をしていたことがわかった。全文フランス語で『日本の古画の多色刷り木版画による複製絵画、絵葉書、メニュー、カレンダーそのほかの図版目録』*Catalogue illustré de gravures en couleurs reproduisant des peintures anciennes du Japon par la Shimbi Shoin à Tokyo*（英語版では *An Illustrated Catalogue of single sheet pictures post Cards, menu-Cards, and calendars*）というカタログをこの年に出している。発行は「東京の美術印刷会社、審美書院」で、「著名な古画」「一九一一年のカレンダー」「絵はがきと

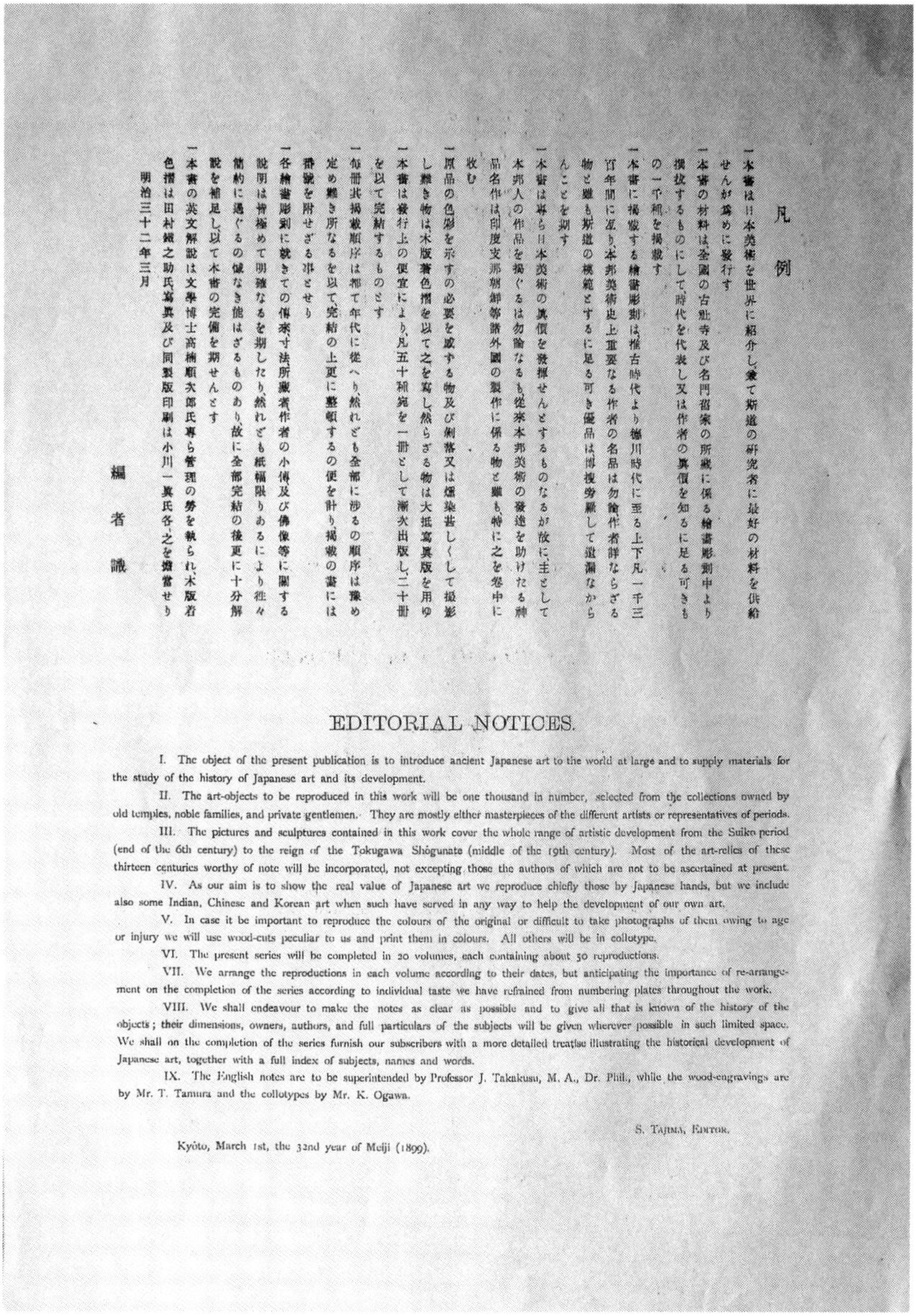

凡例

一本書は日本美術を世界に紹介し、兼て斯道の研究者に最好の材料を供給せんが爲めに發行す

一本書の材料は全國の古社寺及び名門舊家の所藏に係る繪畫彫刻中より撰抜するものにして、時代を代表し又は作者の眞價を知るに足る可きもの一千種を掲載す

一本書に掲載する繪畫彫刻は、推古時代より徳川時代に至る上下凡一千三百年間に亙り、本邦美術史上重要なる作者の名品は勿論作者詳ならざる物と雖も斯道の模範とするに足る可き優品は博捜旁羅して遺漏なからんことを期す

一本書は專ら日本美術の眞價を發揮せんとするものなるが故に、主として本邦人の作品を掲ぐるは勿論なるも、從來本邦美術の發達を助けたる神品名作は印度支那朝鮮等諸外國の製作に係る物と雖も、特に之を卷中に收む

一原品の色彩を示すの必要を感ずる物及び剝落又は煤染甚しくして撮影し難き物は、木版着色摺を以て之を寫し、然らざる物は大抵寫眞版を用ゆ

一本書は發行上の便宜により、凡五十種宛を一冊とし、漸次出版し、二十冊を以て完結するものとす

一每冊共掲載順序は都て年代に從へり、然れども全部に渉るの順序は豫め定め難き所なるを以て、完結の上更に整頓するの便を計り、掲載の畫には番號を附せざる事とせり

一各繪畫彫刻に就きての傳來、寸法、所藏者、作者の小傳及び佛像等に關する説明は皆極めて明確なるを期したり、然れども紙幅限りあるにより往々簡約に過ぐるの憾なき能はざるものあり、故に全部完結の後更に十分解説を補足し、以て本書の完備を期せんとす

一本書の英文解説は文學博士高楠順次郎氏專ら管理の勞を執られ、木版着色摺は田村鐵之助氏、寫眞及び同製版印刷は小川一眞氏各之を擔當せり

明治三十二年三月　編者識

EDITORIAL NOTICES.

I. The object of the present publication is to introduce ancient Japanese art to the world at large and to supply materials for the study of the history of Japanese art and its development.

II. The art-objects to be reproduced in this work will be one thousand in number, selected from the collections owned by old temples, noble families, and private gentlemen. They are mostly either masterpieces of the different artists or representatives of periods.

III. The pictures and sculptures contained in this work cover the whole range of artistic development from the Suiko period (end of the 6th century) to the reign of the Tokugawa Shôgunate (middle of the 19th century). Most of the art-relics of these thirteen centuries worthy of note will be incorporated, not excepting those the authors of which are not to be ascertained at present.

IV. As our aim is to show the real value of Japanese art we reproduce chiefly those by Japanese hands, but we include also some Indian, Chinese and Korean art when such have served in any way to help the development of our own art.

V. In case it be important to reproduce the colours of the original or difficult to take photographs of them owing to age or injury we will use wood-cuts peculiar to us and print them in colours. All others will be in collotype.

VI. The present series will be completed in 20 volumes, each containing about 50 reproductions.

VII. We arrange the reproductions in each volume according to their dates, but anticipating the importance of re-arrangement on the completion of the series according to individual taste we have refrained from numbering plates throughout the work.

VIII. We shall endeavour to make the notes as clear as possible and to give all that is known of the history of the objects; their dimensions, owners, authors, and full particulars of the subjects will be given wherever possible in such limited space. We shall on the completion of the series furnish our subscribers with a more detailed treatise illustrating the historical development of Japanese art, together with a full index of subjects, names and words.

IX. The English notes are to be superintended by Professor J. Takakusu, M. A., Dr. Phil., while the wood-engravings are by Mr. T. Tamura and the collotypes by Mr. K. Ogawa.

S. Tajima, Editor.

Kyôto, March 1st, the 32nd year of Meiji (1899).

図 1-7　審美書院『真美大観』第一刷凡例

英文では S. TAJIMA の署名と 1899 年 3 月 1 日稿の記載がある。

絵入りメニュー」の三部に分け、古画はすでに『真美大観』に掲載されたもので、「仏教絵画」「花鳥画」「風景画と人物画」「風俗画」の四種類に分類している。絹地に印刷する場合と紙の場合など、それぞれ値段も記載している。全体としては西洋人の好みを考慮したのであろう、華やかな花鳥画や人物画が多い。[10] 審美書院は日英博覧会の後、西欧各地で出版物を披露することもしていた。その紹介として、「フホシツエ、ツアイトウング」（ベルリンから出ていた *Vossische Zeitung* 紙のこと）が取材した記事の翻訳を、自社の雑誌『美術之日本』に写真付きで掲載している。それによれば千枚ほどの図版が「一枚々々に陳列され、種属に頒ちて、一団を成せり[11]」という展示の仕方であった。これをもって美術展覧会と思わせるほどに質が高かったといわれる。オットー・キュンメルは、審美書院の出した複製をしばしば絶賛し、そのうちの一本は『美術之日本』で紹介された。「土佐派の巻物」の真品が稀少であることから「此の非常に興味有る日本画趣味の智識を得んが為めには、吾人は只々審美書院の出版を待つより外はないのである。此出版が一度世に出たならば土佐巻物に対する笑ふべき誤解は忽ちに影を屏めるであろう《ママ》[12]」。まさに複製芸術がオーラを宿して、受容を拡大せしめたということになる。

なお『真美大観』は美術全集であるが、今日の美術全集のように一巻から時代順に年代をおって編集されているのではない。各巻で古代から近世まで仏像や器物であれば写真、絵画であれば精巧なコロタイプ印刷の図版が並んでいる。従って以前の巻でモノクロで紹介されていた絵巻などの作品の別の部分が、再度木版刷りのカラー図版で紹介されていたりする。さらに豪華で編年体の『東洋美術大観』*Selected Masterpieces from the Fine Arts of the Far East* 全十五冊も刊行しているが、こちらは図版が前半では『真美大観』と重なるものも多く、高価で大戦も挟んでいるためか欧米での所蔵は多くない。[13] もっともさすがに大英博物館では通年史としての便利さからも所有していた。[14] またパリの日仏協会図書室でも『真美大観』と、英語版の『東洋美術大観』を十二冊までであるが両方備えていた。

今日では複製による受容は美術史では邪道と蔑視される。しかし『真美大観』や『東洋美術大観』ならではの鑑賞の醍醐味があることも、否定できないであろう。小川一眞撮影のアングルやライティングに工夫が施された仏像写真は、それ自体に写真表現としての魅力がある。[15] 各冊での美術品の並びは制作年代による。コロタイプ写真版と木版の技術は大変高く、日本の古美術のイメージ形成に影響があった。[16] 日英語での解説は丁寧で、寺社縁起、作者、制作方法、特徴を記述。英語ではwood-cut、collotypeの区別も書く。美術館という大きな空間の中でのガラスケースと照明を通しての鑑賞とは、そもそも体験の質が異なる。大型の判で厚手の和紙を袋とじにした形状から、時間をかけて一枚一枚、一点一点それ自体が美術品としての価値を持つ図版によって、作品をいつくしむことになる。まずは半透明の頁に書かれている解説を読み（上が邦語、下が英語）、しなやかな和紙をゆっくりめくると、そこに仏が一体ほほえんでいるのに出会う。ことさらドラマティックな陰影をつけているわけではないが、非常に精緻な写真が手の表情までとらえていて、キャプションになる文字や背景がないこともあり、あたかもくつろいだ空間で向き合っているような気分になる。彫刻にしても絵画にしても実物大で作品全体がわかるのとは異なる。が、仏像などはもとより正面性の強い造形であるため、小型の飛鳥仏が一体のみある頁などは、ロシア正教のイコンにも匹敵するインパクトがある。あえていえば、対象との親密な対話を可能にしてくれるのが『真美大観』や『東洋美術大観』の図版なのである。

絵画についても同様で、実際に『東洋美術大観』英文版の初版と再版とを見たところ、絵巻物など細い描線が繊細に複製されているために、大勢の人物や動物の表情も、かすかに描かれた水の流れも一つ一つよくわかる。多色の木版の図版では時に濃彩のくどさが出るが、剥落や皺の跡などものこしながら、絹地の表現まで詳細に伝えてくれる。屏風絵や襖絵の場合、各面と長くした頁の紙の折りとを合わせていたりする。審美書院はまた、雪舟の《山水長巻》も一九〇九年に復刻し、桐の箱に収めた巻物の体裁で海外に出している。さすがに墨の色つやまでは伝わらない。しかし筆勢は十分に味わえる。そして実際に手に取った者は、西洋とは逆に右から左へと次々に出てくる、緩急に富んだ筆づかいによる風景の変化を楽しんだことであろう。

そして『真美大観』と同様、海外で多大な影響を与えたのが、東洋美術雑誌『國華』の英語版 *The Kokka, An Illustrated Monthly Journal of the Fine and Applied Arts of Japan and other Eastern Countries* である。一八八九年に岡倉天心、高橋健三（一八五五―九八）らが創刊[17]。シカゴ万博と一九〇〇年のパリ万博に出品して受賞している。一九〇一年から、高橋の甥でもある瀧精一（節庵、一八七三―一九四五）が編集主任。論文のほかに丁寧な図版の作品解説がある。すでに一九〇二年一月号より、英文を適宜挿入していた。このときの英文での説明に依れば、英語解説は高等商業学校の Sueta Takashima（高島捨太、一八六四―一九一二）の草稿を海軍機関学校の C. M. Bradbury 博士が担当した[18]。『國華』の刊行目的としては、一、東洋美術の特性を明らかにし、二、往時の名品によって与えられた発見から考古学的調査を奨励し、三、純粋美術と産業美術の将来的発展を助成することであった。そして一九〇五年の社内改革によって、瀧が十二年越しの念願であった英文版を七月号から出すに至った。高橋健三は一八八九年から九二年まで内閣官報局長職にあり、在任中の八九年に半年ほどフランスとベルギーを訪問している。四月に日本美術商のビングと会い、主催した「日本版画展」も訪れた。当然、ビング刊行の三言語版のある『芸術の日本』も見たことであろう。『國華』の創刊はこの年の十月であるから直接の影響関係はないにしても、将来的に欧米の言語での出版がこの機会に意図された可能性はある。英文版での翻訳については目下『國華』編集部でも情報がないが、その後さらに、図版解説にフランス語の翻訳を加えるなどの改良を加え、一九一八年六月に終刊になっ

図 1-8　英文版『國華』の第 1 号表紙

The Kokka, No. 182, 1905.（国立ギメ東洋美術館図書館所蔵）本書口絵 p.2。

た。おそらく第一次世界大戦の戦況が厳しくなり、ロンドンの事務所の方が立ちゆかなくなったのであろう。これもまた、第一次世界大戦による海外での日本美術研究の中断の一つである。

英文版『國華』［**図1―8**］では一号目の序文で、発刊の意義を説明している。すなわち、日本は今や軍事力によって賛辞を得る国になったが一方で黄禍論なども発生している。日本は穏やかな気候風土と豊かな自然に恵まれ、日本人は美に対する高い意識を持つ。武力での成功のみならず平和な活動によっても賞賛されるべきである。美術・工芸は、一三〇〇年前から明治天皇の今日までたゆまぬ変遷を遂げており、ことに絵画と装飾芸術の分野ではめざましい活動をしている。それを広く海外に知らせて彼地での研究に役立てる、という。

内容は基本的には日本語原本の同じ号を踏襲していたが、國華社広告に「外人の我美術を研究する者の為め系統的なる知識の誘導を努めんとす」とあるように、主要な論文は外国人向けに改変ないし再構成されたものが多い。中でも主幹の瀧精一の英語論文は大きな影響力をもった。

ここで瀧の経歴をおさえておく。瀧精一は一八七三年に日本画家の瀧和亭の長子として生れ、東京帝国大学文科大学を卒業、同大学大学院に入学し美学を専攻。東京美術学校、京都帝国大学、東京帝国大学等の講師を経て一九一四年には東京帝国大学教授に任ぜられて、美術史学の講座を担当した。日本美術史の他支那絵画史、印度仏教美術等を講述し、「美術史学の基礎を確立した」[19]といわれる人物である。瀧は一九〇〇年から二年間、帝室博物館列品英文解説に関する事務の嘱託となり、『國華』の編集に従事した（一九〇一年二月号より主幹）[20]。英語版の最初の巻から四回連載で掲載した「日本絵画の特徴」"Characteristics of Japanese Painting"（一八二号、一九〇五年七月—一八五号、一九〇五年十月）は、Part IV で日本の絵師に遠近法と明暗法への配慮がないと「西洋の学徒」[22]が批判したことに対して反論していることからもわかるように、アンダーソンを初めとする欧米での蔑視に対する異議申し立てと独自性のアピールとが意図されていた。自著『東洋絵画に関する三つの論』[21] *Three essays on Oriental painting* の序文で自身の英文原稿の添削を東京商業学校の高島教授と東京師範学校のスイフト教授に頼んだ由、書いていて、『國華』でも少なくとも瀧の論に関しては同様の執筆と添削が行われたと推測される。

審美書院が海外マーケットに積極的だったのは先に見たが、瀧も個人で尽力した。日英博覧会のあった一九一〇年には、ロンドンで先述の英文の『東洋絵画に関する三つの論』を上梓し、一二年九月から東京帝国大学の教官として一年間インド、エジプト経由で西欧各国とロシアを回り、自己研鑽と同時に影響力を広めていった。瀧の西欧での活動の一例を挙げる。一三年、『巴里日仏協会誌』七月号に瀧精一講の演筆録「日本の絵画の二大潮流、やまと絵と漢画」[23]が掲載された。同筆録の脚注には、一九一二年十二月二十六日に巴里日仏協会図書館で懇親会の招待を受けた瀧が、その後五月に礼状と共に英文の同論文を送ったことが説明されている。

こうした日本側からの展示、複製と言葉による情報は、輸出中心のジャポニスム時期とは異なる日本美術と工芸の魅力を伝えた。そして受け手のジャポニザンたちは今度は自分たちの言葉で、自分たちのメディアで広めようとしたのである。そうした動きを第二部以降で見ていくことにする。

第二部

ジョルジュ・ド・トレッサン

陸軍将校が日本美術研究家になるまで

第1章

トレッサンの生涯

ジョルジュ・ド・トレッサン Georges-Antoine-François-Ludovic de la Vergne de Tressan（一八七七―一九一四）が残した膨大な文章（著書、論考、手紙）を読んでいくと、はっきりと宣言はしていないが、指針になっていたいわば〈使命《ミッション》〉のようなものがあったことがうかがえる。すなわち軍人として祖国フランスのために献身すること、家族を思いやることがあり、日本美術史家としては次の三点が挙げられる。

・日本の美術の歴史で、これまでフランスで知られていなかった古代から十五世紀までの作品について、その背景も合わせて伝えること。
・日本刀の鐔について、不十分な従来の鑑定に替えて、新たに歴史や流派、技術や意匠について明らかにすること。
・浮世絵について製作の過程、絵師の銘や花押、絵入り本の奥付を読み取るための情報も含む総合的な事典を作成すること。

トレッサンは随所で、欧米の他の国に比べてフランス人の日本美術愛好家は、数名を除いて審美的な傾向が強いことを示唆的に書いている。また鑑定が不正確であったことも指摘している。そこで自らは、審美的な喜びは育みつつも、より学究的に取り組もうとしたわけである。であれば、当時すでに研究が進んでいた分野である陶磁器類（東インド会社によって大量にもたらされていた）や、浮世絵の個々の絵師の伝記、フェノロサも認めたゴンスが紹介した琳派については通史には入れてはいるが、個別の論考は書かなかった。応挙や光悦など江戸時代の絵画は、鐔の文様の研究に組み込まれている。もっとも第一次世界大戦がなければ、これらについても書いていた

図 2-1　トレッサン肖像写真
1933 年のコレクション売立てカタログの口絵写真に用いられた。
（1914 年にレンヌで撮影）

かもしれない。

三十七年の生涯ながら、刊行予定も入れると三冊の著書と二〇本以上の論考を著した。論文の他展覧会図録を執筆し、書評を書き、コレクションの売立てカタログも作成した。なぜこのような研究が可能になったのか、その生涯と、コレクターや編集者たちとのやりとり、彼に直接間接に刺激を与えた三人の美術史家のミュンスターベルク、ペトリュッチ、ジョリの活動を以下見ていく。

1　軍人として

ジョルジュ・ド・トレッサンは、代々軍人の侯爵家に生まれ陸軍将校であった[1]［図2―1］。まずトレッサンの軍人としての経歴から見ていく。

日本の読者にわかりやすくトレッサン、と本書では呼んでいるが、正確にはド・ラ・ヴェルニュ・ド・トレッサンという苗字で、名前はジョルジュ・アントワーヌ・フランソワ・リュドヴィクである。苗字に「ド de」があると貴族階級に属するというのはよく知られているが、中でもド・ラ・ヴェルニュ・ド・トレッサンのように「ド」が二度付くのはそれだけ格式の高さを表している。一族の起源は中世にまで遡り、紋章は銀地に上部が赤、三つの金色の貝が並ぶ。先祖に軍人でアカデミー・フランセーズの会員でもあったルイ・エリザベート・ド・ラ・ヴェルニュ・ド・トレッサン Louis-Élisabeth de la Vergne, comte de Tressan（一七〇五—八三）伯爵がいる。十三歳の時に五歳年下のルイ十五世の友人に選ばれ、中世の騎士道物語を同時代に蘇らせ、ヴォルテールらの『百科全書』の編集に携わり、軍人としては元帥にまでなった名士である。

ジョルジュ・ド・トレッサンは一八七七年五月三日に、パリ西のサンジェルマン・アン・レで生まれた。軍人貴族は領地を所有せず、配属部隊が変わるごとに転居する。ヴェルサイユはもちろん宮殿で有名だが、サンジェルマン・アン・レも十二世紀以来王家の離宮の城があり、一時的に居住していたのであろう。父は騎兵佐官アンリ・アントワーヌ・ジェラール Henri Antoine Gérard（一八四五—一九一二）で、母はド・ラ・ムーセ家のベルト・イザベル Berthe Isabelle de la Moussaye（一八五七—?）である。トレッサンの父はパリ生まれで結婚後ヴェルサイユに転居しているが、アフリカやドイツにも遠征している。一八八八年にレジオン・ドヌール・シュヴァリエ章を叙勲し、九五年の十月に退役した。彼もまた文人であり、祖父の伯父（叔父か）にあたる先述のトレッサン伯爵について『ルイ・エリザベート・ド・ラ・ヴェルニュ・ド・トレッサン伯爵の思い出』の著書がある。(2) ジョルジュには兄弟がおらず、慣例に倣い一九一二年の一月八日に父が亡くなる迄は「ド・トレッサン伯爵」、その後は「ド・トレッサン侯爵」と署名している。

フランスでは軍人に関するアーカイヴが整っており、トレッサンについても経歴や外観、性格まで陸軍の文書から辿ることができる。それによればトレッサンの身長は一メートル七一センチ。金髪碧眼である。これはカラー写真のない時期の本人確認のための情報でもある。性格は軍人としての資質を見るための表現になり、トレッサンについては公明正大、勤勉かつ几帳面にして柔軟な精神の持ち主、軍人としての適性は十分と記されている。父同様陸軍の軍人となるべく教育を受け、一八九八年十月にサン・シールの陸軍士官学校に入学。二年後の八月に五五二人中一二三番の成績で卒業している。まずまずといったところだが、歴史科目は満点という希有な出来映えであった。大学入学資格（Baccalauréat classique）は文系で取得している。自身の回想によると、この年すなわち一九〇〇年のパリ万国博覧会の折に、日本の美術に魅せられたという。同年十月に少尉に任命。当時所属していた第三十九歩兵連隊はヴァンセンヌに駐屯し、まだ任官したばかりなので営内に居住していたと考えられる。二年後に中尉に任命され、パリ北のルーアン市の部隊に赴任した。この頃から日本刀の鐔の蒐集をはじめている。

一九〇四年八月三日に、クリスチーヌ・ファニ・マチルド・エレオノール・ノエル・モリヨ Christine Fanny Mathilde Eléonore Noël（Noëlle）Morillot（一八八二—一九六三）と結婚。秋から一年余り『植民地雑誌』に、アフリカの歴史・地理・風土及びフランスの侵攻について地域別にきわめて詳細な論文「フランスのアフリカ侵攻　その特質と成果」[3]（一五回連載）を連載している。驚くべきはその傍ら『日本美術論』を準備していたことである。一九〇五年頃は予備軍人で任務は殆どなかったはずだが、それにしても大変な筆力である。執筆経緯については後に詳しく見ていくが、一九〇五年一月から連載していた日本の絵画史に関する論考が、この年の秋に加筆の上『日本美術論　絵画と版画』として、さらに翌年に続編の『日本美術論　彫刻と彫金』が出版された。執筆の動機については資料がないが、一九〇四年二月に始まった日露戦争と関連づけるのは難しいだろう。〇五年の秋から翌年にかけて、ノルマンディー地方の最北のウー市に赴任し、〇六年春に巴里日仏協会に入会。その後ルーアンに戻っている。

この二度目のルーアン赴任の時に、明治天皇の従弟に当たる帝国陸軍少佐（一九〇四年十一月より）梨本宮守正王（一八七四―一九五一）が、三十九連隊に研修生として所属。守正王は一九〇三年にすでにフランスに留学していたが、日露戦争前に帰国し、〇六年に再度渡仏した。トレッサンの母校でもある陸軍士官学校で学び、ルーアンの部隊の半年の演習に参加したのである。但し「Tada伯爵」という変名を用い樋口陸軍中佐を従えての参加であった。歩兵将校で同年代のトレッサンが、御側付きとして親しくした。トレッサンの住居にも招かれたという。トレッサンの鐔のコレクション・カードには、一点について銘の読み方を梨本宮に教えていただいた由、メモがある[4]［**図2―2**］。トレッサン家には梨本宮の離仏に際して、皇室ゆかりの剣一振りと菖蒲の刺繍の施された絹のおそらくは掛け袱紗二枚、日本の風景写真帖（『敷嶋美観』一九〇六年再版の下巻のみ残っている）が贈られたと伝えられている。守正王は一九〇九年に、日本から伊都子妃を招き欧州歴訪後帰国した。同年三月二十日にパリの国立陸海軍軍人クラブで日仏協会主催の守正王を囲む昼食会が開催された。このときトレッサンも招待されていたが、欠席したことが『巴里日仏協会誌[5]』に記されている。

皇族軍人の御側役の将校は日本政府から叙勲されており、トレッサンも一九〇七年十二月二十八日付で、日本政府から旭日章五等の叙勲が決まる。「右、本年四月守正王殿下隊附御服務中上官ノ命ニ依リ、特ニ殿下ニ附属シ終始誠実熱心ニ殿下ノ御便益ヲ計リ奉リタルノ功績顕著ナリ[6]」というのが理由である。但しフランス政府の方から受勲の許可が得られたのは、三年あまりもたった一九一一年の二月二十七日になる。

一九〇七年の九月には演習中に右の腰部肉離れを起こしている。この間は日本関係の著作はない。が、〇九年の春から猛烈に発表し出す。この年の秋にパリのアンヴァリッドにある陸軍大学校（一八七六年創立）に入学。大

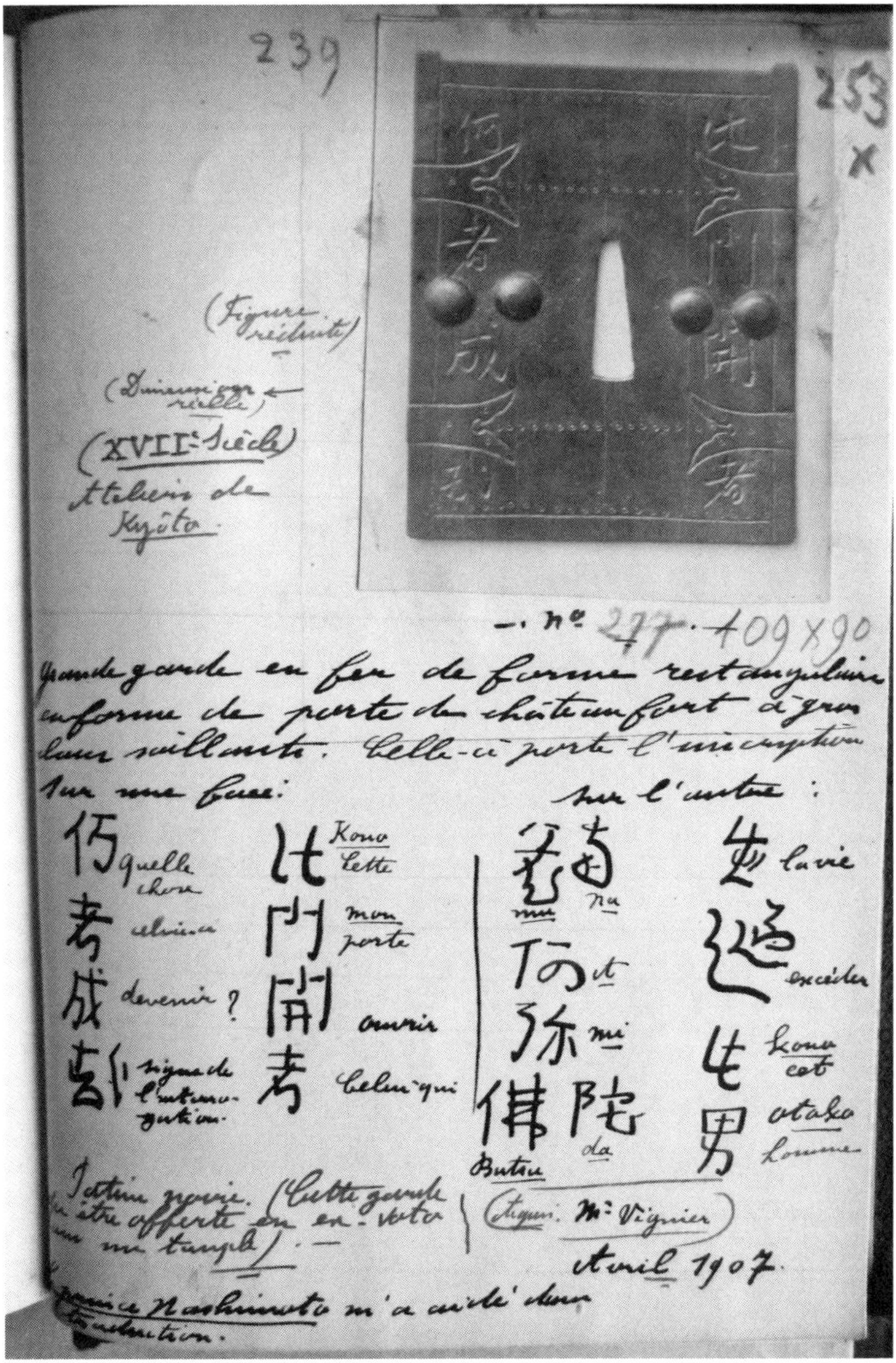

図 2-2　トレッサンの鐔のコレクション・カード
17 世紀に京都で製作された鉄鐔。1907 年 4 月に入手。左下に梨本宮からの教示があったことを記している。

学校のすぐ南の十五区に住む。さらに兵役短縮者の教育小隊の教官を担当した。学生は大学入学資格を有していたり師範学校学生であったりするため、下士官教育の指導は難しくなかっただろう。知的で苦労の少ない任務である。実際の教練や生活指導は教官の一人である軍曹が担当し、小隊長でもある中尉の負担は少なかった。とはいえトレッサンの遺品には講義ノートや、学生たちの成績の控えもあり、職務は勤勉に果たしていたようだ。その後陸軍大学校からの出向期間を得て国際政治の研究をし、これで卒業資格を得ている。

一九一二年秋に、ブルターニュ地方のレンヌにあった第十軍団四十一連隊に配属。レンヌは日本風にいうと、イル＝エ＝ヴィレーヌ県の県庁所在地になる。(7) 同市は一八五七年にパリへの鉄道が敷かれ、九七年に市電も開設していた。コロンバージュと呼ばれる木造のローカルな様式の建築も残る一方で、新古典主義を発展させた石造の市庁舎などの公共建築が建てられ、一九〇一年から市内の電化が進められていた。地理的に軍事の要の位置にあり、第十軍団の他第十九師団、第十砲兵旅団司令部などが置かれていた。トレッサンが所属していた第四十一歩兵連隊は、大革命前までは「王妃の連隊」として有名であった。現在レンヌ市には「第四十一歩兵連隊街」という通りがあり、プレートには「レンヌの連隊」という但し書きが付いている。街には多くの兵舎や軍用施設があり、トレッサンと家族の住まいのあったサン・テリエ街には、軍事裁判所や軍用の糧食庫があった。近所には軍関係者が多く住んでいたであろう。なにしろ駐屯地としておよそ五〇〇〇人の配属があり、一九〇六年の統計では平時に歩兵連隊で約一六〇〇人、砲兵連隊で約一二〇〇人を数えたほどであった。

トレッサンは一九一二年末の手紙で、「レンヌ第十軍団司令部研修生トレッサン中尉」と自身の肩書きを説明している（ギメ美術館のおそらくは学芸員のアッカン宛、一九一二年十二月十八日付）。一三年六月に大尉に任官。この陸軍第十軍団での昇進のために、前年に書類を整えていたことを手紙に記している。陸軍士官学校卒、陸軍大学校修了という幹部候補の学歴を有していて、ドレフュス事件のアルフレッド・ドレフュス大尉 Alfred Dreyfus（一八五九―一九三五）程のエリートコースは辿っていないが[8]、まずまずの昇進といえよう。一九一三年の末頃ギメ美術館宛の手紙に「リョテ将軍ついでソルデ将軍（「騎馬の名人」）、デフォルジュ将軍（第十軍団指揮官）の副官を務め、レンヌの第四十一連隊の大尉を二年の任で目下務めております」と書いている。これは一九一二年から当時第十軍団長であったソルデの副官（副官は出向者の尉官がなる秘書役の事務担当武官）に就き、ソルデからデフォルジュには一九一三年の五月に切り替わったことを意味する。後のリョテ元帥 Louis Hubert Gonzalve Lyautey（一八五四―一九三四、アカデミー・フランセーズ会員）はモロッコを初めとするアフリカの植民地支配に貢献したことで知られているが、一二年に第十軍団の指揮も担っていた。トレッサンの父の友人でもあり、幼少期より可愛がっていて、三三年にトレッサンのコレクションの売立てがあったとき、そのカタログに前文を寄せている。

ここでトレッサンの社会的な立場を、当時の一般的な傾向と比較してみよう。『もし私たちが一九一三年に生きていたなら』という本が二〇一四年に出た[9]。二〇一三年の夏に、ラジオでシリーズとして放送された原稿をまとめたものである。全三〇項目で、「農夫」「パン」「ストライキ」「住居」「有産階級」「映画、ファンファーレ、スポーツ」等がある。このうち主に「死と生」「城の生活」「フランスの社会での軍隊」の項に依って見ると、以下のような状況が見えてくる。

一九一三年は、現在から見て遥かに軍人の数が多かった。一八七一年より兵舎などの軍隊関連の施設の建設も相次いだ。将校だけで三万人以上いて、三分の一がサン・シールの士官学校か、エコール・ポリテクニックの出身であった。給金はトレッサンの最初の階級である少尉で三五〇〇フラン、当時の階級の大尉で五二〇〇フラン。小学校の教員で一一〇〇から二四〇〇フランだったというから、かなりよい。但し現在のような年五週間の休暇はない。また一九一一年には、六人に一人の師団長（陸軍少佐）が貴族であった。貴族階級は「共和国」に奉仕するのではなく、あくまでも祖国フランスに奉仕するための職として、将校を選ぶ傾向があった。トレッサン家はルイ十四世の時代にはすでに王家の軍人であったのだから、この点は異なる。転勤の多い国家公務員のような立場で、領地や領民があったわけではない。その分軍人としての自覚は高かったのだろう。

ところで当時の平均寿命は五十歳であった。乳幼児の死亡率が高く、五人に一人の子供が三歳までに命を落としたという。トレッサン家は主が亡くなっても、五人の子供が二度の大戦を越えて成人したのだから、夫人の努力は大変なものであったはずだ。一九一三年では、成長して二十歳を迎えた男性は六十三歳まで生きたという。現代の八十歳を越える平均寿命からみれば非常に早いが、トレッサンの三十七歳三カ月や、5章で紹介する日本美術史家たちと比較するならば、はるかに長い余命があったということになる。世界大戦中とその後の医療環境の劣悪さがわかる。

トレッサンは副官という立場にあって、雑事は従卒が担当するために、時間のゆとりは比較的あったようだ。しかしそうした状況も一九一四年になって一変する。ドイツ政府は八月一日にロシアに対し、三日にはフランスに対して宣戦布告した。フランスは八月一日に総動員を下令し、対ドイツ戦を想定したプラン17と称される戦争計画を発動。三日後首相ヴィヴィアンは、議会に戦争遂行のための「神聖同盟」の結成を呼びかけた。議案は全会一致で可決され、議会は全権委任の挙国一致体制を承認した。同日、ドイツ軍のベルギー侵入を確認したイギリス政府はドイツに宣戦布告し、フランスへ海外派遣軍を送ることを決定。トレッサンは翌五日には第四十一連隊のおそらく中隊長として前線に出征。その二カ月後、北部のベルギー国境の近くで消息を絶った。アラスより約六キロ南東に位置する、ヌーヴィル・ヴィッタスに土葬されたと伝えられる。最後の階級は「第四十一歩兵連隊所属の大尉（陸軍大学校修了）」になる。公報では十月四日に行方不明になっていて、その前には「四日四晩敵軍からのあらゆる攻撃を退けて一歩も譲らなかった[10]」と書かれた。このときの戦闘は「アラスの戦い」として知られる。

一九一五年の一月十五日以前に亡くなったという記載も陸軍の文書にはあるが、正式な死亡認定は五年後の一九年十月十五日になされ、十一月十九日に本籍地のカンヌ・エクリューズに送知された。戦死の場合、戦争終了後一年で失踪宣告がなされるという民法の規定通りである。これによって未亡人は遺族年金の支給手続きに入っている。だが、ここに至るまでにノエル夫人は各所に問い合わせ、その都度同じような返答、すなわちお悔やみの言葉が添えられた、集団慰霊碑が撮影された黒枠のカードを得ていた。戦死により「一九一四―一九一八の戦争戦没将士」に与えられる「二枚のシュロの葉のある戦功章」を授けられた[11]。遺体が無いために墓所はない（この点、日本と大いに異なっている）。レンヌのサン・テリエ教会の戦没者慰霊碑共同碑銘に、名前が刻まれている。

遅い死亡認定より前に追悼の辞が出ていた。皮肉なことに最初に出たのはドイツの東洋美術研究の雑誌で、トレッサンは寄稿者メンバーの一人であった。『東アジア誌』の一九一五年一―三月合併号の彙報欄で、フランスの歩兵大尉であるトレッサン侯爵が戦死したことを報じ、よい研究者を失ったことを悼んでいる。ついで巴里日仏協会の機関誌が報じている[12]。一六年四月十三日の第一六回総会報告の頁で、ベルタン会長の挨拶の冒頭で帰らぬ人となったことが告げられている。筆者が調べたところではこの報告のみ、脚を負傷して動けなくなりドイツ軍の病院に搬送され、ドイツ側によって埋葬されたことを伝えている。第一次世界大戦といえば、地上戦での延々と続く塹壕と、その周囲に死傷者が重なる映像がしばしば紹介される。機関銃と戦車による攻撃が大量殺戮をもたらし、その最初期の犠牲者となったのである。

ところでトレッサンは陸軍士官という立場にあっても、決して植民地の珍しい文物を見るまなざしで日本や日本人のことを書いてはいない。また日本美術の批評家に共和主義者が多かったことはすでに指摘があるが、彼の記述からは共和主義、それに対立したカトリック・王制派などのイデオロギーも読み取れない。もちろん日本を理想郷や歓楽の国と見なしているのでもない。あくまで客観的記述を心がけているように読める。それではどのようにして日本美術の研究に携わっていったのか、次節でその足跡をたどる。

2　日本美術研究家として

トレッサンは軍務の合間に鐔のコレクションをし、日本の美術や工芸について学び、展覧会の図録やコレクションの売立て目録の作成までしていた。その活動を支えた家族と、第三部では取り上げない彼の日本美術研究家としての仕事をここで紹介する。

一九〇四年八月に結婚したことはすでに述べた。夫人の名前ノエルは女性の名には珍しい綴りだが、これはクリスマス（フランス語でノエル）の日に生まれたからだといわれている。十七世紀に王家の公証人であった記録のある古い貴族の家系で、父は伯爵の称号をもつ法律家で資産家であり、シャンパーニュ地方のマルヌ県の議員も務めた。住まいのビュスモンの屋敷は十六世紀に起源をもち十八世紀に再建された堂々たる建築で、トレッサンはここで休暇など過ごしていたようだ。ノエル夫人とその実家は、トレッサンの美術・工芸研究に大きな貢献をしている。〇六年の『日本美術論　彫刻と彫金』での献辞には「仕事の時間の忠実な伴侶である私の妻に本書を捧げる」とある。トレッサンの肖像写真に、ノエル夫人が母のモリヨ伯爵夫人のパリのアパルトマンの一室で撮ったものがある。一四年頃で画家（Charles Amadin Lamusse、一八七五―一九五六）に肖像画を作成してもらっている最中を撮影しており、背景には白い布がかけられているものの写真立てや小物が見えていて、富裕な暮らしぶりが窺える。トレッサンはレンヌに移転した後は、パリ滞在時にはこの七区のアパルトマン（現在の首相官邸の傍にある）を利用していた。

トレッサンの方でもモリヨ家に貢献している。夫人の兄に当たるオクターヴ・モリヨ Octave Morillot（一八七八―一九三一）は海軍の士官であったが、ゴーガンのようにオセアニアを描く画家として生きることを決意し、三十一歳で軍を退いた。(13) トレッサンは彼の活動を応援し、一九一一年の個展に際して美術雑誌『ラール・エ・レザルティスト』*L'Art et les artistes*（一九〇五―三九年）に批評を書いている。(14) さらにオクターヴ・モリヨがフランス領ポリネシアに属するタヒチのパペーテ、ニューカレドニアのヌメア、タハア島のチヴァなどから両親に宛てた手紙の写し（一九〇二年からの分）を譲り受けて、一二年七月一日付でジャック・ドゥーセ Jacques Doucet（一八五三―一九二九）に送った。ジャック・ドゥーセはオートクチュールの店を経営し、美術品のコレクターでメセナとしても有名であった。受け取った手紙は自身の名を冠した図書館に収め、現在国立美術史研究所ＩＮＨＡ図書館でマイクロ・フィルム版を閲覧することが出来る。トレッサンの育ちの良さが伝わる文面なので、次に引用する。モリヨ家のビュスモン館のファサードがレターヘッドになった用箋に書いてある。

一九一二年七月二十一日

拝啓

私の義兄で現在タハー（タヒチ傍）におります退役海軍将校の、オクターヴ・モリヨの書簡をお送りする非礼をお許しください。この手紙は彼の芸術的創造の真の記録になっています。私はすでに『ラール・エ・レザルティスト』誌に記事を発表いたしました（一九一一年八月「輝けるタヒチ」）。貴殿が現代の画派や「印象派」と呼ばれる画家たちに関心のあることを知って、お許しいただけると思いました。

目下私は義母のモリヨ伯爵夫人の田舎の領地におります。七月二十二日の月曜日には、第十軍団ソルデ将軍の副官としての任務の待っておりますレンヌに戻ります。

敬具　トレッサン侯爵　レンヌ、サン・テリエ街八〇番地

一九一二年の初めから翌年に掛けては発表原稿の数が多く、中国や中近東の絵画についても書いている。もっとも中近東については美術雑誌『ラール・エ・レザルティスト』の特別号のためにのみで、主にルーヴル美術館の学芸員でこの分野の専門家であったミジョンの著作から情報を得てまとめている。やはりトレッサンの関心は日本の美術や工芸品に向いていて、それをより広く深く正確に知るために他の広義でのアジアの美術の知識は必要であったし、まとめることが求められたと考えられる。

ちょうどトレッサンと同世代の格式の高い貴族で陸軍将校という人物が、マルセル・プルースト Marcel Proust（一八七一―一九二二）の『失われた時を求めて』（一九一三―二七年）に登場する。フィクションとはいえモデルが指摘されており、プルースト自身の従軍体験にも基づいているので信憑性はある。小説では、サロンなど社交界でのダンディぶりや女優との親密な交際といった、華やかな生活が描かれている。しかし軍人貴族であったトレッサン家は経済的に特に恵まれているとはいえず、暮らしぶりもごく地味であったようだ。コレクションの売立てカタログを見ても、当時人気があったり日本からの輸出が制限されたりした結果、高値が付いた作品はあまりみら

れない。残された書簡を見るとユダヤ系のブルジョワジー、庶民階級の美術関係者、フリーメーソン会員など交友関係は幅広い。自身の出自と役割を肯定的に受け入れて、どのような立場の人々とも公平に接することが出来たのであろう。日露戦争後に欧州で日本の武力による侵攻を懸念して黄禍論が広がったときにも、その態度に変化があった様子はない。このあたりは陸軍所属の方が、かえって日本の軍備や外交について冷静でいられたということだろうか。アフリカについての記事でも淡々と(延々と、でもある)地理的民俗学的情報をまとめるにとどめており、帝国主義的な態度は全く見られない。日本については当時民俗学的な関心から、アイヌについての研究レポートがかなりあった。これはアフリカやアメリカの先住民族とほぼ同じ扱いである。しかしトレッサンはこうした興味もなく、日本をヨーロッパの国々に対してと同じ目線でとらえて、美術的な表現を理解しようと努めていた。

ノエル夫人は残された写真の姿や子孫の話によれば、大柄な女丈夫であった。第一次世界大戦中は、赤十字の看護師の任も果たした。一九〇六年の五月に長女フランソワーズ、〇七年八月に長男のミシェル、〇八年十月次女のベランジェール、一〇年六月次男のアントワーヌ、一二年七月三女のイザベルが誕生していた。その後五人の子供を抱えてレンヌから実家に近い(といっても四、五キロは離れているが)エトルピの館に移り、トレッサンの残した資料や全てではないがコレクションも運んだ。こちらもビュスモンの館と同様フランス語では「エトルピ城」と呼ばれているが、日本でイメージする西洋のお城ではない。最も近い街から二〇キロ近くへだたった場所にあり、一〇ヘクタールの緑地と濠に囲まれた敷地に、二階建ての木造漆喰瓦葺きの建物が三棟と小さな礼拝堂が、幾何学的に構成された中庭の四方に立っている。外装も内装も、革命期の総裁政府時代の様式であるディレクトワール・スタイルを残している。一四年九月のマルヌの戦いの折に、相当な被害を受けていた。が、レンヌよりましであったのであろう。

蔵書も含むコレクションは一九三三年五月二十九日から三十一日に、有名な美術品競売所のオテル・ドゥルオで競売にかけられた。その経過は『レコ・ド・パリ』*L'Echo de Paris* 紙の「アクト・エ・キュリオジテ」の欄に五月二十二、三十、三十一日、六月一日と、『ル・ジュルナル・ド・デバ・ポリティック・エ・リテレール』*Le Journal des débats: politiques et littéraires* 紙の「ラ・キュリオジテ」の欄に五月二十八、二十九、三十、三十一日と掲載された。その前年に、個人を対象に売却を図った夫人の手紙が残っている。そのために鐔のコレクションを中心に整理をし、良人の著書目録を（不完全ながら）作成している。トレッサンの夫人への謝辞や夫人の仕事ぶりから見て、良人の生前から手伝っていたことが窺える。

ドゥルオでオークションにかけられた品の内容は、目録からおおよそが伝わる。[15] 全部で六一五点のうち四七一点が鐔などの刀装品になり、産地や工房などによって三二に分類されている。陶磁器と能面、中国など東洋の陶器のほか翡翠の鉢も一点ある。浮世絵版画は一九〇九年二月の装飾美術館での「初期浮世絵版画展」に一点のみ出品（全三二八点中）。同展目録の図版にはないが、一四〇番の『源氏物語』の浮舟を描いたという奥村政信（一六八六―一七六四）の作になる。ほかにも国貞などを所有していたようだ。ただし世界的な金融恐慌のさなかにあったこともあって、残った記録からははかばかしい売れ行きではなかったと見える。

この売立て目録によれば、研究書もかなり揃えていた。一〇五点の東洋美術関係の文献には中国語とフランス語の辞書、中国語とラテン語の辞書、『國華』（一九〇五―一八年。英文版）、『刀剣会誌』（一九一三―一六年）、狩野寿信編『本朝画家落款印譜』（三巻本、大倉書店、一八九四年）、関場中武『浮世絵編年史』（東陽堂、一九一二年、ただし初版は一八九一年）、斎藤謙編『支那画家人名辞書』（二巻本、大倉書店、一九〇〇年）、高橋健自『鏡と剣と玉』（冨山房、一九一二年）、穴山篤太郎編『増補考古画譜』（全十二巻、東京帝室博物館蔵、一九〇一年）、林忠正やビングや山中商会のカタログ、デュレやヤコビーら[16]の日本美術研究の著作が含まれる。印刷関係の工場主であり、東洋美術や考古学の文献の図書館を開設することを考えて蒐集していたオスカー・ミュンスターベルクとは、もちろん雲泥の差がある。しかしトレッサンは図書館などで都合したり、研究家同士で貸し借りをしたりしていた。この点に関して、レンヌからの手紙で次のように書いている。

パリにいないのが本当に不都合です。パリではしたい仕事の道具が手に入るのだから。こうした特別な出版物は、とても高価なので購入がためらわれます。ことに私のように五人の子供のいる家族がある場合は。目下私の『國華』のコレクションを貸していて、明日にでも戻ってくるのを待っています。おそらく月末前には戻り、私の講演のためにスライド用の写真にすべき図版をお示しします。〔一九一二年十二月十八日付、ギメ美術館学芸員宛、第三部第2章を参照のこと〕

五人のところに下線が引いてあるのがほほえましい。文献の工面は日本美術研究家に共通の問題であったようで、この他ベルリンのグスタフ・ヤコビーから日本の鐔関係の書物の複製を借り、ロンドンのアンリ・L・ジョリからの手紙では基本文献の和書を手元に置いて参考にしているかどうかを、暗に問い詰められてもいる。最初の自著の参考文献のところにどこで入手できるか、もしくは閲覧できるかまで書いているのは、自らの苦労を踏まえての配慮だったのだろう。

トレッサンがレンヌからの出征の直前に、妻と子供たちに残した文章がある（一九一四年八月三日付）。その日、夫人は休暇を過ごすために、子供たちをつれてマルヌ県の実家の方に行っていた。

常に善良でいなさい。それが最も基本的なことだから。そして他人を傷つけないようにしなさい。神の前では何人も平等であり、最期の時には富人も貧乏人もいないのだということを忘れないようにしなさい。〔中略〕勤勉でありなさい。仕事が人格を形成し人となすのだから。私は希望に満ちて出発し、先祖代々からの敵に向かって進軍する。敵に対しても、何人に対しても憎しみの気持ちはないが、これは私たちのフランスを救うためであり、私のささやかな軍人としての階級の限界を尽くして専心するのみである。私はよきキリスト教徒として、そして兵士の息子として闘うつもりだ。

ソルデやリョテといった陸軍の大物に近かったトレッサンは、早くに戦争が起こること、そして自分の出征を知っていたはずだ。自分の最後の発表原稿になるかもしれない、『巴里日仏協会誌』に発表した長文の論文「新たなる日本刀の鐔の歴史研究補考」[17]の加筆訂正済み抜刷りを方々に贈っていた。第三部第5章で改めて記すが、これは和田維四郎著『本邦装剣金工略誌』（一九一三年七月）の精読をもとに、先行研究の紹介や自説も交え、さらに珍しい押形なども交えてまとめたもので、末尾に「一九一三年十二月」の成稿年月がある。同じ頃、鐔の歴史や文様に関する本もまとめ、浮世絵師と彫師の事典も完成しようとしていた。

寄贈先の一部は残っている返礼の書状からわかる。当時の欧米での鐔の研究家がわかるので、以下その中で交流関係のわかる分について解説する（ゴンスやケクランなどは省略）。すべて一九一四年に出されている。

五月二十七日付でH. Veverから。アンリ・ヴェヴェール Henri Vever（一八五四―一九四二）は宝石商で、浮世絵と鐔のコレクションでも有名であった。[18] ヴェヴェールの珠玉の鐔のいくつかを、トレッサンは自分の論文に図版として用いたこともあった。

六月二十五日付ヴィクトリア・アンド・アルバート美術館の用箋で A. J. Koop から仏文の礼状。これは第一部第1章でも触れたアルバート・ジェームス・クープ Albert James Koop（一八七七―一九四五）で、同美術館の金工を初め日本美術・工芸品のコレクションを作った人物であり、日本の人名に関する共著も出している。[19]

六月二十八日付アーサー・ハリー・チャーチ卿 Sir Arthur Harry Church（一八六五―一九三七）は、イギリスの園芸家でキュー・ガーデンに所属。園芸についての著書が多数あり、この年に『日本刀の鐔』私家版限定百部を出している。[20]

七月六日付で、チェルヌスキ美術館の用箋で同美術館学芸員のダルデンヌ・ド・ティザックから。礼と共にゴルブらの分も渡しておく由、書いている。ヴィクトール・ゴルブはロシア生まれの中国美術研究家で、チェルヌスキ美術館での仏教美術展のキュレーションに携わっていた。トレッサンはこれらの美術展の展示品を撮影し、他の美術展と合わせてベルリンの東アジア美術雑誌に記事を書いていた。[21]

七月十日付で美術書や展覧会カタログの出版で知られていた、ライプツィヒの出版社 E. A. Seemann からも手紙と献本とがある。二代目のアルター・ゼーマンからになるのだろうが、トレッサンの三月二十九日と四月六日の手紙への返事とあり、贈った論文に「図三」として、同社から出したモスレのコレクションの図録から一点を掲載している。あらためてゼーマン側から『モスレの日本美術コレクション』を献本するとある。[22]

七月十一日付大英博物館の書籍部門の G. Barnick から。受取り状で、バーニックは日本美術・工芸とは直接関わりがないと推定されるが、詳細は不明である。

ニューヨークのメトロポリタン美術館から七月二十日付で、Bashford Dean の礼状が来ている。バッシュフォード・ディーン（一八六七―一九二八）は魚類を専門とする博物学者であり、かつ中世の武具のエキスパートでもあり、メトロポリタン美術館では武具甲冑の名誉学芸員であった。トレッサンは『東アジア誌』（一九一四年一月）への論考で、「図五」として同美術館所蔵の鉄鐔を載せていた(23)［図3―23］。そうした縁からであろう。

一九一四年の末には単行本として、『日本の彫金　鐔の意匠』が出版される手はずになっていた。鐔八〇点の図版が含まれ、それまでのトレッサンの鐔研究の集大成になるはずであった。美術系出版社のヴァネストから出版されることが決定していた。ヴァネスト社は一九〇四年にジェラール・ヴァネスト Gérard Van Oest（一八七五―一九三五）が、ブリュッセルで設立した美術書専門の出版社である。チェルヌスキ美術館のところで見た、『アルス・アジアチカ』という大型で豊富な写真図版を掲載した、東アジア専門のシリーズを出したことでも知られている。同社からは七月十六日付でトレッサンに、早くも「モリヨ伯爵夫人の六部購入予約」を承知した由、知らせている。トレッサンの妻の母である。膨大な草稿と清書稿とが残されており、すでに清書稿は出版社に送られていたが、出征と死亡により日の目を見ることなく終わった。

次に挙げるのは、一九一四年のトレッサンの状況を伝える手紙二通である。長くなるが、これらは同時に大戦前夜の巴里日仏協会の事務や編集業務を伝えるものなので、全文を掲げることにする。話題になっているのはトレッサンの「浮世絵の絵師と彫師の事典」で、内容については第2章で取り上げる。公式な数字とは別の会計上の苦心や、何より漢字の入った論文をフランスで出版することの苦労が、具体的に金額からわかる。差出人のアルカンボーとは、エドゥム・アルカンボー Edme Arcambeau（一八六?―一九一六?）である。彼は一九〇〇年の協会創設に尽力した一人で、協会の図書館の文書保管と司書業務を担当するとともに、機関誌の編集と発行責任者も兼任していた。パリの学芸振興協会（市民大学に近く多くのコースが開設。教員は無償）やポリテクニーク協会（エコール・ポリテクニークの卒業生有志が創設）で英語や外交史を教え、大戦後は文学も担当した。老若男女の学生が教室を埋め尽くしたという。(24) なお二通とも協会のレターヘッドの用箋に書かれている。

パリ、一九一四年七月二十五日

拝啓

よい記念になるものを有難うございます。そちらからの献辞のある論文の抜刷りをとても喜んでいます。お礼を申し上げるのに一週間も待たせたこと、お詫びいたします。ビュルダンにあなたの〔次号の〕抜刷りのことを話しましたところ、五〇部は仮綴じ製本にできますが、そちらで受け取れるのは、発行が終わってからでしか出来ないとのことです。ビュルダンがいうには、切断無線綴じにした方が良いのだそうです。これで構成の方は全く変わりません。

敬具　アルカンボー　パリ十一区ヴォルテール街一三三番地

十月のご出発の準備をして下さい。八月末になったらすぐに、コピーしたものをビュルダンに送ります。ですからそちらの方で私を通さずに、直接ビュルダンの方に原稿を送れます。ただ私たちの協会誌で二五頁から三〇頁におさまるように（最長で四〇）、そしてくれぐれも、提案した漢字の数を超え過ぎないようにして下さい〔原文二重傍線〕。私たちの方でお受け出来るのは六号分で三〇〇〇字で、つまり一号に付き五〇〇字です。

三三号であなたがお使いになった漢字についてわかりやすくいいますと、一五〇〇字を超えていて、この漢字のために三五〇フラン超過しました。支払伝票を見たときの私たちの会計係の悲鳴をお察し下さい。印刷板の値段は勘定に入れないでも、三三号は一三三三フランになり、そのうちの三五〇フランがあなたの漢字です。ご論文は五〇〇フラン以上かかりました。興味深い論文なので私の方では後悔しておりませんが、会計係の方では協会の財源からして、こうした努力はもう無理だと見ています。こういう金額の話は、あなたを押しとどめる必要があるから書いているのです。ビュルダンはこうした努力は別にして、高くないよいところです。仮に私たちが、どうしても国立印刷所を通さなくてはいけなかったとすると、一二〇〇から一五〇〇フランかかったでしょう。国立印刷所は人から聞いた確実なところでは、活字の行揃えは別にして、一つに付き三五サンティームでのみ漢字を貸します。こうした貧しい台所事情をご容赦下さい。あなたの素晴らしいお仕事にあらかじめ御礼と讃辞を送ります。

E・A

パリ、一九一四年八月一日

拝啓　そして親愛なる大尉殿

時局にあたり私個人、及び私がここで考え及ぶ機関誌の読者の名において、一人の友人への、このような時にできる同情と尊敬と祈りをお伝えします。きっとこれを書いているものと同じ気持ちで、確信していらっしゃることと思います。

私たちの七月号は殆ど印刷できていますが、もっと後に刊行されます。たぶん抜刷りは出せないでしょう。配布の方は遅れるはずです。これは私たちの意志とは別個のことです。もしそちらで他の章が出来ているのでしたら、出発の時に侯爵夫人から三五号の準備がなされるときに、第二部を私にお渡し下さい。親愛なる

図 2-3　図版に用いた作品の写真
トレッサン「中国北宗の絵画の影響下での日本絵画の復興」で使用した写真。『國華』などから撮影し、論文に添えて出版社に送った。

大尉、もう一度、ごきげんよう。
敬具　アルカンボー　パリ十一区ヴォルテール街一三三番地
『巴里日仏協会誌』発行責任者

トレッサンの隊は八月五日には出発しているので、前の週の土曜日の日付のあるパリからの手紙を読むことが出来たかは定かでない。記録に依れば一九一四年の夏はことのほか良い季候で、人々は豊作を喜んでいた。戦争は直ぐ終わる、遅くともクリスマスまでには終わる。そのような楽観的な気分が一般にはあった。だが、トレッサンは覚悟の上で出発していたのではなかったか。

コレクションのおおかたは散逸したが、膨大な草稿や図版に用いた写真〔図2―3〕、カード、鐔の控え帳や手紙などが残された。これらは一九四〇年六月にドイツ軍がフランスへと進軍した折に、一部がエトルピの館に駐屯し、その時庭に捨てられたらしい。が、その後で拾い集めたということだ。書斎部屋の棚にしまい込まれたまま、筆者が初めて接した二〇〇九年九月の時点では、この記憶を裏付けるかのように埃と細かい砂にまみれており、ガラス乾板の何枚かは破損していた。廊下にはちょうどお伽話にでも出てくるような大型の櫃があり、中にぎっしり浮世絵関係のカード（一二×八㎝）が入っていた。これは『浮世絵師と彫師の事典』にまとめられるべきデータであった。書斎部屋のある棟も長年使われておらず、廃墟化が始まっていた。しかし二〇一一年十一月に地方の歴史的建造物に登録されて、少しずつではあるが、往時の姿を取り戻しつつある。夫人の生存中に敷地の門を出た先に、トレッサンの記念碑が建てられた。日本では遺骨が無くても墓だけは建てるが、フランスでは遺体が無い限り造ることはない。その代わりになる。

第2章

日本美術研究への道

1　日本語というバリア

トレッサンは来日していない。新婚旅行でハンブルクやコペンハーゲンの方に出かけたといわれ、またロンドンの日英博覧会にも赴いたとも伝えられているが、生涯の大部分フランスの北半分より出ることはなかったと想像される。にも関わらずなぜ日本の古美術や工芸品について研究を進めることが出来たのであろう。そもそもいつどのようにして見る機会を得たのだろうか。

トレッサンは一九一二年に、日本美術との出会いを次のように書いている。

〔一九〇〇年の〕万国博覧会で日本政府によって準備された素晴らしい品々に魅了され、仏教の説話でいうこれらの品々の「霊的な矢」の一本に打たれた。これはまさに一目惚れであった。(1)

日本の古美術のパヴィリオンでは、準備した美術品を数度に分けて展示し、希望者に縦覧券を、議員やアカデミー会員、美術学校関係者には特別券を配布した。トレッサンは縦覧券を手に入れたのだろうか。会場は陸軍大学校の近くであったとはいえ、偶然に見たというわけではないだろう。早くから関心があったことがわかる。そして博覧会と前後して、メーヌ博士やギメ美術館館長のエミール・ギメなどの著名なコレクターに出会い、知識を得ていったという。エドゥアール・メーヌ Édouard Mène（一八三三―一九一二）は医師で、ギメ同様一九〇〇年の万国博覧会を機に創設された巴里日仏協会副会長でもあった。(2) 数々の叙勲があるが、なかでも視覚不自由の青年のための救急施設に尽力したことにより、一八七一年にレジオン・ドヌールのシュヴァリエ章を、九二年に戦争省からオフィシエ章を授かったことを挙げておく。日本の武具、刀装具のコレクションを有しており、トレッサンは前記一九一二年の文章で、メーヌが自分の日本美術へのよき訓導者であったと書き、翌年のコレクションの売立ての際に目録を作成し解説を書いている。(3)

ところでブームとしてのジャポニスムが急速に衰退した要因の一つとして、多年日本語教育に携わった故ジャン＝ジャック・オリガス氏 Jean-Jacques Origas（一九三七—二〇〇三）の言葉は傾聴に値しよう。ゴンクールやルイ・ゴンスら日本美術コレクターで著書もある人々について、オリガス氏は「不思議なことにこのジャポニズム《ママ》の流れを促進した人々は、一人として日本語の習得が必要だとは考えなかったのである。何かが発見されると、そのあと骨董趣味やエキゾチックなものを求める傾向が見られるのはよくある現象である。(4)」と指摘している。エキゾチシズムからの成熟を見るには、言葉の習得が必須、ということだ。日本以外の東洋美術史研究者たちも二十世紀の初めには、美術研究のために言語の習得が必ずしも不可欠だとは考えていなかった。アカデミックな美術研究の方法がすでに確立していて、その方法論を適用すれば良かったのである。

ところがトレッサンは、独学で日本語を習得しようとした。日本の文字が判読できれば作者の銘が読め、製作の年代がわかる場合もある。美術商の勧めるがままに購入する場合、当然のことながら時代がより古くなっている場合がある。トレッサンが蒐集していた鐔については、林忠正がルーヴル美術館に、自身のコレクションの寄贈の際に作成した目録(5)（一八九四年）が基準になっていた。これが問題だらけであったことが後々わかってくる。もっとも蒐集して一、二年ではこうした問題点には気づかなかったようで、一九一〇年頃までは林の分類を元にしている。にも関わらず日本語の学習に熱意を抱いたのは、目の楽しみや所有の喜びというコレクター一般の趣味性を超えた、トレッサンらしい知的な関心があったと考えられる。

彼が用いた日本語の辞書も教本も残っていない。おそらく保存に耐えない状態まで使い込んでいたのだろう。しかし後節でも詳しく見るが、彼の日本語の説明は明らかにレオン・ド・ロニ Léon de Rosny（ロニー、一八三七―一九一四）の日本語教本を踏まえている。レオン・ド・ロニ[6]は、文久の遣欧使節のパリでの案内役を買って出て福澤諭吉らと親しくし、パリで日本語新聞『よのうはさ』を出し、そしてなによりもフランスで初めて公に日本語を教えた人物として知られている。日仏修好通商条約が締結されて五年後の一八六三（文久三）年のことで、場所は帝国図書館附属帝国東洋語専門学校（現、国立東洋言語文化研究院）、後にオットー・キュンメルが聴講する機関である。五年後に同校の教授に任命された。日本語を独学で習得し、普及に貢献した先駆者の一人である。定年の一九〇七年まで教鞭をとってはいるもの、西洋化を目指す明治の日本には目もくれず、日本人の同僚からは知識の浅薄さにおいて批判も受けた。その一方で多くの研究団体を設立し、一八七三年には第一回国際東洋学者会議を主催。日本語学習書を含む東洋の諸言語や、先住民族の研究が進んだ時代を反映してアメリカ大陸の民俗学、考古学、仏教、植物などに関する二百数十点（但し表題を変えて内容は同じものも含む）の著作を世に出した。日本語学習に関しては、担当する講座ごとに教科書を出版していたようだ。

トレッサンは日本語学習の方法について、ロニに書簡で問い合わせた。かくも広範囲に活動していたので、連絡は取りやすかっただろう。現存する一九〇三年九月十六日付のロニからの手紙が、二人のやりとりを語ってくれる。当時ルーアンの部隊にいて、鐔の蒐集をはじめていた。ロニは民俗学協会の用箋を用い末尾には毛筆で「巴里京　東學校　羅尼」とあり、彼の多彩な活動ぶりが自ずと伝わってくる。日本語の漢字には音訓の二種類の読みのあることなど、「道」の文字を例に挙げて説明し、自著の『中国の漢字の辞書』[7]などを参考図書に挙げてい

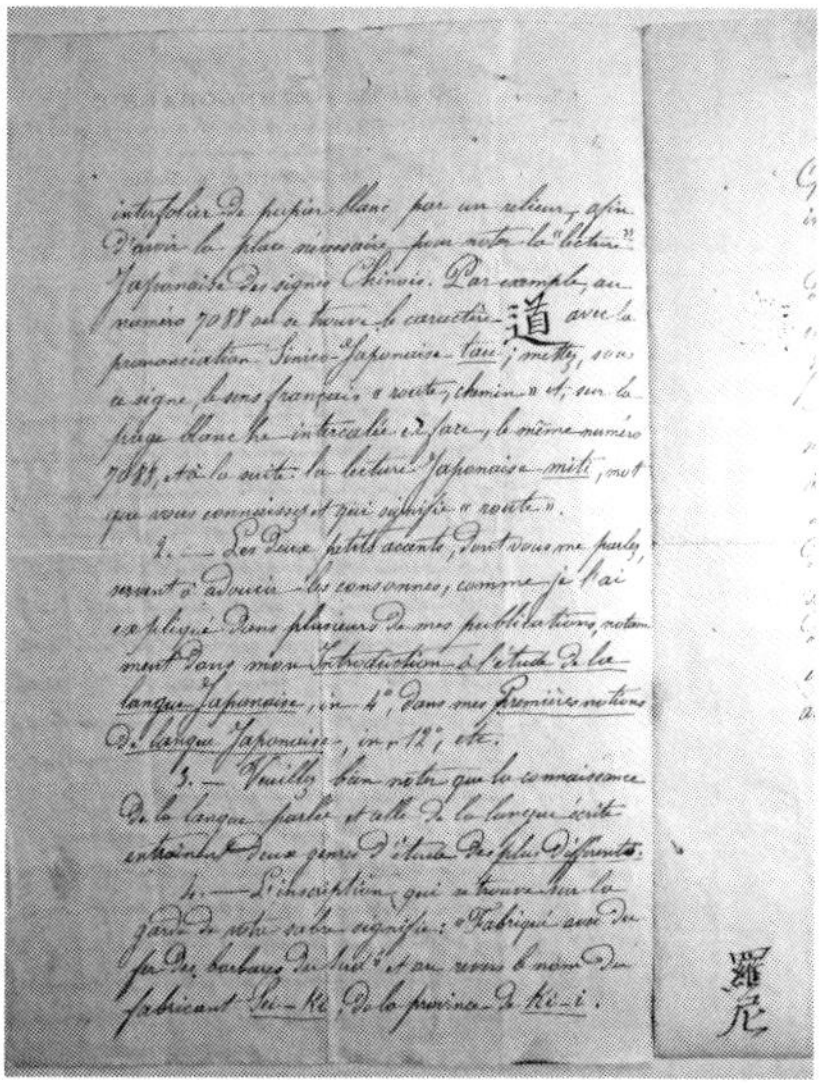

interfolier de papier blanc par un relieur, afin d'avoir la place nécessaire pour noter la "lecture" Japonaise des signes Chinois. Par exemple, au numéro 7088 où se trouve le caractère 道 avec la prononciation Sinico-Japonaise tau ; mettez, sous ce signe, le sens français « route, chemin » et, sur la page blanche intercalée en face, le même numéro 7088, et à la suite la lecture Japonaise miti, mot que vous connaissez et qui signifie « route ».

2. — Les deux petits accents, dont vous me parlez, servent à adoucir les consonnes, comme je l'ai expliqué dans plusieurs de mes publications, notamment dans mon Introduction à l'étude de la langue Japonaise, in-4°, dans mes Premières notions de langue Japonaise, in-12°, etc.

3. — Veuillez bien noter que la connaissance de la langue parlée et celle de la langue écrite entraînent deux genres d'étude des plus différents.

4. — L'inscription qui se trouve sur la garde de votre sabre signifie : « Fabriqué avec du fer des barbares du Sud » et au revers le nom du fabricant Sei-ki, de la province de Ki-i.

羅尼

図 2-4　レオン・ド・ロニからトレッサン宛て書簡（1903 年 9 月 16 日付）

る［**図 2―4**］。

　ロニの日本語教育は、行書や草書の読み方の指導や江戸期の和本の説明など、言文一致のスタイルや活版本の出版が進んでいた同時代の日本側からみれば、時代遅れであったのはいうまでもない。そのために日本人の同僚からは、不評を被っていた。けれども、江戸時代以前の古美術をより深く知ろうとするトレッサンには、かえってよかった。挙げられたロニの中級用の漢字辞典(8)では、部首と音訓とに分けて十干十二支のよみかたを示し「大日本年号索引」「壱、拾」などの数字の表記があり、「本朝通俗姓氏」などを付録に付けていた。先にトレッサンが自分の論文に大量に漢字を使用したために、巴里日仏協会の財政が悪化したことを編集事務担当のアルカンボーの手紙で見た。それに比べてロニが、若い頃に学んだ印刷の知識があったとはいえ、ふんだんに漢字を入れた教本を次々に出していたのは驚くべきことではある。

　その後のロニとの関係について触れておく。トレッサンは『日本美術論』が『メルキュール・ド・フランス』

に掲載された時、ロニに一部を送ったようだ。その礼状をかねてロニは一九〇五年の二月から三月にかけて四通にわたって、トレッサンに万国科学者会への参加をしきりに勧めているが、トレッサンはルーアンでの任務を理由に断っている。

トレッサンの遺品の中には、江戸末の『刀盤譜』など日本語の文章を書き写してローマ字で読み仮名を振り、単語の訳を書き添え、訳文をつけたノートや用紙が大量に残されている。トレッサンにとって日本語は自身の研究に必要不可欠であり、活字であれ草書体であれ、一字一字書き写して意味や読み方を調べ、確認を取ったりしているうちに身につけたようだ。とはいえ独学で日本語が全て理解できるわけでもなく、機会を見て日本人に問いかけていた。梨本宮に銘の文字を読んでいただいたことは先に述べた。ルーアン滞在時には日帰りも可能なためか、巴里日仏協会の図書室をしばしば利用したようだ。図書室は凱旋門の西、ブーローニュの森に近いデヌリー美術館の一階にあった。トレッサンの利用に関して興味深い資料が残っている。ルノアール風の穏やかな画風で有名な、洋画家の山下新太郎（一八八一―一九六六）[9]からの書簡である。

山下新太郎は一九〇五年にパリに留学した。国立美術学校などに通って研鑽を積み、そのかたわら巴里日仏協会で書記代行をつとめた。東京の裕福な表具師の長男であった山下は、古美術の知識が豊富だったこともあり、日仏協会の図書室で『國華』の目録の仏訳や、日本人工芸家の手紙の和文仏訳などに携わったのである。同協会の機関誌に「掛け物」についての小論を発表している。トレッサンが山下に直接会っていたかはわからない。手紙では鐔と掛け物の印について尋ねたようだ。

山下からの返書はフランス語で書かれていて、それぞれ一月二十二日と二十五日の日付がある。丁寧に漢字を一字ずつ書き、読み方と意味を説明している。

パリ、一九〇八年一月二十二日

拝啓

お手紙拝受。もっと早くお返事できず申し訳ありません。

これはひとえに、的確な説明をするのが大変難しかったためであります。

以下が、わたくしの調査の最終結果です。

児はjiで子供の意、玉はtamaで貴石もしくは玉の意。Ji-guhokouが制作者の名。

近江はÔ-miで、日本の京都の近くにある地方の名。おそらく児玉は近江の生まれでしょう。

利はRi・Toshiで勝利の意。猶はYou・naoでまだの意。ただしここではRi-youと発音すべきで、鐔の製作者の名になる。

政はmasa、常はtsounéでmasa-tsouné。書判です。

寿Ju、八hatchi、斉saïでJuhassaïといい、ssaの発音は濁らない。

五はgo、嶽はgaku。

写はoutsusouで描き写すの意。Gogakouは現代の作家の名で、つまり五嶽が写したという意味。

京はKio、都はtoでKiotoのこと、日はni、本はponでNipponのこと。

敬具

S. Yamashita　パリ、カンパーニュ・プルミエール街九番地

パリ、一九〇八年一月二十五日

拝啓

二十三日付のお手紙を拝見し、ここにお返事申し上げます。

お書きになっていらっしゃるように、寿 ju 谷 koku 斎 sai でよいと思います。

五嶽は Gogaku は仏教の僧侶で、それでよく僧五嶽と署名します。彼はまた中国の流派に属す画家でもあります。二十年ほど前に亡くなりましたが、その正確な日付はわたくしにはわかりません。

岸は gan、岱は tai で Gankou の息子です。筑前典が岸岱の肩書きになります。彼がどちらかの大名に仕えたことでいただいたものです。従って印の読み方も Gantai でいいです。

同真は Dôshin でしょうか？ 決めかねます。もう一つのは Dôgui か Dôshin か？

孟虚之図岸岱筆というのは順番に「トラ、の、図、岸岱が描く」ということ。

これはお訳しになったとおりです。「この虎の図は岸岱が描いた」というので結構です。

古画備考という本のことは、わたくしの日本にいる友人たちに聞いてみましょう。

明は meï・aki、寿は ju・toshi。読み方は akitoshi よりも Méiju がいいと思います。

刻は「刻む」とか「彫る」、之は「これ」の意味です。


わたくしは画家で、この夏はおそらくルーアンで絵を描いて過ごすつもりをしております。その折にお目に掛かって、お仕事のお手伝いをすることが出来れば幸いです。

敬具

発音をローマ字で記すにしても、フランス語での読み方に合わせた綴り字にする気遣いが見てとれる。たとえば「五はgo、嶽はgaku。写はoutsusouで描き写すの意。Gogakouは現代の作家の名で、つまり五嶽が写したという意味。」という具合である。音読みにするか訓読みにするか、漢字を見て理解する日本人にとってはそれほど重要でなくとも、表音文字のローマ字で記さなければならない欧米人にとっては、これが重要な問題になる。トレッサンは一通目を受け取って直ぐ、疑問など書き送ったようだ。「寿谷斎」は江戸後期の装剣金工家の石黒政常もしくはその二代目。「岸岱」は江戸時代後期の絵師で、著名な岸駒の長子である。トレッサンは山下から得た情報を、自分のコレクションの目録カードに記録している。

ルーアンに絵を描きに行くので、その折にまた彼の仕事を手伝えればよい、とあるが、実際に訪れたかはわからない。住所のカンパーニュ・プルミエール街九番地は、高村光太郎、有島生馬など日本の美術家が住んだ、住居兼アトリエのアパルトマンである。山下は帰国後一九三一年に再びフランス留学をし、このときは狩野派の画家による屛風絵の修復をしている。こうした功績によりフランス政府からレジオン・ドヌール勲章を贈られた。

朝岡興禎の『古画備考』は、ちょうど一九〇三年から〇五年にかけて弘文館から太田謹による増訂版が出ていたので、その入手方法について尋ねたのであろう。一八五〇年代に執筆された本書は、フェノロサが書写ノートを作ったほど、一部ではよく知られた画史画伝であったが、この版によって広く知られることになった。[10]

一字一句おろそかにせずに理解しようと努力した結果、「新たなる日本刀の鐔の歴史研究補考」[11]の末尾に、レンヌにいて日本人の助けを借りずに執筆が出来たことを記すまでに理解が進んだ。しかも自身の研究に役立てるだけでなく、学習の成果を必要な情報にポイントを絞って、広く伝えようとした。これは賞賛に値しよう。鐔について包括的かつ網羅的に、歴史と技術と文様の三点にわたって極めようとしたのは第三部第5章でみるが、この他に彼が事典の表題で著したものを次章でみる。

2 「浮世絵の絵師と彫師の事典」にみる日本語問題

トレッサンは「浮世絵の絵師と彫師の事典」の題で『巴里日仏協会誌』の一九一四年七月―一九一五年十月合併号の三七頁から七五頁にかけて掲載した〔図2―5〕。先のアルカンボーの手紙で問題になった論文である。六九頁までが「序」で、これがフランス語を母語とする者のための浮世絵研究の手引書になっている。残りが人名事典で、この号ではAnchi安知からBokutei牧亭までが掲載されている。トレッサンは同事典の序で一万点をカード化したと記している。しかし発表出来たのは、先にふれた櫃一杯のカードのほんの一部になる。彼の短い生涯でも最後の仕事の一つになるが、本書のこの箇所で取り上げるのは、実はすでに一九〇五年六月の時点で、最初の著作の序にこの仕事について予告しているからである。

本書で〔主要作家の系統図に〕加えて、銘と花押の事典を載せられないのは大変残念である。が、実のところこれには印刷のための特殊な活字が必要になり、これを編集者がみな所有しているわけではない。他の機会にこの類の本を出すことで、今回の欠落を埋めるのを期待しよう。(12)

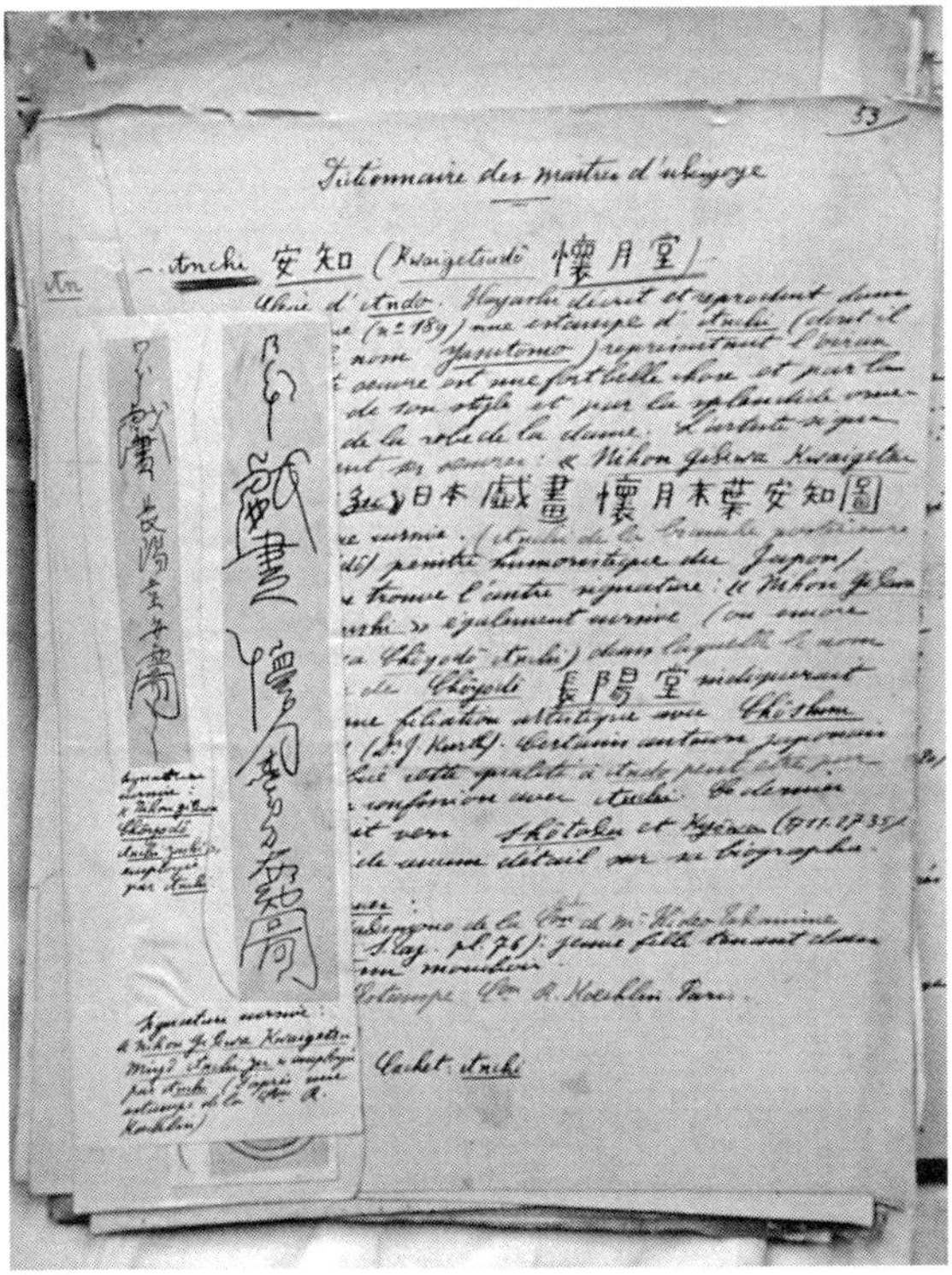

— 70 —

Dictionnaire des maîtres « d'ukiyoye ».

ANCHI 安知 (*Kwaigetsudô* 懐月堂). Élève d'*Ando*. Hayashi décrit et reproduit dans son catalogue (nº 189) une estampe d'*Anchi* (dont il prononce le nom *Yasutomo*) représentant l'*Oiran Ochio*. Cette œuvre est une fort belle chose et par la grandeur de son style et par la splendide ornementation de la robe de la dame. L'artiste signa fréquemment ses œuvres : « *Nihon Gikwa Kwaigetsu Miyô Anchi Zu* », sous la forme cursive. (Anchi de la branche postérieure Kwaigetsu (dô) peintre humoristique du Japon.) Ailleurs, on trouve l'autre signature : « *Nihon Gikwa Chôyodô Zushi* » également cursive (ou encore Nihon Gikwa *Chôyodô Anchi*) dans laquelle le nom de pinceau de *Chôyodô*) 長陽堂 indiquerait peut-être une filiation artistique avec *Chôshun* (Miyagawa) (Dr J. Kurth). Certains auteurs japonais ont attribué cette qualité à *Ando* peut-être par suite d'une confusion avec *Anchi*. Ce dernier travaillait vers *Shôtoku* et *Kyôwa* (1711-1735). On ne possède aucun détail sur sa biographie.

Signature cursive : « *Nihon gikwa Chôyodô Anchi zushi* » employée par *Anchi*.

Signature cursive : « *Nihon Gikwa Kwaigetsu Miyô Anchi Zu* », employée par Anchi. (D'après une estampe de la collection R. Kœchlin.)

Œuvres connues :

Kakemono de la collection de M. Hideo Takamine. (Reproduction S. Taj, pl. LXXVI) : jeune fille tenant dans ses dents un mouchoir.

Estampe : Collection R. Koechlin, Paris.

Cachet : *Anchi*.

図 2-5　トレッサン「浮世絵の絵師と彫師の事典」の草稿（左）と、『巴里日仏協会誌』に掲載された該当ページ

草稿の左側では紙を重ねていて、印章が下に見える。雑誌では幾分漢字の分量が減っているのがわかる。

つまり十年越しの仕事であり、構想は当初からそれほど変化がないと考えられる。さらに一九一三年の末から翌年の二月までにレンヌから書いた書簡で、この種の事典が必要なことが示唆されている。この手紙はギメ東洋美術館に保管されていたもので、一枚目がないために宛先はわからないが、文体からして、講演会（第三部第2章参照）のために文通をしていた当時准学芸員であったアッカンである可能性が高い。二枚目の最初で『日本書画人名辞書』（一八八四年）」『浮世絵備考』（一八九六年）」を参考にして、三代広重の経歴や二代と混同されやすい理由などを説明している。手紙の最後には今後の協力を惜しまない旨を記しているので、トレッサンへの問い合わせへの返答であろう。すでに既知の間柄らしく自分の最近の研究などについても書いている。以下、トレッサンの浮世絵研究に関わる部分のみ訳出する。もともと漢字で表記していた絵師の名前は、訳文で「 」に入れて併記した。

七月号から同じ日仏協会誌で、私の「浮世絵の流派の絵師と版画の名匠の歴史と人物の経歴の事典」の連載が始まります。これは私が一〇年前から準備してきた「膨大な」仕事の一部で、今やそのための絵師の署名や花押、経歴、日本やヨーロッパ、アメリカ等に保存されている作品リストを記したカードが一万枚近くになりました（流派と時代を網羅した日本の絵師の歴史と経歴の事典）。

私たちは今、ようやく初期の避けがたい手探りの時期から抜け出しました。私は四〇冊以上の日本の画家と美術史についての古書と現代の本を、訳さなければいけませんでした……。が、これが愛好家の人々に役立てばよいと思っています。

実のところこの思いから、まずは仕事全体の中から浮世絵の優れた絵師たちについての部分を選んだわけです。

その必要性は強く感じられてきました。W・ザイドリッツ氏の最新のドイツ語の著作は、P・アンドレ・ルモアーヌ氏によってフランス語に翻訳されましたが、まだ誤りがあります。「雪鼎(Tsukioka 月岡)」は「Tange 丹下」と「Masanobu 昌《ママ》」の名もあるのですが、雪鼎と正信と丹下の三人の別々の絵師に「解体」されているのです(page 103)!! この種の間違いは、あと一〇や二〇も指摘することが出来ます。

『ラール・エ・レザルティスト』の一九一三年十月特集号が、お手元に届いたかは存じません。これは「アドウスムデルフィニ〔王太子殿下が使いやすいよう、お付きの者が適当に削除編集した文章のこと〕」のたぐい、あるいはむしろ、世間で使われるための要約にすぎません。

しかしながら内容は、歴史的観点からみて細部に至るまで丁寧に正確なものになっており、該当する国の文献に依っております。

貴殿のお役に立つであろう、私がよく知っている日本の絵師たちについての情報は、いつでもお知らせいたします。

敬具

G. de Tressan(陸軍大学校修了、司令部付歩兵大尉)　亭山　レンヌ　サンテリエ街八〇番地

ザイドリッツの本というのはヴォルデマー・フォン・ザイドリッツ Woldemar von Seidlitz(一八五〇―一九二二)の『日本の多色刷り木版画の歴史』[13]で、仏語訳は一九一一年にアシェット社から出ている。この絵師の名については、トレッサンが正しい。月岡雪鼎は名前が昌信、俗称を馬淵丹下という十八世紀後半に活躍した浮世絵師で

L'ART
ET LES ARTISTES
REVUE D'ART ANCIEN ET MODERNE

NUMÉRO
SPÉCIAL

LA PEINTURE
EN ORIENT ET EN
EXTRÊME-ORIENT

Chine. Japon. Mésopotamie
Perse. Inde musulmane

100 Illustrations hors-texte et dans le texte. 4 Planches en couleurs

Octobre 1913 Prix : 5 Francs

図 2-6a 『ラール・エ・レザルティスト 特集号 東洋と極東の絵画』表紙

LA LÉGENDE DU BODHISATTVA QUI OFFRE SON CORPS A LA TIGRESSE AFFAMÉE
Peintures au Mitsuda (en noir, jaune et rouge) ornant les côtés de la châsse de Horyuji (Comm^t du VIIe siècle)

autre, un peuple insulaire peut vivre replié sur lui-même. Mais d'autre part, chaque fois que la saturation fut atteinte, cette même «*insularité*» permit au Japon de s'isoler pour un temps afin de mieux absorber les notions acquises.

2° Peu de peuples ont possédé une *puissance d'assimilation* comparable à celle des Japonais. Toute période d'influence étrangère trop exclusive a toujours été suivie chez eux d'une phase de réaction nationale.

3° Un courant humoristique à tendances impressionnistes, d'expression quasi populaire et d'origine très lointaine dans le temps, fit toujours sentir ses effets parallèlement à ceux d'idées philosophiques,

religieuses ou seulement littéraires plus élé
L'art japonais semble s'y être déridé de la fa
de plus graves sujets. Né peut-être en même te
que les premières écoles bouddhiques, il
exprimé de façons différentes : tantôt par
œuvres isolées (peintures de *Toba Sôjô* : 1053-
— illustration de certains Ye-makimonos
XIIIe et XIVe siècles, etc.), tantôt beaucoup
largement (Ukiyo-ye : XVIIe-XIXe siècles).

4° La géographie même du Japon très mo
par la mer et par une orographie compliqu
favorisé la création de centres artistiques p
culiers — en même temps que le développen
de la féodalité et de la vie provinciale. Sou
rapport, le massif central du *Hondô*, la princi
des îles de l'archipel, a joué un rôle considéra
Les hautes chaînes de bordure séparèrent
régions qui sont comme les deux pôles de
japonais : celui de l'ouest (Nara-Kyôto) et c
de l'est (Kamakura-Yedo).

Il semble difficile d'accorder un caractère a
tique à quelques rares décorations de sarcopha
comme aussi à ces statuettes assez grossière
but funéraire, dites de Haniwa. Celles-ci s

TABERNACLE EN "TAMAMUSHI" DU KONDÔ DE HORYU
(Commencement du VIIe siècle)

20

図 2-6b 古代仏教美術に関わる頁
左図は玉虫厨子の捨身飼虎図。

ある。『ラール・エ・レザルティスト』の特集号は、図版も多く表紙も美しく立派な仕上がりになっている［図2—6a、6b］。たしかに内容的にはいささか駆け足で説明している印象を与えるが、手紙での表現からは、トレッサンが知識を人のために役立てようとしていることがわかる。

それでは一九一四年の「事典」の方は、どのような構成になっていたのか。

この「事典」の「Ⅲ」が、日本語の教本として見ても実に興味深い内容になっている。冒頭で、事典の執筆やその用い方についての情報を述べる必要性をことわっている。実際に浮世絵を掛け物や和本など様々な形態でもって得られた時に、その作者や制作の年月を判別するための手引きである。絵師や鐔工の落款や銘をそのまま写して並べるのは、コレクションの売立てカタログなどでもある。しかしトレッサンの場合は、その仕組みを漢字の成り立ちや命名の仕方まで説明していることで、読者は後々応用が出来て自分でも読み解けるようになるのが特徴である。もちろん今日で見れば、手本であるロニもそうであったように、フランス語を母語とする者にありがちな表記ミスなど無いわけではない。が、一般のコレクターにとっては、改めてロニの教本などで日本語を学ぶ必要のない、便利で有難い手引き書ということになる。この文章ではＡＢＣＤＥＦの六節に分けているので、それに合わせて以下概観する。

「A 日本の人名」。ここでは日本語に人の名前を表す方法が多くあり、氏（うじ）、姓（かばねもしくはせい）、童名（もしくは幼名）、諱（き、もしくはいみな）等、十二通りについて解説している。号は芸術家としての名前であり、十二から十五も持つ場合がある。特別なことがあった時や所属先を替えた時に変える。号はもっともよい弟子に譲られることもある。渾名は戯れにつける名、法名（戒名）は死後に位牌や墓につけられる名前等々。凡例としてトレッサンの事典では例えば「U.」は氏、「Az」は字（あざな）を表すことを示す。

「B さまざまな刻字、署名と印」では、絵師の名前を階書〔caractères carrés〕もしくは草書〔cursif〕で書く。ごくまれに女性の場合は平仮名〔syllabaire〕も用いる。一般的には掛け物や版画の右下にある。名前に加えてごくまれに「の守」のような尊称が添えられることがある。出身地、住んでいるところが付け加わったり、仏教の階位があったりする。また絵師の名前とともに年齢も記すことがある、と「五十歳師宣」と「五十年師宣」の読みと意味を説明している。落款についてはその形状と、画面上での押す位置（多くは詩句の左下）、素材などについて説明する。朱肉やネガとポジの作り方にも触れる。この節では年号による年月日の表記についても説明している。たとえば「文政二年三月四日」についてそれぞれのローマ字での読みと意味とを書いている。さらに一八四二年以降は検閲による印の押されている事実に触れ、年代によって三種類あることを説明する。これは刊行年月を調べる際に手がかりになる情報である。筆で画讃が書かれていること、版元の名前が略されて書かれることがあること。一八八〇年までに版元は増え続け、この事典には蒐集家の役立つようにそれらの名前も記載することを述べる。

「C 固有名詞の発音と綴り方」では音読みと訓読みに分けて丁寧に説明する。一般的に日本の美術家の名前は中国の意味をあらわす文字を用いるとし、文字の日本化された中国語の発音は音といい、漢語（*Kango*, sinico-japonais）を形成する。音読みは中国の三つの地方を起源としている。その他に日本起源の読み方があり、これを大和言葉（Kun, Yamato Kotoba）という純粋に日本の言葉である訓読みという。書物の漢字のタイトルの読み仮名をカタカナで書いているものもある。が、間違っているものもあり、そうなると、適宜読まなければならないことになる。日本人の名前は大概二つの漢字でできていて、絵師の名前を読むとき、音読みと訓読みとで異なってくる。たとえば「春信」は「春」に「1. Shun」と「2. Haru」の読みが、「信」には「1. Shin」と「2. Nobu」の読みがある。これを組み合わせて漢語の「しゅんしん」か、大和言葉の「はるのぶ」のいずれかで呼ぶ。有名な絵師の弟子は、師匠から漢字一字をもらってそれにもう一つ漢字を加えて名前とする。苗字はフランスと同様地名から来ているものもある。同じ名前を受け継ぐ場合もあり、トレッサンは事典ではその場合、名前の後にローマ数字で受け継いだことを示す。これは、三代広重のような場合を指す。

綴り字と発音の関係を学ぶのは、外国語習得の第一歩である。「ローマ字会」（一八八五年創立）が定めた読みを紹介し、フランス語の綴り字と発音の関係と日本語のそれとは一致しないことを確認する。たとえば is はドイツ語の ich に近い、j は dj、s は z と絶対に読まない、u は ou だが s や z に先立たれるときは無音の e のように発音し、e は é、sh は tch の発音になる等々。さらに音と訓の読みのほかにも、用いられる読み方が存在することも忘れていない。Bun と hô が組み合わさって Bumpô に、Ichii と hô が組み合わさって Itchô に、Setsu と sai とで Sessai となることを示す。書体についてはさまざまあり、各項目のところで、雑誌側の費用の許す限り図版として示すとする、とある。

「D日本の書物についての情報」は参考文献で、1．絵師一般にかかわるもの、2．浮世絵派関係の著作、3．特定の絵師に関する伝記や著作、4．浮世絵の絵師とその作品とに触れて情報を与えている著作、5．新聞と美術雑誌、6．ヨーロッパで出版された文献。4までは通し番号があり、計一〇一冊を紹介している。和書のタイトルについては、ローマ字表記とそのフランス語訳がある。また美術雑誌はトレッサンの事典に引用しているものが多くあることから、事典中で用いている略語も示している。たとえば「U. H.」は『浮世絵編年史』、「S. Taj」は審美書院の田島志一の浮世絵画集になる。なおロニは『日本語文法、異なる書体、読解練習、漢文体についての概略付』[14]（第二版一八六五年）で、和書の構成についての一章を設けていた。これは「六、日本の本」の章であり、長方形のファイル状の上に紙で貼ってタイトルを階書や草書で記している。通常とは反対から開く、紙の折り方、巻数の数え方、作者の名前が漢字で書いてあること、奥付にある日付や干支や年号のことを説明し、トレッサンのものにもあったが、年号を伴う日付「安政二年癸巳之春三月」などを例に読みとフランス語での意味を添えている。

「E」はこの事典で用いられる、浮世絵絵画と版画の作成にかかわる技術的用語の説明である。「Aohon 青本」に始まって約一二〇語をアルファベット順に並べており、最後は「Yezôshi 絵草紙」になる。

「F」は和書についての情報である。すなわち装丁や扉、奥付にある情報をいかに読み解くかということである。それぞれ実際の漢字での表記を示しながら、ローマ字でその読み方とフランス語での意味と、それがどの場所に書かれているかを説明している。たとえば漢数字のすべてと「巻之一」「壱之巻」「上下」「天地人」といった巻数の数え方、「校了」「序文」「版権所有」「発行者」「印刷」といったものがある。最後は「大尾」で、総締めくくりの意味をもつ語で終えている。

雑誌掲載論文で未完の場合、見過ごされるのが常である。だが約二十年もたってなおトレッサンの仕事の大切さ、ことに前文について讃辞を送っている文章がある。書き手は文人外交官で領事や全権公使、日仏協会の副会長も努めたエドゥアール・クラヴリ Edouard Clavery（一八六七―一九四九）である。ルーヴル宮マルサン館で開催された「日本の版画とその起源」展について書いたエッセイで、「ここでトレッサン侯爵が挙げられるだろう。や先んじてしかも現在開催されている展覧会〔一九三四年二月六日―四月八日〕の図録執筆者のK・G・長谷川氏のような博学でもって正確に著した。」(15)と書いている。長谷川とは版画家の長谷川潔（一八九一―一九八〇）である。秀才の誉れ高い教養人で日本画の手ほどきも受けていた。そうした日本人と互角に名前を挙げるのは、クラヴリ自身の思い入れもあったのだろうが、同時にトレッサンの仕事の几帳面で、そして貴重であったことを語るものである。趣味の領域から研究へと向かうにはひとかたならぬ努力が求められる。ことに日本研究《ジャポノロジー》の場合、日本語習得という試練が待ち受けている。それを克服し、知識の共有を図ったトレッサンの意志は、たしかに受け止められたのである。

第3章

コレクターたちとの交流、および一九一〇―一三年の展覧会運営

パリ万博の会期後に日本の美術・工芸品を鑑賞しようとすれば、どのような場所があったのだろうか。当時フランス国内では、主に二つの手段があった。まずは美術館である。しかし第一部で説明したように、フランスの美術館での日本美術の所蔵は、ようやく形を整えつつある段階であった。そこに寄贈しうるほどのコレクターから、トレッサンは多く情報を得ていた。これが日本美術品を見るもう一つの手段であった。美術館の多くがコレクターの寄贈や売立て品の購入によって所蔵品を増やしていたのだから、そのもとになっている個人コレクション、つまり個人が来日して直接買い付けていた場合の方が、より多くの品々を目にすることが出来たであろう。『日本美術論』の上巻の前文の最後には、協力への謝辞をメーヌ、ゴンス、ギメ、ビング、ブリンクマン(1)に捧げている。

フランスのコレクターについて、トレッサンが三世代に分けて説明している文章がある。今日でもよくジャポニスムの第一世代、第二世代といった分け方をするが、一九一二年の時点でもそうした意識はあったということになる。とはいえ分け方も、そして挙げられている人名も今日のとは異なるので、以下長くなるが引用する(「」内は原文で強調している箇所になる)。

コレクターはいうなれば三世代に分けることができる。最初の世代は「invenire〔ラテン語、見出すの意〕」という古い語の意味を用いて、日本の美術の「発見者」とでも呼ぶべき人々を含む。Ph.ビュルティ、E・ド・ゴンクール、L・ゴンス(第一段階)、S・ビング、メーヌ博士、デュ・プレ・ド・サン・モール、ラングヴェイユ夫人。彼らは類のない財産でもって、まだ知られていない領域を開拓し、すばらしい発見をした。当初はしっかりした文献がなかったために彼らは十七世紀、十八世紀、ひいては十九世紀の美と雅に引きつけられた。ついで主立った人たちしか挙げられないが、L・ゴンス（コレクターとしての第二段階）、ジロ、ガリエ、R・ケクラン、H・ヴェヴェール、H・リヴィエール、R・コラン、アンスレ博士、衆目の評価するルーヴル美術館学芸員のG・ミジョン、ルベル、アヴィラン、ド・カモンド。皆多かれ少なかれ、十七世紀以前の大らかで全体的に整えられた様式のすばらしい作品に惹かれた。私たちはこれらをフランスにもたらしてくれた故T・林に、彼が〔作品の鑑定において〕採用した歴史的な区分が、時にきわめて大胆であったことには目をつぶり、深い謝意を示さなければならない。今日批評の権利は取り戻された。すなわち三番目の世代は当然のこととして、歴史的に古い作品を好む傾向をもっているが、その前の世代の人々よりも「より折衷的」な嗜好をもっているようであり、この傾向は今後一層強くなりそうである。これで「ちょうどバランスがとれる」ということになる。ミュティオ、J・ドゥーセ、H・クラッフ、デュコテ、アンロ、ビュリエ、T・スメ、ペテル、コッソン、ヴィニエ、そしてこれを書いている者である。注目すべきは、皆大体においてコレクションを整えるに当たっては、「審美的な」観点を有しており、「歴史面で学問的な」観点に止まっていないことである。これが本質的にフランスの傾向を特徴付ける要素であり、そしてまた他の国の最も聡明な愛好家たちの傾向であるということも付け加えなければならない。(2)

トレッサンはこれより二年前の刀の鐔展の解説では、フランスの鐔のコレクターの特徴として「審美的な観点」から「歴史的に興味深い」ものであっても平凡な作は除外して、美しい外観のものを求める傾向があると書いている。(3) 歴史性と審美性のバランスが重要、ということになる。しっかりとした科学的な鑑定の目でもって分類すると同時に、いわば「目の喜び」も大切にする。これはトレッサン自身の文章にも見られる傾向である。長々と画系などの歴史的記述を書きつつも、作品を鑑賞してそこに見られる特色を語る。鐔の歴史的地方別の工房を並べ立てながらも、彫りや蒔絵や象嵌の技術、文様のおもしろさ、参照された絵画について説明し、ひいてはその製作者の「こころもち」にまで思いをはせる。これがトレッサンの批評の方法であった。

ここで二度にわたって名の上がっているゴンスとラングヴェイユ夫人について、改めて記しておく。ルイ・ゴンスは法律で学士号を取得した後、パリの古文書学校 Ecole des chartes の聴講生などを経て、美術雑誌『ガゼット・デ・ボザール』の編集長を一八七五年から九三年まで務めた。八三年四月末から五月にかけて著名なジョルジュ・プティ画廊で「日本美術回顧展」を開催し、十月に二巻本の『日本美術』[4]を出版。これはイギリスのデザイナーのクリストファ・ドレッサーの『日本の建築・美術・工芸』(一八八二年)より歴史的記述の面で本格的な、初の日本美術史として知られる。[5]八九年にはレジオン・ドヌール章を叙勲。『日本美術』の執筆に際しては、若井兼三郎がすでに未完の日本美術覚書の『扶桑画譜』五巻を著しており、林忠正の翻訳が役に立ったことが同書の第一巻に書かれている。初版の『日本美術』で北斎など浮世絵画家を高く評価したために、フェノロサに酷評されたことばかりが取りざたされるゴンスであるが、光琳派についての記述は認められていた。またフランスの国立美術館連合の重鎮であり、一八九二年から一九一九年までコルメイユ=ザン=パリジの市長を務めてもいる。トレッサンは一九〇五年の自著をゴンスに贈り、その礼状が残っている。先に引用した世代別でゴンスをわざわざ第一段階と第二段階とにわけているのは、『日本美術』の改版をイメージしていると言うよりも、実際にその傾向が変わったということだろう。

トレッサンの鐔のコレクションには、アルザス出身の美術商のラングヴェイユ夫人 Florine Ebstein-Langweil(一八六一―一九五八)からの購入分が多い。ラングヴェイユ夫人は一九一三年に古美術商から手を引くが、その前後

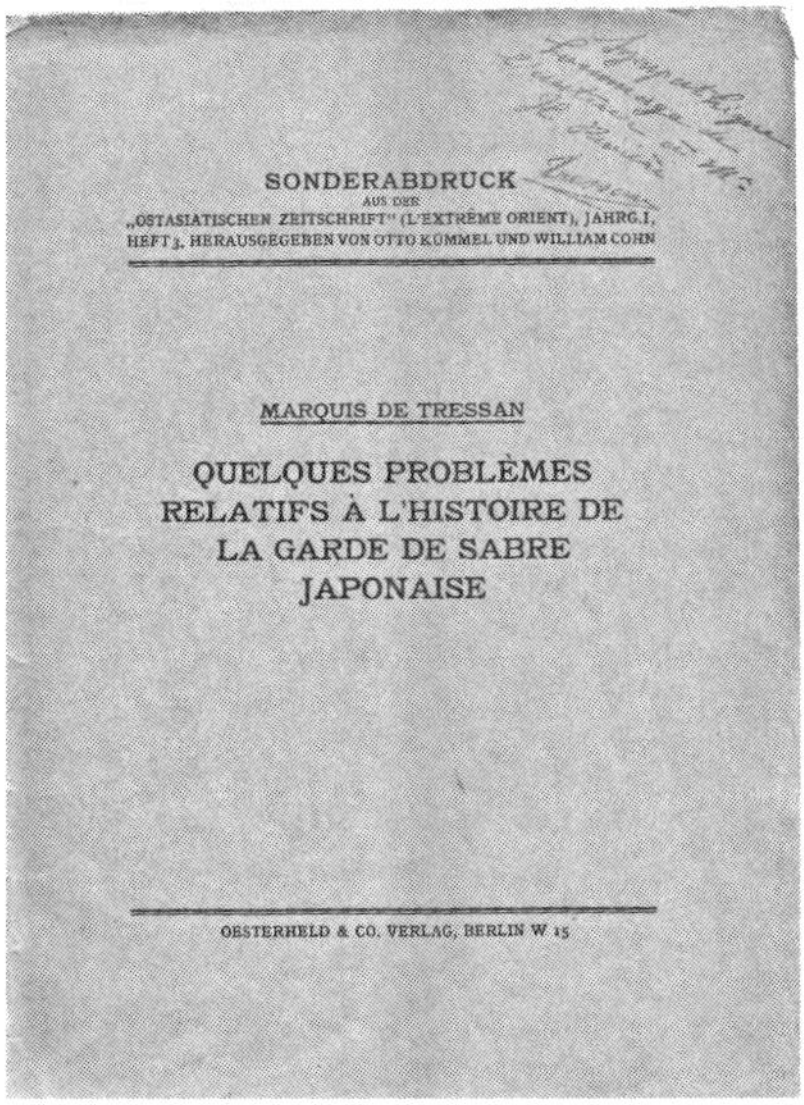
SONDERABDRUCK
AUS DER
„OSTASIATISCHEN ZEITSCHRIFT" (L'EXTRÊME ORIENT), JAHRG. I, HEFT 3, HERAUSGEGEBEN VON OTTO KÜMMEL UND WILLIAM COHN

MARQUIS DE TRESSAN

QUELQUES PROBLÈMES RELATIFS À L'HISTOIRE DE LA GARDE DE SABRE JAPONAISE

OESTERHELD & CO. VERLAG, BERLIN W 15

図2-7　トレッサンから画家のリヴィエールに贈った『東アジア誌』抜刷り
1912年。（アラン・ブリオ氏所蔵）

にモリヨ伯爵夫人の住まうヴァレンヌ街にアパルトマンを購入している。夫人のコレクションによる中国絵画展についても、文章を書いている。(6) 版画家で《エッフェル塔三十六景》（一九〇二年完成）の作者のアンリ・リヴィエール Henri Rivière（一八六四―一九五一）は、ラングヴェイユ家と姻戚関係を持つほど親しく、トレッサンは彼に自分の論文の抜刷りを少なくとも一度は贈っている［図2―7］。これはリヴィエールが林忠正の東京の自邸の装飾画を描いた代価として、最良の鐔と印籠をもらうなど、よいコレクションを有していたからであろう。

トレッサンは、いつどのようにして彼らと出会ったのか。プルーストの小説に出てくるような、サロンに出没する士官ではなかった。それでも両親の知人や自身の美術館・美術商店での出会い、美術商からの紹介があったはずだ。気前のよい買い手ではなくとも、古い侯爵家の長男で将校でもあり、闊達な開かれた人柄のために方々で歓迎されたのは想像に難くない。これは日本美術のコレクターの中でも、ピエール・バルブトーが中流以下の家庭出身であったために、なかなか相手にされなかったのとは対照的である。

トレッサンと美術品や工芸品との関わりを見る上で特筆すべきは、自身で展覧会のキュレーションに携わっていることである。

一九〇九年より毎年初めに、ルーヴル美術館の一角のマルサン館で開催されていた浮世絵展についてはよく知られている。第一回は一九〇九年一月二十三日から二月二十八日で「初期浮世絵」、第二回は一九一〇年一月二十四日から二月二十日で「春信、湖龍斎、春勝他」、第三回は一九一一年一月十日から二月十二日「清長、写楽、文調他」、第四回は一九一二年一月十一日から二月十二日で「歌麿」、第五回は一九一三年一月六日から二月十六日で「長喜、栄之、栄昌、北斎他」、第六回は一九一四年一月十日から二月十五日で「豊国、広重」、である。

従来見過ごされてきたことだが、トレッサンはこれらのうち、第二回から第五回までと併行する展覧会に関わったのである。浮世絵の他にも工芸展を開催することで、より幅広く日本の美術の世界を知ってもらう意図があったのだろう。以下これらの四回について列挙する。

一九一〇年一月二十日—二月二十日、日本刀の鐔展
一九一一年一月十日—二月十日、刀装具と印籠展
一九一二年一月十一日—二月十二日、日本の漆工芸展
一九一三年一月六日—二月十六日、日本の面、根付け、小彫刻展(7)

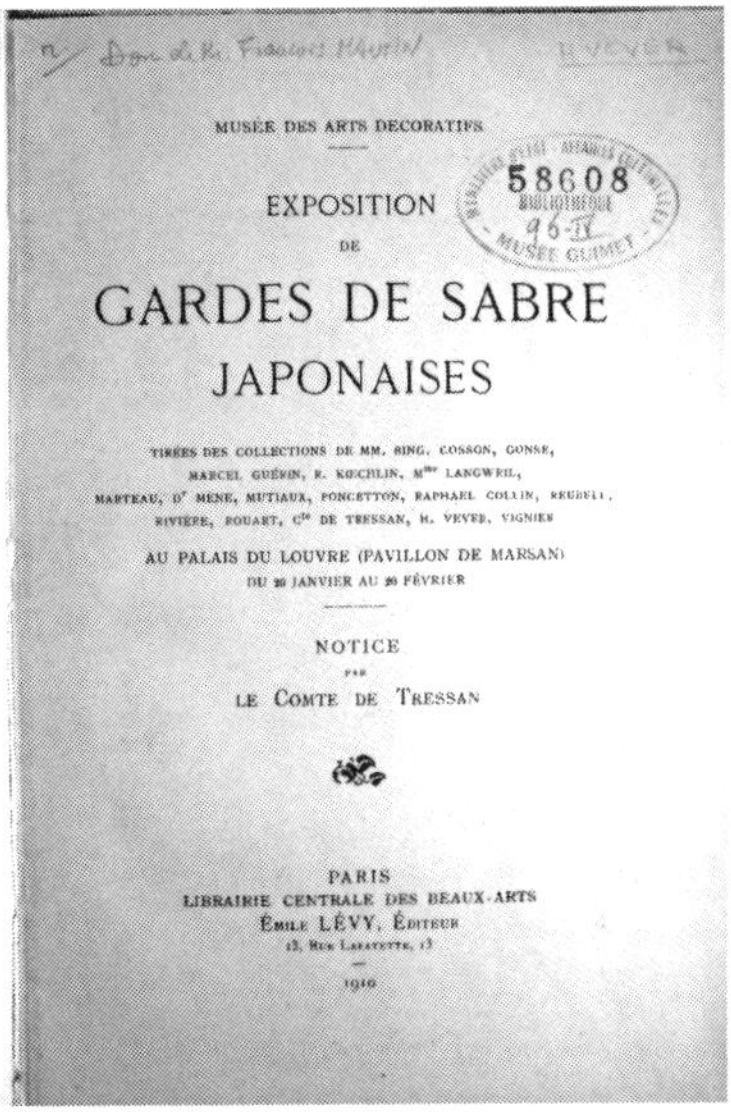
MUSÉE DES ARTS DECORATIFS

EXPOSITION
DE
GARDES DE SABRE
JAPONAISES

TIRÉES DES COLLECTIONS DE MM. BING, COSSON, GONSE, MARCEL GUÉRIN, R. KŒCHLIN, Mlle LANGWEIL, MARTEAU, Dr MENE, MUTIAUX, PONCETTON, RAPHAEL COLLIN, REUBELL, RIVIÈRE, ROUART, Cte DE TRESSAN, H. VEVER, VIGNIER

AU PALAIS DU LOUVRE (PAVILLON DE MARSAN)
DU 20 JANVIER AU 20 FÉVRIER

NOTICE
PAR
LE COMTE DE TRESSAN

PARIS
LIBRAIRIE CENTRALE DES BEAUX-ARTS
ÉMILE LÉVY, ÉDITEUR
13, RUE LAFAYETTE, 13

1910

図 2-8a　1910 年装飾美術館で開催の鐔の展覧会カタログ
（国立ギメ東洋美術館図書館所蔵）

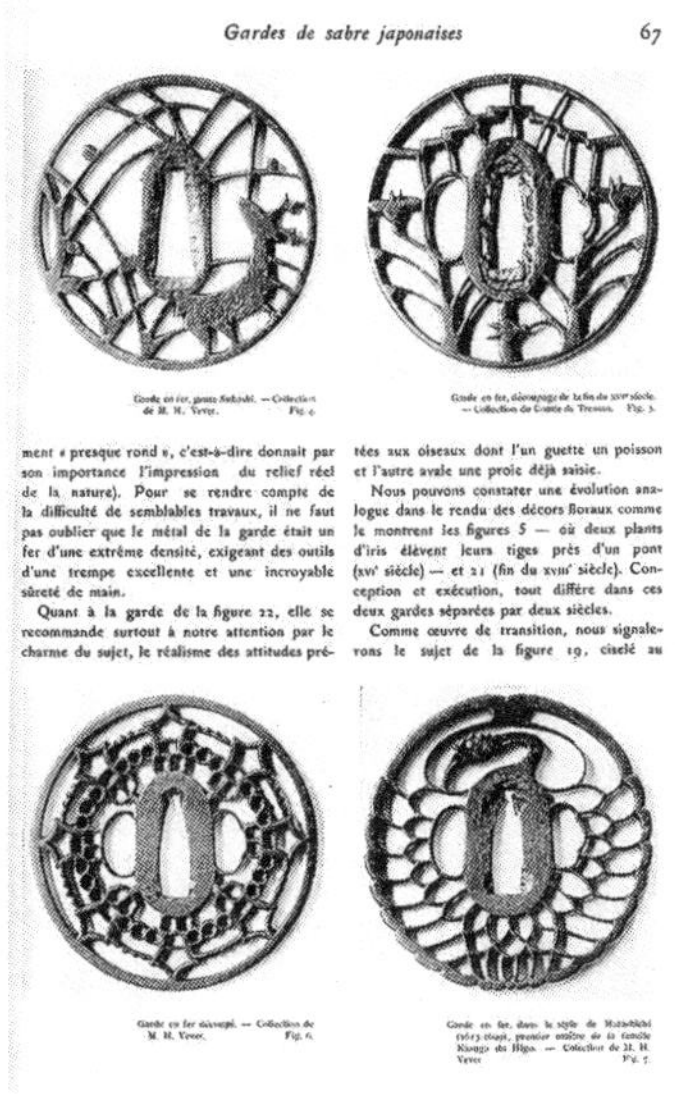
Gardes de sabre japonaises 67

ment « presque rond », c'est-à-dire donnait par son importance l'impression du relief réel de la nature). Pour se rendre compte de la difficulté de semblables travaux, il ne faut pas oublier que le métal de la garde était un fer d'une extrême densité, exigeant des outils d'une trempe excellente et une incroyable sûreté de main.

Quant à la garde de la figure 22, elle se recommande surtout à notre attention par le charme du sujet, le réalisme des attitudes prêtées aux oiseaux dont l'un guette un poisson et l'autre avale une proie déjà saisie.

Nous pouvons constater une évolution analogue dans le rendu des décors floraux comme le montrent les figures 5 — où deux plants d'iris élèvent leurs tiges près d'un pont (xvie siècle) — et 21 (fin du xviiie siècle). Conception et exécution, tout diffère dans ces deux gardes séparées par deux siècles.

Comme œuvre de transition, nous signalerons le sujet de la figure 19, ciselé au

図 2-8b　トレッサン「日本刀の鐔」1910 年の 67 頁
カタログに図版がないので、この論文で出展された鐔の一部がわかる。

いずれも解説のリーフレットは、トレッサンが執筆している。なぜトレッサンがこれらの展覧会に関わったのか、理由は定かではない。が、刀装具、面、印籠、根付けについてはすでに一九〇六年の『日本美術論　彫刻と彫金』で詳述していた。刀装具には漆、蒔絵、象嵌、高彫りや薄彫りの技術が応用されているものが多いので、トレッサンは必然的にこのジャンルの技術の知識も得たのだろう。日本の文様の知識や、光琳や狩野探幽の絵柄と比較できる絵画史の知識もあった。

一九一〇年の鐔展に際しては、『アール・エ・デコラシオン』誌に「日本刀の鐔」という長文の論文を掲載している。[8] 展覧会の解説の方には図版写真がないので、二二点の図版のあるこの記事は貴重である［**図2―8a、8b**］。自身の所有の鐔はもとより、メーヌや画家のラファエル・コラン Raphaël Collin（一八五〇―一九一六）、リヴィエール、ルアール、ビングなどのコレクションがある。遺品には多くの鐔の写真の他、刀装具の展示品に添えるラベルが残っていて、優美な文字で作者名などが記載されている。翌年の展覧会は刀装具展なので、小柄や目抜きなどについても一般的な説明から入って歴史的に紹介している。トレッサン執筆の展覧会図録の解説によると、ゴンス、ヴェヴェール、メーヌは時代ごとにその時期に特徴的な鐔を選んで通時的なコレクションにしている。ゴンスはまた、十七、十八世紀の見事な鐔を持っていたという。ルアールやコラン、ケクランは初期から十六世紀の鐔を、またロベールは合戦の刀の鐔を集めているといった具合である。但しそれぞれの時代に典型的な鐔を展示するにしても、スペースの都合があり、各人のコレクションは五〇〇点から一五〇〇点あると書いている。(9) 十九名が出品しているのだから、総数は膨大な数になっていたであろうことは想像に難くない。なお会期の終わりにあたり、装飾美術中央連合(UCAD)副会長のバルテ **Bartez** から直筆で、同展覧会に多大な協力を賜り解説を執筆したことに対して、トレッサンに感謝状が届いている(一九一〇年二月十八日付)。

漆工芸の展覧会については、ベルリンで新しく創刊された『東アジア誌』の、「近時パリ開催の極東美術関係展覧会」(10) というタイトルの記事にも紹介がある。他に三つの展覧会について細かく書いたその後、四番目として歌麿展と合わせて詳しく書いている。これは浮世絵展の歌麿展と同時期開催だからで、浮世絵展の方はメトマンという学芸員とレイモン・ケクランが中心になっていた。漆工芸展もまたフランスのコレクターからの出品で成立しており、トレッサンは彼らのコレクションを挙げながら、時代別に説明。もとよりヨーロッパでは十六世紀以前の作がきわめてまれだったのが、この展覧会では十三、四世紀頃の螺鈿を象嵌した文箱に始まって、住吉の文様の施された十七世紀の硯箱、光琳風の絵の硯箱、華麗なインレーの盆などの展示があったことを紹介している。

一九一三年の「日本の面、根付け小彫刻展」は、第五回の浮世絵展と全く同時期に開催されている。これも他の展覧会同様コレクターの出品により、その中には画家のコランや鐔のコレクションで有名なポンセットン、ルーヴル美術館、東アジア美術商のラングヴェイユとポルティエの名も見える。鐔に浮彫り彫刻があり、面や根付けが立体彫刻ということで関連性があるからか、コレクターが重なっている。トレッサンの文章は展示された面を解説しているのではなく、伎楽や神楽で用いた面などについて、古代から江戸時代まで丁寧に時代をおって説明している。この文章は『巴里日仏協会誌』の一三年四月号「第五回日本浮世絵展」の記事で、ケクランの関連講演録の後に再掲された。解説に依れば「トレッサン侯爵は、我々の求めに応じて展覧会のこのパートについて執筆した」[11]とある。これにより日仏協会が一連の浮世絵展覧会に関わっていたこと、トレッサンが担当した展覧会は浮世絵展の第二部のようにみなされていたことがわかる。

一九一四年の「豊国、広重」展に合わせて開催しなかった理由が、もともと企画が無かったのか、トレッサンが多忙だったからかはわからない。が、いずれも考え得る。重要なのはこの時期は学芸員に頼らずに日本の工芸展が開かれていたこと。浮世絵展の他に二部扱いで、日本の工芸品の展覧会があり、トレッサンがその企画やキュレーションに関わり解説文を書いたことである。

第4章

『日本美術論』の誕生まで

二十七歳の青年将校トレッサンは、美術関係者でなかったにもかかわらず、定評ある雑誌に日本美術と工芸の通史を連載するという好機に恵まれた。『日本美術論』の総タイトルで、『メルキュール・ド・フランス』誌に六回掲載されたのである。これに一章と一節部分を加え、さらに序文と流派別系統図や詳しい参考文献を添えて『日本美術論　絵画と版画』の一冊になった。引き続いて翌年に『日本美術論　彫刻と彫金』が出た。署名は Tei-san で、漢字表記で亭山とも記している。これは一方で軍を慮り、またピエール・バルブトーが自著『日本絵師の伝記――ピエール・バルブトー・コレクション所蔵作品による』で表紙に、二羽の鳥が向かい合う間に「馬留武党」の文字のある愛らしい印を押していたり、またレオン・ド・ロニも手紙などで「羅尼」の署名を記していたのに倣ったのであろう。

最初の巻の序文 introduction で、トレッサンはフランスでの日本美術理解の偏りを指摘し自著の目的を記していた。この時点での受容の状況と、トレッサンの記述の基本姿勢がわかるので以下にまとめる。

いわく、――日本がポルトガルとオランダに交易を限っていた時代には、凡庸な品々しかフランスに輸入されなかった。陶磁器は有名だが本当に日本の美術品といえるのは陶器の方だけで、磁器は中国の模倣が多い。漆器はルイ十五世の頃からよいものが蒐集され、マリー・アントワネットのコレクションは、現在ルーヴル美術館のグランディディエの部屋におさまっている。しかし絵画や金工に至ってはほぼ無視されてきた。明治維新以降、刀剣を初め多くの品がヨーロッパにもたらされ、フランスでも素晴らしいコレクションが生まれた。とはいえおおむね十七世紀十八世紀の浮世絵師、光琳のような漆芸師や宗珉のような金工師の作に限られている。今や八世紀から日本の美術が始まっていることがわかっているが、あいかわらず十六世紀より前は知られていない。土佐派や狩野派やさらに古い仏教美術を知ろうとすれば、寺社や大名の末裔の宝物を見るために日本まで行かなければならない。ヨーロッパとは異なって、日本では宝物をごく少数の親しい目利きにしか見せず、秘蔵してしまう。日本で実際に尊い品を見ることが出来たものは、その価値を認めて蒐集家の第二世代になる一方で、以前からの優れたコレクションで競売に掛けられて散逸したケースもある。そこでこの本では「今日わかる日本美術についてその起源や諸々の要素を、過去から段階をおいつつ包括的に見ていく[1]」ことを目指した。――このようにフランスでの現状を踏まえて、もれなく宗教や外国からの影響、時代背景も含めて表現の特色をおさえようという姿勢は、その後の論でも一貫している。

トレッサンがいつどのような経緯で、「日本美術論」の『メルキュール・ド・フランス』への連載の交渉をはじめたのかはわからない。メルキュール・ド・フランス社 Mercure de France は、十七世紀の末に刊行された週刊誌『メルキュール・ガラン』に始まる。一八二五年に一旦活動が停止したものの、アルフレッド・ヴァレット Alfred Valette（一八五八―一九三五）によって一八九〇年一月に文芸誌刊行を復活。象徴派を初めとする質の高い文学作品や芸術や社会に至るまで広範囲な評論を毎号提供し、フランスを代表する文芸雑誌になった。単行本としては象徴派の詩人の詩集や散文集、ジッドやクローデル、コレットなどの小説作品を世に送り出している（一九五八年にガリマール社に吸収される）。後述の書簡Ⅰにもあるように、一九〇五年の一月から月二回の発行となった。これで誌面に余裕ができたことになる。

トレッサンは Tei-san の署名で一九〇五年一月十五日号から十月十五日号まで、断続的に六回連載している。最終回は北斎とその系列の絵師たちまでで終わっていて、続く歌麿や京の四条派などについての章はない。単行本の『絵画と版画』の序文の末尾に一九〇五年六月、『彫刻と彫金』の序文に一九〇六年一月と執筆年月を記しているので、単行本の仕上がりの時期はわかる。ルーアンに戻り、アフリカの地理と歴史に長い論文を連載していた時期である。雑誌掲載分と本文に異同はない。

筆者が調査したところ、社主にして雑誌の第一号からの編集長のヴァレットから、直接トレッサンに宛てた手紙六通と契約書のひな形が見つかった。一九〇四年十二月頃から翌年三月の間のことである。口頭での交渉はそれ以前から始まっていたらしい。残された手紙から類推すると、当初雑誌『メルキュール・ド・フランス』への連載の継続を希望していた。しかし分量が多くなり、一九〇五年二月には単行本出版の相談をし、最終的に二巻本にまとまったようである。仮契約書に依れば初版は三五〇部印刷であった。以下当時の出版の様子を知る貴重な情報源でもあるので、その翻訳を記す。用紙は社のレターヘッドのある用箋で、すべて冒頭に「メルキュール・ド・フランス、パリ六区コンデ街二六番地」とある。

I．一九〇四年十二月十二日

拝啓

相変わらずご論文の連載について、お約束するのは難しい状況です。ただもしそれが三本のみでそれぞれが一回限りであれば、掲載するのは不可能ではないでしょう。なにしろ『メルキュール』は、一月から月二回の刊行になるのです。

ですから大体のところご提案はお受けします。最初の原稿をお待ちいたします（ただし一月一日号には無理でしょう）。

署名のほうは TI-SEM と読めますが TEI-SEM《ママ》ではありませんか。

敬具　A・ヴァレット

Ⅱ．一九〇五年二月六日

拝啓

補遺は最後のご論文と合わせて、もしくは最後の論文が終わって出すのがよいと思われます。というのも我々としてはこの最後のを、二回に分けて出さなければいけないかもしれないのです。

本文の第三部と合わせて、最後の諸流派の系図（近世の流派）も送って戴けますか。そうすれば第三部の校正原稿とすべての補遺の校正とを、いっしょにお送りすることが出来るでしょう。

敬具　A・ヴァレット

校正原稿、受け取りました。

Ⅲ．一九〇五年二月十二日

拝啓

三番目の原稿拝受。

四番目をお送りくださるときに、補遺の前に出すべきとおっしゃる短い参考文献をお示しください。あるいはより正確には四番目の原稿と補遺の間に置くか、もし補遺の一部になるのならば、一番末に置かれるでしょう。この最後のパターンがよいと考えます。

日本語の名が正確に発音されないのを、非常に恐れています。

次は念のために、校正原稿を二回お送りいたします。

敬具　A・ヴァレット

Ⅳ．一九〇五年二月二十日

拝啓

実のところ一巻分になりそうですし、私たちのしていることに異論は出ていません。しかし大方の一般人がこうしたものにあまり関心がないのは、私と同様あなたもご存じでしょう。同封の計画の契約書の文面からすれば、そちらで本の販売数にかかる著作権料を受け取らないことに同意してくださらなければ、単行本にすることは出来ないでしょう。

それと雑誌に彫金や陶芸や彫刻についての章を、発表してもよいのではないでしょうか。これらについての章は、その前の部分よりも長くはないでしょうから、多分一つの号に二部に分けて入れることが出来るでしょう。

ロダンの展覧会が、しばらく前から「彫刻術の美学」で私が担当している記事と三月十五日号と四月一日号の二号を、今日的なものにしています。雑誌というものは多様性という「法則」にしたがうべきであり、それでこの研究とあなたの近世の流派についての記事とが、同時に四月十五日と五月一日の号に出るのをためらわせるかもしれません。

私たちが一巻をつくれば、おそらく補遺と参考文献とを雑誌に入れずにとっておくのがよいでしょう。お考えをお聞かせください。

敬具　A・ヴァレット

V．一九〇五年二月二十八日

拝啓

あなたからのお知らせと、あなたのご研究が関心を、それも専門家が関心をもつ以上に引いたことに大変満足しております。そちらに二月十五日号だけ二部郵送します。我々は目下予算がありません。が、〔四字分不明〕が戻れば直に得られるでしょう。返却があったところで、お望みのものは全てお送りできるでしょう。

敬具　A・ヴァレット

VI．一九〇五年三月二十八日

拝啓

お送り戴くとご連絡のあったお手紙同封の頁分で、aとbと3が見つかりません。そちらのほうでまだほかのと一緒にお持ちなのではないでしょうか。是非送ってください。そのほかのものは補遺を印刷するときに、間違いを起こさないようにきちんとしてあります。それと校正原稿はお手元に届くでしょう。同封の手紙を返却してくださるよう、また欠けている頁分を送ってくださるよう（hanabusa の系列）〔英一蝶の画系のこと〕お願いします。

私たちの契約書は二重になっていて、サインをした後で返却できるようになっています。

敬具

契約書を作成するときに気づいたのですが、まだタイトルを決めていません。「日本美術」か「日本の美術」

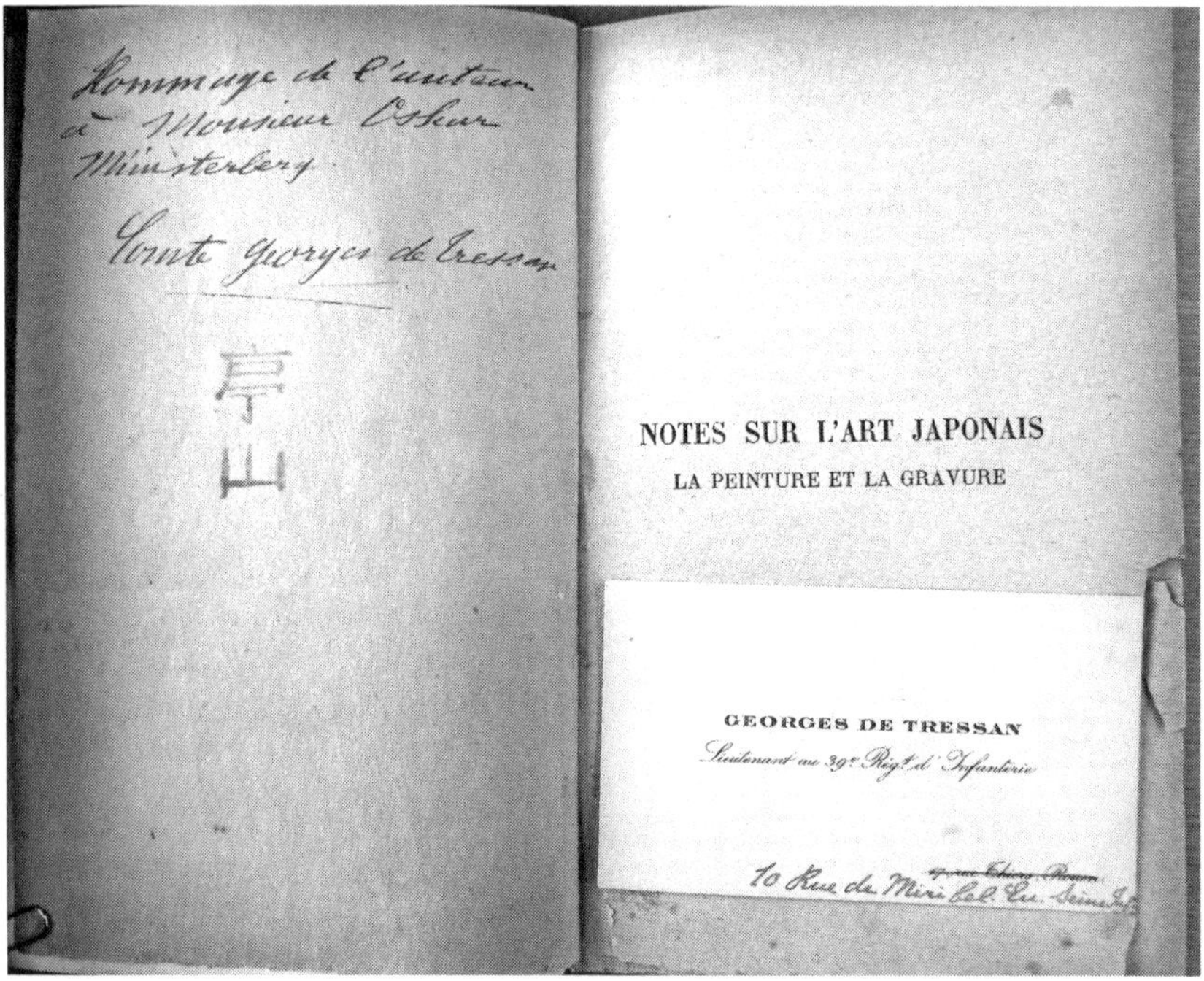

図 2-9　トレッサンからミュンスターベルクに贈った『日本美術論 絵画と版画』と名刺

左の亭山の文字は朱の印。（東北大学附属図書館本館所蔵）

か。副題は「その起源から」でしょうか。この点について決定して戴ければ直ぐに契約書を作成します。

出版にこぎつけた本は『日本美術論』という総題になった。印刷は最初の巻が一九〇五年十一月十日、次の巻が〇六年五月二十五日に終えられている。トレッサンは方々に抜刷りを献呈しており、今日でも図書館などでその献辞と署名の入ったものが見つかることがある。パリの装飾美術館図書館にはビングに贈った分があり、東北大学附属図書館所蔵の『日本美術論』には、トレッサンがオスカー・ミュンスターベルクに贈った献辞の他に名刺が添えられている［図2―9］。現在でもそうだが、情報ソースが限られていて日本研究の学会などなかった当時では、なおのこと著作や抜刷りの交換、書簡による問い合わせなどが必要だったのである。

第5章

O・ミュンスターベルク、R・ペトリュッチ、H・L・ジョリについて

本章ではドイツのミュンスターベルク、ベルギーのペトリュッチ、イギリスのジョリを取り上げる。すべて生前は日本美術研究の領域では知られていたが、その後忘れられた在野の研究家である。後者の二人はトレッサン自身が参考にし影響を相互に与え合った。ミュンスターベルクはちょうど同じ頃に、日本の美術の歴史について出版した。論の上での深い影響関係はないが、鐔の写真を交換したり、抜刷りや著書を送り合ったりしていた。そして何よりその旧蔵書が当時の西洋での極東研究目録の観を呈していて、第一次世界大戦前の傾向の一翼を見ることが出来るために紹介する。

初めに彼らが西欧のみならず、日本の美術関係者の注目を引いていたことを裏付ける証言を引用する。一九一一年当時東京美術学校長であった正木直彦（一八六二―一九四〇）の講演筆記録で、ミュンスターベルクとジョリへの言及がある。日英博覧会（一九一〇年五月一日―十月二十九日）の折に美術部審査主任として来英した正木は、見聞した日本美術の研究と出版物を紹介している。日本美術の研究がおこり、出版物もあるその見本として本を示しながら語っている箇所になる。

斯う云ふ本がございます、（本を示す）是れは極東の絵画と云ふ題でございますが、是れは倫敦〔ロンドン〕の『ブリチスミユージャム』博物館の東洋部長をして居ります、ローレンスビニオンと云ふ人の本であります、此人の本は日本の画とそれから支那の画を研究して、其研究の結果を出したのであります、〔中略〕それから伯林〔ベルリン〕の大学の先生でございますが、オスカルミユンステルベルグと云ふ人が居ります、此人は日本の美術に就いて、大きな本を書いて居ります、それから是れは新版でございますが、今度支那の美術史と云ふ物を書いて、是れが何冊か大変大きな研究らしいでございますが、第一冊ができたばかりでありま

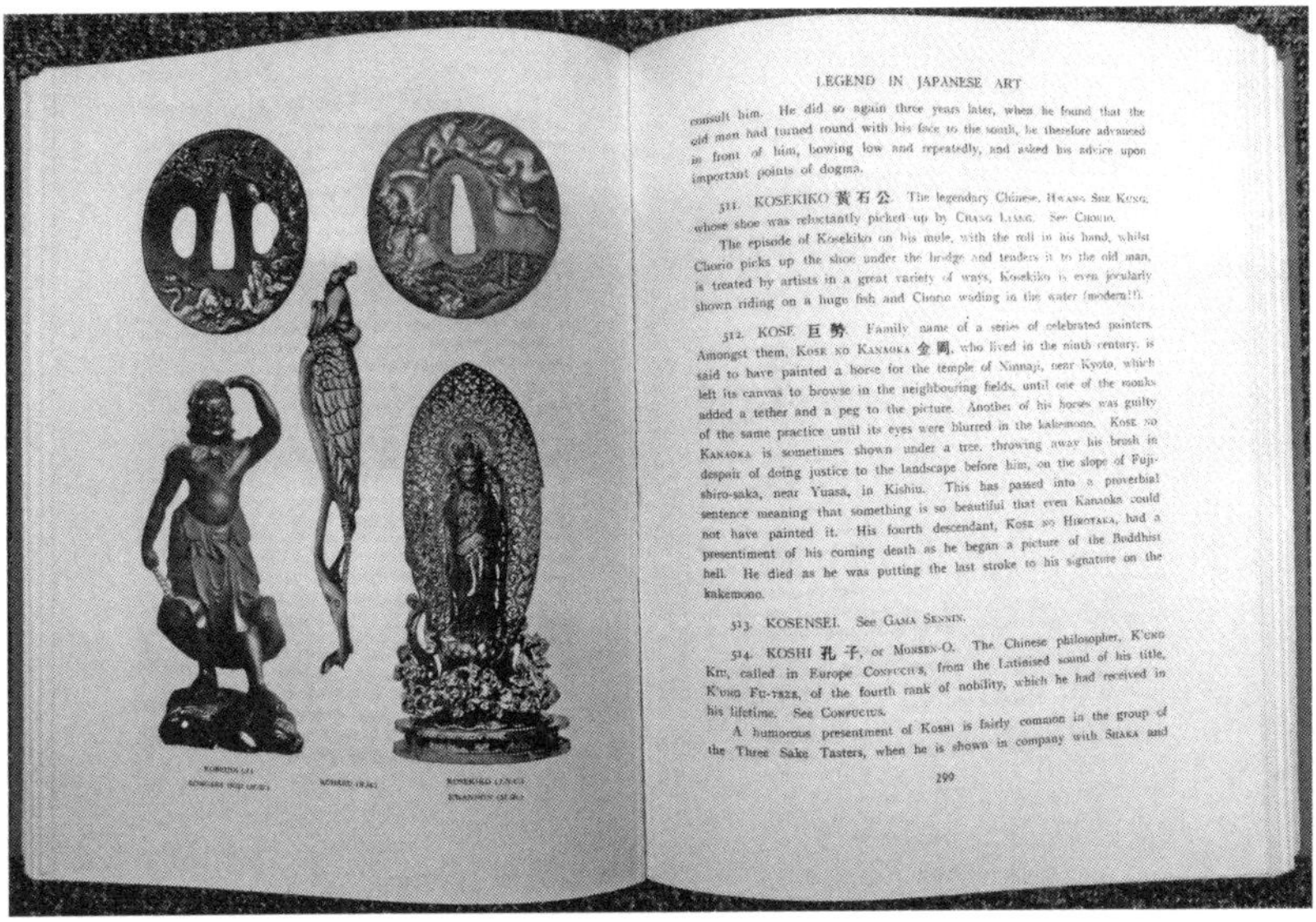
LEGEND IN JAPANESE ART

consult him. He did so again three years later, when he found that the old man had turned round with his face to the south, he therefore advanced in front of him, bowing low and repeatedly, and asked his advice upon important points of dogma.

511. KOSEKIKO 黃石公. The legendary Chinese, HWANG SHE KUNG, whose shoe was reluctantly picked up by CHANG LIANG. See CHORIO.

The episode of Kosekiko on his mule, with the roll in his hand, whilst Chorio picks up the shoe under the bridge and tenders it to the old man, is treated by artists in a great variety of ways, Kosekiko is even jocularly shown riding on a huge fish and Chorio wading in the water (modern!!).

512. KOSE 巨勢. Family name of a series of celebrated painters. Amongst them, KOSE NO KANAOKA 金岡, who lived in the ninth century, is said to have painted a horse for the temple of Ninnaji, near Kyoto, which left its canvas to browse in the neighbouring fields, until one of the monks added a tether and a peg to the picture. Another of his horses was guilty of the same practice until its eyes were blurred in the kakemono. KOSE NO KANAOKA is sometimes shown under a tree, throwing away his brush in despair of doing justice to the landscape before him, on the slope of Fujishiro-saka, near Yuasa, in Kishiu. This has passed into a proverbial sentence meaning that something is so beautiful that even Kanaoka could not have painted it. His fourth descendant, KOSE NO HIROTAKA, had a presentiment of his coming death as he began a picture of the Buddhist hell. He died as he was putting the last stroke to his signature on the kakemono.

513. KOSENSEI. See GAMA SENNIN.

514. KOSHI 孔子, or MONSEN-O. The Chinese philosopher, K'UNG KIU, called in Europe CONFUCIUS, from the Latinised sound of his title, K'UNG FU-TSZE, of the fourth rank of nobility, which he had received in his lifetime. See CONFUCIUS.

A humorous presentment of KOSHI is fairly common in the group of the Three Sake Tasters, when he is shown in company with SHAKA and

299

図2-10　ジョリ『日本美術の中の伝説』1908年

ジョリは自分と夫人のコレクションを多く図版にしている。右頁で巨勢金岡について記している。この絵師についてはモリソンやペトリュッチなど日本美術研究家たちの間で関心が高かった。

す。(1)

ジョリについては、正木は「電気の技師」で「非常な日本美術の熱心家」であり、「専ら刀剣小道具」について研究している。日本に来たことはないが「日本の言葉には精通」していて「日本語の達者なことは驚くばかりの人」であり、日本や中国から本を取り寄せ、図書館や博物館で調査している。博覧会には平日は仕事があるので土曜の午後に通っているなど語っている。日英博の美術部門では、金工漆工などの工芸品が七四六点出品されて全体の七割を占めていたので、ジョリが幾度も訪れたのは必然であった。正木が表題は挙げていないものの日本の美術の題目についての「実に感心する」本として紹介しているのが、ジョリの『日本美術の中の伝説――歴史上のエピソード、伝説的な人物、民間伝承の神話、宗教的な象徴の解説(2)』である［**図2―10**］。現在独立行政法人国立東京文化財研究所にジョリから正木への献辞のある版が所蔵されている。正木以外でも、ペトリュッチとジョリは浮世絵の愛好家としても日本で知られていた。[3] なおローレンス・ビニヨンについては、本書では第三部で正木の挙げている著書『極東の絵画』等を一部取り上げる。

1 オスカー・ミュンスターベルク

最初にオスカー・ミュンスターベルク Oskar（Oscar）Münsterberg（一八六五—一九二〇）について。[4] 正木はベルリンの「大学の先生」と書いているが実はそうではなく、実業家というのが最もよく当てはまる。ユダヤ系の裕福な材木輸出商モーリッツ・ミュンスターベルク（一八二五—八〇）の四男として、一八六五年七月二十三日にダンツィヒ（当時プロイセン王国、現在ポーランドのグダニスク）で生まれた。直ぐ上の兄は心理学者で、後のハーバード大学教授のフーゴ・ミュンスターベルク Hugo Münsterberg（一八六三—一九一六）である。一八八二年に大学入学資格（Abitur）を取得することなく中等教育を終えて、ダンツィヒで実業の道に入った。おそらく仕事上の便宜から、この時期にルーテル派のキリスト教に改宗している。翌年兵役に就き、終了後一八八六年六月からベルリンに移る九六年まで、印刷工房クリンゲンベルクのディレクターとして、デトモルトで過ごした。現在彼が居住していた家が、ミュンスターベルク・ハウスという記念館になって公開されている。[5]

一八九一年九月から翌年五月までアメリカ、日本、中国、インドを旅行している。この旅をきっかけとして、東アジアの美術・工芸品に関心を抱き各地で蒐集をし、帰国後コレクションを元に展覧会を開いた。またリッペ国立美術館長であったオットー・ヴィールトに協力して古代美術の蒐集をし、一八九三年には一〇〇余点を寄付している。その後東アジアの経済の歴史について、フライブルクとミュンヘンの大学で学んだ。これらの大学は、入学資格が無くても受け入れてくれたのである。一八九五年、フライブルク大学に日本の一五四二年から一八五四年までの対外貿易について博士論文を提出して受理され、翌年この論文に基づいた書籍がシュトゥットガルトで出版された。(6)

一八九六年にベルリンに移ってからおよそ十年にわたり、日本と中国の美術・工芸に関する執筆に専念した。一九〇八年末に、三十年近く日本に医師として過ごしたエルヴィン・フォン・ベルツ Erwin von Bälz（一八四九―一九一三）とベルリンで出会ったことが、ベルツの日記に記されている。(7) ミュンスターベルクは日本語を解さなかったと言われるが、『日本美術歴史』一巻の謝辞には「Dr. Tsuji, Lektor am Orientalische Seminar zu Berlin」の名が挙がっており、ベルリン東洋語学校で一九〇二年から一四年まで日本語と東洋学を教えた辻高衡（一八六九―一九二八）に教えを請うていたと考えられる。辻は独逸学協会学校（現、独協学園）卒でプロイセン陸軍大学校に教員としてまねかれたこともあり、ドイツ語での教授に堪能であった。

一九〇六年から〇九年までベルリンで『ナツィオナル・ツワイトゥング』*National Zeitung* 紙のマネージング・ディレクターを務めた。仕事の詳細はわからないが、注目すべきは同紙が一八四八年の三月革命 Vormärz の翌月に誕生した、自由主義の立場を打ち出した日刊紙であったことである（終刊は一九三八年）。その後しばらくライプツィヒの印刷会社の経営に関わり、一九一二年一月一日付で印刷・出版の株式会社ハーゲルベルク W. Hagelberg AG の社主になり、亡くなるまでその地位にあった。同社は一八九七年創立、多色石版印刷で広告から書籍まで印刷を請け負ったことで有名で、ミュンスターベルクの自著のカラーも含む豊富な図版は、かねてから印刷出版業に通じていたためであったことがわかる。この年にプロテスタントのアメリカ人女性ヘレン・ライス Helen Rice（一

図2-11　オスカー・ミュンスターベルクの蔵書票
現在東北大学附属図書館の旧ミュンスターベルク蔵書にもみられる。

八八六―一九六〇）と出会う。二人は翌年六月末に結婚し一九一四年に長女、一六年に長男、一八年に次女が誕生。ベルリンでは作家や画家たちと交流のある社交的な暮らしをしていたといわれる。こうした公私にわたる多忙と世界大戦のためであろう、一九一四年以後論考の数が激減する。第一次世界大戦後の劣悪な医療環境のために、六カ月の入院生活を送った後、一九二〇年四月十二日に五十四歳で亡くなった。蔵書票の言葉は「前へ、そして絶ゆまず」であった［図2―11］。粘り強く不断の前進を続けることを自らに課していたことがうかがえる。

一九二四年二月に夫人はプロシア貴族の将校と再婚。この時期に亡夫の蔵書の売却を図ったようで、ベルリンの美術商パウル・グラウペ Paul Graupe（一八八一―一九五三）が同年の春に、ミュンスターベルクの蔵書の中で東アジア美術関係の文献のリスト(8)を出している。

ミュンスターベルクの執筆活動はどのようなものであったか。

オスカー・ミュンスターベルクは生前に、前述の三巻本の日本美術史とその簡略版（一九〇八年）一冊、二巻本の中国美術史（一九一〇―一二年）の他に、論考では雑誌や新聞に経済・外交史関係で六本と自費出版一冊、美術・工芸史関係で少なくとも二九本を著している。ドイツ国内とウィーンでの発表が殆どであるが、口頭発表をフランス語にしたものも一本（一九〇九年）、また英語に翻訳された論も一本ある（一九一二年）。彼の論述の特徴を一言でまとめると、やはり網羅的ということになろう。それもトレッサンよりも範囲が広い。ジャンルを問わず大量の作品を一挙に取り上げる。絵画や彫刻・建築といった純粋美術（ハイアート）はもちろんのこと、陶芸・漆芸・金工・木工・染織といった応用美術（ローアート）の分野、日本の場合モティーフの類似性から活け花なども例として出す。金工では中国については青銅器が主になるが、日本の場合甲冑、鐔などの刀装具、香炉なども含まれる。一国での時代的な変化は踏まえるものの絵画作品で宗教画、風景画、風俗画の区別をつけることはなく、建築で寺社と民家と寝殿造りの屋敷の扱い方に差をつけることもない。トレッサンは情報を並べ、そこから帰納的に類推するというやり方だが、ミュンスターベルクの場合はモティーフ論で、比喩的な言い方になるが、モティーフ別の網にかかったものを残らず掬い上げるような方法をとっている。

二巻まで出た一九〇七年秋の時点で、早くも書評がフランスの美術雑誌『アール・エ・デコラシオン』に掲載された。執筆者は美術批評家のフランソワ・モノ François Monod で、この号では他にトレッサンの『日本美術論』とペルツィンスキーの『北斎』（一九〇四年）も取り上げている。ペルツィンスキーは後にミュンスターベルクと論争をする人物である。この書評が、トレッサン（筆名テイザン）とミュンスターベルクの著書の性質の違いをよく説明しているので、以下長くなるが引用する。

テイザン氏の『日本美術論』がより一般的なものを目指していたのに対して、ミュンスターベルク氏の日本美術の歴史は見事な総括の試みであり、アンダーソンのすでに古典となった著書や、林の『帝国美術略史』〔林忠正が編集発行に関わった一九〇〇年刊行のフランス語による日本美術史のこと〕の後を継ぐものになっている。ミュンスターベルク氏は名前や年月の徹底した目録を提供しようとしたばかりではなく、様式と技術の展開を紹介し、美術を生活上の精神的・社会的な面、及び歴史との関係において描き出した。

最初の巻では絵画と彫刻と一般的な装飾について取り上げている。二巻目では建築と庭園と「茶の湯」、漆器、青銅器、屏風、織物、戯曲の面を扱っている。三巻目では磁器と彫金と、産業美術になる小型で装飾的な彫刻（根付け、印籠）を扱って、日本美術の変遷についての包括的な見解で締めくくる予定であるという。起源の時期と先史時代そして装飾品に関する章は、とりわけ興味深い。

複数の有能な読者の意見に依れば、ミュンスターベルク氏は彼の取り上げるテーマについてあらゆる面で深い知識を有しており、年代や作者の特定など疑わしい問題には注意深く慎重な批評の態度をとっている。

参考文献は素晴らしく豊富で、今日までヨーロッパで書かれた日本美術についての文献のほぼ全てをくみ取っている。最後に図版だが、実のところ小さいけれども鮮明で大量で、その資料的な性格でもって、この立派な書物の計り知れないほど貴重な特徴になっている。多くが日本美術についての評価の高い出版物から採られていて、本書の一連の図版はヨーロッパの出版物では最初の、日本の古美術の記念碑的古器物の中でも主要な作から選んで供するものであり、それらは伊勢、奈良、京都の寺社、東京の博物館、帝室御物として保存されてきた宝物になる。(9)

一段落目の「名前や年月の徹底した目録を提供しようとした」というのは、すでにこの書評欄のトレッサンの『日本美術論』のところで、同書の性格を説明するのに用いた表現でもある。取り上げたジャンルが極めて広範囲で、参考文献と図版の資料的価値が高いというのは、トレッサンの本に図版がないという〈欠点〉を強調する結果になったであろう。この書評の最初には、この号で取り上げる書物の紹介があり、ミュンスターベルクの著書の豪華さとトレッサンの著書の簡素さを比べうる情報、すなわち価格がフランで記載されている。ミュンスターベルクの『日本美術歴史』はボール紙装で一巻目が一二フラン二五サンチーム、二巻目が一八フラン七五サンチーム。トレッサンは各三フラン五〇サンチームである。印刷業に関わったミュンスターベルクの本に比べて、質の悪い紙に印刷されていてこの点でも見劣りがする。トレッサンはその後の自分の論文で、日本語の表記や図版にこだわりを見せたが、こうした同時代の著書が念頭にあったことは想像に難くない。

ミュンスターベルクの著書の網羅性を支える分析の方法は、ことに初期の論考では同時代のオーストリアの美術史家アロイス・リーグル Alois Riegl（一八五八—一九〇五）の様式論の、いささか単純な影響を感じる。リーグルは近東地方とギリシャの文化との間、古代東方美術と中世美術との間に発展史的なつながりをつけて見せた。ミュンスターベルクはギリシャや中近東に見られるモティーフの類似性を、その東漸の証拠のように東アジアにも見出して図版に挙げていく。こうした比較は極端な場合、レオナルド・ダ・ヴィンチの絵画の背景にある山を表した風景と明の時代の山の描き方、雪舟の描いた山などと比べた論にまで発展している。(10)

こうしたかなり強引な比較分析に対して、実は毀誉褒貶の幅は大きかった。ミュンスターベルクは一九〇八年、ラファエル・ペトリュッチに、三巻本か簡略版かわからないが自著の日本美術史を贈っていて、ペトリュッチの方では親友で大英博物館学芸員のローレンス・ビニヨン宛書簡で、ミュンスターベルクのは既存のあらゆるものからの寄せ集めと、批判的に記している[11]（一九〇八年五月八日付）。そうした中で、ヴィリアム・コーンがミュンスターベルクの『日本美術史』（全三巻）について、その刊行から約半世紀後に総括している文章が、今日でもうなずける評価になっている。

今世紀の初めに、日本の美術についてかなりの数のドイツ語の書物が刊行された。中でも最も早い時期のものに、一九〇四年から一九〇七年にかけて出版されたオスカー・ミュンスターベルクの三巻本があるが、これは当時は高い評価を受けたわけではなかった。それ以前に比して人々が日本美術の歴史の研究に本格的に取り組み始めた時期で、ミュンスターベルクはその資料を、いささか適切を欠く基準で編集したと理解されたのである。とはいえ今日、彼の試みはこの分野でのパイオニアの業績と見なされるべきであり、ことに彼の参考文献の書誌は有益である。[12]

ドイツでの初期の東アジア美術の研究に寄与したコーンは、当時から書評も書き、ミュンスターベルクの著作を痛烈に批判したオットー・キュンメルの片腕として、『東アジア誌』の編集にも携わっていた。イギリスに亡命後、アシュモリアン美術館の東アジア美術コレクションに貢献しつつ、一九五三年からは雑誌『オリエンタル・アート』の編集に協力した。多年にわたり東洋美術研究の現場にいた人物であり、その言葉には信憑性がある。資料を「編集」（had compiled）したとあるのは、言い得て妙である。著書や論文では、自身の指摘を裏付けるはずの大量の図版を挿入していて、カラー頁も同時代の他の美術出版物に比べると格段に多い。『日本美術史』の第三巻（一九〇七年）では四四八頁に七一六点、『中国美術史』の第二巻（一九一二）では五一五頁に六九八点の図版を入れている。大概一つの図に複数の作品が並べられているので、総作品数は膨大な数になる。参照した論文なども大量である。『日本美術史』の第三巻では、参考文献が一四〇〇本以上あがっていた。内容は和書、洋書、定期刊行物などを網羅している。

ミュンスターベルクの名誉のためにも一言記しておくと、こうした東西の美術品を比較する傾向は、十九世紀の人類学や考古学での伝播論の適用でもあり、今日から見て疑問視される対象の選択もありがちだった。つまりあながちミュンスターベルクの〈暴走〉とばかりもいえず、中国美術史の執筆の折にはかなり改められている。その意味でもパイオニアであり、言い換えればジャポノロジーへの過渡期の研究家であったことがわかる。

とはいえ、ミュンスターベルクのいわばこれみよがしのスタイルは反発も大きかった。そしてこれが方々で感情のもつれを引き起こして彼の立場を悪くし、大戦後に忘れられた極東美術史家の一人になる原因となった。その過程を見ていこう。

発端はミュンスターベルクが、オットー・キュンメルからの『日本美術史』への讒謗に対して反駁をしたことにある。ミュンスターベルクは雑誌名は記しているが、キュンメルのどの論を指すかは明記していない。が調査したところ、これは一九一〇年にキュンメルの書いた、「日本の新しい記念碑的出版物」での冒頭部分が問題になったと推定出来る。[13] 内容は審美書院による『真美大観』と『東洋美術大観』、『東瀛珠光』を絶賛したものだが（本書第一部3章参照）、キュンメルは「過去数年で東洋美術に関してこむつかしい本が出版されたが、これは東アジアの美術の論述のための杜撰、無知、無理解という必須のレヴェルをドイツ人にうまい具合にわかりやすく見せたものであった。[14]」と皮肉をこめて書いていた。

ミュンスターベルクはまずは私家版という形で「ベルリンの東洋美術館[15]」の論考を執筆し（末尾に「ライプツィッ

ヒ一九一〇年八月」の記載がある)、日本美術関係者や美術館に送った。雑誌発表論文の抜刷りの他に、「Privatdruck」と表紙に記して私家版の冊子を送るのは、ドイツ語圏ではそれほど珍しいことではない。国外ではパリの装飾美術館と関係の深かったレイモン・ケクランや、ルーアンのトレッサン、ロンドンやウィーンの美術館などにも献呈をしたようで、現在ヴィクトリア・アンド・アルバート・ミュージアムの図書館が所蔵している。筆者が確認したところでは、同館所蔵のものには一九一〇年十月二十日に著者より受領した旨が記されていて、自分の書いたものを早急に届けようとした意志が伝わってくる。ブリュッセル在住のペトリュッチも、同年十月七日付になるビニヨンへの手紙の最後に「ミュンスターベルクからも、キュンメルを攻撃しているのを送ってきていました。もう読みましたか。」と書いている。これに加えてミュンスターベルクは、ウィーンの芸術産業博物館が編集する『美術と美術工芸』誌に、キュンメルが一九一一年に出版した『日本の美術工芸』[16]について手厳しい批評をした。[17]キュンメルが、参考文献(二頁)のところで書名すら挙げずに「オスカー・ミュンスターベルクの本は全く役立たないので気をつけるよう」と記したことも関係していよう。

ここでやはり看過できないのが、二人の政治的立場である。ミュンスターベルクはユダヤ系でプロテスタントで左翼系で財産家。キュンメルはドイツ北西の小作農の出ながらオスカー・ミュンスターベルクと同じく、フライブルク大学で学位を取得している。美術行政のヒエラルキーを上り詰め、ヒトラー政権下では国立博物館群総裁ついで総裁代理を務めた。いわゆる「盗まれた文化財」リストを一九四一年に提出して、各国のユダヤ系を初めとするコレクターの所有していた、十六世紀以降のドイツの作家の作品を没収していった人物である。ビスマルク時代の国家主義を極めていた、と弟子の一人のアシュウィン・リッペが書いているが、[18]鉄血宰相として知られるビスマルクは、一八七八年に社会主義鎮圧法を発布した人物で、これにより社会主義的傾向の結社や出版が厳禁された（九〇年にビスマルクの退陣と共に廃止）。ミュンスターベルクが自由主義の新聞社の重鎮であったことはすでに見た。二人のこうした複雑な立場の違いが、美術品工芸品そして文献の蒐集とその公開をめぐる論の背景にはあり、必要以上に感情的な応酬になってしまったことは容易に想像しうる。

もっともミュンスターベルクも、キュンメルの批判に我を通してばかりいたのではない。『中国美術史』で純粋芸術と応用芸術の区分をしたことは先に述べたが、そのほかキュンメルの批判の一部は日本語や中国語の読み方と表記にあり、問題となるような人名や印などの読み方に関しては、ミュンスターベルクは一巻の最初で、中国語の「表記と発音」について自身の立場を細かく説明している。[19]

ミュンスターベルクの『中国美術史』［図2—12］が出版された当初、フランスの『中仏友好協会誌』では二巻とも絶賛。[20] ことに書誌と図版の充実、取り上げた文物の幅の広さ、工芸品の芸術的価値と技術を認めさせたことを賞賛した。さらに『考古学雑誌』でも、第一巻について仏教以前まで広範囲に取り上げて、中国の古い文物を単なる「骨董品」から価値を認めさせたこと、図版も分量が多いだけではなく各章末によく出来た要約的説明が加えられていることなどが書かれている。[21] が、半年後の書評コーナーでは、ニュアンスのある指摘が掲載される。キュンメルが「フランクフルトの雑誌」の一九一一年三月十一日号に、ミュンスターベルクの同書について、『日本美術史』同様価値がないと書いたというのである。そしてフランス語訳で部分的に翻訳を載せていて（キュンメルの苛立ちが伝わる部分である）、ミュンスターベルクが反論するであろうと書いている。

筆者の調べたところ、これは『フランクフルト新聞』*Frankfurter Zeitung*（一八五六—一九四三年）であり、その一カ月後にオスカーが反駁文を掲載した。[22] さらにライデンから出ている『通報』誌でフランスの考古学者のエドゥアール・シャヴァンヌ Édouard Chavannes（一八六五—一九一八）が二度にわたり書評をし、[23] ミュンスターベルクの

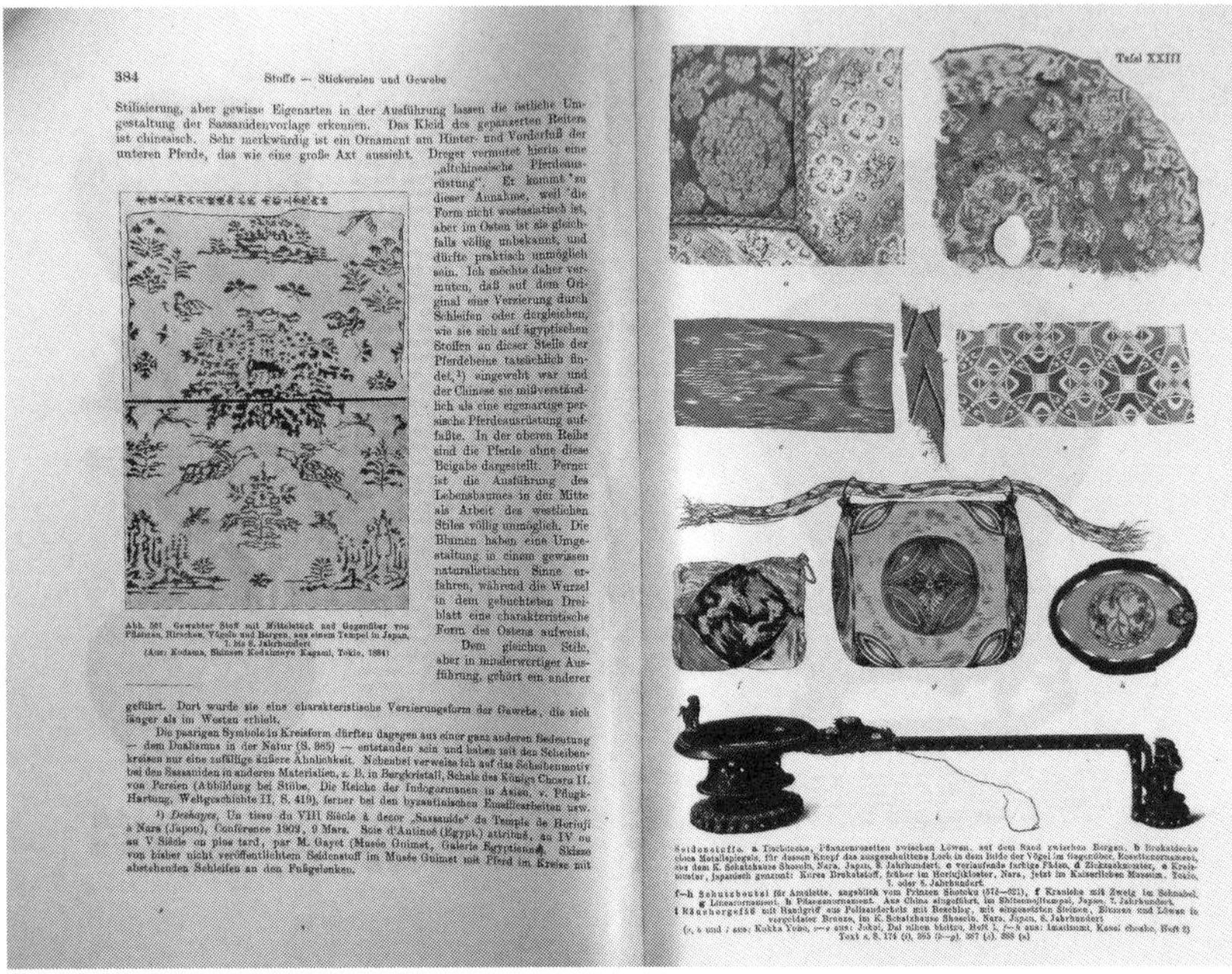
384 Stoffe — Stickereien und Gewebe

Stilisierung, aber gewisse Eigenarten in der Ausführung lassen die östliche Umgestaltung der Sassanidenvorlage erkennen. Das Kleid des gepanzerten Reiters ist chinesisch. Sehr merkwürdig ist ein Ornament am Hinter- und Vorderfuß der unteren Pferde, das wie eine große Axt aussieht. Dreger vermutet hierin eine „altchinesische Pferdeausrüstung". Er kommt zu dieser Annahme, weil die Form nicht westasiatisch ist, aber im Osten ist sie gleichfalls völlig unbekannt, und dürfte praktisch unmöglich sein. Ich möchte daher vermuten, daß auf dem Original eine Verzierung durch Schleifen oder dergleichen, wie sie sich auf ägyptischen Stoffen an dieser Stelle der Pferdebeine tatsächlich findet,[1]) eingewebt war und der Chinese sie mißverständlich als eine eigenartige persische Pferdeausrüstung auffaßte. In der oberen Reihe sind die Pferde ohne diese Beigabe dargestellt. Ferner ist die Ausführung des Lebensbaumes in der Mitte als Arbeit des westlichen Stiles völlig unmöglich. Die Blumen haben eine Umgestaltung in einem gewissen naturalistischen Sinne erfahren, während die Wurzel in dem gebuchteten Dreiblatt eine charakteristische Form des Ostens aufweist.

Abb. 361. Gewebter Stoff mit Mittelstück und Gegenüber von Pflanzen, Hirschen, Vögeln und Bergen, aus einem Tempel in Japan, 7. bis 8. Jahrhundert
(Aus: Kodama, Shinsen Kodaimoyo Kagami, Tokio, 1884)

Dem gleichen Stile, aber in minderwertiger Ausführung, gehört ein anderer geführt. Dort wurde sie eine charakteristische Verzierungsform der Gewebe, die sich länger als im Westen erhielt.

Die paarigen Symbole in Kreisform dürften dagegen aus einer ganz anderen Bedeutung — dem Dualismus in der Natur (S. 385) — entstanden sein und haben mit den Scheibenkreisen nur eine zufällige äußere Ähnlichkeit. Nebenbei verweise ich auf das Scheibenmotiv bei den Sassaniden in anderen Materialien, z. B. in Bergkristall, Schale des Königs Chosru II. von Persien (Abbildung bei Stübe. Die Reiche der Indogermanen in Asien, v. Pflugk-Hartung, Weltgeschichte II, S. 419), ferner bei den byzantinischen Emaillearbeiten usw.

[1]) *Deshayes*, Un tissu du VIII Siècle à décor „Sassanide" du Temple de Horiuji à Nara (Japon), Conférence 1909, 9 Mars. Soie d'Antinoë (Egypt.) attribuée, au IV ou au V Siècle ou plus tard, par M. Gayet (Musée Guimet, Galerie Égyptienne). Skizze von bisher nicht veröffentlichtem Seidenstoff im Musée Guimet mit Pferd im Kreise mit abstehenden Schleifen an den Fußgelenken.

Tafel XXIII

図 2-12　ミュンスターベルク『中国美術史』第 2 巻
右頁はカラー。(国立ギメ東洋美術館図書館所蔵)

誤謬を長所と共に指摘している。シャヴァンヌの調査隊が撮影した莫高窟の写真は、後に大型の書物の形でまとめられるが、それ以前にも研究家たちに貸していた。ミュンスターベルクは写真資料をとりわけよく引用していた。一九〇八年のパリでの講演もシャヴァンヌの仲介によるなど、交流があった。その後もキュンメルとミュンスターベルクとは互いの論考で批判し合ったが、これらに加えて次のペルツィンスキーとのやりとりが、著書の内容以上に著者自身にマイナスのイメージを与えてしまった可能性が高い。[24]

フリードリヒ・ペルツィンスキー Friedrich Perzyński（一八七七―一九六五）は中等教育を修了しないまま書籍店に勤めて美術品の蒐集をし、一九〇四年には北斎について、〇七年には光琳についての著書を発表している。[25]『中国美術史』批判は『芸術学雑誌』一九一一年五号に掲載された。ミュンスターベルクの反論[26]は同じ雑誌の七号に、これに対するさらなる「反論の反論」が九号に載った。[27]これらはそれぞれに表記や時代区分などの記述の誤りを指摘し、参考文献にしたシャヴァンヌなどの文献での既出を挙げることで自説を補強し、といったものだが、ひどく感情的な表現になっている。こうした経緯が国内で問題になったのか、ミュンスターベルクは一九一一年からはオーストリアの美術館編集の雑誌への寄稿が多くなった。一方キュンメルは一二年に民族学博物館の東洋部長に就任し、ヴィリアム・コーンと『東アジア誌』を創刊。二四年には同館館長に任命された。ミュンスターベルクの名が研究史に残る余地は、これでほぼなくなった。すなわち、専門家からは取り上げられなくなった、ということになる。

とはいえ今日の関心を引くのは、こうした史料の上でのこだわりを支えたものが何だったか、その背景である。第一部の最後で取り上げた一九〇八年の論考でも見たように、どの時期から意識的であったかは定かではないが、ミュンスターベルクは文献も作品と同様に蒐集し役立てようと考えていた。ドイツでは美術コレクターである会社や工場の経営者が、従業員の福利厚生もかねて美術館を開設することがあった。それらとの差異化のためにも必要と考えていたのかもしれない。フランスでは東アジア美術に限らないがジャック・ドゥーセが私設図書館を有していて、トレッサンが義兄の画家の書簡の複写を送ったことはすでに触れた。

ミュンスターベルクの集め方も徹底していた。現在東北大学附属図書館本館には、ミュンスターベルクの蔵書由来の資料が一般書と定期刊行物、貴重図書に分類され所蔵されている。貴重書一二点（一六冊）[28]以外は他の資料と混排されているが、蔵書票や図書館側の受入れの日付印で見分けがつく。その中に前述の『日本美術史』の第三巻の参考文献にある、エミール・デエ Emile Deshayes（?—一九一五）の連続講演会の記録三九回分のデータがある。デエはパリのギメ美術館の学芸員（一九〇五年からデヌリー美術館所属）で、普及のための講演も担当していた。筆者は東北大学附属図書館に混排されたミュンスターベルクの旧蔵書の中で、「Deshayes」と記された分厚いファイルにまとめた手書きの講演原稿の青焼き群を発見したが、それを読んでいたことになる。

著書や論考に挿入する図版資料には、自身のコレクションや各国の美術館博物館の所蔵品、知人のコレクションの写真の他、絵画や彫刻では『國華』『真美大観』『美術画報』など日本の出版物の図版を用いていた。図版だけを集めた特装のファイルがあり、中国と日本とその他の国別に、ジャンルと時代とを区別して四〇に分類している。そのために二部ずつ購入していたようであり、『國華』については一九〇五年から出ていた英語版をひとそろい所有していたが（現在東北大学附属図書館本館所蔵）、蔵書リストやファイル収録の図版から判断して日本語版も揃えていたと推測できる。

蔵書の全体像は、東北大学附属図書館と史料館に保存されていた七種類の購入のためのリストから想定できる。[29]これらを合わせると、ミュンスターベルクの蔵書のうち一一九三点の内容がわかることになる。だが実際に調査

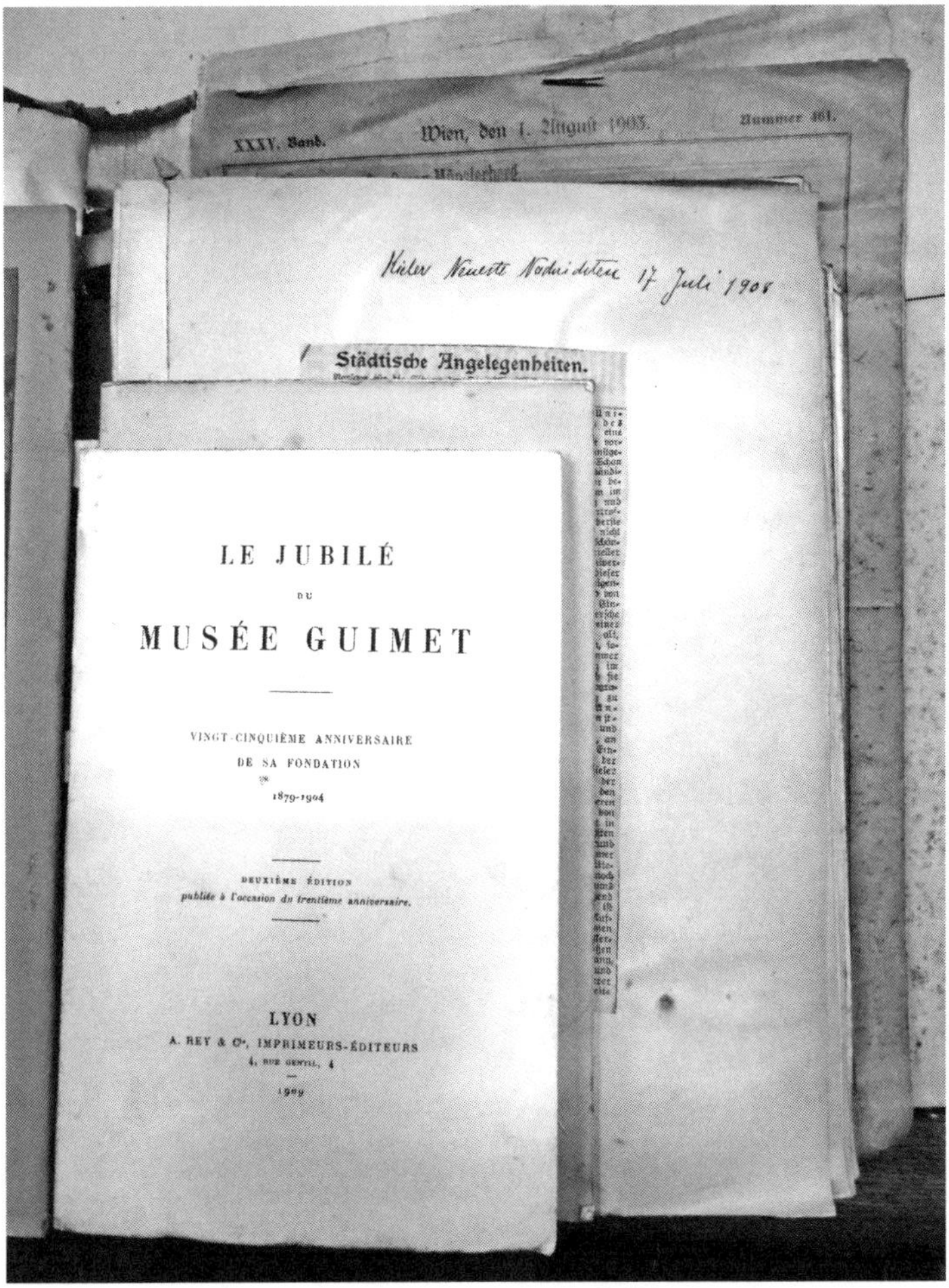

図 2-13　ミュンスターベルクのファイルの一部

パンフレットや新聞切抜き、雑誌抜刷りなどを主題別にまとめている。写真ではパリ、ウィーンから直接情報を集めていたことがわかる。（東北大学附属図書館本館所蔵）

を進めると、これらのリストに含まれない資料も多数東北帝国大学が受け入れていたことがわかった。書庫には二〇点の革装の大型ファイル（表紙のサイズでB4より一回り大きい）とさらに大きな革装のファイルが一六点あった。これらには「日本の芸能」「中国の青銅器」「ペルシャ」「欧州へのアジアの影響」、「オットー・キュンメル博士」や先に挙げた「デエ」といった研究家の名等のタイトルがつけられていて、関連する雑誌の抜刷りや新聞記事の切抜き、パンフレットや手紙がファイリングされている［図2—13］。中にはグラウペの売立てリストに挙がっている文献もある。

『東北大学五十年史 下』によると、ミュンスターベルクの「旧蔵書のうち「國華」そのほか本館所蔵図書と重複するものを除いた〔但し英文版のKokkaは購入し、閲覧に供している〕全体の約六割にあたる洋書七三〇冊と和漢書七八冊からなる。」(30) つまり八〇八点が、東北大学附属図書館に所蔵されていることになる。しかし同一の文献でファイルに収録されている一方で、書庫にも配架されていてそれぞれ蔵書票がある場合もある。雑誌や美術館の年報などの定期刊行物については、蔵書票があって複数が製本されていても一点に数えている場合と、グラウペが分割してそれぞれ挙げている場合がある（なおグラウペのリストには、和書を一括して一四〇点あるとだけ記載している箇所があり、ここではそれを一点に数えている）。加えてグラウペのリストに入っていない文献も東北帝大側で作成したリストに挙がっており、『國華』などの図版のみを分類したファイル群、抜刷りやベルリンの新聞の記事、たとえばギャラリーなどでの日本関係の展覧会の情報や書評などの切抜きをどのように数えていたのかは不明であり、混排されていることもあって、受入れ資料数を正確に把握することはきわめて困難である。

それでも複数のリストやリスト外の文献をリストアップして書誌データを作成したところ、得られた約一四〇〇点のうち和書（日本の植民地のものと海外向け外国語本も含む）を除いておよそ一二五〇点から、改めてドイツ語圏での美術関係の出版と東洋研究の高まりは確認できる。ミュンスターベルク蔵書の資料（新聞や雑誌の切抜きは除く）の発行された主な国別内訳と出版地は以下の通りである。

ドイツ（ベルリン、ライプツィッヒ、ミュンヘン、ブラウンシュヴァイク）四六％
オーストリア（ウィーン）三・五％
スイス（チューリッヒ、ジュネーブ）〇・四％
イギリス（殆どロンドン）二〇％
アメリカ（殆どニューヨーク、ワシントン、ボストン、シカゴ）七・五％
フランス（殆どパリ）十一・七％
ベルギー（ブリュッセル、リエージュ）〇・七％
オランダ（ライデン、アムステルダム）二・五％

このほか上海租界から二三点、これは殆どが英語文献で中国語からの英語訳も含まれる。一八九八年にドイツの租借地となった青島から二点などもある。オランダから出ているものは十七世紀の東アジアインド会社関係の古書と、ライデンから出ていた『通報』誌が殆どである。またアメリカは三大都市の美術館から出されている年報や展覧会図録が大部分を占め、シカゴは宗教・哲学の雑誌『オープン・コート』*Open Court*（一八八七年―）の発行地になる。ドイツのブラウンシュヴァイクは居住地であったデトモルトに近く、ミュンスターベルクは『日本美術史』（全三巻）とその後の簡略本『日本の美術』(31)を当地の出版社ヴェステルマンス・モナトシェフトから刊行し、それ以前にも部分的に同社から出た同名の雑誌に発表していた。

論文や単行本が多いのは、アウグスト・プフィッツマイアー August Pfizmaire（一八〇八—八七、チェコ出身オーストリアの東洋学者、万葉集の研究の先駆者）、フリードリッヒ・ハース Friedrich Hirth（一八四五—一九二七、ドイツ出身アメリカの中国学者）、オットー・フランケ Otto Franke（一八六三—一九四六、ドイツの中国学者）、ハインリッヒ・ハックマン Heinrich Friedrich Hackmann（一八六四—一九三五、ドイツ出身オランダの東洋学者）、ハンス・ハース Hans Haas（一八六八—一九三四、ドイツの日本学者）、ベルトルド・ラウファー Berthold Laufer（一八七四—一九三四、ドイツ出身アメリカの人類学者、東アジア言語学者）で、ラファエル・ペトリュッチやジョルジュ・ド・トレッサンの著書もある。

ミュンスターベルクより四半世紀上の世代の、ウィリアム・アンダーソン（一八四二年生まれ）が『大英博物館所蔵日本・中国絵画目録』と『日本絵画芸術』を執筆するにあたって「参照した日本関連文献」がやはり英語、仏語、独語、伊語にわたりジャポニスムの黎明期から一八八六年までを幅広く視野に収め、雑誌掲載論文も引用していた。(32) またレオン・ド・ロニ（一八三七年生まれ）が蒐集していた文献などからみても、(33) 二十余歳下の世代のミュンスターベルクの参考文献の蒐集のさまは、まさにその後の日本研究への拡張を物語るものだと言えよう。著者からの献辞や入手の由来、ミュンスターベルク自身の書き込みも見られ、二十世紀初頭の東アジア、ことに日本の美術・工芸に関して欧米での人的交流の、いわば研究の現場が伝わってくるのである。

ところで東北帝国大学はどの時点で、どのような経緯でミュンスターベルクの旧蔵書を購入したのだろうか。ミュンスターベルクの日本での評価や、日本での欧米における東アジア美術研究への関心とも関わるので、以下、推定の部分も含めて記しておく。

東北帝国大学は日本で初めての法文学部を一九二二年に創設するために、教官を任命して欧米に留学させた。

一九二一年にドイツに渡った教官に小宮豊隆、阿部次郎、児島喜久雄などがいる。彼ら自身の研究のためと同時に、新設学部のための資料を購入する目的もあった。第一次世界大戦後はマルクが暴落していたので、好機であった。そのうえ彼らの留学中の二三年九月一日に関東大震災が起こり、火災など甚大な被害についての情報が西欧にも伝わった。[34] そこで仙台に、出来るだけ多くの文献をそろえようとしたのである。果たして二四年の末には、図書館には「莫大な負債と未整理図書」があったという。[35]

ここからは決定的な資料がないので状況証拠を重ねることになるが、ミュンスターベルク蔵書の購入に当たっては児島喜久雄（一八八七—一九五〇）と、当時彼と留学中に行動を共にしていた太田正雄（木下杢太郎、一八八五—一九四五）の進言があったとみるのが、最も適当である。[36] そもそもグラウべの作成したリストを見て価値がわかるのは、独・英・仏・蘭語が理解でき、東洋美術史と中央アジアの考古学研究の知識があり、かつ西洋人の日本美術研究に敬意を払える人物に絞られる。太田正雄はこの条件を満たしている。そしてなにより太田は、早くからミュンスターベルクの著書を活用し、和辻哲郎（一八八〇—一九六〇）に知らせたりしていたのである。奉天の南満医学堂教授と奉天医院皮膚科部長職にあった時期に、和辻宛でミュンスターベルクの中国美術史の本にたびたび言及している（一九一八年四月十五日、十八日、十月二十三日等）。前記シャヴァンヌの莫高窟を撮影した書物の写真が、転載されていたことが理由の一つである。一九二六年に東北帝国大学医学部の教官に任命されるが、この時点では人事の面で直接の関係はない。

太田は一九二一年から北米経由で、ベルリンやパリに医学研修で滞在していた。東洋美術蒐集で有名な原三渓の子息の原善一郎（一八九二—一九三七）とも、ときに児島と同行していた。注目すべきは二三年八月三十一日付の原宛の書簡である。シャヴァンヌなどの考古学の書物に触れ、「貴君に蒐集の御希望があらば児島君とも相談しだんだん集めませう。貴意如何。」と原に相談を持ちかけている。[37] つまり西欧の東洋学の書物を滞在中にできるだけ購入して、日本に届ける意志があったことが確認できる。

児島の方でも滞欧中文献資料の購入に大変熱心であり、現在東北大学史料館にそれを裏付ける文書が保存されている。[38] グラウペのリストについて情報を得た経緯については、リストの出た春頃に太田は児島とパリにいたようだが、東洋美術史家であったクルト・グラーザー Curt Glaser（グラーゼル、一八七九―一九四三）から伝えられた可能性がある。太田はグラーザーの一九一一年の来日時期に通訳を務めた縁があり、グラーザーは一九二四年からベルリンの美術図書館長（ペーター・イェッセンの後任）職に就く立場にあった。太田はブリティッシュ・ライブラリーで、アーネスト・サトウの旧蔵書を特別に閲覧、南蛮研究のための文献も集めていた。滞独中にグラーザーとも会い、彼の論文の邦訳を和辻哲郎に依頼してもいる。[39] そうした熱心さが伝わっていたのではないだろうか。なお現在神奈川近代文学館の「木下杢太郎文庫」には、欧米での日々のメモや領収書のたぐいまで大量に整理され保存されている。が、なぜか一九二四年三月二十一日から五月七日の間に限って日記もメモも存在しない。したがって以上は推論に止まる。

実は和辻と太田、児島は一九一〇年に東京帝国大学で、岡倉天心の「泰東巧芸史」の講義を聴講していた同窓生であった。岡倉は東アジアからガンダーラ、ギリシャへとさかのぼり、広く日本と大陸の国々の文物を、美術と工芸のヒエラルキーをつけることなく包括的に捉えようとした。そうした日本側からの姿勢と、先に述べたオスカー・ミュンスターベルクの蔵書方針からうかがえる姿勢とは一致する。ミュンスターベルクは岡倉天心の英語による著書を三冊（『茶の本』『東洋の理想』『日本の目覚め』）所持し、ボストン美術館の年報やカタログも多数入手していた。

鈴木廣之氏は日本のヘレニズム東漸説信奉者に「一八八〇年代生まれの世代の活躍が目立つ」ことを指摘し、中でも和辻哲郎の場合岡倉天心の講義（一九〇一年の「泰東巧芸史」講義）の影響と、オーレル・スタインの新疆省探検の報告から刺激を受けたことがあったと指摘している。(40) このスタインの中央アジアよりもたらした成果については次のペトリュッチのところで見るが、スタインやシャヴァンヌらが一九〇〇年代に莫高窟での発見を撮影し、印刷媒体にして全世界に伝えていった。その結果、日本の八〇年代生まれの世代を動かし、ここで東アジアの美術・工芸への関心が、北半球を周って仙台に着地したというとあまりに修辞的だが、たしかにそうした視点と意欲とが国境を越えて二十世紀初頭にあったことは確認しておきたい。

2 ラファエル・ペトリュッチ

ラファエル・ペトリュッチ Raphaël Petrucci（一八七二―一九一七）について紹介する。(41)『國華』主幹で東京帝国大学教授であった瀧精一をして、次のように書かせた人物である。

特に君の東洋芸術を論するものは真に科学的であつて、多くの欧羅巴の日本論者がなす如き一隅を見てそれより誇張的に全体を推測するの弊を見ない。此点に於て氏はフエノロサ氏などよりも遥かに立勝つて居る。ペトルッチィ君の逝けるは実に予等に取つても一大損害である。東洋学上の一大親友は失はれたのである。悲哉(42)

「一大親友」といい、フェノロサよりも勝っているとまで瀧が書いているペトリュッチとは、どのような人物であったのだろうか。ペトリュッチはペトリュッシとも呼ばれ、父方がイタリア人の古い科学者の家系で、母親はフランス人。本人は一八七二年十月十四日ナポリ生まれのパリ育ちである。ジャンソン・ド・サイイという名門のリセを卒業。一八九〇年頃絵画のアトリエに通い、画家たちの出入りするカフェの常連になって、版画家でジャポニザンのアンリ・リヴィエールと出会う。ギメ美術館に通ううちに、エドゥアール・シャヴァンヌと親しくなった。こうして東洋学への道筋がついて行く。とはいえペトリュッチは東洋美術史家の道に邁進したわけではなかった。ジュネーブの外光派の画家バルテルミー・メン Barthélemy Menn（一八一五―九三）のもとで絵画教育に携わり、一八九六年にブリュッセル自由大学で実証学的美学の講座を担当。翌年には衛生学研究所の副所長も兼任し、同大学のソルベー社会学研究所に所属した。ベルギーの画家アルフレッド・ヴェルヴェの娘のクレールと結婚。ブリュッセルの自宅には多数の中国と日本の美術品があり、休暇はオランダ領になるセント・アンナの海辺のコテージで過ごしていた。現代の日本では考えにくいが、ビニヨンはもとよりフェノロサにしてもペトリュッチにしても、そしてミュンスターベルクもトレッサンも、絵画史については日本と中国とを並行して扱った。この傾向はミュンスターベルクの子息のヒューゴ・ムンスターバーグが執筆し一九八一年に刊行した『中国と日本の美術事典』(43)にも受け継がれていることを書き添えておく。

ペトリュッチは大英博物館学芸員のビニヨンとは、両者の夫人も交えての親友関係を結んでいた。現在ブリティッシュ・ライブラリーに残るペトリュッチの手紙からは、ビニヨンが自作の戯曲の仏語訳の上演を依頼していたのか、そのためにブリュッセルで方々に掛け合っていた様子、日本や中国の古美術について、目下の研究に関しての進捗状況などを綴っていて、末尾にはほぼ毎回ビニヨン夫人への挨拶が連ねられている。ビニヨンはペトリュッチの人物像について没後次のように書いている。

彼は科学の人であり、社会学と生物学についての学徒であると同時に文筆家であった。美術について講義をし、その世界の美術についての知識は、ヨーロッパでは拮抗するものがほとんどいなかった程である。『愛と死の門』という哲学的な小説も書き、版を重ねている。ミケランジェロの詩についても本を出版している。同時にまた彼は科学の分野の技術者であった。大戦が勃発したとき彼はイタリアから帰るところで、彼地では大きなエンジニアリング関係の計画に参加していたようだ〔文の後半を略〕。魅力的な物腰の、思いやりのある義理堅い友人であったペトリュッチは、彼が学んだ多くのことをやすやすと書いていた。多大なエネルギーと気丈な性格を持ち合わせた彼は、率直で温かい人柄で、小さなことにも人生の一大事と同様関心を持った[44]。

日本美術についてはブリュッセル自由大学の市民講座での講義原稿をもとに出版したものが多く、一九〇七年に「日本の絵画の特色」という長大な論文を同大学の紀要の一―二月合併号に出している[45]。〇八年には日本の絵仏師の詫間派の作品に没頭し、そこからさらに前述のように中央アジアの仏教美術に広がっていった。なおすでにこの頃から、日本に複数の友人がいたようだ[46]。

彼の単行書『極東の美術における自然の哲学』[47]は、一九一〇年に出版され今日なお再版されている。同書は碑文アカデミーより、中国学の先駆者の名をとったスタニスラス・ジュリアン賞を受賞。一九九八年の再版ではアカデミー・フランセーズ会員のフランソワ・チェンが長文の序文を書いている。一九一一年に巴里日仏協会に入会。コレクターでもあり、『アルス・アジアチカ』[48]の第一巻「チェルヌスキ美術館の中国絵画」を（一二年の四月から六月の中国絵画展に基づく）エドゥアール・シャヴァンヌとともに編集執筆した時には、自身のコレクションも紹介しながら解説をしている。

さらに一九一二年にライデンから出ていた『通報』に、『芥子園画伝』の翻訳を発表した。同書は東洋山水画実技入門書で清時代初めに刊行され、日本には元禄期頃に伝えられて、南画の絵師の座右の書となった（全三集）。一九一一年秋にオーレル・スタイン Sir Marc Aurel Stein, Stein Márk Aurél（一八六二―一九四三、ハンガリー出身、英国）が、中央アジアの敦煌付近で撮影した千体仏の絹布仏教絵画の写真を閲覧し、体系的な調査を申し出てその後二年間没頭する。一四年にはギメ美術館の一般向け講座で、スタインの資料に基づき千体仏について講演をした［図1―2］。同年末には、イギリス政府の機関であるインディア・オフィスの依頼で仕事を続けるに至る。碑文の解読と図像学的意味の研究は、没後シャヴァンヌによって、スタインの『セレンディア』の補遺のE部分にまとめられ、千仏洞関連についてはビニヨンによって、やはりスタインの『千佛洞――敦煌窟院出土の絹布佛教絵画』[49]に活かされた。

ところでペトリュッチは、フェノロサの遺著である『東洋美術史綱』の訂正と注釈をし、改訂版に貢献した。きっかけはわからないが、同著は一九〇八年のフェノロサ没後、メアリ夫人 Mary McNeil Fenollosa（一八六五―一九五四）が欠落部分の多々ある草稿（三カ月で書いた鉛筆の走り書き）に基づき日本人の助言を得た上で、一二年に世に出していた。当時の代表的な見解としては、東洋学者で約六年の滞日経験もあるノエル・ペリ Noël Péri（一八六五―一九二二）が『フランス極東学院誌』で、著者の博識を高く評価しながらも「不完全」とみなし、区分、用語や表記について誤謬を多く指摘しているのが挙げられる。[50] これをペトリュッチが、訂正し註をつけて再版・改版化がなった。この経緯が同版の一九一三年十月に出た英語版第二版の序文で説明された（中表紙にも、改訂新版がペトリュッチ教授による多数の註付きであることが書かれている）。ペトリュッチの介入について矢代幸雄は「フェノロサの遺著の学問的の欠陥にはさすがに直に気がつかれたらしく、やがてブリュッセルのペトルッチ《ママ》教授による註をつけた改訂新版が出版されたから、大分よくなったことは事実である。[51]」と書いている。もっともメアリ夫人の方では、ペトリュッチの訂正は全て取り入れられたのではなく、「たとえば、日本語読みをしていた古い中国名の表記を全て取り去って新しく中国で用いられている発音に置き換えることをアドバイスした」と書いている。[52]改訂のどこまでがペトリュッチの手になるのか、あるいは夫人や他の人物の手によるものなのか不分明であるとしても、矢代の言葉にもあるようにペトリュッチの介入が、専門家の忠告と見なされていたのは確かである。

フランス語やドイツ語にもすぐに翻訳されたが（但し夫人の序文はない）、フェノロサの鑑識眼や知識の秀逸な点については異口同音に賛同するものの、同時期の大英博物館学芸員のビニヨンの著書『極東の絵画』の方が、書評が多く引用もされている。具体的な引用は第三部に譲るとして、フェノロサの作品記述には時として神秘主義的とも言える想像に富んだ表現が混じる。当時欧米では尊敬され敬意は払われていても、いささか諸手を挙げての評価とはなりにくい存在であったのだろう。もっともこの神秘的な解釈が、ペトリュッチの志向にはあったはずである。そしてペトリュッチがフェノロサにかねてより一目置いていたのは、フェノロサの一九〇八年の来英への反応からわかる。フェノロサは大英博物館を訪ねてビニヨンに会っており、その時の大変楽しかったことなどを九月十日付のビニヨン宛の手紙に綴っている。[53]一方ペトリュッチは同年同月十九日付のビニヨン宛の手紙で、次のようにフェノロサについて書いている。

フェノロサ氏と大英博物館の絵画についてあなたのおっしゃったこと、とても興味深く思いました。もし彼がヨーロッパ滞在の間にブリュッセルに立ち寄ることがあれば、是非お会いしお役に立ちたいです。日本の古美術について、私も岡倉氏の判断については正しいとは思わないし、フェノロサの権威は大変重要です。日本の古美術については、様式の変遷と諸々の宗教史からの情報によって判断をつけるものです。日本の絵画の長い歴史に関して異議を唱えるのは難しいでしょう。が、この問題については研究すべきことがたくさんあります。

岡倉天心がフェノロサの鑑定を正したのは第一部第1章ですでにみたが、この文面からは、ペトリュッチが岡倉よりもフェノロサの方を評価していたことがわかる。しかしフェノロサはロンドンで九月二十一日に急死した。その一カ月後、ペトリュッチはビニヨンへの手紙で、「フェノロサ氏が亡くなったのは東洋美術史における大きな損失です。少なくとも彼の著書は出版されるのでしょうか?」(一九〇八年十月二十一日付)と書いている。こうした経緯から推測するに、遺著の『東洋美術史綱』が出た後すぐに入手して読み、ビニヨンを通じてフェノロサ夫人に改訂を申し出たのではないだろうか。

ところでトレッサンは『芥子園画伝』からの情報も含む『極東の美術における自然の哲学』を、しばしば引用している。直接の交流については現在ペトリュッチからの短い手紙が一通残っているのみだが、これで互いの様子がわかる。

ブリュッセル、一九一四年七月十九日

拝啓　何カ月も旅行をしあなたの住所がなかったので、もっと早くにお手元に、私がフランス語版を作成した St. ディックの日本についての本を届けることが出来ませんでした。あなたがご自身の資料として必要な本で、私の手元にあった分です。

この本をお送りするのが大変遅れたことをお詫びすると共に、この機会に改めてあなたのご協力に感謝申し上げます。

敬具　R. Petrucci

「ディックの日本についての本」とは、スチュワート・ディックの『往時の日本の諸美術と工芸』[54]で、ペトリュッチが翻訳し註をつけ、さらに染織について一章分を加えた単行本である。一九一四年にブリュッセルの出版社から出た。図版の作品はペトリュッチと彼が選んだもので、トレッサン所有の小柄 (PL. 58) と鐔 (PL. 59) が図版になっており、それでペトリュッチが協力への礼を書いたのである。またトレッサンは、「日本の美術の特色」「絵画」「版画」「金工」などの章を含む同書を必要としたのだろう。確かに受け取っていたことが、売立て目録に記載のあることからわかる。

しかし八月の世界大戦勃発が歯車を狂わせていくことになる。先のビニヨンの文章の続きをまとめると、ちょうどイタリアでの仕事からブリュッセルに戻る途上にあったペトリュッチは、スイスのバーゼル経由でからくもフランスに入国した。しばしロンドンで、ベルギーからの避難者の救済にも関わった。スタイン・コレクションの調査についてインディア・オフィスの依頼を受けたのは、この年の終わりである。さらに医術の心得があったので、一時デ・パンネ戦線のベルギー赤十字の移動衛生部隊に加わった。スタインが一九一六年の五月に三度目の中央アジア遠征から戻ったときにはパリにおり、千体仏の解読に没頭した。この折にビニョンに書いた手紙が残されている。冒頭で「戦争は続いています。まだ当分の間続くでしょう。とりあえず仕事をして、亡命生活に伴うあらゆる困難によりよく耐えていかなければいけません。私はスタインに会って、彼の最後の遠征の結果にかなり長い時間引きつけられていました。」と述べ、スタインのこと、そして掛け物の起源について、ビニョンの考えをふまえながら長々と書いている（一九一六年五月十四日付）。あくまでも前向きに、あえて自分たちの研究に打ち込むことで、この難しい時期を乗り越えようとする意思が伝わってくる。

幸い草稿類はライデンのデ・フィッサー教授が一時預かり、さらにイギリスの外務省の尽力でパリのペトリュッチの元に戻された。しかし一六年夏頃から慢性の疾患に悩まされ、秋の段階では、まだ二一年には刊行予定の千仏洞に関する書に収めるべき図版の選択など出来たものの、病状の悪化により翌年二月に手術を受けることになった。手術自体は成功したが、病院でジフテリアに感染して同月十七日死亡。戦争のために出版が遅れたが、かつて『通報』に連載した『芥子園画伝』が、没後シャヴァンヌによって単行本化された[55]。

ペトリュッチの日本の絵画に限ってその考察の特徴を、今日の日本人の立場から一言で言えば、東洋の美学や宗教に関心があるがゆえの〈神秘化〉にある。彼の初期の論考「日本の絵画の特色」（一九〇七年）ですでにそれは顕著で、ここでは具体的な作品の分析よりも絵師の対象との向き合い方、世界観や精神性に説明の比重が置かれている。ベースになっているのは瀧精一の英文版『國華』での同タイトルの論文であり、フランス語版の『帝国美術略史』であるのだが、歴史や社会の情報はほぼない。

この傾向をさらに推し進めて、日本と中国の両方に亘ってその詩歌や絵画などでの表現の精神性を考察したのが前記『極東の美術における自然の哲学』（一九一〇年）である。同時代での引用が大変多く主著といえるので、改めて紹介しておく。

一九〇九年の五月の時点ですでに第一段階の執筆が終わっていたようで、図版を『國華』から使うことにし、同年の夏に再開してできれば十一月の刊行を予定していたことが、手紙からわかる（ビニョン宛五月一日付）。だが同時に、シャヴァンヌの本の書評、中国の青銅器や日本の中国のモティーフによる仏教美術についての研究など、多忙な日々を送っていた。そのために刊行は遅れたが、大型の豪華本で、K・エガワとS・イズミの彫りによる四点の木版で、T・タムラとT・ワダによって多色印刷された図版が挿入された。これは國華社で図版印刷に携わった人物で、彫師は江川金次郎と泉信吉で摺師は田村鐵之助と和田藤吉である。田村は、ペトリュッチの前文にもあるが、彫師の三井長寿と飯山良助という『國華』の高品質の図版を摺り、その弟子が和田になる。江川と泉は三井と飯山の弟子になる。さらに九点のヘリオタイプと、一二頁にわたって『芥子園画伝』からとった皴法《しゅんぽう》の図版のフォトグラビュールを載せている。『巴里日仏協会誌』でも一九一二年に第五章を、長文の解説と共に掲載している。(56) 日本でも反響の良かったことはあとで見る。

内容は序章の他全十二章で、一章で「中国の哲学、道教と儒教――中国の思想の本来の起源、初期の哲学概念、ギリシャの宇宙観と中国の宇宙観」など、二章で「中国の宋時代の哲学」、第三章で「仏教伝来」、第四章で「日本の自然に関する哲学――神道、大陸からの影響」、第五章で「詩歌における自然の哲学――風景にまつわる美術における自然の哲学、詩歌の実際的な価値」、第六章で「宗教的感情における自然の哲学――Le Sien-chou、寺院、造園術と活け花」、第七章で「極東アジアの美術の起源と構成――古代青銅器の装飾、漢時代のモニュメント、文字による証言」、第八章で「仏教導入前の中国の美術――仏教の導入、中国美術の編成、顧愷之の絵画、謝赫の六法」、第九章で「仏教伝来語の中国美術――風景画、王維、唐時代の作品」、第十章で「日本の絵画の構成と変遷――仏教伝来前での役割、絶頂期の風景画の美術の構成、近代の流派の装飾の精髄、世俗の流派」、第十一章で、「風景画とその技術――絵画の文化、知識について観念的理想主義的でもあり実証的でもある概念、筆法、遠近法、構図」、第十二章で「風景画、示唆――老子の示唆、象徴主義、植物によるアレゴリー、竹、梅、孤独の示唆」といった具合である。

具体的に本文で西洋と東洋、日本と中国の風景に対する感覚とその絵画への表象が説明されている箇所を、以下引用する。

それ〔極東の美術を導いている特徴〕は、哲学的な志向の深さと美に対する限界のない欲望とが、同時に見出しうるものである。そしてこの二つの統合への感覚が力強く作品に表されている。風景の特徴に気を散らせたり断片的な描写に分割したりする代わりに、点在する要素を集め、崇高なる一つの統一体に仕上げるのである。こうした力強さとハーモニー、厳粛さの印象は、制作された作品から雄弁に現れ出てくる。〔中略〕中国美術では〔詩情は〕重々しく力強い魅力で精彩に富んでいて、精神的であり実に素晴らしい。日本美術では、詩情は時にアジアの文明のそれぞれにある、最も高いかつて誰も登頂したことのない山の頂へと到達する。思想史においての、人類の偉大な時代の先見性のある知性への到達になる。この詩情は存在と形を通して多様に、紀貫之が十世紀に『古今集』の序で書いたようなたやすさでもって、常に広がりをみせている。〔中略〕『古今集』でははっきりとは語っていないが、人々は野や岩や山、石の外見にまで、ウグイスや蛙の鳴き声と同様、感情の表れを見出す。[57]

図 2-14　狩野探幽筆《清見潟図》17 世紀

ペトリュッチ『極東の美術における自然の哲学』pl. XIII.（国立ギメ東洋美術館図書館所蔵）

「崇高」というのはエドマンド・バークやイマニュエル・カントなどが論じた概念を踏まえている。引用の後で瀧精一の「日本人は自然のもろもろについて、その外観ばかりではなく心のイメージに及ぼす効果のゆえに愛するのである。」という言葉も引用しており、さらに図版の十三（一四四頁と一四五頁の間に挿入）に挿入した狩野探幽の《清見潟図》（秋元興朝子爵旧蔵、江川金次郎木版、和田藤吉色摺）について次のような解説を添えている［図2―14］。

この図版は中国美術の作品に対して、十七世紀の日本の古典の装飾的で悠々とした感じを示している。この雄大な見晴らしの風景は、部分的に霧に覆われた広大な風景と海に面した雪に覆われた気品ある火山のシルエットとが、崇高で壮大な感じを引き起こし、これは日本人が自然について描いている思考に、位置づけられるものである。(58)

こうした哲学的思弁的な傾向は、ペトリュッチに元々備わっていた志向性に由来するもののようだ。哲学論文「十九世紀における美についての感情」(59)でベルギー王国アカデミー金賞を受賞し、文学や社会学に関する論文を多数執筆している。科学の知識やエンジニアの技術も修得し、美術に関しても画材や技法などの技術的面での解説が多い。とはいえ単著で処女論文の「画家エドゥアール・ユベルティの心理」[60]が、実のところ本来的な興味がよく出ており、しかも彼自身を画家の生涯に重ねているかのような内容なので、少しく触れておく。エドゥアール・ユベルティ Édouard Jules Joseph Huberti（一八一八―八〇）は十九世紀のベルギーの画家だが、最初は音楽を、ついで建築をアントワープのアカデミーで学んでいて、画業へのあこがれ止みがたく独学で絵画の技術を身につけた。人見知りが強く繊細な性格で、もっぱら風景や花を対象にした。ベルギーのバルビゾン派と目されるタービュレン派に属する。ペトリュッチはこの多方面に関心を抱いて自己の進むべき道を探っていた画家の心理や感情の分析を、生涯の変遷と共に丁寧に辿っている。実証的な研究であっても精神的心理的な面での関心が強く、しかも饒舌なほどに綴っていた。

瀧以外の日本の友人が誰であったかはわからないが、瀧の追悼文でもわかるように、ペトリュッチの存在は日本でも知られていた。『國華』誌には無署名の人物によって長文の要約の「欧人の日本美術観　日本絵画の特色(二)ベルギー国社会学会学芸協賛員ヱル、ペトルッチ氏」[61]がある。また「ペトルツチの「支那の画家」の紹介及批評」という著者紹介を含む長文の文章が四号にわたって掲載された。[62]執筆者の丸尾彰三郎（彫刻史家、一八九二―一九八〇）は個々の点で誤謬を訂正しながらも、最後に「思想と文物との存在と発展とを開明」して行こうとする著者の姿勢、「文化史的色彩」がことに二部において強いことを指摘し「著者の頭脳の明晰、支那画への考察の正確と深さ」を認めている。

瀧との交際は、英語版『國華』での連載「日本絵画の特徴」と同題の長文の論考をペトリュッチが執筆して、[63]その抜刷りを一部瀧に送ったことから始まった。追悼文「ペトルッチィ君の訃を聞きて」[64]によれば、瀧とはこの論の寄贈を受けたことから書簡を交わしていた。ペトリュッチが「日本美術に関して東西協力の研究を要すと云へるは尤の次第である」とある。瀧は「日本の絵画の特色」と『極東の美術における自然の哲学』を「東洋美術に対する氏が独特の意見を見るに足り、その議論の中には往々慧眼人を驚かすものがある」と高く評価している。直接会ったのは、瀧によれば一九一三年春パリのシャヴァンヌの自邸であった。「予は此人こそ真に所謂協同研究に格好の学者だと思つた。」と瀧に思わせたほどの、心地よい歓談であった。実際翌年には今度は大英博物館で調査研究をともにすることになった。ペトリュッチがスタインの後に『セレンディア』にまとまる仕事をしており、それに瀧も二週間ほど加わったのだった。文章を読み、実際に仕事をした時には意見の相違から議論も闘わせた、先の引用はそうした経験に基づいての述懐であるだけに、実感がこもっている。

こと日本の美術に関しては、ペトリュッチの思弁的な解釈はあまりにも詩的すぎるし、自然に対する態度も理想化して紹介しているといえる。しかしながら遠近法などの技法面で、写実ではなく写意であるとする考え方など、瀧精一に学び発展させているところがあり、その意味で大いに賛同を得たに違いない。瀧にとっては自身の考えを、より発展させてくれた貴重な同士であったともいえよう。

3　アンリ・L・ジョリ

アンリ・L・ジョリ Henri L. Joly（一八七六―一九二〇）は、トレッサンとはいわばライバル関係にあった日本工芸研究家である。[65] 現在複数の場所でトレッサンに宛てた手紙が合計四一通、残っている。

正木直彦が一九一〇年の渡英の際にジョリに会い、帰国後に語った記事が『美術之日本』に掲載されたのは先に見た。しかしその著書『日本美術の中の伝説[66]』や鐔の図録がよく知られ、現在まで刊行が続いているのに引き替え、人物像については不明な点が多い。

これまでに得た情報をまとめると、フランスのパリ南西のシャルトルに生まれて、一八九二年以前にシャルトルとアンジェでローマ時代の建築と彫刻について学び（彼の一九一二年十二月十三日付手紙による）、一八九〇年代後半にロンドンに渡った。電気技師の職に就き、一九一〇年から翌年にかけてロンドンのユニヴァーシティー・カレッジで日本の美術について講義をしている。彼の鐔などの手書きのトレースには、技術者としての緻密なテクニックが反映されている。ロンドンのジャパン・ソサエティ評議員、巴里日仏協会と中仏友好協会会員。ジャパン・ソサエティでは編集委員も務めた。第一次世界大戦中はボランティアで、自宅のあるチェルシー地区北のサウス・ケンジントンにあった仏語系ベルギーの高校 Lycée franco-belge で、ベルギーからの被災者を含む子弟のために科学を教えた。その功績により、ベルギー王室からシュヴァリエ章の勲章[67]を授けられている。ペトリュッチもイギリスでベルギーからの避難者のために活動しているので、二人はこの時に会っていたかもしれない。二人とも英語とフランス語の両方をよくしていたので、ドイツからの攻撃後逃れてきたベルギー人を助けることになったのだろう。戦後は長く病床につき、二〇年八月二十六日にチェルシー地区の（おそらくは）自宅で亡くなった。翌年の六月に鐔五七三点を含む根付け、刀装具、印籠などのコレクションがオックスフォード・サーカスのメッサーズ・グレンダイニングで、競売に掛けられた。これまでにジョリは、シーモア・トロワーやベーレンスのコレクションのオークション・カタログをまとめていた。これらを請け負った同じ会社の売立ての対象になったのである。著書の資料提供者に名を連ねているように夫人もコレクターであったが、子供がなかったため遺品は全く不明である。

トレッサンに宛てた書簡の中には写真が三葉あり、書斎机で本を手にしているジョリの姿や、能面や小像がぎっしりと並んでいる棚と何台もの書棚が写っている。ジョリは先述の正木の紹介にあった、日本の神話的な人物やシンボルの図像の書を出すときに、パリでどれだけの人々に相手にされなかったり、また好意のみ示してくれたりしたことを実名を挙げて語っている。生涯でコレクションの目録などを含めて一〇冊ほどを出しているジョリだが、初めて日本美術について書いた文章が、そのまま著名な出版社からの二巻本での刊行という恵まれた立場にいたトレッサンとは異なり、苦労も多かったと思われる。サインに付けられた印からジョリがフリーメーソンに加入していたと推定されるが、この点は裏付けがとれていない。フリーメーソン発祥の地におり、美術品のコレクションをしていたとあれば、こうした団体への加入もあり得たであろう。

日本の刀剣会の機関誌である『刀剣会誌』でも、桑原羊次郎（一八六八―一九五六）が主に英米の刀剣・刀装具のコレクションを紹介するエッセイで、コレクター一七名のうちの一人に挙げている（何年に得られた情報かはわからない）。

> ヘンリー　ジヨーレー氏、此人は日本の故実に委しきことは、欧米外人中の一人と称す可し、本職は電気会社員にして、日本協会の評議員なり、鐔目抜小柄の写真自写三千余枚を有する日本金工品に関する屈指の大家なり。(68)

欧米人の会員も少なからずいた刀剣会だが、ジョリは会員ではなかった。にもかかわらずこのような紹介があるのは、知識と鑑定のレヴェルの高さ故であろう。ジョリがコレクションの目録の作成をしたのは、ホークショー

John C. Hawkshaw（一八四一―一九二一）、ナウントン George Herbert Naunton（生没年不明）、シーモア・トロワー Henry Seymour Trower（一八四三―一九一三）、ベーレンス Walter Lionel Beherens（―一九一三）と、いずれも名の知れたコレクターであるだけに、いかにジョリが信頼されていたかわかる。中でもアレクサンダー・モスレ（第三部5章で詳述）のコレクションのカタログは、ドイツ語版の他にフランス語と英語とでも出ているが、そのフランス語版と英語版の前書きも執筆して、しかもそれぞれの読者を想定して内容が若干異なる。ペトリュッチもそうであったが、西欧内で複数の国を行き来しながら情報を集め知識を増やしていったのである。

ジョリからトレッサンに宛てた手紙は一九一一年四月二十二日に始まり、これはトレッサンからの四月八日付の手紙への返書になっている。冒頭で前年の五月に開催された『故アレクシス・ルアール〔Alexis Rouart（一八三九―一九一一）〕のコレクション　鐔刀・剣・小柄・鏃・印籠』[69]のカタログの礼を述べている。トレッサンはこのカタログの序文を書いていた。内容から見てこれ以前にも手紙が交わされていたと推察される。

毎回大変な分量で、一度にＡ４版大の用箋にぎっしりと三枚から五枚も書いていることがある。ベルギーやドイツなど国外からの手紙もあるが、場所に関らず大体において、トレッサンからの論文抜刷りなどへの謝意、それらについての疑問や誤謬の訂正がある。そして鐔を中心とした日本の美術工芸品のオークションの日程、相場の値段、コレクターの紹介やその蒐集品の状況などの情報提供、ジョリが作成したコレクションの目録が話題になっている。この他『刀剣会誌』に掲載された論文のこと、後にトレッサンが文通する秋山久作（Kiusaku と表記）のこと、そして日本や欧米での文献の紹介、古河目録、また花押の読み方や鐔の製作年代の判別なども繰り返し出てくる。具体的に鐔の形状を図に表したり日本名は漢字を用いて表記したりしている。なお秋山についてはベルリンのオットー・キュンメルからの悪評も書きながらも、自身は高く評価している。[70]鐔関係の専門的な内容については第三部5章に譲るが、ジョリの歯に衣着せぬ書きぶりにトレッサンも大いに刺激を受けたと読める。一例を挙げておくと、ジョリが論文の誤記を指摘したその書き方について、トレッサンは批判的に記したようだ。ジョリの一九一二年七月二日付の手紙で「私はあなたの年齢を知らないが、私たち二人とも互いにおだて合うは必要もないよい年なのだ」「仮説について議論するのに凝った言い方をしていては決着がつかないだろう」云々と書き連ねている（実際には一歳しか違わない）。

書簡ばかりではなく、雑誌の誌上でも二人の論争はあった。ジョリは『東アジア誌』一九一二年十月号に、トレッサンの『巴里日仏協会誌』掲載の「日本刀の鐔の変遷」がまとめられた冊子について、英語で批評を書いている。[71] これは編集担当のヴィリアム・コーンからの依頼であったという。トレッサンはジョリへの返答を同誌の一三年一月号の『回答』欄に寄せ、さらにこのトレッサンの文章に続けてジョリの反駁文が掲載された。[72] これについて一九一二年十一月十日付ジョリの手紙では、トレッサンが自分たちが論争をするのを喜んでいる人たちがいるようだと書いたことについて、ジョリの方ではもしトレッサンが『東アジア誌』での論争を望んでいるとしても、自分の方ではこのような刺のある言葉の応酬には疲れていると書いている。また本章で見たオスカー・ミュンスターベルクの論争にも触れている。このあと約四カ月ジョリからは書いていないようだ。

もちろん感情的な内容ばかりではない。鐔の年代の判別についての論争が続き、それがトレッサンの論に反映している一例として、「日本刀の鐔の歴史をめぐる諸問題」での註に、「H・L・ジョリ氏の御教示によれば、最初の透かし鐔は中世期に刀の刃が変化して、現在の形になったときに用いられるようになった」[73] とあるのを挙げておく。

興味深いのはジョリからの、『東アジア誌』の編集を担当していたヴィリアム・コーンに宛てた手紙で、英文で一九一三年六月十六日の日付がある。タイプライターで打ったカーボン・コピーのようで、これをトレッサンの手紙に同封したのである。雑誌の編集の様子がうかがえる内容で、要約すると、――トレッサン氏から『東アジア誌』が氏に私、ジョリの著書の書評執筆の依頼があったことを知らせる手紙を受け取った。しかし自分の方ではいかなる書評も断る。そのようなつもりで貴誌にこの本を寄贈したのではない。書評は著者か版元からの依頼に応じてするもので、この場合自分が私家版として出したのであり、それで断っているのであるから、出さないで欲しい。ただしこれについてトレッサン氏の方でなにか誤解があるわけではなく、またこの本について質問や批判があれば受け付ける――、というのである。(74)

二人の論争は鐔についてばかりでなく、ほぼ同時期に浮世絵に関してフランスの雑誌でも起こっている。火種になったのは一九一二年七月号『中仏友好協会誌』での論考になる。(75)頭文字のみだが、これはヴィクトール・コラン Victor Collin とアルノルル・ヴィシエル Arnold Vissière の共著である。これに歌麿が狩野派の絵を学んだ後浮世絵に転ずるに際して一時「唐麻呂 Karamaro」と名乗った「といわれており」、「麻呂は中国名」で、長崎の沈南蘋の画風などを学んだのかもしれないと書いてあった。これに対してジョリが『巴里日仏協会誌』の一九一二年十二月号「質問と回答」欄にエッセイを書いた。(76)「I. Karamaro について蔦唐丸《ママ》」の章で、『浮世絵類考』により蔦屋十三郎が「Karamaro」という名前を用いていた、と紹介して、さらに『中仏友好協会誌』の記事の執筆者に情報の出典の記載などを求めた。但しジョリは Karamaro と Karamaru の違いについては触れていない。

これに対してトレッサンが、翌年『巴里日仏協会誌』の四月号に、「H・Lジョリィ氏の「Karamaro について」への返答」を同じく「質問と回答」欄に掲載。(77)トレッサンはジョリが『中仏友好協会誌』の記事に対して情報の出典の記載を求めたが、実はこの出典は自分の「近時パリ開催の極東美術関係展覧会」での、歌麿展に関連して書いた部分になることを明かした。確かに七六頁に同様の情報がある。が、トレッサンの展覧会評を読むと、これが元はレイモン・ケクランの文章からの引用であることがわかる。その上でトレッサンは蔦屋十三郎が名乗ったのは唐丸で、唐麻呂は別の名前であることを指摘。またクルトの『歌麿』(一九〇七年)の書一六九頁から、『絵本松のしらべ』の絵師の名前にKaramaroとあること、この作者について、「私はこの多様な美しさを世に知られぬ修行中のKaramaroではなく、Utamaroに帰したい。」という意味のドイツ語の文章をそのまま引用した。そして結局Karamaroという名の疑問はそのままになっている、と締めくくった。このトレッサンの意見に対するジョリの返答が、『巴里日仏協会誌』一九一三年七月号[78]に掲載された(執筆日付があり「ロンドン、七月二十七日」)。結局のところジョリが些細な点でトレッサンの論へのあてこすりをしたのをトレッサンが見逃さず、加えてジョリの思い違いを正し、ジョリが詫びを入れたことで終わっている。注記しておくと、今日『絵本松のしらべ』の絵師は勝川春勝と見なされている。雑誌の誌面を通しての論争はミュンスターベルクの章でも見たが、ジョリとトレッサンの場合、あっさりと止めている。なおこの問題をめぐってジョリからさらに数通手紙が届いているが、浮世絵師の名前の読み方に関わる細かい点が問題になっているので、これ以上は本書では取り上げない。ただこうしたやりとりが、トレッサンの浮世絵師の事典作成への情熱をかき立てていたことは想像に難くない。

むろん批判ばかり交わしていたわけではない。一九一二年十月九日と十一日付のジョリからの手紙二葉は、ベルリンのポツダム広場にあった有名なグランドホテル・ベルビューの用箋を用いている。九日付では当地での展覧会を訪れた由、その展示が見事であったこと、キュンメルが豪華版の図録を出すことなどを伝えている。論争のただ中にあって十一日付には、興味深い交流の模様が書かれているので全文引用する。

一九一二年十月十一日

拝啓　そちらからのお手紙、拝受しました。ヤコビー氏が昨日美術アカデミーに預け、私は今朝ライプツィッヒから汽車で着いて、そこに少しだけ立ち寄りました。大変疲れており、今朝になって受け取れたのです。私の英語の翻訳の誤りから、そちらの方で誤解をしていらっしゃるようで、ロンドンに戻ったら自分の書いたものを見てみます。十一世紀から十二世紀に鉄鐔があったのは明らかです。イギリスにはないと、おからかいになっているように見受けますが、私がイギリスでしか鐔を見ていなかったとしたら、これは自分の知識の範囲がわかっていないのだろう、とお考えください。別の場所で見ているのです。古墳からでた鉄鐔です。

いや私は〔四字分不明〕には行きません。ここから日曜日にハンブルクに行き、それから出来ればヴォーティエと話すためにデュッセルドルフに行きます。エーダーの図録があるので。原稿は出来ているのは見ているのですが、写真の方はゲオルク・エーダーが先週私に言ったところでは、数日後になるそうです。もっとも私に都合のよい日がヴォーティエによいかはわからないので、来年手渡すことになるかも知れません。あちらにはかなりの数の鐔があります。

私に写真をくださるというあなたのご親切な申し出の件ですが、クラヴリに話したように、モノクロの写真だけ使って、もしかしたらそれでよしということにするでしょう。

『刀盤図鑑』からは多くを学びました。そちらにもよいでしょう。「定命」についての疑問は残っていますが日本の本で仮名がありました。〔高井〕蘭山の『名乗字引』〔一八六九年〕によれば十二もの異なる読み方があるのです。読み仮名について今何も言えません。目下日本の本は汽車の中で読む文法書しかないので。

取り急ぎ

敬具　H. L. Joly

ジョリが見学したベルリンの展覧会は、美術アカデミーで開催された「東洋古美術展覧会」になる。西欧で日本の桃山期以前の美術工芸品の価値が、具体的に認知された美術展の一つと見なされている。ジョリがライプツィッヒにどのような用事があったかわからないが、ここには先に出版社のゼーマンのところで触れた、名誉領事で刀剣刀装具の蒐集家のモスレ Alexander Georg Moslé（Mosle, 一八六二―一九四九）がいる。在日期間が十三年と格段に長く、レヴェルの高いコレクションで鑑定眼も信用が高かった。モスレのコレクション・カタログ関連での滞在であったのだろう。ハンブルクには美術工芸博物館の鐔の権威、原震吉（信吉）に会いに行ったと考えられる。ヴォーティエ Paul Vautier（一八六七―一九二八）はエーダーのコレクションの目録などを作成しており、鐔のコレクターとしても有名であるが、伝記的事項は不明である。ゲオルク・エーダー Georg Oerder（一八四六―一九三二）はデュッセルドルフに住む風景画家で一八八〇年代から日本美術のコレクションを始め、キュンメルの助言に従い一九〇八年にポール・ヴォーティエの鐔のコレクションを買い付けたという。トレッサンの方では一九一四年一月―三月号の『東アジア誌』の論文[79]で「図七」に、エーダー所蔵の鉄鐔を載せている。この鐔はトレッサンが書評を書いたキュンメルの『日本の美術工芸』（一九一一年）に掲載されていた。トレッサンは自身の見解を加えた上で紹介し、さらにエーダーに転載したことなどを知らせた可能性はある。『刀盤図鑑』については本書の第三部5章で説明するが、ヤコビー Gustave Jacoby（一八五六―一九二一）とも関係がありそうである。ヤコビーは銀行家で日本名誉領事でもあり[80]、一九一九年に自身の東洋美術コレクション約二千余点を東アジア美術館に寄贈した。

一九一四年六月二十二日付が最後の手紙になる。トレッサンの論文をサウス・ケンジントン・ミュージアムと大英博物館に送ることを勧め、学芸員のジェームス・クープの名も添え、さらにキュー・ガーデンの住所とハリー卿のコレクションの目録（前記鐔の私家本）の出版予定について書いている。もっとも先に見たようにトレッサンはすでにこれらには郵送済みであった。ジョリはベルギーから戻って取り急ぎしたためたようで、手紙の後半ではいつものように鐔の素材など自説を展開している。その後トレッサンから返書をした可能性は高いが、八月五日には出征して二カ月後に行方不明になっているので、ここで二人の論争は打ち止めということになった。

時にお互いの書き方への不満を書き連ねながらも、さまざまな情報交換をし助言もし、書いたものを出す度に意見を闘わせていたトレッサンとジョリであった。ビニヨンとペトリュッチは東洋の絵画と自然に関する思弁的な考え方などで見解を同じくしていたようで、互いに引用し合い、励まし合っていた。ペトリュッチの没後、ビニヨンは亡友の書き残した文章を世に出すために力を尽くした。ミュンスターベルクとキュンメルの場合、論争というよりは感情的なやりとりになり、それぞれの負の傾向を助長したといえる。王制の敷かれなくなったフランスでも、侯爵家の総領として育ったトレッサンにとって、ジョリは異文化ともいえる率直な表現で向かってくる唯一の存在であったに違いない。と同時に、彼への対抗心が日本の美術・工芸研究への情熱を高めたのも疑いない。トレッサンが原稿としては完成しながらも未公開に終わった鐔に関する書がある。これがもし出版されて、ジョリや他の鐔研究家が読んで批評していたら、と想像せずにはおれない。しかし第一次世界大戦は二人の、そして他の多くの研究家の可能性を絶ってしまった。

第三部　二十世紀初頭の日本美術・工芸論

トレッサンを中心に

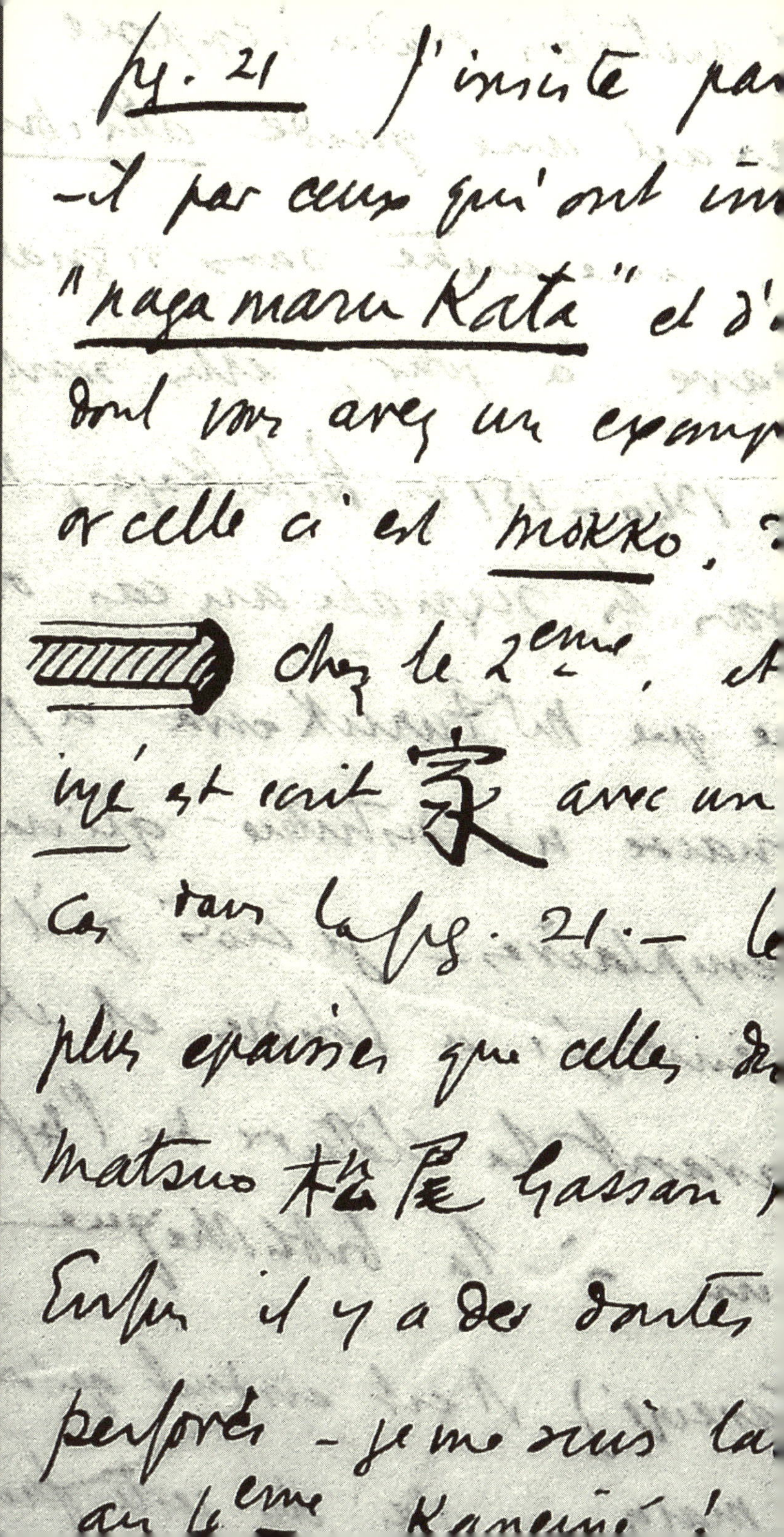
fig. 21　j'insiste par
-il par ceux qui ont in
"nagamaru Kata" et d'
dont vous avez un exemp
or celle ci est mokko. ?
chez le 2ème, et
iyé est écrit 家 avec un
car dans la fig. 21.– le
plus épaisses que celles d
Matsuo 松尾 Gassan
Enfin il y a des doutes
perforés – je me suis la
au le 2ème Kaneiyé !

第1章

トレッサン『日本美術論』の叙述

第三部ではトレッサンが発表した日本美術に関する論考を分析していく。十年ほどの執筆期間であっても、第一部で確認したように、日本側と欧米側とで日本の美術と工芸をめぐる情報が刷新されていったのを背景に、トレッサンの認識も変化していく。ただ常にフランスでまだ知られていない日本の美術・工芸のすばらしさを、詳しく偏りなく伝えようとした姿勢は変わらない。誤解を恐れずにいえば、彼の役割は自分の専門を越えて（トレッサンの専門は鐔研究になる）広く知識を提供する教師に比してよいだろう。しかも広く伝えることで、自身の専門も深めることが出来た（鐔の絵模様の研究）。同時に、彼の書き残したものから読み取れる同時代の認識や、情報交換の実態といった現場のあり方を史的事実として紹介していく。

すでに第二部4章で『日本美術論』刊行までの経緯を、5章でミュンスターベルクの『日本美術の歴史』と比較しうる書評について見てきた。本章では構成と叙述の特色について述べる。個々の時代の作品の評価については、第三部で具体的に取り上げる。トレッサンの日本の美術と工芸に関する史的認識とジャンル認識がわかるので、まずは目次から始めることにする。これは日本の美術史の時代区分をどのように考えていたのか、という問題系にもつながる。[1]

『絵画と版画』
前書　（末尾に「一九〇五年六月」とある）
序　日本美術の創作の源泉
第一部　創世期から十八世紀までの絵画

第一章　アジアより伝来した仏教美術の展開
第二章　日本の絵画の歴史上のいくつかの大きな局面
第三章　六世紀半ばから藤原時代までの絵画——大陸の影響と仏教各派の全盛
第四章　藤原期と鎌倉時代の絵画（八九三—一三三四）——国風期
第五章　足利時代（一三三六—一五七三）の中国の影響下の絵画（復興宋・元）
第六章　豊臣関白期と十七世紀の徳川期の絵画
第七章　十八世紀のアカデミックな流派の衰退
第二部　近世の絵画の諸派と版画
第一章　浮世絵の起源から今日まで（I．版画の製作技法とその起源、II．浮世絵の一般的傾向、III．先達と浮世絵の最初の名人たち——又兵衛・師宣・清信・正信・祐信・一蝶、IV．（一七五〇—一七八〇）巨泉、春信、重長、勝川派・北尾、V．写楽、最後の鳥居派、栄之、VI．歌麿、VII．北斎とその流派、VIII．歌川派（十八世紀末と十九世紀））
第二章　京都の近世の諸派（I．応挙派・四条派・岸駒、II．印象派の流派）
　結論
補遺　古い諸流派、近世の諸流派、参考文献
『彫刻と彫金』
　前書（末尾に「一九〇六年一月」とある）

第一部　彫刻

序

第一章　原始時代

第二章　中国朝鮮時代

第三章　中国時代（Ⅰ．いわゆる天智一世時代、Ⅱ．いわゆる聖武一世時代（七二四―七七〇頃）、Ⅲ．いわゆる桓武時代（七七〇―八九三頃））

第四章　国風時代（Ⅰ．いわゆる藤原時代（八九三―一一八五）、Ⅱ．鎌倉時代（一一八五―一三三四）、Ⅲ．足利時代（一三三六―一五七三）、Ⅳ．関白豊臣時代十六世紀末――徳川時代（一六〇三―一八六八））

第五章　面

第六章　根付け（Ⅰ．初期（十六世紀末―一六八八）Ⅱ．第二期　元禄期（一六八八―一七〇三）から享保期の中頃（一七二〇）Ⅲ．第三期　一七二〇年から明和期の最初（一七六四）まで、Ⅳ．第四期（一七六四―一八一七）、Ⅴ．第五期（一八一七年―今日まで））

第二部　彫金

第一章　彫金、十二世紀における誕生

第二章　甲冑

第三章　刀装具

第四章　彫金の主な流派の誕生（Ⅰ．金家派、Ⅱ．後藤派、Ⅲ．明珍派、Ⅳ．梅忠派、Ⅴ．正阿弥とその他の工房）

第五章　刀装具の彫金（Ⅰ．後藤派の後衛、Ⅱ．梅忠の後衛、Ⅲ．加賀の金沢の工房、Ⅳ．五畿内の工房、Ⅴ．阿波地方の工房、Ⅵ．肥後地方の工房、Ⅶ．越前地方の工房、Ⅷ．肥前地方の工房、Ⅸ．江戸の工房、Ⅹ．長門地方の工房、Ⅺ．近江の工房、Ⅻ．平田家の七宝師）

第六章　十八世紀の彫金（Ⅰ．宗珉派、Ⅱ．柳川派と菊岡と佐野の分派、Ⅲ．後藤派の末裔――その再興、Ⅳ．野村、Ⅴ．奈良――浜野、Ⅵ．大森派、Ⅶ．江戸の他の工房、Ⅷ．京都の工房、Ⅸ．長門の萩の工房、Ⅹ．日立の水戸の工房）

第七章　十九世紀の彫金

補遺　彫刻、彫金、参考文献、諸流派の系図

上巻が出て半年ほどして、書評が美術雑誌『ルヴュ・ド・ラール・アンシアン・エ・モデルンヌ』に「E. D.」の署名で掲載された。これは同誌の編集者のエミール・ダシエ Emile Dacier である。これがトレッサンの書の特徴も説明し、また当時の日本の美術についてのフランスでの理解の説明にもなっているので、次に引用する。

思慮深いコレクターが、亭山の筆名の下に小型の二巻本を世に送った。これは日本美術の全き歴史であり、愛好家たちが三〇年前から日本の本物の傑作をフランスに置こうとしていたにもかかわらず、未だフランスではよく知られていないものである。

もっともこうした全体的な像は、もっと早くに描こうとしたところで不可能であった。古代からの素晴らしい遺産が寺院にひそかに眠っていたために、日本美術は十二世紀以前の歴史を持たないと考えられている。が、今日これらの宝物が掘り出され、そして故ジロ氏や故J・ガリエ氏といった偉大な蒐集家が、特別な愛情を持って研究したことで（私たちの協力者のマルセル・ニコル氏が最近「公報」にガリエ氏のギャラリー

の売却について喚起した）、すでに八世紀から見事な傑作が咲き誇り始めていたことがわかった。

本書の著者はある特定の時代が他の時代よりも勝っているのを示そうとはいささかもしていない。その変遷を「成り立ち方やそれに関わった外国の影響や宗教の影響をおさえた後で」、たえず歴史的事件に即しながら描き出した。

最初の巻は絵画と版画を扱っており、制作者の名と系統図を補遺に添え、かつ参考文献も備える充実ぶりで、今日徐々に数を増している日本美術の愛好家たちに大変有用なものになっている。(2)

三〇年前からとは一八七八年のパリ万国博覧会以来、日本美術がフランスで紹介されていたにもかかわらず、積極的で深い関心は一部のコレクターにのみもたれていた、ということになる。トレッサンの『日本美術論』では、後の彼の文章と比較してもまた同時期の日本美術関係の書物と比べても、背景となる日本の社会的動向を細かく押さえようとしている。こうした構成は、彼が最初の日本美術との出会いが万国博覧会での展示であり、このときに一度に多数の作品を、日本人及び日本の歴史の視覚的な証言として見たからではなかっただろうか。日本側からのアピールの成果として、トレッサンの本はあったとも言えよう。

特定の時代に偏していないという指摘も、重要である。実は第3章で詳しくみるが、時代により優れた作品の生まれた時期とそうでない時期との区別はつけている。あくまで同時代での認識である。ゴンスの『日本美術』（一八八三年十月）でも、絵画・彫刻・建築はもちろんのこと、金工・染織・陶芸など広くジャンルをおさえ、奈良時代の概況も押さえている。しかしなんといっても中心になっているのは江戸時代であり、それゆえにフェノロサが厳しい書評を寄こした。横浜の英字新聞『ジャパン・ウィークリー・メイル』(3)に九頁にもわたって事実誤認を指摘し、その欠点を挙げつらったのはよく知られている。なかでも浮世絵をやまと絵の土佐派や漢画の狩野派に比べて過大に評価し、北斎を最高の芸術に持ち上げて雪舟の下に置いていることに激しい批判をし、元々狩野派系の岩佐又兵衛を除いて浮世絵は絵画史から除いて良いとまで書いている。ゴンスはその後直ちに加筆訂正し、その際にはフェノロサにも助言を求めたという。一巻本の改訂再版が八六年に出版されたが、浮世絵についてはむしろ記述が一層充実を見せていた。(4)

それに比してトレッサンは全時期を押さえ、政治史と美術史を切り離さず、大陸の影響とその昇華、仏教美術と無宗教の美術、武家貴族の美術と民衆の美術という二極から日本の絵画彫刻を説明しようとする傾向がある。これには一九〇〇年の仏語版『帝国美術略史』*Histoire de l'art du Japon* の影響もあった。自身の下巻で時代区分に、多く天皇の名前をかぶせている点も共通している。ただしトレッサンの推古・天武・聖武の時代への記述の豊富さは、天皇制重視とは関連がない。古代への関心はむしろクロード・メートルの『大和の美術』のような、同世代の研究者によるこの時期に特化した成果があり、かつ中央アジアなどでの石窟調査によって仏教美術の伝播の様相が具体的に明らかになっていたためと考えられる。

各時代の政治史や文化史と美術の歴史とを関連づけて語る手法は、『帝国美術略史』にも、スペンサー流進化論的社会学を基礎教養としたフェノロサにもあった。だがそれ以上に、日本という未知の国の存在価値、日本人の文化的レヴェルの優れていることを知らせる必要があった。植民地主義の時代にあって民俗学や地理学が盛んになり、アメリカ大陸やアフリカ、アジアの民族の紹介が行われていた時期の西欧である。フランスで初めて公に日本語を教授したレオン・ド・ロニが同時に人類学や民俗学の学会を主催していたように、まずは日本の国土・人・社会を歴史的にわかってもらうこと。これは日本側の外交戦略でもあり、欧米側にとっても必然であった。

分野別ではトレッサンは絵画において浮世絵の歴史を軽んじることなく、彫刻で面や根付けに一章分を割き、彫金に一冊の半分の分量をあてている。これは今日から見ればかなり異色といえる。が、実は同時代のコレクターの関心の割合と照応する。そしてコレクションの売立てカタログが作品鑑賞の基本資料になっていたことを考えれば、このような構成になるのも自然であった。なおトレッサンは一九〇九年以後絵画史について論考を発表していくが、それらではアンダーソンが重視した水墨画への説明も細かくなされている。

琳派に関しては、トレッサンは『日本美術論』以降、鐔のモティーフ関連以外では積極的に取り上げていない。琳派や陶磁器など、フランスでもよく知られていてその価値が認められているような分野について、屋上屋を重ねるようなことは避けたのであろう。[5] 浮世絵については、製作過程の技術的な説明や歴史的発展、和書からの情報の取り方、絵師や彫り師についてなど包括的網羅的に扱う余地があった。文人画についてはフェノロサと岡倉天心の批判が有名であるが、トレッサンの解説に否定的なニュアンスはない。

トレッサンが参考にした文献で、今日の展覧会図録に替わる役割を果たしていたのが、コレクションの売立てカタログである。文字だけの版もあるが、大判で写真図版を多く掲載した豪華版は作品記述も丁寧で、それだけ資料的価値が高かった。後述するが、バルブトーのものなど各流派や制作者の来歴まで記している場合もある。次巻の参考文献の「彫金」の箇所でカタログを六点挙げており、第二版ではこれらのうちビュルティ（一八九一年に七七九点と約一七〇〇点の二度にわたる売立てがあった）、とゴンクール（一八九七年に日本の美術工芸品では八八三点）についで言及している。

他にも基本のゴンスの『日本美術』とビングの『芸術の日本』に加えて、審美書院がセントルイス万国博覧会に出品した『真美大観』全十巻、尾形光琳（全二巻）、狩野元信（全二巻）、伊藤若冲（全一巻）について、トレッサンは下巻の参考文献で、パリのラルー書店で入手できると記している。こうした高価な和書は、当初は巴里日仏協会の図書室で閲覧していたようだ。

フランス語ではクロード・メートル『大和の美術』(一九〇一年)、テオドール・デュレ『日本の美術』(一八八二年)、エルネスト・シェノーの『日本の美術』(一八六九年)、アリィ・ルナン『日本の美術』(一八八四年)があり、アンドレ・ベルソール『日本の社会』(一九〇二年)、浮世絵については、エドモン・ド・ゴンクールの『歌麿 青楼の画家』(一八九一年)や『北斎』(一八九六年)からの引用も少なくない。英語ではアンダーソン『日本絵画芸術』(一八八六年)、アーネスト・フェノロサ『浮世絵の肉筆と版画の傑作』(一八九六年)、ラドヤード・キプリング『日本からの手紙』(仏訳版、一九〇四年)がある。トレッサンは中等教育からドイツ語を学んでいたので、ドイツ語では前出のブリンクマンの著作とオスカー・ミュンスターベルク『日本美術史』の第一巻(一九〇五年)があり、さらにこれらの著者の論文がある。アンダーソンの著書は、絵画芸術とあるので絵画のみを扱っているようだが、絵画のモティーフを応用した彫刻、応用美術である版画、陶磁器、金工、木工などを取り上げ、かつ掛け軸などの支持体、筆遣いなどの技術的な面も書いている。ごくわずかにせよ、北斎の絵柄の鐔への応用の図版も一枚あった。こうした発想が、後の鐔の絵画を応用したモティーフの研究にもつながったことは想像に難くない。美術教育を受けていなくても、作品の説明の方法は専門家による説明を読み、書き写したことで身についただろう。

これらに加えて本文の下段註によると、日本についての全般的な知識はレオン・メチニコフの『日本帝国』(一八七八、八一年)、アントワーヌ・ド・ラ・マズリエールの『日本の歴史試論』(一八九九年)、ラフカディオ・ハーンのエッセイのフランス語訳『知られざる日本』(一九〇四年)、レオン・ド・ロニの人類学叢書に収められた『モミジの葉』(一九〇二年)といった一般書なども用いている。但しこれらは目立った引用があるもので、巻末の参考文献は彫金だけでも約六〇点の文献が挙がっており、ミュンスターベルクほどではないにしても（もともと四分の一ほどの判型でもあり）、全体では大変な情報量になる。

さらに異彩を放っているのが、巻末附録の系譜表である。第二部第4章でヴァレット編集長からの手紙に「ハナブサ」の系図を送るよう書いてあったが、英一蝶だけで初代から五名を挙げて、それぞれわかる限り名前、生年没年、家系と画系を記載している。上巻では全体を「昔の流派」と「近代の流派」にわけて、さらに前者は七世紀の渡来人も含む「先駆者と最初の美術家たち」「巨勢金岡派」と続き、やまと絵で「春日派」と「光琳派」、中国の影響を受けた流派で「宋元派」「明清派」があり、「近代の流派」では応挙、四条、岸駒とあり、浮世絵はこれだけでも十の流派にわけている。狩野派などは詳細な樹形の系図がある。作品よりも系譜を尊重しているようだが、宮島新一氏の述べる「この国には平安時代以来の巨勢氏、藤原隆信の血をひく鎌倉時代の法性寺家、南北朝、室町時代にかけての土佐家、室町時代以降近世に至るまで続いた狩野家など、何代にもわたって有力な絵師を輩出した家柄がいくつか数えられる。家が続くことによって技が伝えられてゆくのが、わが国の学芸の大きな特色といってもよいほどである。[6]」という特性を、すでに理解していたのである。

通史としての評価は得たものの二年後、前記ガストン・ミジョンが記した『日本にて――美術の聖地を歩く』の序文では、極東の美術研究をするに当たっては、いまだにウィリアム・アンダーソンのカタログを利用するほかない。にもかかわらずこの研究がもはや時代遅れになっているのを嘆いている。古代研究ではフランス極東学院（EFEO）が一九〇〇年に設立されて、今日まで受け継がれる中国、インドシナから日本にいたる地域の研究が進められようとしていた。[7]トレッサンは約三年の沈黙期間を経て、いよいよ本格的な日本研究に踏み込んでいくことになる。

第2章

仏教美術と中央アジアの莫高窟調査成果

1 国立ギメ東洋美術館所蔵トレッサン書簡より

美術史家のアンリ・フォション Henri Focillon（一八八一—一九四三）が、一九二一年にパリで開催された国際美術史会議で口頭発表したその記録の引用からはじめよう。

彼ら〔シシェル、バルブトー、ジロ、ゴンス、ヴェヴェールら前世代の日本美術愛好家〕が知っていた日本美術は版画だけでした。ガンダーラ仏の直系たる奈良時代の彫刻や十三—十五世紀の偉大な肖像画、さらには足利時代の風景画もまだ知られていない時代でした。(1)

「ガンダーラ仏の直系たる奈良時代の彫刻」というのは、この時期の仏教東漸説を受けている。ギリシャからガンダーラを経て、彫刻の意匠が東アジアに伝播したという考え方である。十九世紀末から中国領トルキスタン（現、新疆ウイグル自治区）とその周辺のアジア内奥地は、東洋学関係者たち(2)の注目を集めていた。冒険家から研究者まで、勇を鼓して砂漠地帯に足を踏み入れた主要な探検隊を以下に列挙する。いずれもトレッサンの視野に入っていた。

・スヴェン・アンダシュ（アンデシュ）・ヘディン Sven Anders Hedin（スウェーデン、一八六五—一九五二）一八九二年に一回目の西域探検に出発。中央アジアの探検は一八九九—一九〇二年他。「さまよえる湖」であるロプノールの湖床を見つけ出したことで知られる。

・マーク・オーレル・スタイン（第二部第5章参照）　一九〇〇―〇一年東トルキスタン調査、一九〇六年から〇八年にかけても調査し、〇七年六月に敦煌莫高窟に到着。多量の文書・絵画類を持ち帰る。一九一三―一六年には、イラン東南部を経てインダス川上流に至る地域を調査。

・アルベルト・グリュンヴェーデル Albert Grünwedel（ドイツ、一八五六―一九三五）　アルベルト・フォン・ル・コック Albert von Le Coq（ドイツ、一八六〇―一九三〇）と一九〇二―〇三、〇四―〇五、〇五―〇七、一二―一四年の四回の探検隊に加わり、トルファン、クチャ地方を中心に調査した。グリュンヴェーデルはトゥルファン探険隊のうち、第一回（一九〇二―〇三）と第三回（一九〇五―〇七）は隊長として参加した。

・ポール・ペリオ Paul Pelliot（フランス、一八七八―一九四五）　中央アジア学を大成したといわれる東洋学者である。パリの政治学院（現在 SciencePo の呼び名で知られている）を卒業した秀才で、同時に帝国東洋語学校で中国語を学んだ。義和団の乱の際に北京にいたペリオは、列国大公使館区域を守るための交渉の任について活躍し、この時の功績からレジオン・ドヌールのシュヴァリエ章を授けられた。一八九九年に発足したばかりのインドシナ考古学調査団（翌年からＥＦＥＯ）に加わった。一九〇六年から〇九年にかけて、植民軍軍医少佐のルイ・ヴァイヤンと写真技師のシャルル・ヌエットを伴い中央アジア遺跡調査団に参加し、〇八年に敦煌の莫高窟に到着。二十日余で一万五千ほどの古文書や経巻、絵画などに目を通して、価値の高い約六千点を翌年フランスにもたらした。これが今日いう「敦煌文書」である。有名な第十七窟で調査するペリオの写真は〇八年三月に撮影され、『イリュストラシオン』誌などに掲載された。(3)

・エドゥアール・シャヴァンヌ（第二部第5章参照）　一九〇七年に雲崗と龍門の磨崖仏に関連して中国北部への

考古学探検などに参加。全四巻の『北部中国（華北）考古学調査派遣団図録』を刊行。

・**渡辺哲信、堀賢雄**　一九〇二—〇四年第一回大谷探検隊に参加。

・**大谷光瑞**（一八七六—一九四八）　京都の西本願寺浄土真宗本願寺派第二十二世法主。伯爵。一九一二年に大谷探検隊が敦煌に到着。

フォションの言葉にあった浮世絵版画を好んだ世代とは異なって、フォションに近いトレッサンは一九〇五年の単行書で、早くも奈良時代からの通史的な説明に取り組んでいた。その後も仏教美術への関心は減じておらず、一九一三年には「仏教のパンテオン」として知られたギメ美術館で講演をしている。二十世紀初めの中央アジアの莫高窟の発掘をめぐる日欧の競争と、その研究成果は日本の古代美術の理解の枠を広げた。それによって八世紀以前の美術の見方が日本でも欧米でも変わっていったのが、トレッサンを通してわかるのである。

エミール・ギメ館長は、パリ万国博覧会を機に創設された巴里日仏協会の副会長に就任した。トレッサンは自著を献本し美術館もたびたび利用していたようで、おそらくこうした縁で、ギメからの講演依頼があったと推測される。一九一三年三月二日（日曜）に同館の「ギメ美術館日曜と木曜の講演会」シリーズで講演をし、原稿が『入門叢書40』に「日本美術形成の歴史における外国の影響（六世紀から十世紀半ばまで）」という題で収録された。講演者名は「ド・トレッサン大尉」（章題では中尉。陸軍大尉には一九一三年六月に昇格）。

トレッサンはギメ側から講演の依頼を受けた後、その準備の打ち合わせのために美術館に十四通の手紙を書き送っている。筆者は二〇〇八年九月に同館図書館の協力を得て、保管されていたトレッサンの手書きの書簡を閲覧、浄写する機会を得た。最初の手紙は一九一二年十月三十一日付で、最後は一三年二月二十三日付になる。封筒は残されていない。これらは他のギメ美術館宛の手紙とともに、紙に糊付けして分厚くファイリングされていた。

手紙のそれぞれが誰に宛てたものかは記されていない。ただし講演の最初に謝辞を述べていることなどから、当時准学芸員 conservateur adjoint であったジョゼフ・アッカン Joseph Hackin（一八八六―一九四一）とみて間違いない。アッカンからは、年代はないがおそらく一九一三年の四月二十一日付書簡で、トレッサンに講演原稿の掲載された年報の著者割り当て部数などについて相談している。彼は一九〇七年から准学芸員兼館長秘書役を、二三年から学芸員を務めた。その後、アフガニスタンにおけるフランス考古学派遣団隊長として調査発掘に従事し、遠征航海中の四一年二月に亡くなっている。

トレッサンより若いということもあってか、手紙の文体はあくまでも丁寧だが時に打ち解けた調子での文章も混じる。当時はレンヌの部隊に所属していた。パリとは異なって資料の入手の困難な地方都市で、五人の子供のいる家庭と軍の公務や昇進のための手続きなどに追われながらも、東洋美術の研究に情熱を傾けている姿が、生き生きと伝わってくる。しかもこの手紙を通して、第一次世界大戦前にパリでどのように日本の古代美術について認識され、それがどのような方法で一般に伝えられていたのかが見えてくる。論の前提になっている仏教美術の東漸説は、それ自体珍しいものではない。トレッサンの類似性の指摘は、ミュンスターベルクや同時代の美術研究家には少なからず見られるものである。井上章一氏は正倉院の宝物にインドやペルシャなど、西方の工芸品との共通する表現を見出したのはフェノロサに限らず、いうなれば「本国の博物館で、オリエント工芸の様子をおぼえていた」ならば、類似性は思いつけたのであり、「それほど独創的な眼力などなくても」よかったと述べている。(4) それが比較的精密になったに過ぎないとも言えなくない。しかしながらトレッサンの書簡からは日本美術の研究の方法で興味深い次の四点が指摘できる。

・十九世紀末からはじまった、スライド写真の投影を通しての美術作品の解説と享受がここでも行われており、スライド撮影に適したジャンルを選ぼうとしている。

・最新の考古学資料を用いて、大陸と日本の仏教美術の影響関係を証明しようとしていること。これは二十世紀の初めにロシア、イギリス、ドイツ、フランス、日本が競って中央アジアに考古学調査隊を派遣し、その成果を続々と本国に伝えていたのを受けている。これによって、ギリシャ・ガンダーラ経由の伝播とは異なる道筋が付いた。フランスでは、美術品に関してはペリオ探検隊などがギメ美術館に寄贈していた。トレッサンの文面からは、研究者や出版関係の情報も伝わる。

・美術雑誌『國華』と美術全集『真美大観』(法隆寺の壁画に関しては『東洋美術大観』の可能性有)の図版も視覚史料として基本文献にしていること。双方とも英文での解説があったのと、なによりその撮影技術と、コロタイプや木版彩色の印刷の質の高さによるものだが、これらの印刷物で紹介された寺社の宝物が、海外で美術作品及び考古学資料として影響を与えていたことがわかる。

・講演の開催に際しては、招待者リストを用意するのが慣例であった。招待者も発表者のトレッサンも、その参考にしている文献の執筆者や所有者も含めて、当時の古代の日本美術を知的興味でもって鑑賞しようとした社会階層の高さやサロン的な雰囲気が伝わる。

以下手紙の翻訳を挙げる。それぞれの後で解説を加えた。各書簡の通し番号の次の三ケタの数字は、ギメ美術館での書簡の整理番号を意味する。用箋はトレーシング・ペーパーや小型の紙などを用いている。手紙でも箇条書きをするのがトレッサンのスタイルで、本文中の（ ）内の文字や下線は彼自身によるが、慣例的に外来語や単行本などの文字の下に引いている場合（活字ではイタリックにする文字）の線は、日本語訳では省略した。また末尾の署名の後にレンヌでの住所 80, rue St. Hélier, Rennes Ille et Vilaine が書かれている場合、それも省略した。

1. n°126　レンヌ、一九一二年十月三十一日

拝啓

今朝受け取りましたそちらからの二十九日付のお手紙に、取り急ぎお返事いたします。講演会の件、最終的には喜んでご協力いたしますこと、申し上げます。演題は「日本の絵画の歴史における外国の影響」になるでしょう。

実のところギメ氏が戦争省（官房）に、私を講演会に使う許可を求める必要があると思われます。この場合の請願に特別な形式はありません。ギメ氏が次のことを示せばよいでしょう。

1. 私の軍隊での正確な階級、すなわち陸軍第十軍団司令部研修生トレッサン中尉。
2. なぜそちらが私に協力を求めるのか（私が没頭している特別な調査研究を示す等）。

以上です。講演会の日程として三月二日ということでいかがでしょうか。

アルマン・ダヨ氏が、まもなくそちらに次の絵画のネガを送るはずです（ギメ美術館の中国絵画の画集からのもの）。

1. （図版4）周文矩の様式の遊ぶ女神

2．（図版2上部左） 慈禧〔西太后〕からギメ氏に贈られた趙孟頫の風景画の写真。

私がすでに申し上げたように、『ラール・エ・レザルティスト』（一九一三年春）に出るはずの中国の絵画についての研究での説明のためにもなります。

敬具　Tressan

ダヨ氏とはArmand Dayot（一八五一—一九三四）で、著名な美術雑誌『ラール・エ・レザルティスト』を創刊したディレクター。トレッサンは特集号のイスラムと中国と日本の美術史を紹介する特集号を執筆していた［図2—6］。遺品には図版に用いた作品の写真が多数残されている。図版はダヨの方で準備したフランスのコレクターのものもあるが、自身が所有していた『國華』からのも使用していた。

この手紙でトレッサンが挙げている写真が、実際に送られたかは不明。雑誌は一九一三年の十月に刊行されたが、こちらでも使用されていない。周文矩は五代南唐の宮廷画家。西太后から贈られた趙孟頫の絵は大変有名で縦三〇センチ、横二七〇センチの絹布に描かれた風景画である。美術館の『年報』「中国絵画」（一九一〇年）でも図版と共に紹介されている。だが、「筆勢は力強く而も繊細で、構図は常に絵画的でしかも個性的であり、風景は彩色された詩的な光景である」(5)という解説とこの図版からは、トレッサンの意図は読み取れない。

2．n°144　レンヌ、一九一二年十一月十八日

拝啓

今朝いただいたお手紙に、取り急ぎお返事いたします。

1．戦争省に要請した許可をいただいたので、掲示にのせるべき名はド・トレッサン中尉になります。
2．私は残念なことにスライドを持っていませんので、もし使用できるものをご存じでしたらありがたく。

敬具　Tressan

ギメ美術館には一九一二年十一月十四日付で、館長から戦争省大臣に宛てたタイプライターでの依頼状が保管されている。署名はギメの直筆である。「2」は、発表のための資料をスライド写真にも出来ず、投影機の方ももっていないということ。リヨンにいたギメはアッカンへの十一月二十日付の手紙の隅に「トレッサン侯爵はスライド写真をお持ちにならないのか？？」とメモ書をしている。カメラは所持していたが、スライド映写機を購入したりマウンドに仕立てるのは無理だったのだろう。

3．n°152　レンヌ、一九一二年十一月二十五日

拝啓

ご親切なお申し出、喜んで承ります。撮影してもらいたい資料を探してみます。図書室にあるか、そちらに送るべきか見ることにしましょう。いつだって本のことには悩まされます。

敬具　Tressan

ギメ美術館のほうでスライド写真にしてくれることが決まったようだ。作業は同館事務助手のデュモンDumontが担当した。図書室にはすでに蒐集していた相当量の文献が収められていて、トレッサンはここも利用

していた。

4. n° 177〔日付横に館側から一九一二年十二月二十五日に回答とある〕　レンヌ、一九一二年十二月十八日

拝啓

私があなたのことを忘れたとは思わないでください。ちょうど陸軍第十軍団での昇進のための仕事をなし終えて、こうして極東に身を置いたところです。目下、アルマン・ダヨの編集のもとで刊行される、1. 極東（中国、日本）の絵画へ　2. イスラム絵画へ　に割り当てられたものの一章分を終えました。

この件で、ペリオ氏と連絡を取り合っています。氏に私の講演の資料として、中国領トルキスタンの壁画の写真を何点かお願いすることができるでしょう。

次の関係を見せるのは絶対に必要です。すなわち

1. 魏の美術と日本の推古の時期の美術
2. 唐の美術と奈良時代の美術

他のものについて、美術館では『國華』のコレクションはお持ちですか。そうですと私の講演のための図版をお示しするのがとても簡単になります。というのもこの雑誌の過去七年分を所有しているので。いずれにせよ日仏協会にはこのコレクションがあります。また大変大判の田島の『Selected relics of Japanese Art（東洋美術大観）』もあります。私は持っておりませんが……。

パリにいないのが本当に不都合です。パリではしたい仕事の道具が手に入るのだから。

こうした特別な出版物は、とても高価なので入手がためらわれます。ことに私のように五人の子供のいる

家族がある場合は。

現在私の『國華』のコレクションを貸していて、明日にでも戻ってくるのを待っています。おそらく月末前には戻り、私の講演のためのスライド用写真にすべき図版をお示しします。

ほかのものでは、美術館にヨーロッパのスタイルの日本の屏風の複製図版が、何点かあると思います。まさにぴったりなのですが、どの時代のもので誰のために制作されたのでしょうか。

敬具　Tressan

雑誌特集号の目次はこの時点では極東とイスラムになっているが、出版されたのは中国、日本、イスラムの三章構成である。イスラムが極東と分量的に同じということで、日本がまだ一般的にはイスラムよりよほどマイナーであったことがわかる。

ポール・ペリオは一九一一年からコレージュ・ド・フランスで、彼のために用意された中央アジアの言語・歴史・考古学の教授職に就いていた。そのペリオに直接自分の講演のための資料写真を依頼するとは驚かれるが、用意は出来ていたとしても、後に述べる理由から使われなかった。ペリオ調査隊のもたらした写真は現在『敦煌千仏洞壁画集』(6)で見ることが出来る。

『國華』の一九〇五年からロンドンで出ていた英語版を、トレッサンは所有していた。「Selected relics of Japanese Art」は『真美大観』の英語タイトルである。『東洋美術大観』*Masterpieces selected from the fine arts of the Far East* は一九〇八年の『真美大観』刊行終了後、〇九年九月から日本編が出版され、一八年の日本彫刻編の全十五冊(=巻)で完了。現在パリの装飾美術館図書館には、日仏協会図書室のあったデヌリーの請求番号の残る『東洋美術大観』

の英語版が、十二冊（一九一三年三月刊行）まで揃っている。これを閲覧した可能性はある。が、実際にトレッサンが用いているのは『真美大観』なので、以下のトレッサンの英語タイトルにも基づき訳文では『真美大観』とする。なお『東洋美術大観』の最後の三冊の彫刻篇では、中央アジアの莫高窟の磨崖仏が多く取り上げられている。日本の絵画の研究をしていたトレッサンやミュンスターベルク、ペトリュッチが、こうした仏教遺跡に注目したのは、今日からすればいささか奇異に映るが、当時としては同じく極東（ファーイースト）の美術作品の範疇にあったわけである。

「ヨーロッパのスタイルの日本の屏風の複製図版」とは南蛮屏風を指すとみるのが自然だが、仏教美術とは関係がないので、ヨーロッパのグロテスク装飾とアジアの天人の装飾的なモティーフとの比較を、念頭に置いていたと考えられる。

5. n° 180 〔日付横に館側から一九一二年十二月二十五日回答とある〕 レンヌ、一九一二年十二月二十四日

拝啓

ギメ氏は私が講演会のテーマを「日本の彫刻の歴史における外国の影響」についてというふうに、若干変更したのを不都合にお思いなるでしょうか

もし氏が「日本の美術」一般についての方がよいというなら、私はどちらでも構いません。彫刻作品のスライド投影は、絵画の投影よりもずっとよいことがわかりました。このご提案をしたのも、その方が講演に益すると思ったわけです。一月の初めには可能なスライドのリストをお送りいたします（シャヴァンヌ氏の最も新しいご著書から三、四の撮るべきものと、ペリオ氏にお願いするべきものとを送ります）。

ギメ美術館では『國華』をお持ちですか。いずれにせよ入手するのは、例えば日仏協会の図書室のなど、造作もないことです。私からは号数と図版をそちらにお伝えするだけのことでしょう。なるべくすみやかにお返事いただきたく、そうすれば即座に仕事に取り掛かります。きちんとした準備を致したく。これは新しくかつ興味深テーマだと思います。ご面倒をおかけして申し訳なく、失礼申し上げます。

敬具　Tressan

エドゥアール・シャヴァンヌは、一九〇七年に龍門と雲崗の調査のため中国北部への考古学探検に参加。その成果を一九〇九年から一三年にかけて、『北部中国（華北）考古学調査派遣団図録』[7]という大判の全四巻にまとめた。これがトレッサンの言及している資料で、ミュンスターベルクの本を通じて太田正雄（木下杢太郎）が注目していた書物でもあり、ペトリュッチが書評を書いている。中国では『華北好古図譜』として評価されている。日本ではすでに一九〇二年の段階で伊東忠太が雲崗に調査に来ているが、図版の充実という点では、到底シャヴァンヌに及ぶものではなかった。

6. n° 189　レンヌ、一九一三年一月二日

拝啓

初めにシャヴァンヌ氏の最近の著作の図版で、私が講演のためにスライド写真にしたいものをお示しします（リスト同封）。もちろんシャヴァンヌ氏の許可は取っています。これらが日本の作品との比較の対象に

なるスライドです。

このほかにペリオ調査団の壁画があり、それからチェルヌスキ美術館の彫像の写真をお送りします。これらすべて同じ目的でのものです。この写真にこだわっています。また後でこの写真を私に返してくださらないでしょうか。『國華』が戻り次第、待ちかねているのですが、そちらに撮影すべき日本の作品の図版をお示しします。

敬具　Tressan

チェルヌスキ美術館がパリ十七区にある東アジア古代美術専門の美術館であることは、第一部でみた。トレッサンは「近時パリ開催の極東美術関係展覧会」というエッセイをベルリンの美術雑誌『東アジア誌』に書いていた。(8) 取り上げた四つの展覧会は装飾美術館での毎年恒例となった浮世絵展（このときは歌麿中心）、自身が構成と解説の執筆をした同浮世絵展覧会に伴い開催した漆芸展（一九一二年一月から二月）の他、大手の画廊デュラン・リュエルで開催したラングヴェイユ夫人所蔵の中国絵画展（一九一一年十二月）、そしてチェルヌスキ美術館での一九一一年五月から六月、十一月から翌一二年の一月にかけての展覧会である。このチェルヌスキ美術館での展覧会は、翡翠や織物の他に陶器、青銅器、そしてトレッサンの講演内容にも関連のある六、七世紀頃の青銅の小型の半跏思惟像が展示されていた。

7. n°192〔日付横に館側から一九一三年一月八日回答とある〕レンヌ、一九一三年一月六日

拝啓

スライド写真のためにもっと楽な組み合わせを見つけました。私は来週三日間パリに行きます。ギメ美術館にうかがい、私が一冊だけ持っている『國華』から取る代わりに、お持ちの『真美大観』から選んで複製すべき図版をお教えします。

日曜日にヴェルサイユに行き、サトリ街三四番地の母のところに泊まります。

月曜火曜水曜の三日間、ずっとパリにいます（メーヌ博士のコレクションの分類のためです）。この三日のうちの二日でお目に書かれる日を、なるべく早くお願いします。とても忙しいはずで、それに応じて自分の予定を整えるためです。

ご予定はレンヌの方にお願いします。

いずれにせよ当然のことながら、既に私からお示ししたスライド写真を作るのに差し障りはありません。

敬具　一九一三年のご多幸をお祈りします。　Tressan

8. n°200　レンヌ、一九一三年一月九日

拝啓

火曜日の朝九時に美術館にうかがうこと、承知いたしました　厚く御礼申し上げます。

敬具　Tressan

追伸　私は三日間（十三日月曜、火曜、水曜）、今年の五月に売却されるメーヌ博士のコレクションの分類をします。

メーヌのコレクションの売立ては、四月二十一日からオテル・ドゥルオで開催された。トレッサンは彼のコレクションの売立てカタログを作成し、解説を書いた(9)。

9．n° 206　レンヌ、一九一三年一月十九日

拝啓

1．先日あなたに、シャヴァンヌ氏の著作からスライド写真を作成するのを思い出してもらうのを忘れていました。私がお伝えした図版は見つかったと思いますが。それらに日本の彫刻と比較するのに貴重な作品があります。

2．バランジェからそちらに、美術館への私からの寄贈としてメートルの『大和の美術』を送らせました。この本からのスライド写真の製作をお願いいたします。

（a）薬師寺の薬師の台座（二四頁の図29）これは外国からの影響を考えた時にもっとも興味深いものです。

（b）二三頁の図23（皇室の観音）

（c）一〇頁の図7（梵天）

（d）四一頁の前の図版（廣目天）

この次そちらに、私がお話しした敦煌の壁画の複製がとれる（五二頁）『アール・デコラティフ』の該当号をお送りします。

このたびはご面倒をおかけして、本当にあいすまなく。

図 3-1　シャヴァンヌ『北部中国（華北）考古学調査派遣団図録』
1909 年、図 358、359（龍門の「入り口を守る神」）。（国立ギメ東洋美術館図書館所蔵）

敬具　Tressan

日仏協会に撮影のために『國華』の二六二号と二三二号を、あなたにお貸しするようお願いしていただけますか。

後者の方はおそらくスライドにとるのがちょっと難しいでしょうが、私の考察には役立ちます。デエ氏も『國華』をお持ちで、貸してくれるでしょう。

1．シャヴァンヌの本で実際にトレッサンが使用したのは三点で、雲崗の洞窟2の半跏像を図版一に、雲崗の洞窟4の持国天を東寺の閻魔王像と比較するために図版四に、龍門の洞窟10の入口の二体［図3－1］を仁王像と比べるために図版五に挿入。

2．メートル Claude Eugène Maître（一八七六―一九二五）は一八九六年師範学校卒業後、九八年に哲学の教授資格を取り、成績優秀につきカーン財団の奨学金で同年から十八カ月の世界一周旅行をし、日本にも滞在した。一九〇一年からフランス極東学院のメンバーで〇八年

図 3-2　メートル『大和の美術』1901 年、図 23、帝室御物
右下に鉛筆で印がある。（国立ギメ東洋美術館図書館所蔵）

から二〇年まで専任教授。一九〇〇年にパリ万博で法隆寺の模型を見て『大和の美術』[10]を『ルヴュ・ド・ラール・アンシアン・エ・モデルンヌ』に執筆。これが翌年に独立した限定二〇〇部の冊子になった。法隆寺にほぼ限られているとはいえ、画期的な日本の古代美術の研究であった。トレッサンはこれをギメ美術館に贈ったのである。現在同美術館の図書室所蔵の一冊には、前記の四点の図版の下方部に鉛筆で×印が残っている［**図3―2**］。なおメートルを先行論文として古代の美術作品を論じている研究に、ベルリンのヴィリアム・コーンの『奈良時代の建造物』[11]があり、図版はほぼ『國華』と『真美大観』から採っている。トレッサンは同論文からも引用し、スライドの選定にはこの両方で選ばれているものを考慮したと考えられる。

「（a）薬師寺の薬師の台座」はメートルの説明ではオセアニアの原住民の姿に似ており、この地域からの影響を見ている。しかしこれは撮られていない。「（b）皇室の観音」は一九〇〇年のパリ万国博覧会に展示された。

トレッサンの講演記録原稿の図版一、初期のブロンズ彫刻の技術と表現をみるための資料である。「(c) 梵天」は興福寺の仁王像のうちの一体。次の廣目天と合わせて、北魏時代の洞窟の入口の番人像と比較するための資料。「(d) 廣目天」は確認したところ『アール・デコラティフ』誌一九一〇年七月号の、アルベール・メイボン Albert Maybon による記事「東トルキスタンの仏教美術――ペリオ調査団(一九〇六―一九〇九)[12]」の中の一枚を指す。講演時には使用していない。玉虫厨子の側面にある、崖から身を躍らせて虎の餌食になろうとする(捨身飼虎)姿の、グロテスク模様にも通じる装飾化されたしなやかな身体と衣の線の表現との比較をするつもりだったと考えられる(図2―6b参照)。『國華』二六二号の口絵にある室生寺の壁画は、木版多色でトレッサンの講演会記録掲載図版の八番目の下方にあたる。仏性を抽象化・装飾化していく国風の様式への転換を指摘している。二三二号の「明王院の赤不動尊」は、仏教の仏の中でも怒れる明王像の代表として選ばれている。が、撮られていない。この他にも講演中で言及している当麻寺の曼陀羅など、傷みが激しく白黒でのスライド写真の投影に向かないものは少なくない。その結果、彫刻を中心にした発表にしたいと考えたのだろう。

最後に出てくるエミール・デエは、デヌリー美術館の学芸員で、ミュンスターベルクがその講演録を集めていた人物である。すでにトレッサンの顔見知りだったのであろう。

10. n°215 レンヌ、一九一三年一月二十六日

拝啓

私の講演のための写真について、有益な情報いただきましたこと、厚く御礼申し上げます。

先日提案してくださった、美術館の収蔵品のいくつかを複製するという考えに戻っています。ペリオ氏か

らいただいた唐の「入り口を守る神」について、はすでに承知しています。ほかにそちらで撮影していただきたいもので、美術館の小さな展示室の展示ケースの中にあり、仏陀の弟子の一人で嘆いている小像(粘土だと思います)です。(法隆寺の涅槃像の一部をなし八世紀にさかのぼる有名な小像と類似しているもの)。最初期の写実の試みの明らかな例になります。

建築のこともあり、すでにお示ししたシャヴァンヌの著作の図版124、231番の雲崗の洞窟5をスライドにしていただけないでしょうか。

大変重要なのです。

敬具　Tressan

「入り口を守る神」はメートルの論にもあるが、撮られていない。トレッサンは絵巻物など庶民的な美術作品での写実性と、仏教美術での装飾性抽象性の二つの傾向を想定している。シャヴァンヌの本の図版の写真は鴟尾のある建物の中に飛ぶ、天使のような装飾化された人物像が彫られているものになるが、これも撮られていない。

11. n°220　レンヌ、一九一三年一月二十八日

拝啓

たびたびお便りいたします、私です。ご迷惑おかけするしだいです。でもこれが最後でありまして、あなたの御苦労についてはとても感謝していること、お含みおきください。私がお示しした『國華』をお借りしてくださる由、それに一八四号も加えていただけますか。その中に岡寺の僧義淵の素晴らしい肖像(乾漆)が有るのです(八四頁の後)。この作品は『真美大観』にもあると思いますが、持っていないのでわかりま

せん。正統なる八世紀の彫像で、この種の肖像としては最初期の一つであり、それで重要なのです。最後に、もしや『真美大観』で推古天皇の時期（七世紀前半）のブロンズの立像が見つかるでしょうか。衣が横のほうで鰭のようになっている、この種のものに非常に特徴的なものです。それで完璧になるでしょう。『國華』の一九九号（一九〇六年十二月）に二つありますが、スライド写真にするのは難しいと思われます。

終わりにそしてこの立像との比較の最後として、シャヴァンヌの著作の図版113の217番を撮影してしかるべきでしょう。

これで今回はおしまいです。この次には、誰も忘れないよう少しずつリストにしている招待者の方をお送りします。

敬具　Tressan

追伸　私の講演の正確なタイトルは「日本美術の形成における外国の影響（六―九世紀）」です。

岡寺（奈良県）の僧義淵像は図七で、先の室生寺の壁画の上方に挿入された。「衣が横のほうで鰭のようになっている」のところから、矢印を右下に引きイラストで示している［図3―3a］。講演会記録によれば、ブロンズ彫刻制作の技術の発達を示すための例として使うはずだった。フェノロサは類似の法隆寺の小仏像（口絵六頁）について次のように述べている。「伝来した仏像のうちで最も古いものの一つは、小像ではあるが痩身の銅造如意輪観音坐像である。その極端に痩せぎすな姿はグロテスクなほどで、鋭い容貌は漢美術とヒマラヤ美術の混合である。それでいて、衣装には呉様式の影響が認められる。（口絵32）」後の頁ではこの仏像の制作者を「呉時代の

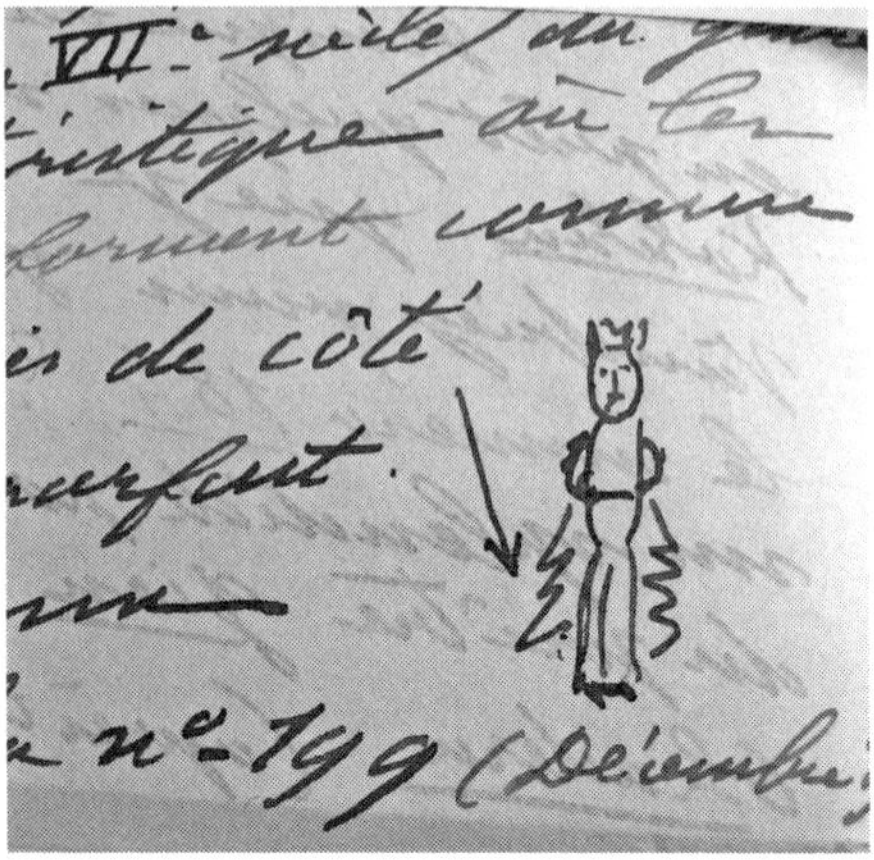

図 3-3a　トレッサンのから国立ギメ東洋美術館宛て書簡（1913 年 1 月 28 日付）
（国立ギメ東洋美術館図書館所蔵）

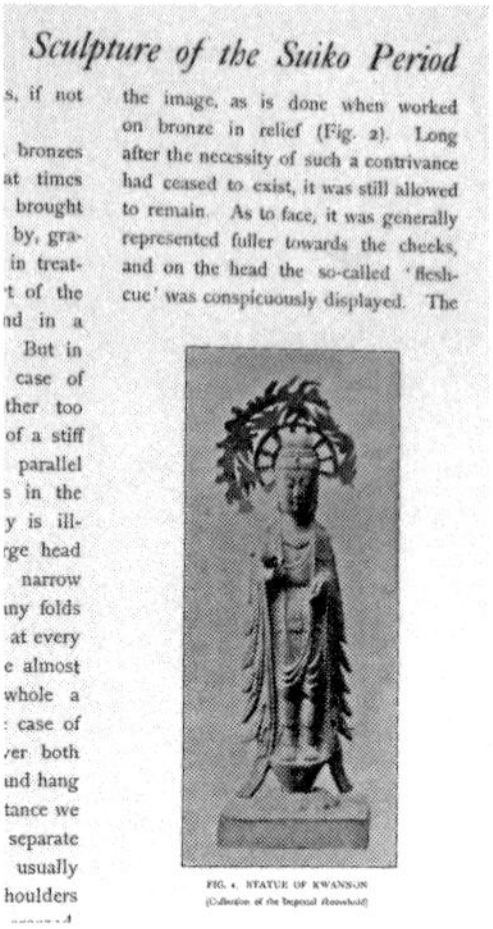

Sculpture of the Suiko Period

s, if not
bronzes
at times
brought
by, gra-
in treat-
t of the
nd in a
But in
case of
ther too
of a stiff
parallel
s in the
y is ill-
rge head
narrow
any folds
at every
e almost
whole a
case of
ver both
nd hang
tance we
separate
usually
houlders

the image, as is done when worked on bronze in relief (Fig. 2). Long after the necessity of such a contrivance had ceased to exist, it was still allowed to remain. As to face, it was generally represented fuller towards the cheeks, and on the head the so-called 'flesh-cue' was conspicuously displayed. The

FIG. 1. STATUE OF KWANNON
(Collection of the Imperial Household)

図 3-3b　推古仏
Kôsaku HAMADA, "Sculpture of the Suiko Period", *The Kokka* No. 199, 1906, p. 525.（国立ギメ東洋美術館図書館所蔵）

中国人彫刻家で、六世紀の初頭、他の移民とともに日本に帰化し、鞍作の姓を名乗った止利仏師である」と書いている[13]。救世観音のようなボリュームの豊かな仏像を絶賛したフェノロサらしい酷評であるが、果たしてこれが万人の納得するものであったかは疑わしい。むしろそれ以後の仏像には見られない愛らしさがあり、『真美大観』や『國華』に掲載された写真はまさにそうした特徴を伝えるものである。

『國華』一九九号は、濱田耕作「推古時代の彫刻」の英語版もあるが［**図3―3b**］、二体同頁掲載は日本語版二五一頁が該当する。濱田耕作（青陵、一八八一―一九三八）は帝国大学西洋史学科の卒業論文に「希臘的芸術の東漸を論ず」を提出しており、一九一〇年には勤務先の京都帝国大学から北京に派遣され、滞在中に龍門石窟も訪れている。トレッサンの講演での解説は、『國華』の英語版では翻訳しきれていない日本語版での用語を用いているのもあり、日本語版も合わせて読んでいた可能性が極めて高い。「シャヴァンヌの著作の図版」とは雲崗の洞窟の千体仏の一体にあたる。立像でほほえむ表情に共通点はあるが、衣のドレープがまだ様式化されていない例である。

12. nº 232 レンヌ、一九一三年二月八日

拝啓

私の講演の招待者のリストを同封いたします。さらに私の家族のために座席を六つ用意してくださるようお願いいたします。

三月一日土曜の午前に私は貴館に伺い御目にかかって、スライドを順番の通り並べることにします。招待状にのせる私の講演のタイトルは、「日本の美術の形成の歴史における外国の影響」です。

感謝しつつ

敬具 Tressan

このリストは残念ながら残っていない。プログラムでは一月から三月までの十四の講演が印刷されている。三月二日の二時半から開始で、トレッサン中尉の名で「日本の絵画の歴史における外国の影響」となっていて、画像の投影がある由記されている。試行錯誤の上、スライド投影にあった彫刻中心の発表にしているが、変更は間に合わなかった。このプログラムによれば他の講演者には、アカデミー・フランセーズ会員でコレージュ・ド・フランス教授の歴史学者カニャ René Louis Victor Cagnat（一八五二―一九三七）やギメ館長自身、後に東京の日仏会館の初代館長に就任するインド学のシルヴァン・レヴィ Sylvain Lévi（一八六三―一九三五）がおり、前記ペリオもトレッサンより一週間前に講演している。

13. n° 248 レンヌ、一九一三年二月二十二日

拝啓

私の講演会の招待者を少々追加しましたので、そのリストを同封いたします。

御目にかかるのに、貴館に三月一日土曜日の九時三十分頃に伺います。

敬具　Tressan

14. n° 250 レンヌ、一九一三年二月二十三日

拝啓

そちらからのお手紙、いましがた受け取りました。最初のところで全く当惑してしまいました。もっとも最終的にはほとんど全部、スライド写真が出来てくることと思います（全部で四五点あるはずです）。実のところ二二点しかないのは困ったことになるわけで、というのも私の講演は、私の選択した図版で成立するのです。そちらの事務助手の方は、出来るだけのことをなさったのだと信じています。彼が病気になったのは本当についていないです。

招待者についてはお望みの通り全員に送りました(そちらからおっしゃった分はまだ受け取っていません)。私は二月二十八日火曜日の夜にパリのヴァレンヌ街三六番地に着き、三月一日土曜の九時三十分にお目にかかるために貴館に伺います。

そちらのほうでご尽力いただきましたこと、大変感謝しております。

ヴァレンヌ街にはトレッサンの妻の母モリヨ伯爵夫人邸があった。現在首相官邸マティニョン館が近くにあることもわかるように、高級住宅街である。

講演会記録で掲載された図版は二二点であるから、講演会で使用した写真はそのまま印刷されたことになる。トレッサンは予算や手間を問わずに図版や日本の文字を論文に入れることを願っていたようで、これはイギリスやドイツで出ている美術雑誌への対抗心もあったのであろう。その内容については次節で見ていくことにする。

2 講演内容より

トレッサンは常に長く書く。『ギメ美術館年報 入門叢書 40』に収められた講演原稿[14]も、他の講演者に比べて際立って分量が多い。以下紙幅の都合もあり、ごくかいつまんで内容をおさえることにする。図版の出典はシャヴァンヌのもの以外は記載がなく、著者の調査による。

トレッサンの講演での特徴は、四点にまとめることができる。繰り返しになるが前世代のジャポニザンが徳川期の美術工芸品や浮世絵に注目していたのが、ここで十世紀以前を扱ったことは画期的といえよう。しかも、日本の仏教美術の表現をギリシャからガンダーラへの流れでとらえるのではなく、考古学調査団の成果を受けて中国北西の北魏時代のものとの類似性を指摘している。もちろんこれは新たな仏教美術の東漸説になる。が、当時のより新しい解釈が取り入れられたという点で、注目に値しよう。さらに仏・独・英・日語で書かれた多くの文献を挙げていく。『國華』は英語版も出ていたが、トレッサンの作品記述には英語版にはない表現を踏襲しているところもある。また、彼の好みであろう愛らしい優美な作品は、文学的な引用も添えて語っている。歴史的考察とともに、審美的な鑑賞も忘れてはいないのである。一例を挙げると玉虫厨子の捨身飼虎の図に関して、その出典の『ジャータカ・マーラー』の仏語訳を朗読している。

三七頁―「Ⅰ．概況」　島国であることの影響。大陸の文化を吸収する能力とそれを日本的なものに変える能力。日本民族の「純粋性」（異人種との混血が少ないということ）や万世一系の血筋、日本人の独創性を強調。

四三頁―「Ⅱ．仏教伝来以前の美術」　日本の土地が複雑な地形によって区分されていること。仏教伝来以前に特別な美術の特徴は見られない。彫刻は土埴輪が作られ、大陸からもたらされたことについてはラファエル・ペトリュッチの「極東の考古学の記録」[15]を参照。一九〇〇年パリ万国博覧会の折に出版された仏語版『帝国美術略史』の図版は参考にしているようだが、解説には必ずしも肯定的ではない。

五一頁―「Ⅲ．アジアでの仏教美術と思想の伝播」　定住民と移住民とがそれぞれにアジアの仏教文化の伝来に寄与している。仏教文明の伝播があった土地同士にはそれぞれの結びつきが認められ、北インド地方、タリム地方、中国の魏王朝でのそれぞれについて、地理的政治的状況と仏教の定着の仕方を説明。これはいくつもの考古学調査団（フーシェ、ペリオ、スタイン、グリュンヴェーデルや大谷光瑞等）の調査報告に基づいている。

六六頁―「Ⅳ．仏教の教義と図像の変遷」　哲学的教義から完全な宗教への道程の説明。インド地方での小乗仏教と東アジア方面での大乗仏教それぞれを解説。大乗仏教のほうでは、さまざまな仏が日本で創造

（阿弥陀、観音、十一面観音、四天王）された。

七四頁―「V．日本の初期の美術（五五二―六四五）」五五二年が仏教伝来の年とされている。建築の形態はこの時期にほぼ確定し、寺院での各建物の配置が非対称な点に日本的特徴を見る。法隆寺についてはメートルの『大和の美術』、ブノア François Benoît（一八七〇―一九四七）の『建築 中世と近代の東洋』[16]から引用し、フーシェ Alfred Foucher（一八六五―一九五二）の『ガンダーラのギリシャ的仏教美術』[17]を参照。フーシェは「ガンダーラにおける仏教起源説を最初に体系的に論じた」人物であり、「一九〇〇年代の初期からこの地方の遺跡調査を手がけ、一―二世紀の頃ギリシア系民族によってこの地で初めて仏像が造られ、それが東方の仏教圏に伝えられた」ことを主張。[18]体系的な遺跡調査に基づくフーシェの影響は大きかった。従って直接依拠していなくても、たとえば京都帝国大学の印度哲学、仏教学教授の松本文三郎（一八六九―一九四四）のように西欧での研究によっている場合、初期の仏教美術にギリシャ美術の影響を認めている。[19]フランスでも、一九一三年に開催されたチェルヌスキ美術館での仏教美術展はこの点を踏まえており、学芸員のダルデンヌ・ド・ティザックの講演で「アルフレッド・フーシェ氏の素晴らしい研究はあまりにも知られていますが」と断りを入れながらルーヴル美術館に収められたガンダーラ由来の美術品に言及している。[20]

ちなみにフェノロサはこの時代以降は中国も日本も「ギリシャ的仏教美術」であり、ガンダーラ美術の起源について詳述し、その理由の一つに「われわれのギリシャ美術がアジア大陸を横断してはるかに日本に浸透してきた経路を跡づけることは、われわれ欧米人にとって特に興味が深いから」[21]という。そして奈良時代の仏教美術をアジアの仏教美術の完成形[22]であり、国風の時代を経て中国の水墨画の影響の強い室町時代を「復興期（ルネサンス）」と位置づけた。つまりイタリア・ルネサンスが古代ギリシャ・ローマを復興して発展させたことと、大陸の影響の強かった古代の日本が再び中国の影響を受けて展開していったことを、ねじれた理屈ではあるが、結びつけたのである。この時代をルネサンスとみるのはよくあるが、アレクサンドル大王のインド遠征によってギリシャ人が古代インド北西部のガンダーラ地方に移り住み、彼らがギリシャ風の造形を伝え、それが中国そして日本にも伝わったという考え方は、古代ギリシャ・ローマを文明の起点とする西欧のアジア諸国に対する優位性からの発想といわれている。世界美術というパラダイムはフェノロサのモットーとするところであり、ギリシャからの東漸説もそうした考え方に基づいている。[23]

そして法隆寺の彫刻と雲崗の洞窟の彫刻とを比較。シャヴァンヌの著作から雲崗の北魏の洞窟5と東大寺を比較。日本の初期の彫刻については、推古天皇の時期に技術を持った仏師が渡来した。神体の坐像のポーズの類似について図版1で、シャヴァンヌの著作から雲崗の北魏の洞窟2の彫刻、メートルの論から帝室博物館蔵七世紀前半の青銅の観音、広隆寺の如意輪観音菩薩木像（『真美大観』第五冊）。これらと図版はないがペロー Georges Perrot（一八三二―一九一四）『古代の美術の歴史 8』[24]のアクロポリスのアテナプロマコスの衣の膝辺りのドレープや、前記フーシェでの浮彫りの図版の衣の襞とを比較。図版2上の法隆寺金堂の青銅の薬師三像の図版はメートルの論文から。トレッサンは簡単な記述のみ。有名な図像なので、ギメ側で加えたのだろう。光背や光輪の説明などは、伊東忠太の「支那山西雲岡《ママ》の石窟寺」（『國華』一九八号、一九〇六年十一月）を参考にしている。また図版はないが、玉虫厨子の側面にある、捨身飼虎の図（『國華』一八二号、一九〇五年七月に図版あり）について詳述。

九五頁――「Ⅵ・第二期（六四五―七九四）」　彫刻については濱田耕作の「天平時代の彫刻」（『國華』一八三、一八四号、一九〇五年八月、九月）の論文、前記コーンを受けて材質や彩色、制作者の問題に触れる。図版3下は奈良薬師寺の青銅の薬師如来像（『真美大観』第五冊）で、最近の遺跡調査団によれば、龍門の洞窟の彫刻から天平彫刻への影響が認められる。日本への唐の影響としては、国家の成立に関して法整備などに現れた。絵画で図版2下の帝室御物の聖徳太子像（『真美大観』第六冊、これは木版彩色）や、図版3上の法隆寺の壁画（『東洋美術大観』一冊か『真美大観』第十五冊から）に大陸（前者は中国、後者はギリシャやインド）の影響を認める。南都六宗の特徴を挙げた表も付す。

一二九頁――「Ⅶ・第三期（七九四―九五〇）」　平安時代を密教美術が栄えた七九四年から九五〇年までとそれ以後一一六七年までの二期にわける。図版4上は奈良法華寺の木彫の十一面観音像で、ラスキンのいう十三世紀のヨーロッパの彫刻の「小粋で抜け目のない乙女のほほえみ」とは異なる、神秘的な雰囲気を指摘。壁画として、図版8下の室生寺の鮮やかな多色づかいと装飾性を指摘。図版5上の龍門の洞窟入口の門を守る二体を、その下に有名な東大寺南大門の仁王像と対照させている。神性の表現として、高野山の明王院にある伝円珍作の不動明王に静かな力強さを指摘。図版6上に東大寺戒壇院の増長天と持国天（『真美大観』第一冊）。図版6下に山城の浄瑠璃寺の吉祥天女（『真美大観』第六冊）。これはメートルにもコーンにもある図版だが、トレッサンからは依頼していない。顔立ちはグリュンヴェーデルの論文「シナ・トルキスタンの古代仏教祠堂」[25]での、壁画に描かれたイスラム風の女神の顔を思わせるとある。さらに隋の煬帝の言葉「ある日この君主は、彼の女性たちの衣を羽根で飾ることを思いついた。」を引用。図版7上に『國華』からの岡寺の義淵乾漆像を写実の好例として挙げる。図版8の伝僧都会理の観智院の閻魔大王の掛物を挙げて、積極的な意味を表現しない静謐な美しさと輪郭線の生む線のリズムを指摘。構図には図版4下の雲崗の洞窟4の彫刻の影響を、とくに水牛の表現に認める。

一四二頁―「結論」以後は仏教美術も人間的な表現がなされるようになり、暫くは大陸の影響からも遠ざかり、国風のしかも宗教と関わらないやまと絵などが作られる。十五世紀になって、宋の影響を受け始める。日本での大陸の美術を非常に忠実に受け止め、そして我が物に変えていく様がわかる。

図版が予定と異なるというハプニングがあったにせよ、トレッサンが他の機会にも強調していた二点――日本にすでに六、七世紀から豊かな宗教芸術があったという事実（初期中世美術のロマネスク美術は十一世紀後半から始まると見なされる）を明らかにすること――日本で繰り返される大陸の影響を積極的に受け入れる時期とそれをほぼ遮断して独自の造形表現を育てる時期の、最初の影響の段階の様子を示すこと――は、達成し得たといえよう。

今日から見ていささか奇妙に思われるのは、水墨画に対しては精神的、宗教的説明を施しているのに、仏像や仏画にはそれがないことだ。ギリシャの彫刻との関連づけが、仏像に宗教性を感じる余地をいだかせなかったのかもしれない。そもそも日本の史料でも信仰への情熱には言及してはいたが、考古学的美術史的関心が勝っていた。参考にした『國華』の濱田耕作は、一九一〇年代にインド美術の影響説が優勢になっても、なおヘレニズム東漸説に固執した一人であった。『國華』主幹の瀧精一は「独のグリュンウエーデル、仏フッシエー」、イギリスの「スタイン氏」の名を挙げた上で、「実に西洋の学者十中の八九、支那日本朝鮮の仏教美術が健駄羅系統のものなりと断定するものと見るも不可なかるべし[26]」と言い切っている。鈴木廣之氏が指摘しているように「一八八〇年代後半の時期に、奈良を古代ギリシャになぞらえる発言が目立つ[27]」という、美術関係者のみならず地理学や思想家にもみられた風潮があった。ギリシャ起源であるかどうかは別としても、確かに敦煌莫高窟の塑像の多くは衣の様子も面立ちも西域風であり、間を埋める史料が乏しいために関連づけられたわけである。この傾向は日本ではさらに、和辻哲郎の『古寺巡礼[28]』にまで受け継がれていく。

従来二十世紀前後の日本美術研究は、アングロ・サクソン系では狩野派を擁護しまた仏教美術の精神性を高く評価し、一方フランスでは工芸品と浮世絵に高い評価がなされたとの見方があった。しかしトレッサンやメートルの世代の研究では、前の世代の研究を活かしつつ、より幅広い見地から日本美術をとらえようとする機運があった。なかでもトレッサンは、あくまで作品の具体的な表現に即して、そこから影響関係や独自性、魅力を語ろうとした。来日経験を持たない彼の日本美術理解は、いかにもブッキッシュであったといえる。しかし日々の公務の中で精巧な図版をみつめて解説を読み、楽しみ、熟考して筆を執る。そのような受容から生まれた結果は、けっして軽視することが出来ないのである。

第3章

やまと絵評価

稚拙か、日本本来の美か

1　院政期絵画としてのやまと絵[1]

今日日本を代表する美術品で四大絵巻と称される《源氏物語絵巻》《信貴山縁起絵巻》《伴大納言絵詞》《鳥獣人物戯画》は、いずれも十二世紀に成立したと目される。だが明治維新以後、十一世紀末から十三世紀初めの院政期は頽廃の時代とみなされていた。そしてこの価値付けが同時代の美術の価値にも反映した。海外ではむしろ蔑視があった。アンダーソンの『日本絵画芸術』では Chinese school に対して Yamato school という位置づけをして、十一世紀にその起源を置き春日、巨勢、詫間の流派から十二世紀の藤原隆信まで言及。中世期には Yamato or Tosa school と土佐派を代表にして詫間や巨勢も含めている。特徴として「中国や朝鮮の意匠を受け継いでいるが、慣例的な表現にとらわれていて勢いが減じており、色彩は仏画に増して装飾的である。描線は一般的に他の流派よりも細い筆でなされていて、しっかりと揺るぎなくしかも繊細ではあるが、唐の時代の中国の巨匠達や日本の十五、十六世紀の漢画に比して脆弱に見える。」貴族の肖像画に関しては「人形のように呆けた様」であるのは絵師の識別力の欠如によるというより、古い都の伝統の弊であろうと手厳しい[2]。この見方についてフェノロサは「彼［アンダーソン］は、土佐派の絵ごときは児戯に類し、美術の名に値しない、と考えていたらしい[3]」とまで書いている。

とはいえ現実的に考えてみれば、優れた技術をもつ絵師による傷みの少ない十一世紀から十五世紀にかけての世俗画が、どれほど十九世紀末に残っていただろうか。そして所有者以外の目に触れることが出来ただろうか。今日でこそ修復の技術が進み、裂け目折り目の目立たない濃厚な色彩や金泥の妙を感じさせる絵巻物を、部分的にせよ美術館で見ることが出来る。だが絵の具が変色し剥落しているようなものを、どう評価すればよかったのか。いい加減な濃彩の偽物は存在したかもしれないが、その美的価値を心から賞賛するのは難しいだろう。異文化の習俗は初見では理解しづらく、物語の絵巻の場合、文字が読めるか別途詳しい解説がなければ、おもしろみは半減してしまう。《鳥獣人物戯画》が時代も国境も越えて愛されるのは、その線描での造形がシンプルでわかりやすく、動物の寓話がどの地域にもあるから、という理由がある。そして真贋については古ければ古いほど資料が乏しく、誤りが多くなる。明治期には、住吉派が江戸時代に求めに応じて作成した系図が信用されていた。それによって仮想の画系が作られ、作品よりも画系の解説や文化史に頼った理解と、院政期に対する評価と、わずかな実作を見た経験とで語るより方法がなかったのである。

ジョルジュ・ド・トレッサンは、早くから桃山期以前の美術・工芸の意義に気づいていた希有な人物であった。一九〇五年に刊行した『日本美術論　絵画と版画』では、六世紀からの絵画史を詳述しようとした。その後四年ほどして長文の論文「日本における世俗画の誕生とその十一世紀から十四世紀までの変遷」と、「中国北宗の絵画の影響下での日本絵画の復興　十四世紀中頃から足利氏の没落（一五七三）まで」を発表した。さらに通史として一九一二年に一般誌の『両世界評論』に「六世紀から十四世紀までの日本絵画の変遷」を、翌年には一冊全体を編集執筆した美術雑誌『ラール・エ・レザルティスト』特集号中で、「日本絵画」の章に著した。(4) 第一次世界大戦前の日本趣味から本格的な研究への過渡期にあたるこの時期にあって、やまと絵と水墨画の歴史の画系も重んじての詳述は彼一人に限られる。

実はトレッサンにおいても、当初のやまと絵評価は低かった。右に挙げた時代的な制約を被っていて、一九〇五年の時点では確かにその歴史を詳述しながらも、むしろ華美で頽廃的な時代の傾向を反映した作品とみている。

それが「日本における世俗画の誕生とその十一世紀から十四世紀までの変遷」では、日本の世俗画であるやまと絵の全盛期を美術史における黄金期の一つに数えており、いくつかの絵巻を絶賛している。このような変化はなぜ起こったのだろうか。

そもそも視覚資料の乏しかった当時にあって、どのように知識を得ていたのか。また日本の美術メディアでは、やまと絵はどのように取り上げられていたのか、それはトレッサンの記述にどれほど反映されていたのか。本章では彼の書いたものの中から、主に『日本美術論　絵画と版画』（以下『日本美術論』とする）と「日本における世俗画の誕生とその十一世紀から十四世紀までの変遷」を主な考察の対象とする。一九一二年と一三年に発表した論は基本的に一九〇九年の内容を踏襲しているからである。そこからトレッサンの日本美術への真摯なまなざしと発見と、一九〇〇年代の日本とフランスやイギリスでの日本美術を伝えるメディアの様相が明らかになってこよう。

2　トレッサン『日本美術論』におけるやまと絵の位置づけ

トレッサン以前のフランスでの日本美術史では、ルイ・ゴンスが一般人に供する日本案内のスタイルで記述し、しかも圧倒的に浮世絵や工芸品の紹介に頁を割いていた。ピエール・バルブトーは、狩野永納の『本朝画史』（一六九三年）以来の絵師の伝記集のスタイルを踏襲しつつ雪舟から始めた。これらと比べ、トレッサンは一九〇五年の『日本美術論』で「過去から段階を追いつつ包括的に見ていく」[5]ことを目指した。『日本美術論』では四つの黄金期に、仏教美術が最も栄えた八世紀、宋と元の絵画芸術の復興期になる十五世紀、狩野派と光琳派の栄えた十七世紀、浮世絵に代表される十八世紀末から十九世紀前半を挙げている。つまりこの時点では、遣唐使の廃止から院政期にかけての国風期は視界に上っていない。全体の章立てでは、第二期に藤原時代と鎌倉時代とが区分されている。が、四つの黄金期の絵画に比して短くまとめられていた。

この差別化はどうして生じたのか。まず一九〇〇年開催のパリ万国博覧会とそれを期に編纂された仏語版『帝国美術略史』（日本語版は『稿本日本帝国美術略史』）の影響が指摘できる。トレッサンはこの博覧会で日本の美術に一目惚れをし、『日本美術論』執筆に際し、この時期唯一の日本人による権威ある欧文通史であった同書を大いに活用した。パリ万博では日本人の優秀さと日本の伝統風土の素晴らしさを美術・工芸品によって実証すべく、九世紀以前の仏教美術、そして絵巻物や縁起物を含む出品が敢行された。

だが『帝国美術略史』では、作品の素晴らしさを称えるのとはうらはらに、院政期の時代風潮への見方は厳しかった。まずは優雅にして軟弱な貴族の京と、簡素で雄々しい武家の鎌倉という二分法で説明し、巨勢、春日、詫間、土佐といった流派別の詳解はするものの、やまと絵という言葉は用いてはいない。ちなみに一九〇〇年の時点で『真美大観』の英文の説明にもYamato school, Yamato (Japanese) school of artのようにして出てくる。岡倉天心は筆録された美術史講義ノート[6]による限り、やまと絵の言葉を出していないが、優美で繊細な土佐派の様式が狩野元信以後、狩野派に吸収され衰退していったという見方をしている。フェノロサも同様で、平安時代の末期は「藤原氏の専制政治の悪循環」のために、「支配階級は日ましに贅沢に流れ、個人の野心を募らせ[7]」とある。藤原氏の専制政治が続いたために柔弱で贅沢な風潮が生まれ、その結果武家に政権を奪われたという見方である。このような天皇と貴族の社会の性格を表象する（主題と技法と両面で）絵画に、王政復古の明治の為政者側の立場からは、「やまと」の言葉を冠することに抵抗があったのではないだろうか。

このほかにもトレッサンが本文で参照している書物の一つに、ヌーシャテルのアカデミーのレオン・メチニコフ Léon Metchnikoff（一八三八―一八八）著『日本帝国』[8]があった。地理的状況と為政者中心の通史にまとめていて、ゴンスの『日本美術』でもしばしば引かれていた、いわば基本文献であった。同書でも貴族を模倣した平家の堕落ぶりが強調されていた。このように院政期の文化を代表する、そして堕落した為政者を描いた世俗画の価値を低くとらえる認識の枠組みが、トレッサンに与えられていたのである。

具体的にトレッサンの記述を見てみよう。彼が書いたもの全般にわたる傾向でもあるが、『日本美術論』ではことに歴史的背景の説明に頁を多く費やしている。やまと絵を取り上げているのは「第四章　藤原時代から鎌倉時代（八九三―一三三四年）の絵画――国風時期」で、為政者と絵画の流派を軸に叙述を進めている。藤原時代は八九三年から一一八五年までで、これは遣唐使の廃止から（現在では八九四年）壇ノ浦の戦いでの平家の滅亡までになる。内容を要約すると、藤原氏は元来裕福でなかったが娘を次々に天皇家に送り込んで権力を得、その権勢を誇るために豪奢を好んだ。都の風俗は女性的で柔弱になった。「優美さの探求と現実的な傾向と宗教心の低下、快楽への強い嗜好」がこの時期の特徴で、仏教美術も含めて美術の領域全体がその影響を受けた。平氏は藤原氏の柔弱な傾向と悪徳を受け継いだ。美術は仏教思想の高みからおりて人間的なものになり、実権をなくした天皇の周囲を取り巻く怯弱で頽廃的な京の美術と、武士の厳格で好戦的な雰囲気の鎌倉との二つの潮流の中で、「すべて美しい独創的な美術作品」は後者から生まれたとする。[9]先のフェノロサの見解とも通ずる格付けである。

目立つのは流派別に論じている点である。これは『帝国美術略史』第二部で藤原氏から平氏にかけての時代の絵画を説明するために巨勢、詫間、春日、土佐、覚猷、秦、惠心の各派に分けて説明していたのを踏襲している。一例を挙げると「藤原信実は（彼はその出自により春日派に属する）一二六三年頃活躍した。大変優美な《栄華物語絵詞》の作者である。藤原吉光（一二八八年頃―三〇年）は宮中の南の御殿にある襖の中国の賢人像の作者である（年号正和、一三一二―一七）。彼の息子の光秀がその手法を受け継いだ」といった具合である。[10]『日本美術論』以来の細かい画系を重んじる傾向がある。トレッサンはなかでも巨勢、詫間、春日、土佐、覚猷の流派に言及し、さらに系図を作成して巻末に付すことで、フランス人読者の理解の一助としている。今日では土佐、春日、住吉各派の系図や画系は二十世紀の初めの頃とは異なっている。だが、こうした系譜に対する細心は一見煩瑣なようでも、画家一代の工房を中心とする西欧でのあり方とも異なる、日本的特色として伝える必要があると見ていたようであり、その点においては成功していた。

さらに注目に値するのは、個々の流派について史的情報のみならず、なるべく具体的に作品から説明しようとしている点である。たとえば、土佐派と春日派の描線の違いに触れる。その上でこの時期には土佐派が他の流派を取り込み、大陸の美術とは異なる国風の美術家の御旗となったとする。執筆時で目にすることの出来た絵画資料は、仏語の『帝国美術略史』とオークションのカタログでの図版、そしてゴンスの『日本美術』にほぼ限られた。この他図版では日露戦争前に出ていた『真美大観』十冊までの図版が『帝国美術略史』と重複する場合も多いものの（といっても仏教美術が多いのだが）、参考文献にも挙げていることから、この時点ですでに何冊かは見ていた可能性がある。主題と彩色、描線への注目が精一杯のところであったとはいえ、可能な限り記述しようと試みているのがうかがえる。たとえばラファエル・ペトリュッチの一九〇七年の論文「日本の絵画の特色」[11]では、具体的な作品記述やまして図版解説をすることなく論じきっているのと比較すると、明らかに実証的に作品に基づこうとしているのがわかる。

詫間派では、為成による山城（宇治）の平等院の「不幸にも今日では」ほぼ色彩が剥落した阿弥陀仏を挙げている。『帝国美術略史』では装飾性の新しさと「こみ入った描線」を指摘しているが、トレッサンは同書の図版29の平等院鳳凰堂の扉絵図「Amida」から「濃密な装飾と煩雑な描線」を指摘する。春日派については十世紀末の清隆の息子の基光が創始者で光隆、光親、隆能、隆親と続き常盤光長と住吉慶忍（慶恩）に受け継がれて、国風化〔原文 yamatisant〕した仏画をものした、と記す。『源氏物語』を描いた巻物が贅沢と洗練を好むこの時期の特徴を良く表しており、また土佐派の表現にも近いと見る。(12) この絵巻は『帝国美術略史』図版28にある（徳川慶勝蔵）。

土佐派については奈良の「輝かしい時代」に始まり、《西行物語絵巻》の制作者であるとされる十三世紀半ばの経隆を創始者の一人に数えている。《年中行事絵巻》の作者の藤原光長と隆能の栄光、そして土佐派のスタイルが代々の天皇に好まれたことも書き添えている。藤原信実は大変優美な《栄華物語絵巻》を、藤原吉光は御所の障子に中国の賢人の肖像を、藤原長隆は『住吉物語』の絵巻を、住吉慶忍は《平治物語絵巻》を制作した。もちろんこれは当時そのように考えられていたということであって、現在での制作者の確定は相当に変化がある。《平治物語絵巻》は合戦絵の代表作であり、仏語『帝国美術略史』の図版36に「信西巻」の検非違使の一団の行進の場面がある（岩崎弥之助蔵）［図3―9a］。トレッサンは後にこの絵巻を絶賛するが、ここでは『平治物語』の内容を紹介し、絵巻の方は異論があると断りつつ住吉慶忍の作とし、「巻物を細密な描写によって、徒歩の群衆と素晴らしい馬鎧をつけた馬上の人物群とで埋め尽くした。配色の効果が際立っている。」(13) と書くにとどめている。

例外的に高い評価をしているのが《鳥獣人物戯画》である。作品名は出していないが、クロッキーの一つとしてユーモラスで躍動感のある表現で動物たちの行進――猪に乗ったウサギ一羽と山羊の背中の沢山の蛙に、しかめ面をした猿たち、扇を操る犬に車を引く牛など――を記述している。(14) 仏語『帝国美術略史』にはこのような作品記述はなく、トレッサンは同書での《伴大納言絵詞》（酒井忠道蔵）と合わせて挙げられた図版30（高山寺蔵）を見て書いたと推測される［**図3―4**］。フェノロサも、彼によれば春日派の三代目の隆親は、以前での「弱々しい形式は世相の凋落を反映して」いて、「毛髪のように細い線描、戯曲的感覚の欠如」が見られた。それと「正反対の調子を打出していて新しい様式を確立したのが」[15]《鳥獣人物戯画》の絵師であったとみている。なおフェノロサ自身のやまと絵観は独特であり、繊弱で繊細に過ぎる色彩、人形の如き顔の表現によって凋落したが、一方で戦闘的であったり、デモーニッシュな集団の劇的な動き、情熱的な線描などの見られる《伴大納言絵詞》、《北野天神絵巻》そして《平治物語絵巻》があった、とこれらを賞賛していた。[16]

作品記述については、トレッサンは先行する見解も活かそうとしている。一九〇〇年の『帝国美術略史』で、土佐派の傑作としている高階隆兼作の《春日権現験記絵巻》（帝室御物）については、同書の本文から作品記述をそのまま引用している。加えて木版色摺の図版から朱や橙や緑が漆色の黒と調和しており、金銀が用いられているさまを述べる。そしてさらに一歩進んで土佐派の特徴を、着想の上品で仕上げの実に繊細な点に見いだし、「細密画家の手法」を認める。ここで「細密画（ミニアチュール）」という言葉が出て来る。ついでルイ・ゴンスの『日本美術』第一巻での意見を引いて、十四世紀末から十五世紀の絵師の手法にペルシャ美術と同様のものを指摘する。これはゴンスの「品の良い形状、注意深く繊細な筆遣いは、ペルシャの細密画のようで」以下の記述を受けている。土佐派が純粋に国風であることを認めながらも、トレッサンはこの時期の作へのフランスでの数少ない言及も加えているのである。彼一流の目配り（心配り）ともいえるが、これによって同国の読者に理解の手がかりを与えることにもなる。ここから人物の厳かな姿勢や金地のうえに描かれたいささか過剰な装飾などは、古代のビザンチン美術を思わせると続ける。もっとも素朴で不器用なものではなく、厳格な基準があり完璧の域に達しているという。[17]トレッサンは別な箇所でも留保をつけながらではあるが、ペルシャの影響がギリシャの建築や

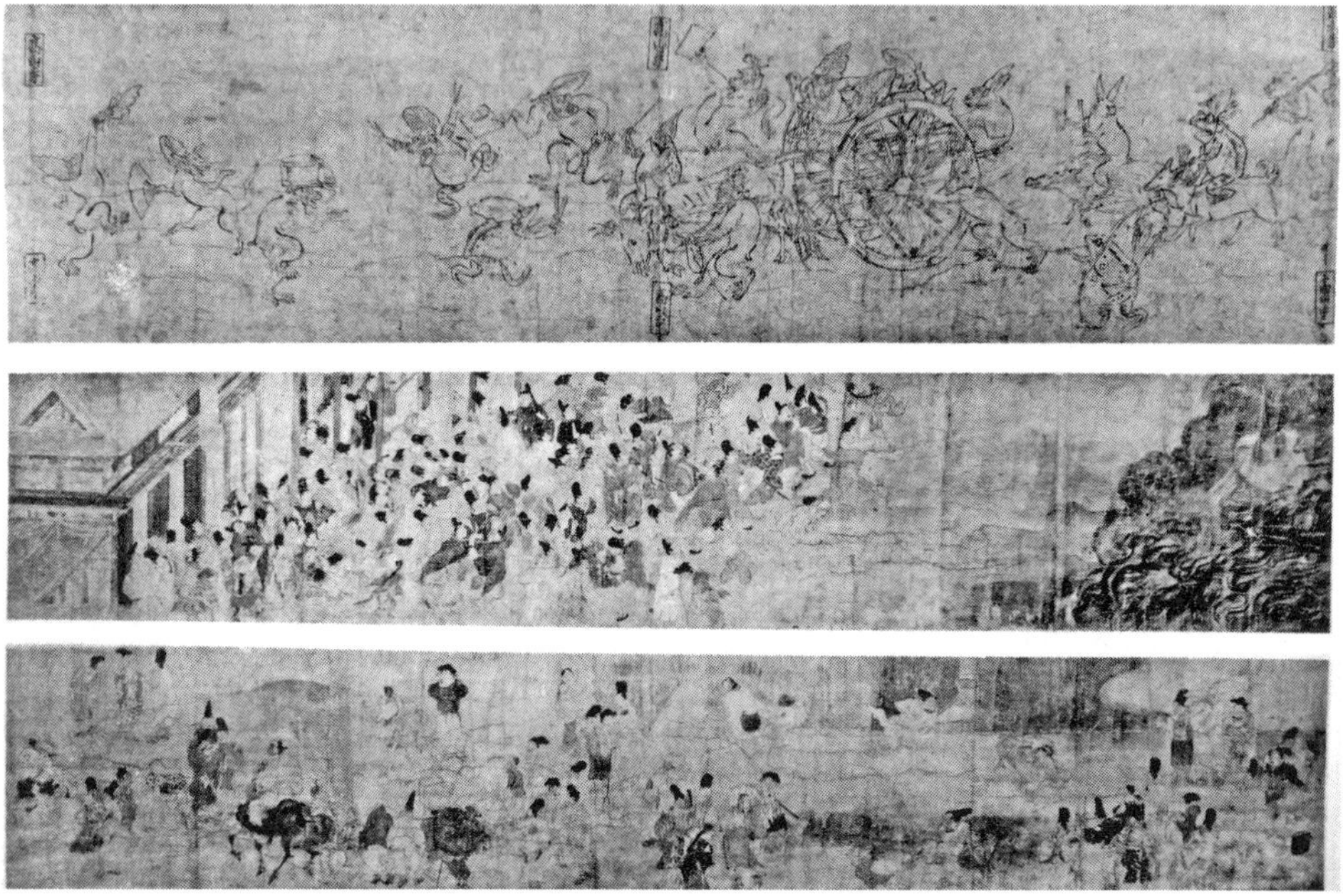

図 3-4 《鳥獣戯画》と《伴大納言絵詞》

Histoire de l'art du Japon（帝国美術略史）、1900 年、PL. XXX。

（国立ギメ東洋美術館図書館所蔵）

彫刻に及び、中国を経由してペルシャの文物が日本の港に辿り着いた可能性を示唆している。ここに当時の日本でも西欧でも支配的であった、ヘレニズム・オリエント美術の東漸説の影響が見え隠れする。ただし以後は、やまと絵に対してこのような仮説は書いていない。最後にこの細密で洗練された優雅さをもつ土佐派の美術は十八世紀まで続いたが、今日ではスノッブとみなされていると若干否定的に締めくくる。

『帝国美術略史』掲載以外の作品では、ゴンスの書の第一巻で図版と共に掲載された地蔵菩薩の掛物を挙げている。仏画の地蔵菩薩であれば厳密にはやまと絵にはならないのだが、次に紹介する唐風の絵画様式を和様にしたとされる巨勢金岡の説明につなげるために必要であった。トレッサンはこの作品が若井コレクションであるというキャプションの言葉とゴンスの言葉も含めて、丁寧に記述している。図版はモノクロームであるが、ゴンスは、少し色あせたタピスリーの地の色でえもいわれぬ優しさがあり、デッサンはフラ・アンジェリコのある種の作品に通ずる繊細さと甘美さとをあわせもつと、やはりフランス人に親しい比喩を加えていた。これで読者にイメージが伝わると考えたのであろう。ゴンスに限らず、古いやや稚拙な味わいのある宗教画にフラ・アンジェリコのイメージを重ねるのは、常套句といっていい。この他トレッサンは十三世紀に発達したジャンルの肖像画の一点として、シャルル・ジロのコレクション売立てカタログにあった義真（平安時代前期の天台宗の僧）の肖像画にふれ、当時ルーヴル美術館に展示されていたことを注記し、この肖像画についての同美術館学芸員ミジョンの解説も引用している。[18] トレッサンは最後に仏語『帝国美術略史』で木版色摺になっている、巨勢金岡の子孫の筆と伝えられる地蔵像の掛け物（帝室御物）を取り上げている［**図3―5**］。「むらのない基本そのものの描線で描かれていて、左手に神秘の棹を、右手に輪のついたシトラムを持つ」「まとっている黒い袖の折り返しのある濃い緑の素晴らしい衣は、茶金と下に着た衣の薄い金色によって引き立っている」と説明して、この時代の豊かな色彩

図 3-5　金岡系の地蔵菩薩
Histoire de l'art du Japon（帝国美術略史）、1900 年、色刷木板Ⅲ。
（国立ギメ東洋美術館図書館所蔵）本書口絵 p.7。

の表現を見る。[19] 手にした錫杖等への誤解はあるものの、シンプルで品のよい形状と色彩の組み合わせを評価し、ゴンスの記述に比して細部もよくとらえているといえよう。

巨勢金岡は、今日では文献のみに登場する伝説的な絵師になっている。が、当時は九世紀後半の絵画の唐風から国風への変化に重要な役割を果たした絵師であり、巨勢派が宮中の絵所でも活躍したために、その作品が議論になることはしばしばあった。たとえばトレッサンの『日本美術論』から六年後の著作になるが、作家のアーサー・モリソンが、自身が大英博物館に寄贈した絵画について興味深い解説をしている。[20] 絹本着彩の《渡唐天神像》で、モリソンが入手しウィリアム・グウィン＝エヴァンスの購入を経て大英博物館に寄贈された、約六〇〇点のうちの一点である。モティーフは菅原道真の霊である天神が、南宋の禅僧に参じて受衣した説話に基づいている。「一六七三年頃の古筆了栄の鑑定」によって、

図 3-6 《渡唐天神像》菅原道真
モリソン『日本の画家たち』、1911 年、絹布着彩、
ビニヨンも自著『極東の絵画』に掲載。（国際交流基金ライブラリー所蔵）

巨勢金岡の描いた菅原道真像とみなされてきた絹布彩色の掛け物である〔**図 3—6**〕。

モリソンは慎重に、古い金岡の系統の絵師による模写で金岡とは言えなくても古筆の見立てよりやや前の作だと推測している。(21) こうしたより古い様式の絵画を理解し、評価に努めようとする姿勢が日本でも西欧でもあったことを確認しておく。その上でモリソンは「美しく繊細だが力強い線で、ほのかに顔の肉付きを暗示していて、〔中略〕非常に凝った理想化された姿になっている。(22)」と書いている。つまり中国風の装いで梅枝を添えることで道真らしさを視覚的に揃えている。顔のモデリングに言及するのは、解剖学に無知で線で人物の顔を描く（絵巻物の引目鉤鼻など）描法に対する批判を念頭に置いてのことだろう。そして菅原道真についてその有名な「東風ふかば」の歌の英訳まで添え、故事を引いて唐風の装いであることを説明し、菊池容斎の『前賢故実』（一八三六—六八年）では金岡が中国の賢人の肖像画を描き終えた構図で描かれていて、このスタイルが菅原道真像と同じであると書いている。トレッサンの叙述に比べれば遥かに詳しくなっているのは、彼が言及している古筆家の子孫と直接仕事が出来たからであろう。こうしたモリソンの巨勢金岡に倣った作の扱いに対して、ラファエル・ペトリュッチはモリソンの審美眼を称え、これまで見たことのない巨勢金岡について貴重な頁を割いていると賛辞を呈している。(23) 大英博物館のビニヨンも自著でモリソンの著書に言及しつつ、唐風を取り入れた繊細にして大胆な画風を伝えてくれる作として『極東の絵画』の図版（Plate X.）にしている。

繰り返しになるがモリソンの『日本の画家たち』は、トレッサンの最初の著書と次に見る論のさらに後の出版であり、その点でいえばトレッサンも四年弱で格段のまなざしの変化がある。トレッサンは藤原摂関時代から鎌倉期にかけてのやまと絵の存在を書く必要性を認め系譜を重んじ、その価値についてはいまだ十分に理解しきれないながらも、なるべく作品の個性について語ろうとした。巨勢金岡の記述に見られるように資料不足は否めないが、同時代の西欧での認識からみれば、やまと絵についてこれだけの記述と説明をしたこと自体、画期的であったと言わなければならない。彼が国風期の作品をあまり重んじなかったのは、『帝国美術略史』等での時代認識の影響があり、一方で一九〇〇年の博覧会での鑑賞や入手した資料掲載の図版では理解が及ばなかったためである。作品を記述するにしても主題と特徴と描線、彩色などを押さえるに留まっていて、同国人にわかりやすい譬えも採用した。一方日本の歴史については知識を得ていたので、いきおい時代背景や画系をたどるのに重点が置かれたのであった。

3 「日本における世俗画の誕生とその十一世紀から十四世紀までの変遷」での評価

「日本における世俗画の誕生とその十一世紀から十四世紀までの変遷」（以下「世俗画の誕生」）[24]の冒頭で、「ルーヴル美術館の著名な学芸員のミジョン氏」が最近の著作で、ヨーロッパでは日本絵画のコレクションが貧相で、十五世紀以前の絵画の研究がなされていないと嘆いていたと書いている。これは『日本にて　美術の聖地を歩く』[25]の序文にあり、ミジョンは具体的にアメリカでのコレクションの豊かさと比較している。トレッサンは、フランスでの展覧会や売立てでは江戸時代の掛け物や浮世絵版画、まれに十五、六世紀の中国の宋・元の影響を受けた水墨画、巨勢金岡の仏画をみることがあっても、藤原期にはじまり十三世紀に全盛期であったやまと絵という真に国風の絵画を見ることはない、と憂う。こうした現状認識が執筆のモチヴェーションにつながったのであろう。初めに仏教美術期（八―九世紀、以下いずれもトレッサンの論文での区分）、藤原時代（八八九―一一八五）、鎌倉時代（一一八五―一三三四）の三期に分ける。まずは仏教美術がガンダーラ、トルキスタン、中国と韓国を経て六世紀末に日本に渡来したことを強調している。そのうえでこれまでヨーロッパで見過ごされてきた素晴らしい日本美術として、やまと絵を取り上げる。

すでに見たように、トレッサンは当初は国風期の社会的傾向にも絵画にも格別の価値を認めていなかった。それが四年後の「世俗画の誕生」では、表題が示すように日本の非仏画であるやまと絵を中心に論じている（表題にやまと絵の語を挙げず世俗画としたのは雑誌読者への配慮であったと考えられる）。さらに『両世界評論』の論「六世紀から十四世紀までの日本絵画の変遷」[26]では、奈良時代以前の仏教美術の時期、奈良時代、藤原氏・院政の時代、鎌倉時代に分けて論じ、なかでも歴史を通じてもっとも輝かしい時期であり純日本風であるのが、やまと絵に代表される十二世紀から十四世紀であるとする。四年後の『ラール・エ・レザルティスト』[27]の「日本の絵画」では、七世紀から十世紀迄の仏教美術、一一八五年から一三三六年を区切りとするやまと絵の最盛期である鎌倉時代、十五世紀から十六世紀の宋と元の影響によって蘇った風景画の時代を、最も輝かしい三つの時期としている。やまと絵をめぐって大きく評価が変化しているのである。

これはひとえにトレッサンが依拠した文献の変化による。つまり参考にした図版の量と質との違い、そしてそれらに対する評価の軽重が反映している。ここでとくに注目されるのが、美術雑誌の『國華』掲載の論文である。

一八八九年十月に創刊した『國華』は、一九〇五年七月には英文版 *The Kokka An Illustrated Monthly Journal of the Fine and Applied Arts of Japan and other Eastern Countries* を刊行した。従来検討されなかったが注意すべきは、英文版が日本語版の英語への単純な置き換えになっていない点である。これは英文版創刊の主意からして、必然であったともいえる。トレッサンは英文版を購入しており、日本語の原本も多少揃えていた。そこから得た知識が彼の論に直接的に反映しているのである。

The Kokka 第一号の巻頭論文は、主幹瀧精一による「日本絵画の特徴」"Characteristics of Japanese Painting Part I"で、これは日本語版での「倭絵の人物画を論ず」に相当する。四号連載（七—一〇号）で、Part II が日本語『國華』では八月号の「我国の動植物画に就きて」、Part III が九月号の「本邦の山水画に就きて」、Part IV が十月号の「日本画の筆致に就きて」にそれぞれほぼ対応している。但し外国向けに本文をアレンジをしており、しかも他でもない院政期のやまと絵と室町時代の漢画で以て、日本の絵画の特色を説明しているのである。[28] やまと絵については邦語論文と同じ分類をして、「優に成熟の域に達せしものは、藤原時代の末期より鎌倉時代に至る間に発達し

たる倭絵」と述べて、《源氏物語絵巻》や《栄華物語絵巻》などの「装飾的」傾向のものと、《伴大納言絵詞》や《鳥獣人物戯画》などの「活動するさまを重んずる」ものとに分け、後者に今日も続く日本の絵画の優れた特質すら見ている。[29] こうした《源氏物語絵巻》系統の濃彩のいわゆるおんな絵よりは《鳥獣戯画》や《平治物語絵巻》などの動きのあるおとこ絵の方が評価される傾向は、日本側でも欧米でも同様で、あたかも前者が華美で脆弱な貴族社会を象徴し、後者が勇壮な武家社会を象徴しているかのような扱いである。注目されるのは英文版の第一号の扉に、多色刷りの木版で《伴大納言絵詞》を載せたことであろう。勿論瀧の論文に合わせているのだが、これで絵巻物、ことにおとこ絵の絵巻物がいかに優れた日本の芸術であるかを見せていることになる。

『國華』のもう一人の論客である濱田耕作も、二年後の一九〇七年九月号にやまと絵の素晴らしさを紹介する論文「藤原末期の絵巻物に就いて」を発表した。「絵巻物なる一類の絵画が、我が美術史上如何に重大なる価値を有するかは、今更吾人の贅言を要せざる所にして」の言葉で始まり、藤原末期の絵巻物とはすなわち同期の「大和絵」と同義であるとする。英文版の"The Ye-makimono of the Latter Part of the Fujiwara Period"では、ほぼ忠実に訳して掲載した。さらに各論として〇六年五月号に常盤（藤原、土佐）光長作《伴大納言絵詞》、再び〇七年六月号にも《伴大納言絵詞》、同年七月号に法眼円伊《一遍上人聖絵》、同年十一月号に伝藤原光長作《病草紙》、〇八年二月号に《信貴山縁起絵巻》、三十六歌仙の掛物として同年八月号に伝光長作の斎宮女御の肖像、九月号に伝慶鼎作《地獄草紙》、十一月号に伝住吉慶恩作《当麻曼荼羅》を紹介している。いずれも、細い描線がわかる精緻な多色摺木版やコロタイプの図版とともに解説がある。こうした人や動物の動き、表情などが鮮やかに表現された図版によって、自ずと評価の目も定まっていったと思われる。

これらの濱田の論文すべてについてトレッサンは自論で言及している。先にみた状況認識に加えて、『國華』

での代表的な執筆者二人による論が、やまと絵の再評価を促したのは疑いない。トレッサンと親交のあったドイツの日本美術研究の権威であるオットー・キュンメルが、「土佐巻物に対する笑ふべき誤解」をめぐって、これが「アンダーソンの土佐派の傑作を知らなかったが為めに生じた根拠なき誤解」と書いているのを紹介しておく[30]。キュンメルの感想は審美書院が複製した絵巻物への讃辞の文章中のものだが『國華』にも言え、一見きれいな贋作や傷みの激しい真作よりも、日本の権威が提示する美術的価値の高い複製の方が信用に価し、研究の対象となるという認識があったことがわかる。

トレッサン同様アンダーソン流の誤解を解いた最も早い西欧人の一人で、同世代のベルリンのヴィリアム・コーンがいた。トレッサンと同年発表の論文「藤原光長と雪舟、彼らの作品とその時代[31]」では、光長は「豊かな想像力でもって、周囲の生活を身分の高い場合も低い場合も見つめる喜びを伴い、極彩色を好み、深い創作の欲求をもつという極めて印象的な特性」を備えた巻物の傑作を残した絵師、「群衆の描写の名人」である。コーンの論でも『國華』や『真美大観』の図版に基づきながら、それぞれが生きた時代や文化の様子を丁寧に説明しており、周辺の絵師についても触れている。

トレッサンの「世俗画の誕生」の論では基本的に流れを二分化して、京の貴族社会中心の藤原時代と相模の国の武家中心の鎌倉時代とに大別している。このあたりは図式的とはいえ『國華』の諸論でもみられ、定説化していたようである。『日本美術論』以来の時代認識は作品の評価とは別に続いている。だが、作品については趣が変わっている。彼の詳細な記述から評価のポイントをあえてまとめると、次の三点になる。

・従来日本の絵画の欠点とみなされてきた、遠近法や明暗法の再評価。

・多様な支持体（巻物、扇面、冊子）やジャンルによる表現の紹介。
・さまざまな人物表現の独自性を指摘。

遠近法や明暗法という西洋絵画での規範が日本の絵画に欠如しているという認識は、すでにアンダーソンが『日本絵画芸術』（一八八六年）で批判しており、前記『帝国美術略史』でもこの〈欠点〉を考慮しての記述が所々で見られた。そして英文版の瀧の「日本絵画の特徴」の「Part I」では一部図版と内容を同じくしながらも、はっきりと日本語版と異なる前提で始まっていた。すなわち、日本には西洋画の遠近法や明暗法とは異なる原理が存在する。日本の絵画では欧米と異なって写実よりも画家の意想の表現に目標があり、風景や花鳥に高尚な人の精神がある。やまと絵では複数の人物の複雑な姿勢を自由闊達に描いて、古代の仏画とは異なる特徴がある。春日、土佐、住吉の各派が発達させた画風があり、自然を見つめつつ画家の精神性を筆触に表し、ユーモアのある表現を好む、と書いている。トレッサンは遠近法や群像表現など、瀧からの情報もふまえている。が、限られた視覚資料による彼なりの作品の分析もあるのを以下見ていくことにする。

遠近法や明暗法の再評価は、常盤（土佐、藤原）光長作と伝えられる《伴大納言絵詞》についての記述にある。一九〇〇年の『帝国美術略史』での大火事の場面の図版に加えて、瀧の前掲論の第一部に《源氏物語絵巻》や《平治物語絵巻》と合わせて二葉を載せているのを参照しているようだ。さらに図版7として *The Kokka* の一九〇六年五月号より転載している。ちなみにフェノロサは《伴大納言絵詞》について「紙本着色の絵巻物の最高傑作」で「特に応天門炎上の光景は圧巻」といい、生き生きとした人や炎の動き、「騎馬武者たちのユーモラスな行列」について描写し絶賛した。(32) コーンは先の論文で、「光長はやまと絵の情愛に満ちた場面や宮中の祭式を、装飾的で動きのない落ち着いた様式以外に打ち込むことはなかった」と書きつつ、《伴大納言絵詞》については「重要な事件の様式化が豊かな動きの表現に集中している」[33]ことを指摘し、その躍動感の表現を褒めてヨーロッパの印象派も引き合いに出している。

トレッサンの論で際立っているのは、樹木などの景物への注目である。通常絵巻物では人物や動物に目がいきがちである。いわく、絵巻物には物語の場面で風景を装飾的に扱って非常によいものがある。光長は山々の輪郭をおぼろげに描きこれが雲と混じっている。これは十月号での瀧の「本邦の山水画に就きて」(英文版ではPart III)における、山水屏風への言及を踏まえての観察であったと考えられる。コーンの方でも西洋の遠近法とは異なる水平線と人の描き方の関係があることを説明し、「暗示の美術」であって「自然を模倣しようとしているのではない」という。トレッサンはさらに光長の作に見られる遠近法は、中国でのアイソメトリックに似ているがきわめて日本的なもので、空間的流動性をもたせるよう改善しているともあり、この点は『國華』の説明には見られないので、独自の見解と考えられる[34]。

トレッサンは高僧伝系絵巻のなかでは、一遍上人に関する伝本二本をめぐって遠近法の問題に触れている。図版の11に使用している《一遍上人絵伝》は、瀧精一の「本邦の山水画に就きて」で土佐吉光の作とみている(清浄光寺蔵)。トレッサンは法眼円伊の《一遍上人絵伝(一遍上人聖絵)》(『國華』一九〇七年七月号、歓喜光寺蔵)も紹介している。前者について、注意深い空気遠近法があり、光線も研究されていて遠くに押しやられている。雲の描き方は伝統に倣っている。西洋では手袋の指にたとえられる表現で、霧の多い国々ではこの絵に表されているような長い帯状に宙づりになった霧が起こり、そこから木々が見えていることがある、と書く[35]。すやり霞が場面の転換の際に用いられることを知らなかったのだろう。この部分は瀧の論の原文での「遠近法の如き意外の成功をなし、暁天、日中、夜間等の区別も明確に表出せらるゝものなきにあらず」を受けている。ただし英文版では遠近法に触れず、「明暗法には進展が見られるが、ここに挙げた例の如くなお不完全といえ、暁と日中と夜の場面の表現が不満足ではある」とまるで逆の見解を示している。[36] つまりトレッサンは日本語原文も参考にしていたと考えられ、またヨーロッパでの日本絵画の遠近法・明暗法の不完全を誹る言説にもはやとらわれていないことがわかる。

支持体（扇面、冊子、巻物）の多様性については、なによりも《平家納経》の価値を認めたことが大きい。『帝国美術略史』では藤原時代の六章の工芸品の章で、《平家納経》関連の写真を見開き頁で四点掲載していたにもかかわらず、『日本美術論』では取り上げなかった。それが「世俗画の誕生」では平氏に関わる美術・工芸について多く筆が費やされている。これはひとえに『國華』での一連の記事の感化といえよう。直接影響を受けたのは、一九〇六年十二月号の無外子（瀧精一）による「平家時代の法華経冊子」であろう。厳島の平家納経や四天王寺の扇面古写経と並んで上野理一蔵の「平家時代の法華経冊子」を紹介し、「隆能源氏」（《源氏物語絵巻》のこと）と同様の優雅な付置配色に加えて、筆法の雄勁を認めてこの時代らしさを指摘した。一九〇七年五月号の濱田青陵の「平家と美術」でも法華経巻と木彫の平清盛像が挿図になっている。一九〇八年七月号には無外子の「厳島経巻に就きて」が《平家納経》の美を説いている。「世俗画の誕生」では同号の法華経巻の写真をコロタイプで印刷した挿図と、一九〇七年五月号の「扇面古写経下絵」の木版色摺とを図版に採っている。その結果トレッサンの文章では巻物、冊子、扇面という支持体の違いが伝わるようになった。

表現法に関してトレッサンが《平家納経》での端金物や金銀粉や箔の装飾に触れ、ビザンチン風の豪華な装飾と見るのは、『真美大観』の第七冊（一九〇二年八月号）にあった厳島経巻や西教寺蔵の《扇面写経》の解説を参照にしているようだ。金銀砂による葦手絵についても触れている。こうした工芸品に分類できる作も取り上げているのがトレッサンの特徴である。前記《法華経冊子》（上野理一蔵、『國華』一九〇六年十二月号）は、藤原中期の大和綴の冊子で、清盛の娘の制作と言われる。唐紙に描かれていて、久能寺経同様「歌絵」「葦手絵」があり、彩色はより鮮やかな濃彩である。教典の書（エクリチュール）に世俗的な絵（イリュストラシォン）が入り込んでいて内容のコメントになっていて、進みながら鑑賞者にモラルを与えていると見る。[37] 文字と絵のそれぞれが意味内容と同時に美的な視覚イメージを構成するという、やまと絵の表現の特徴を的確に捉えているのである。

その他の絵巻物に関しては今日から見てもおおむね成立の順序に従って、常盤（藤原・土佐）光長系と住吉慶恩系の各流派の作品の解説をしている。これが同時に説話絵巻、合戦絵巻（軍記絵巻）といったジャンルの代表作の紹介にもなっている。とはいえ『國華』での、濱田に顕著な説話絵巻のほうが物語絵巻よりもすぐれているという説を、トレッサンはそのままなぞっているわけではない。春日派の《源氏物語絵巻》の金を用いた贅沢で華やかな色調の作風は、《平家納経》などの装飾経に受け継がれ、一方鳥羽僧正の《鳥獣戯画》の地味だが闊達な筆致と諷刺の効いた表現は、十三世紀前半の住吉慶恩や土佐派までで一旦絶えるとみる。絵巻物の幅と物語の関係も押さえている。光長作と伝えられた《伴大納言絵詞》について、その幅を活かしきった最初の巻物で、きわめて日本的な特徴を示す。すなわち個人の肖像よりは活動的な群像を総体として描き、細部の表現に凝るよりは場面場面で全体的に主題を表現する、と説明している。また先に二種の一遍上人伝を挙げたのを見たが、彼がどこまで意識していたかは定かでないにせよ、このように主題別ジャンルや異なる伝本を挙げることで、絵巻物の制作の一端を伝えたのである。

人物の表現については、濱田の論文を受け継いでいる作品もある。図版4にしている「大阪の四天王寺の扇面

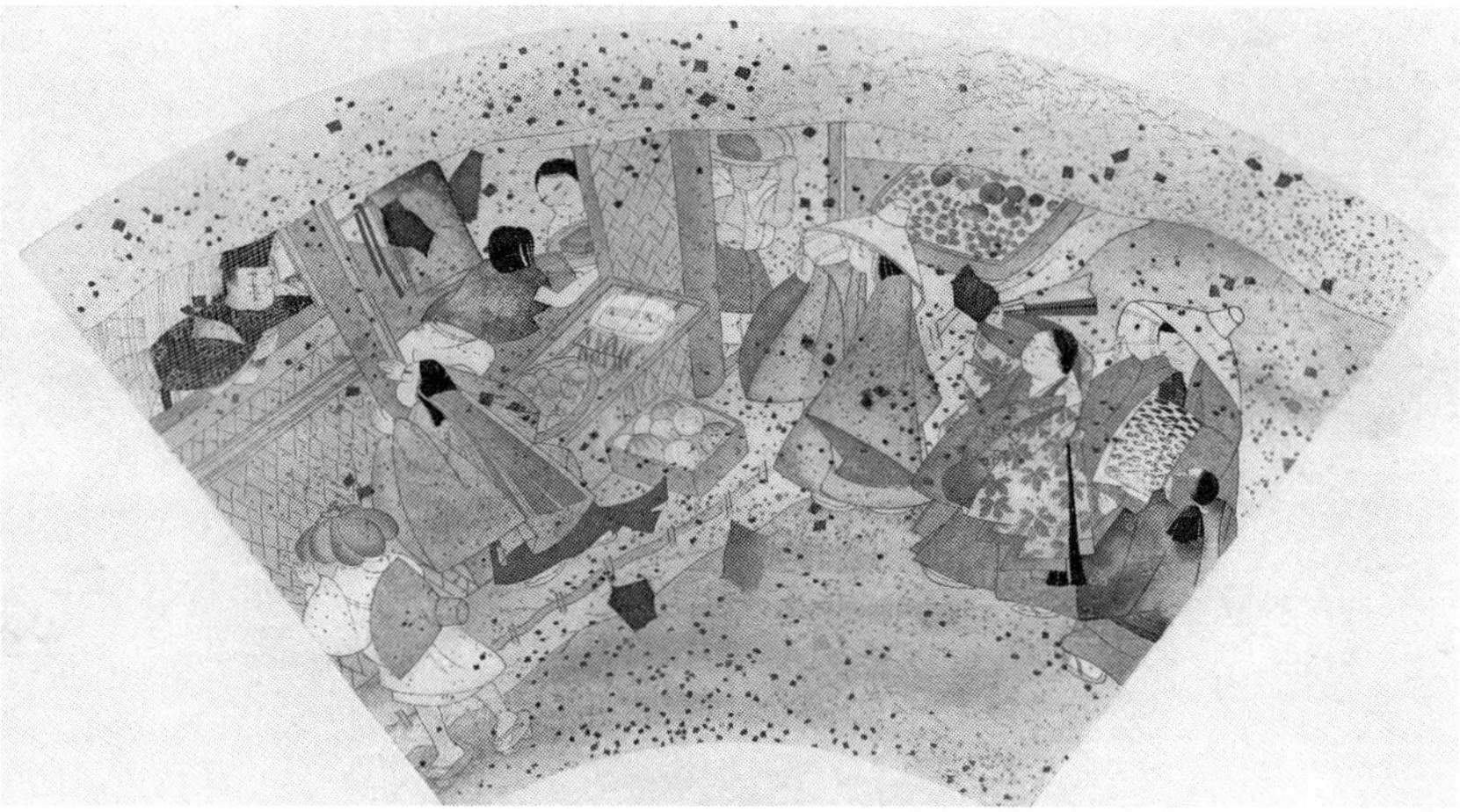

図 3-7　四天王寺の《扇面写経（扇面古写経下絵）》
The Kokka No. 204, 1907.（国立ギメ東洋美術館図書館所蔵）

写経（法華経）」の市場の図について［図3―7］、黄褐色の地に金銀粉を撒き、これまでの作と比べて人物が多く引目鉤鼻で表現し、衣に赤、黄、緑に純粋な青の彩色があると書く。前記濱田の論の英文版“The Heike and the Fine arts”にも色摺木版が挿入され本文でも紹介があり、トレッサンは色彩や群像表現の記述を受け継いでいる。また物語絵巻である土佐光秀作の《狭衣物語絵巻》（福岡孝弟蔵）について、狭衣が素晴らしい横笛を吹いていると天の使いが来るという場面の解説をしている。[38] これは『國華』での図版紹介を受けている（一九〇八年六月号）。ただし人物の表情は重々しく、姿勢が再びこわばって堅苦しいものに戻っていて、アカデミックな凋落に陥っていくであろうきまりごとを感じるというのは、トレッサンの解釈である。

肖像画への注目にも深化がある。藤原時代に高僧の肖像画が始まったが、これら初期の作は模範とした神像や仏像に似た表現だった。十二世紀になると画面を包括的に構成することに長け、十三世紀には分析的な非常に興味深い肖像画が出てきた。《後白河法皇像》（妙法院蔵）は表情に富む顔で、伝統的な形式に依っていない。中間色で黄緑色と茶と濃褐色が支配的で、背

図 3-8　《後白河法皇像》
The Kokka No. 195, 1906. 口絵。（国立ギメ東洋美術館図書館所蔵）本書口絵 p.9。

景に宋元の影響のある花鳥文様の屏風があり、妙法院の詫間派の一人が作者と思われる、という［図3―8］。背後の屏風への言及は『國華』一九〇六年八月号に記載があるが、それ故これを詫間派の画家の筆と推測するのはトレッサン自身による。『國華』〇八年七月号の《金澤貞将像》（称名寺蔵）も取り上げている。ただし『國華』の「挿図略解」で「面貌の最も精緻に写生せられ、而かも神来の奕々たる、其の貞将其の人に接するの思あらしく」（英文版ほぼ同意）とあるのを、鵜呑みにはしていない。技巧的で細部において極端な完璧さがあり、生き生きとした感じや表情が引き出されていると言うわけではない。衣の優雅な感じや気品のある姿勢が、鎌倉末期の特徴をよく出しているとまとめる。[39]後白河法皇の像も金澤貞将の像も英文版の方で、彩色木版画の図版が挿入されている。これらを丹念に観察したのであろう。この大変地味な肖像画に対しても、自身で向かい合い語る姿勢が出来てきているのである。

ただしトレッサンの叙述全体の特色でもあるが、読者サービスとしての比喩は別として、常に過度の解釈は控えている。大英博物館の学芸員のビニヨンもまた『國華』の挿画にあった藤原信実の《稚児大師像》（村山龍平蔵）を「日本の古典絵画の傑作の一つ」と長々と説明しており、蓮の上で合掌する少年の姿の高僧について、信実は高圧的な姿勢のない姿を「本物の人間的な慈悲」で満たしている云々と、レイノルズの詩句まで引用して絶賛している。(40) こうした一種神秘化するような表現は、むしろ読者の側からすればメリハリがきいて良いのだが、こうした盛り上げ方はトレッサンのするところではない。

なお一九一三年の雑誌特集号での論文でも、やまと絵の前時代の唐様と異なる特徴を挙げており、中でもこれまで挙げてこなかった描線と遠近法に関わる箇所を次に引用する。

さらに立ち入って分析していくと、絵巻物の絵師は何よりはっきりとわかりやすく作品を仕上げること、生命観を与えることに心を砕いていることがわかる。細部は軽視して身体的特徴や人物の身振りの本質的な部分に執心する。その結果描線は筆によって引かれたしっかりとした、全体を考慮して配置したものになる。〔中略〕遠近法がないとか特別な遠近法があって、観察者が前にでなく絵の背後に位置していささか絵を見下ろしているようであると考えるのは正確ではない。〔中略〕主要な情景は必ずしも画面の中心に置かれるのではない。(41)

瀧や濱田の論を忠実に学びながらも、トレッサンが自分なりに納得の出来る解釈をしようとしていた例をさらに挙げる。濱田の平家時代の絵師たちについての見解を、それを取り上げないという形ではあるが、トレッサンなりの判断が窺える箇所である。濱田は平家と同じく貴族文化の豪華さに執着するあまり、前時代の流れを踏襲していて独創性はないと見た。一方で平忠度、敦盛らに死を恐れない「武人的性質」や「武人の面目」をみて、彼らの悲劇的な生涯に心情的に寄り添っている。この部分は前掲の"The Heike and the Fine Arts"では、簡略化されてはいるが「真正の武人の徳」と「不屈な武人らしい精神」という表現で英訳されている。しかしトレッサンはそれについては触れていない。自身が軍人であったからでもあろうが、感傷的に解釈することなく、あくまで制作者と作品と時代の傾向という点からとらえようとしたのが見て取れる。

もう一例を挙げる。《平治物語絵巻》は、当時ボストン美術館と日本の個人二人が異なる巻を所有していて、住吉慶恩の作と考えられていた。同作についてトレッサンは先の『日本美術論』にも書いているが、そこから変化があった。仏語『帝国美術略史』では「信西の巻」(岩崎弥之助蔵、現、静嘉堂文庫美術館蔵)から、整然とした緊密な画面構成の際立つ場面が図版になっていた。作品への説明はなく図版はモノクロであった。今回は *The Kokka* での「六波羅行幸巻」(一九〇五年七月号、松本直亮蔵)を参照して、図版9にしている[図3—9b]。いわく、——色調は上品で藤原期の濃彩ではない。強烈な動きの表現が見事で、神経質で扱いにくい動物である馬の、がっしりした形体や短い首のシルエットが描けている——、と西洋の絵画と比較して十三世紀日本の慶恩が描く馬の歩きぶりを絶賛する。そして慶恩はニュアンスの対照性(馬の毛色と人物の衣)を知っていると、細やかな指摘をしている。[42]これは自身が騎馬での演習を経験しているために出てきた感想であろう。ビニヨンは人物の生動する描写に驚嘆しているが、馬には触れていない。[43]

この「六波羅行幸巻」は『真美大観』第五冊(一九〇一年十一月)にも掲載されている[図3—9c]。が、『國華』掲載のものはやや左に進んでいるために、左三分の一分が図版になっていない。『真美大観』では画面のポイン

図 3-9 《平治物語絵巻》

a *Histoire de l'art du Japon*（本文では『帝国美術略史』）、fig. 63、1900. より。（国立ギメ東洋美術館図書館所蔵）

b *The Kokka* No. 182, 1905. より。（国立ギメ東洋美術館図書館所蔵）

c『真美大観』第五冊 1901 年より。

トが、牛車を挟んで斜めに相対する群像表現に変わる。トレッサンの作品記述は『國華』の挿画によって得られたといってよく、こうした複製でのトリミングは顔料の退色の問題などとともに、今後も作品受容の問題を考えるに当たって考慮すべきであろう。

国風期の絵画の価値を余さず評価しようとしたトレッサンの試みからは、フランスでの日本美術へのアプローチが英米のそれに比して研究の領域に踏みいっていなかった時代での、ある種の使命感のような意気込みが感じられる。しかし視覚資料の乏しさもあって、『日本美術論』では先行研究を踏まえた画家の系譜付けに多く筆を費やし、作品記述においてはいささか粗雑な比較論に留まることもあった。それが『國華』英文版の発刊に伴いそれまで得た資料も含めて見直しがなされ、従来の西欧での日本の絵画批判にとらわれることなく自身の目で確認し、やまと絵の多様な特性を見極めながら作品の魅力を初めてフランス語で知らしめた。

それは同時に院政期という今日「伝統と革新の拮抗が、そして耽美と平俗の葛藤が、多様な造型を生み出した豊穣の世紀であった」[44]と見なされる時期を伝えることでもあった。また多様な支持体の作を応用芸術にカテゴライズするのではなく、その表現の美を味わった。絵巻物の人物表現、ことに群衆の表現を評価するのは常套であるが、トレッサンはさらに馬の写実性や樹木など自然風景の描き方にも注目した。その後は足利時代の宋元の影響を受けた風景画の分析をし、一九一三年には刀の鐔の文様の、殊に風景や花鳥について、やまと絵や水墨画の表現と比較しながら論じている。その精緻にして楽しげな論述については次章以降に譲る。

第4章

室町水墨画評価

漢画の技術と精神をめぐって

1　水墨画をめぐるアポリア

水墨画の評価は難しい。そもそも実見の機会がきわめて少ない。真作であればなおのことである。実際に目にし得たとしても、照明など状況によっては何が描かれているのか、十分にわからないことがままある。地の絹布が茶褐色に変色している場合、墨でのかすれやにじみ具合による表現、墨そのものの色合いなど認識しにくい。画賛がある詩画軸では絵巻物以上に、文字による情報と絵の関係の読み解きが難しい。まして百年前の欧米では、西洋美術のカノン（遠近法、明暗法等）に当てはまらない造形を前にしての、その混迷は想像に難くない。色彩のないラフスケッチのような、時には画賛による説明がなければ成立しないような絵画としての自立性に乏しい水墨画の表現に〈芸術性〉を認めさせるには、どのような説明が適当であったのか。

さらにやまと絵にはない水墨画ならではの問題点もある。室町時代（当時の言い方では足利時代）の水墨画の多くは「宋元派」（仏語『帝国美術略史』）や「唐絵」「漢画」、「チャイニーズ・スクール」（アンダーソン）と呼ばれた。ならば現実の風景や人体に基づかずに中国の手本を模倣しているだけなのか。いやそうではなく「水墨画は東洋絵画の精粋である」(1)と言えるのか。土佐派や住吉派のどの絵師よりも知られている雪舟や狩野元信は、実は裸の王様たちだったのか。

こうした複雑な問題系があればこそ、水墨画についてはやまと絵の場合より積極的に、異文化の造形表現に向き合って、その魅力を同胞にわかりやすく伝えようとしたジャポニザンたちがいた。しかも一九一〇年前後では、中国美術との関わりの文脈でより詳細にその価値を示そうとする気運があった。この点について大英博物館学芸員のローレンス・ビニョンの自著『極東の絵画』「第二版の序文」[2]での説明が示唆的である。この文章は一九一三年十月に書かれたもので、一九〇八年に出た第一版からの、中国と日本の美術をとりまく状況の変化を端的に語っている。

この本の第一版は五年前に出版された。この間多くのことがあった。大量の新資料が明らかになり、この主題についての関心が至るところで育まれ広がった。西洋の国々のコレクターはもう場当たり的な好奇心からではなく、中国と日本の古典的な美術の例となる作品を、真剣かつ学究的に蒐集し始めた。美術館の方ではこうした作品を単なる民俗学的なもしくは宗教的な例としてではなく、それ自体の価値を認めだした。

言い換えると一九〇八年に上梓出来るまでに、すでに中国・日本美術に対して情報がそろっていた。けれども質量共に進化したこの時期に、パラダイムの変化が起こったということになる。一九一〇年前後に東洋美術の市場で中国の美術品が圧倒的多数になったこと、関連の展覧会も開かれたこととも不可分ではない。背景には一九一〇年の義和団事変以降翌年の辛亥革命前夜の混乱が続くなか美術・工芸品が国外に売られ、中央アジアの莫高窟での遺跡調査も進み、仏教美術の東漸説が盛んになり、日本美術を中国美術との関係から見直そうという動きが出てきたことがあった。本章ではまずこうした水墨画をめぐって、欧米で従来の評価から枠組みがいかに変化したかを代表的な論考を通してみていく。そしてジョルジュ・ド・トレッサンが、さまざまな見解を踏まえながら得た認識を読み解いていく。

最初に前提として、足利時代の水墨画を語る定式を概観しておく。これは以下に取り上げる西洋での基本情報にもなっていて、これにどのような情報を加えるのか、どのような観点で作品を解釈するのかで描き手の個性が出る。大体は狩野山雪の遺稿を永納が編述した『本朝画史』（一六九一年『本朝画伝』、九六年改題『本朝画史』）、朝岡興禎の『古画備考』（起筆一八五〇年）や堀直格の『扶桑名画伝』（序一八五四年）を参考、あるいはこれらに基づく書を利用しており、次のようにまとめることが出来る。

——日本での水墨画の始まりは鎌倉から南北朝時代すなわち十三、四世紀の南宋から元の初めの時期で、禅宗の留学僧や渡来僧が禅僧の書や香炉などと共にもたらしたといわれる。従って室町水墨画を語るに当たっては、最初に南宋の画家たちやその影響を受けた禅画から説き起こし、明兆（一三五二―一四三一）などの道釈画の説明をする。但し、詩画軸の制作の背景にまで及ぶことはない。概ね絵師とその系譜付けが中心の画人列伝のスタイルを取り、中でも阿弥派、雪舟派、狩野派が軸になる。阿弥派は、唐物奉行と呼ばれる唐物の鑑定やしつらえ指南役の同朋衆で能阿弥（一三九七―一四七一）、芸阿弥（一四三一―八五）、相阿弥（真相、？―一五二五、『君台観左右帳記』成立）の三代の存在がある。その役割が後に狩野派に受け継がれたために、阿弥派は西洋でも評価が高い。その一方で相国寺の絵師の系統に如拙、周文があり、雪舟（一四二〇―一五〇六？）は周文に学び、周文は如拙に学んだとされる。雪舟は狩野探幽（一六〇二―七四）初め、狩野家の尊敬を集めたため、十七世紀の『本朝画史』以来、元信と並んで室町時代を代表する絵師に位置づけられていた。狩野派の中で正信（一四三四―一五三〇）は小栗宗湛（一四一三―八一）を継いで御用絵師になり、二代の元信（一四七六―一五五九）は中国由来の画様を徹底させ、かつ漢画と土佐派のやまと絵のスタイルを融合させた——。

このような日本での評価の基本線に倣いつつ、どのように論述を展開していったのだろうか。描法や墨や淡彩による表現をどのように把握していたのか、禅画の精神的要素はどのように受け止められていたのか、スターであった雪舟と元信はどのように受け止められたのか等に関わる箇所を中心に取り上げ[3]、厳密に年代で区切ることは出来ないが、おおよその傾向を三段階で見ていく。

2　水墨画の〈発見〉

第一期は江戸期の浮世絵や桃山期より前の時代の絵画美術を、美術商やコレクターを通じて目にする機会が出来、また日本の古い文献も利用出来るようになり、身近な日本人からも知識を得た時期に相応する。最初は一八八三年のルイ・ゴンスの『日本美術』である。ゴンスは第一巻第三章「絵画」中の「十四世紀までの日本の絵画の起源」と「足利時代の偉大な芸術の頂点」で、水墨画に言及している。もっとも全体的に浮世絵に比重が置かれているために、絶頂の時代と記してあっても納得しにくい。内容は主たる絵師の紹介と、『探幽臨画　聚珍画譜』（一八八五年）に掲載の作品と、自身と美術商でもあったビングなどのコレクターの作品を見ての印象批評である。

少々長くなるが、以下かいつまんで引用すると、「私のコレクションに蛇足〔曾我蛇足、十五世紀頃の伝説的な絵師〕の開花した桃の木の水墨画があり、実に優美で素晴らしい作風を見せている。また同じく水墨の相阿弥の、一匹の蟹と蕪を一つ描いた小さな掛け物もある。これらの静物画の素描はその控えめで慎ましい表現がきわめて印象的である。筆の繊細さと力強さとがここまで統合されているものは殆どない。[4]」とあり、狩野正信の掛け物について「三人のアジアの偉大な哲学者である釈迦牟尼と孔子と老子とが岩の傍で歓談していて、岩には蔓植物と低木が這っている。かすかな色彩の力と筆勢の威力と独自のスタイルの繊細な風景で、驚くべき保存状態であり、こうしたものがすべてこの作品を、日本の美術の中で最も高貴で貴重な記念碑的なものの一点にしている。[5]」とある。

狩野元信については『和漢三才図会』（寺島良安、一七一二年）を踏まえながらその名声を称え、さらに筆法について「古い日本の絵の集成とりわけ『画史会要』〔大岡春朴、一七五一年〕には、多くの興味深い元信の様式の見本が収められている」と書く。その上で「ごく最近パリの若井氏〔兼三郎〕のところに彼の先達の佐野氏〔常民か、龍池会（後の日本美術協会）会頭〕とヤマタカ〔美術商の山中の誤りか〕氏から託された元信の四幅の掛け物があるが、実のところ私にはぴんと来なかった。私の知っている日本の美術は、これらの掛け物よりもっと力強くもっと繊細である」と記して、筆と懸腕直筆の筆法についての説明とそれによる筆勢に言及し、「ごつごつした岩の描き方「岩体」と流れる水のしなやかな動き「流体」は、先の四幅の掛け物にも現れている」とある。

雪舟については伝記の要約の後で、「かなりの作品が残されており、日本で数千フランで掛け物の真筆を手に入れるために、見出すこともまだ不可能ではない。ビング氏は雪舟が中国から帰朝したときの山水画を所有しており、これは特徴を良く示しており、我々の目から見るとやや中国風だが見事な保存状態である」、「私のコレクションから紹介すると、一羽の鶴が岩の上で休んでいるさまが素描のようであり、きわめて純粋で美しい日本風のスタイルである[6]」とある。

要するに、美術商から無批判に知識と作品を入手していた初期コレクターの典型であり、ビング、若井（そしておそらくは山中）といった美術商のネットワークも見えてくる。正信は真筆がきわめて少なく、今日では「保存状態の良い作品」に疑問が生じるのが普通であろう。もっともいかにもそれらしい画題ではある。ただ自身のコレクションを引き立たせるために、画人伝のみならず筆の使い方（日本人から教えてもらったのであろう）や実見した作品の魅力についても語っており、また花鳥画、人物の漢画、山水画などジャンルを一通り押さえているのが、特徴といえよう。

ピエール・バルブトーの『日本絵師の伝記――ピエール・バルブトー・コレクション所蔵作品による』第一巻「絵画」[7]でも挙げている。高山晶氏によれば絵師の伝記の部分は一八九七年に完了。バルブトーが参考にしたのは、狩野寿信編纂『本朝画家人名辞書』上下（小中邨清矩代価、黒川真頼序文、古筆了悦校閲、一八九三年大倉書店）で、この他樋口文山編纂『日本美術画家人名詳伝』上下（川村貞山題字、一八九二年）、本間光則編纂『増補浮世絵類考』（新版一八九〇年）も用いて、可能な限り直訳している。彼の『日本絵師の伝記』の第一巻には雪舟七点、土佐光起一点、狩野元信六点が含まれていて、当然のことながら当時でも真贋が疑問視された。昔の文献や独学に頼るだけでは造形作品の特性はつかめない。画商には恵まれなかったようだ。日本の文献に依っているので画史画人伝のスタイルで、三阿弥について丁寧であるのが特徴的である。これについては後のトレッサンのところでも見る。

英語圏ではやはり、ウィリアム・アンダーソンによる一八八六年の『日本絵画芸術』が嚆矢としてある。アンダーソンは『大英博物館蔵日本・中国絵画目録』[8]の前書きに、参考にした文献の和書と洋書それぞれを列挙しているが、ここでは『本朝画史』と西川祐信の『絵本倭比事』（一七四二年）をしばしば引用し、図版は大英博物館のコレクションと『和漢名画苑』（大岡春朴、一七五〇年）、『和漢名筆画英』（吉村周山、一七五〇年、大英博物館所蔵本、一七七一年）、『狂画苑』（鈴木鄰松、一七六九年）を多く用いている。[9]第五章で「日本の絵画史上三番目の重要時期は十四世紀末」と始めて、『本朝画史』によりつつ兆殿司（明兆）、如拙、可翁を挙げている。曾我蛇足、小栗宗湛の名も挙げ、彼らが参考にした中国の画家の馬遠、夏珪、牧谿、玉澗、顔輝（南宋四大家と元の定番の大家）も見落としていない。ゴンスとは異なり、中国の絵画との紐帯が押さえられているのである。ただしすでに馬渕明子氏がアンダーソンの批評態度について「彼は第四章「日本絵画の特徴」の冒頭で、「日本の画家の理想は、西洋の画家のものと異なる点があまりに多いので、それぞれの美に対する本能を表している作品に、同じ批評の基準を適用することはできない」（二八三頁）と述べている。この認識はこの時代の西洋人にしては貴重なものだが、そのディスクールにおいて、やはり西洋の完成した絵画技法に対して、日本美術に欠けているものを列挙するという態度を取っている」[10]とまとめているように、決して作品を褒め称えているわけではない。日本で巨匠扱いされたり大英博物館が所蔵している作品については、苦心しながら賞賛しようと心掛けているのが、二重否定の言い回しの多い文章からうかがえる。

一例を挙げると十五世紀の周文（《中国風景》大英博物館コレクションNo. 601）について、「周文の絵に現れた質について褒めそやすのは容易なことではない」が、「雪舟や正信元信、曾我蛇足そのほか同じ傾向の数名の絵師のように、色彩とキアロスクーロをモノクロームで本物の影をつけないでも暗示することが出来る」と解説し、「この作は中国の理想化された風景の良い例である。こうした風景は十五世紀と十六世紀の日本の絵師達の想像力を大いに刺激し感銘を与えた」とある。そしてさすがにゴンスのように素朴ではなく、「原本には多くの染みがあり、ひび割れや傷も生じていて残念なことに写真撮影で強調されている」[11]と言い添えている。

絵師では当然のことだが、雪舟と狩野元信を評価している。『本朝画史』を引用して、天賦の才が山水画においても最も良く現れ、ついで人物画、そして花鳥画になるが、動物の描き方も素晴らしいと紹介。しかし「自然を師としていると表明しているにもかかわらず、彼の芸術の本質的な部分は概ね中国のものと同じである。が、山水画ではその才能の激越さにおいて伝統の尊重というヴェールで覆われてしまったわけではなかった。構図の力、筆勢の迫力があり、空間と大気がその半ば理想化された景色に壮麗に再現化されており、こうした点は

図 3-10　狩野元信《鍾離権》

モリソン『日本の画家たち』1911 年より。アンダーソンもビニヨンも著書に掲載した大英博物館コレクションの作品。（国際交流基金ライブラリー所蔵）

それまでの日中の美術の最高のものの要約」[12]とかなり屈折した見方をしている。とはいえ水墨山水画の特徴である湿潤な大気の表現や、水上または山上に広がる空間に長所を見出しているのは、日本人の鑑賞法も学んでいたということであろう。

元信の作品については「外国人にとってもデッサンの力強さや、風景や人物を描ききる筆遣いの完璧なところは実に他と異なる見事な印象を与える」と讃辞を呈している。そして「彼の山水画はほぼ中国の風景を写したものであって、日本から離れたことがないのであれば、自分で考えたのか他の絵師の作品から応用したのに違いない。しかし、部分部分の要素はしばしば大変技巧的で、筆の完璧な運用力の展示になっていて、画面全体に絵画的に堂々と配置されている」、「人物画も同様で、我々のアカデミックな理論からは外れるが、〔中略〕彼の最もラフなスケッチでも一般の仕事と見間違えることはない。[13]」と説明して、元信の《The Rishi Chung-Li Küan》（鍾離権、大英博物館コレクションNo. 1252)を図版20に挙げ、「この画家の水墨スタイル〔原文ではcalligraphie sic. style〕の好例。和漢名画苑で版画印刷されている」(五二頁の二葉後)と、ここでも中国の物真似に過ぎないとは言い切れない、といった調子で解説している。《鍾離権》図はビニヨンの『極東の絵画』やモリソンの『日本の画家たち』でも掲載されており(14)〔図3—10〕、ビニヨンはこの浮かぶ剣に乗って風を受け海を渡る中国の仙人の絵について、宋の絵画を模範にしているが、「偉大な中国人の神聖な夢と詩的な夢想とを、より広い観察の範囲とより機敏で快活な精神、より生き生きとして迅速な筆触に置き換えた(15)」と書いている。

アンダーソンの文章からは、写生や再現性を重んずる西洋絵画のカノンでは解釈しきれない表現を、中国絵画を模範としながらも模倣に終わらない優れた技術だと、日本の文献に依りつつ肯定的に見ようとする苦心が随所に読み取れる。自身の趣味を代弁しコレクションに箔をつけてくれる言葉と、アカデミックな西洋の美術史の言説との狭間でいかに価値を認めさせるかの模索が、実はジャポニスム全盛の時期に並行して存在していたということになる。

3　情報と評価の拡大

次に日本側からも西洋の言葉で情報発信がなされ、質の高い図版がもたらされて評価が拡大した段階を見る。一九〇〇年のパリ万博のために刊行された『帝国美術略史』では、「第四部 足利氏幕政時代より徳川氏幕政時代に至るまでの美術の変遷(足利将軍時代から徳川将軍まで)」「第一 足利〔時代〕」で「宋元画派」では三〇名ほどの絵師の名が挙がっている。ここで注目すべきは、雪舟の評価が狩野元信に比して低いことである。

後節で雪舟の才能や風景画（山水画）の魅力を強調してはいるが、「要するに如拙、周文、雪舟、宗湛、蛇足、三阿弥及び狩野正信は全面的に中国の宋元の技法を模していた。描線や筆法だけではなく、画題も中国の風景や人物や構成的な主題〔《瀟湘八景》など〕を借りていて、全く母国の伝統を忘却していたのである。ところが元信は初めて自国に画題を求めたのであった。[16]」とあって、要するに元信以前の評価が低い。これは日本の独自性と優位性をアピールし、中国の全面的な影響の指摘を嫌がる同書では、漢画を代表する雪舟は分が悪いということだろう。技術については筆勢の強さの指摘にとどまり、水墨画に関して引用例はきわめて少ない。この点については最初に『帝国美術略史』の大枠を定めた岡倉天心が、一八九〇―九三年の東京美術学校での美術史の講義では雪舟を「画聖なり」と絶賛したものの、「泰東巧芸史」（一九一〇年四―六月東京帝国大学での講義）では「日本にては雪舟を誇大視せり。梁楷、牧谿に比すればいまだ大いに遜色を有す[17]」とあり、この変化がかつての腹心であった「足利時代の美術」の絵画執筆担当の福地復一に影響していたとも考えられる。

ところがその後日本では雪舟評価に大きな変化があった。一九〇六年が雪舟没後四百年に当たるとみなされ、雪舟や雲谷派に注目が集まったのである。帝室博物館では「雪舟流及雲谷派絵画展」等が開催されて、水墨画に関する情報量の増加があった。状況は変化しており、これを受けて英文で情報を発信した『國華』と『真美大観』の影響が、世界に広がることになる。

『真美大観』と『國華』の貢献の第一は、図版によって〈正統なる水墨画〉を伝え、絵師の日本での格付けを明らかにしたことにある。第二は英文版の *The Kokka* 誌に寄せた瀧精一の論文で、これは欧米人に向けて室町時代の絵画の独自性を説くものであった。「水墨画」の語を定着させ、「戦前に水墨画研究の基礎概念をつくった[18]」ともいわれる瀧の言説の中でも、後の海外での水墨画と精神性とを結びつける発想の源とも目されるために、少々細かくなるが、瀧の論述のポイントとなる点をおさえることにする。貢献の第三は中国絵画の紹介である。早くは「インドでも中国でも出来ないこと」だが、日本では東洋の美術の宝を掌握できると謳った『帝国美術略史』での九鬼隆一の序文や、「支那の美術史家が支那画を知るにやはり「國華」を利用して居る」[19]や、「今日に至るまで有らゆる支那絵画史研究者に重宝がられて居る」うえに、アーサー・ウェイリーの大英博物館出版による『インデックス・オブ・チャイニーズ・ペインターズ』が「宛然國華の支那画図版索引の観を成す」[20]といったように、中国絵画の研究が最も進んでいるのが日本であり、その成果を『真美大観』と『國華』によって知ることが出来る、という共通認識が出来ていたのである。

まず瀧精一の論から見ていく。瀧は英文版では、日本語での「本邦の山水画に就きて」「宋元より明代に至る山水画の変革を例す」「東洋の水墨画を論ず」などを踏まえて新たに原稿を書き下していた。「日本絵画の特徴」"Characteristics of Japanese Painting"（一八二号、一九〇五年七月）のPart Iでは「絵画はまずもってそのあるべき姿〔ideas〕を表現するのを目的とする」と、フェノロサが唱えた、画を成立させるための妙想（idea）にも通ずる精神性を強調した。これが西洋の写実とは異なる価値観で表現がなされてきたことの裏付けになっている。そしてPart IIIでは冒頭から「風景画の創作はつまるところ日本の絵画の魂〔soul〕であり精神〔spirit〕である。取り上げた主題が何であれ、我々の画家は自然景観を描く際にはそのとき彼らの心〔heart〕を占めた精神〔spirit〕を保ち続けようとする」と唱えて、その精神性を主張する。また、「豊かなユーモアと気楽で朗らかな感じ」も外せない特性としている。これは《鳥獣人物戯画》のような絵巻物だけではなく、禅画などの水墨画の表現にもある。[21]が、こと後者に関しては深遠なる表現という西洋の宗教のイメージが勝ったのか、欧米では殆ど踏襲されていない。

技術面では、「東洋の水墨画について」"On Oriental India-Ink Painting"（二〇三号、一九〇七年四月）の冒頭で、水墨画が西洋絵画から見れば不完全で訓練が足りないとみなされているのを前提としつつ話を進める。が、すでに「日本絵画の特徴」のPart IIIとPart IVで「遠近法」はないのではなく、広く多様な景観を一つの画面に表現するために「鳥瞰」の視点を用いており、「明暗法」の有無については日本の絵画は印象派的で「絵師を感動させた光景の最初の印象を表現する」（これは自然への愛情からという）のを旨とすると述べ、これらは「我々の芸術の長所であり同時に弱点でもある」と説明している。[22] 技術が幼稚なのではなく、別の論理が働いていることを強調したのである。彩色法について中国での墨に五彩を認める言葉を引用し、[23] 筆勢や運筆について破墨や溌墨の表現、葦手などPart IVと三回連載の「中国と日本の書」"Chinese and Japanese Calligraphy"（一九八号、一九〇六年十一月、一九九号、十二月、二〇一号、一九〇七年二月、邦語版「日本画の筆致に就きて」一八五号、一九〇五年十月等）、前記「東洋の水墨画について」で強調している。これが形と陰影を画面に正確にリアライズするのを目的とするのではない、日本の絵画の独特の表象の方法の解説になっている。

中国画に関しては、瀧は「日本絵画の特徴」Part Iで「日本の絵画はその起源と発展において広く中国の絵画の影響を受けていて、当然のことながら多くの面で共通点がある」と明言しており、「中国の山水画について」"On Chinese Landscape Painting"（一九一号、一九〇六年四月、一九三号、一九〇六年六月、一九六号、一九〇六年九月）、「東洋の水墨画について」などで詳述している。注目したいのは「中国の山水画について」で、儒教や老荘思想から説き起こして中国での画論を、年代を追って引用しながら説明している点である。中でも日本の絵画の理論的な裏付けにもなっており、ひいては日本の水墨画のイメージ形成にも影響を与えたと考えられる文献の、北宋の画家郭煕の山水画論『林泉高致集』（郭思編、一一一七年頃）を取り上げている。同論のPart IIで引用し（日本語では「支那画に於ける山水一格の成立」中に引用）、「山水画は自然を模倣するのではなく、その現れたところを再現する。リアリティではなく、その出現した姿を扱う。」[24]と「山之三遠」の語から異なる季節の異なる景観の山々を包括的に扱う方法を述べ、そのための精神と観察眼を鍛える必要性の四箇条も紹介。これらの概念を取り上げた「中国の絵画における理念、気韻と伝神」"The Principles, Chi-Yün and Chuan-Shên, in Chinese Painting"（二四四号、一九一〇年九月）では、spirit、idea、soul、sentimentといった言葉で精神性を一層強調している。さらに南宋の鄧椿が『画継』（十二世紀前半）で、ものにもspirit（この場合の神にあたる）があってそれを知ったり表現したりすることができるという「伝神」についても説明。[25]美術史的に言うと〈写実＝形を写すこと〉から〈写意＝こころを写すこと〉に移っていったのは、元の江南の士大夫たちからになるはずだが、このような書き方で、その前より長きにわたって心を写すことが目指されたような印象を与えている。

いささか乱暴にまとめるならば、このように鍛えた精神と目とが受け止めた自然を、魂のこもった巧みな筆捌きと控えめだが豊かな色合いによって全体として描き出す絵画の価値を、日中の文献を駆使して証明しようとしたのが、瀧の一連の英文による水墨画論だったのである。

ここでこれまでに挙げたコレクターらと立場は同じくするものの、この日本からの二つの出版物によって鑑賞が深まった例に、アーサー・モリソンの一九一一年の著作『日本の画家たち』（全二巻）[26]に触れておく。コロタイプの優れた図版を挿入している大型の豪華本である。彼の浮世絵コレクションについては第一部の大英博物館のところで見た。下巻の半分ほどが浮世絵に割かれているとはいえ、基本的に流派別になっていて、上巻は全六章で「序章」「初期の時代」「土佐派」「足利時代の中国派」「雪舟派」「狩野派」であるから、水墨画については比較的比重が高い。この点が初期の研究とは大いに異なる。基本的に自身のコレクション紹介に加えて『真美大観』、『万宝全書』、『本朝画史』や『浮世絵類考』、アンダーソン由来大英博物館所蔵の日本と中国の絵画目録、ゴンスの『日本美術』等から情報を得、さらに大英博物館で古美術鑑定家の古筆了任を秘書として研究した『國華』も参考にしていた。

モリソンに特徴的なのは、まず「足利時代の中国派」で西洋での紹介には珍しく、詩画軸を取り上げたことである。妙心寺の如拙作《瓢鮎図》（一四一三年頃）の解説をしている。将軍の注文（但しモリソンのいう義満ではなく四代将軍義教）で、禅僧による賛があることも触れている。『真美大観』の第四冊でも取り上げていることなどが、影響したのだろう。禅宗の影響については、雪舟が禅宗の言葉（師は我々自身の中にある。他のどこにも求める必要があるだろうか）を引用したことに言及があるのみで、作品本位で解釈している。つまり禅僧や禅宗との関わりにはこだわっていないということになる。

モリソン自身のコレクションについては、アンダーソンとの比較が容易な周文に関して見ていく。「典型的な周文の絵」について、「ロマンティックな小ぶりの中国の風景画で、山々や岩、水と遠方の岸、東屋と一艘か二艘の小舟をパワフルな画家のみが良くする繊細さにより、驚くほど的確な色調と正確な色価でもって描いている」と「色調」や「色価」についても言及がある［図3―11］。さらに色彩をめぐって「中国と日本の水墨画に共通してモノクロームだといわれ、そして私もこの本の中でそういってきたが、実のところこれは全く適切でないし不正確ともいえる。白い紙と豊かな墨の黒との間にグレーの色調の段階が、足利時代の名人の意のままに表現されており、元信の素晴らしい水墨画を前にすると、絵の中には現実にある色彩は必要ない、本当の巨匠はその墨を通してこの世界の全ての色彩を暗示することが出来、それ故に水墨画は最も高く純粋な絵画の形式であるとみなす、真正の茶人のまなざしがよく理解できるのである」という。茶人については岡倉の著書『茶の本』[27]の「三道教と禅」の影響が窺える。墨に五彩を見出していて、その上で元信の絵に加えられた紅や黒みを帯びた青の着

図 3-11　周文《中国風景画》
モリソン『日本の画家たち』1911 年より。
（国際交流基金ライブラリー所蔵）

彩は、かすかだが「絵の色調に魔術的な補助を与える」[28]ともいう。このように淡彩のデリケートな表現を鑑賞するまでになっているのである。この部分は瀧の「東洋の水墨画について」（一九〇七年四月）の精読の成果ともいえよう。

絵師は三阿弥を高く評価している。雪舟と狩野派は中国の影響を受けつつも独自の境地を示したとして賞賛している。そして「雪舟の筆のタッチは、雄大さを表現する効果があり、これは馴染みのないヨーロッパ人の目には見過ごされがちである」、「雪舟の絵には、狩野派の絵師の作品にある愛好家の目を喜ばせる線の優美な整えられた調子は、僅かにあるか殆ど見られないかである。力強く確固としていて黒く、彼の疑いのない厚みのある輪郭線が、最初は重すぎるように見えるが、足利時代の優れた絵師達の作品に慣れた目と彼らのメッセージのわかる心には、雪舟の筆勢がことごとく壮大な喜びとなる」[29]とある。鑑賞眼の成熟が窺える。さらに輪郭線のない破墨を称えて、自分のコレクションから図版にしている。

このようにモリソンの著書では、精神論や哲学宗教的な面への深入りは避けつつも、『國華』や『真美大観』の図版を参考にしての繊細な観察による、〈目利き〉の評価がなされていたのである。

3章でふれたヴィリアム・コーンの論文「藤原光長と雪舟、彼らの作品とその時代」(一九〇九年)では、やまと絵の藤原光長と雪舟とを対照的に描いているために、光長の絵巻物に対して掛け物をよくしたなどいささか図式的になっているが、資料の多い分、相国寺での修行や入明などの経歴を詳述している。技法については「モノクロームが足利時代の画僧の内面性と自己放棄と単純性への切望を象徴しており」、叭《はは》叭《はっ》鳥《ちょう》など象徴的な動物画を描き、禅僧として観音や寿老人などの絵も描いたが、真骨頂は風景であり、「彼の風景画は常に英雄的でドラマティックな精神を志向しており、叙情的な雰囲気を創り出すことを怠らない」、「人物は周辺に融けこんでしまっている」とある。「空気遠近法の効果によって風景はマッシヴな構成で簡潔にまとまっている。これはヨーロッパの画家と同様で、中国での奥行きの効果によって審美的な印象を与える重要な要素である」(30)と、遠近法についてもその効果を強調している。

日本で入手できる文献はもちろんのこと、日本の古美術界に深く分け入った人物として忘れてはならないのが、フェノロサである。『東洋美術史綱』では背景となる歴史や社会情勢の叙述は大変細かい。が、宗教的思想的背景には余り触れていない。狩野派に学んだフェノロサは、線描や墨の濃淡や光沢についても言及があり、技術とその効果を他の絵師と比較している。詩画軸については、フェノロサは一八八二年の龍池会での講演「美術真説」(同年十一月、大森惟中筆記を刊行)で、画賛や詩句・故事からの発想である「詩意画」を否定している。したがって『東洋美術史綱』でも詩画軸は無視している。画面としての独立性と表現の強さを重視する立場であれば、狩野派や雪舟については評価が高くなるのはうなずける。大きな論述上の特徴は、北宋南宋の作を高く評価し、元と明は「中国の宋美術と日本の足利美術を橋渡しした経路を辿る」ためにのみ必要、という思い切った価値付けである。雪舟を絶賛するも日中併せて六番目の絵師（最高は夏珪）と書き、むしろその意義は「雪舟請来の膨大な資料、かてて加えて雪舟の旺盛な芸術的意欲と天分の画才、これらが最後の推進力となって、足利美術はやがてその頂上に登りつめることとなった。」、「中国の諸事実とそれにまつわる思い出を保存する、生きた博物館を、一身に具現している観があった。」とあるように、中国美術の優れた点を日本に伝え体現し発展させた点にある、とでも言いたいようである。

元信については「彼の画風は当時の指導的な諸様式（雪舟、小栗宗湛、狩野正信、能阿弥、相阿弥、馬遠、梁楷、玉澗、牧谿）を統合したものである。」のだが、「彼は中国の画題と熱心に取組み、画技の基礎を個人の傑作の臨模に置いたにもかかわらず、日本の自然をスケッチすることによって、形似に関する自分の基本的知識を研磨していたのである」とある。それでも「元信の墨画人物図の典型的な作品は宋代三君子を描いた図（ボストン美術館蔵）であると、典型的な漢画を代表作に見て、「用筆と空間構成の完璧なことは注目に価する」[31]という。つまり重要なのは彼のいうところの「杭州美術」＝宋の絵画であり、それを受け継いでいるからこそ雪舟は素晴らしく、受け継ぎつつ日本的なものも折衷させたから元信は素晴らしいのである。

ただここで言い添えておかなければならないのは、フェノロサが愛して止まなかった「杭州美術」は、この数年後には中国絵画の正統派とは異なる亜流として扱われることになる。中国絵画の日本への伝来について時期の違いから古渡（室町時代）、中渡（江戸時代）、新渡（明治以降）の三区分がある。[32]フェノロサは当時としては中国と日本の両方の絵画について圧倒的な知識を有していたが、古渡の作品に依っていた。これは次に見るペトリュッチ、そして二人の書き残したものに多大な影響を受けて（共感して）いるビニヨン、そしてトレッサンも同様である。ただしこれは彼らばかりではなく、一九一〇年代の日本での「新渡」作品による中国絵画の認識の変化を、欧米ことに西欧では直ぐには反映しなかったというのもまた事実であった。本格的な紹介と研究は一九三〇年代半ばになり、第二次世界大戦後では、フェノロサや瀧に依拠した論は専門家からは相手にされなくなるが、見方を変えればこの時期に至るまで、彼らの論はスタンダードであり続けたのである。そして今日では、杭州から寧波経由で日本にもたらされて足利将軍のもとで御物として愛でられた絵画や陶磁器は、「中国当地の審美眼の模倣でなく、また当時中国と交渉のあった禅宗の価値観とも一線を画し、独自の美意識に基づいていた」と考えられており、「それらを通じて日本における中国美術鑑賞の「眼」が形づくられる[33]」に至ったという認識のもと、中国本国で正統と見なされた絵画とは相互補完的な位置づけがなされていることも言い添えておく。

一九一〇年前後に話を戻すと、西欧では「杭州絵画」はそれまでにない中国絵画の魅力を伝えてくれた。トレッサンは「近時パリ開催の極東美術関係展覧会」で、美術商のラングヴェイユ夫人所蔵の中国絵画のコレクション（一九一一年十二月五日—三十日デュラン＝リュエル画廊で開催）を取り上げている。これは水墨画論執筆より後の開催であるが、以前より夫人を通じて鐔を購入するなど親しくしており、そのコレクションを見る機会もあったはずだ。この展覧会については、人気のあったのは圧倒的に人物画であり、トレッサンは顔輝風の僧の肖像、明や清の時代の洗練された優美な作風のものが多いと書いている。確かに宮中の愛らしい女性像や雄々しい騎馬像が出回っていた。風景画では、余白をたっぷりとった画面に水面に浮かぶ小舟と樹木、遥か彼方にかすむ山というのは、インパクトに欠けコレクションの対象にはなりにくかったであろう。コンスタブルやコローの名前を出すまでもなく、類似のしかも遠近法と明暗法によって巧みに風景を再現した油彩画があったのだから。これらとの差異を明確にし、南宋院体画や室町水墨画の価値付けを進めるためには新たな発想、新たな言葉が必要であったのである。

4 構図の応用的・哲学的解釈へ

そして筆法や構図の工芸品への応用の紹介や、哲学的文学的な考察の対象へと発展した段階になる。とりわけ後者については、中国の画論が伝わり拡大解釈されて、今日もしばしば見られる水墨画の精神的なイメージの源泉が生まれている。

フェノロサの著作を〈完成〉させたラファエル・ペトリュッチの『極東の美術における自然の哲学』では、水墨画も重要なテーマとしている。巻末と本文で謝赫の「画の六法」や、十八の皴法とそれらの図を自身が翻訳している『芥子園画伝』より掲載して説明。英語版『國華』ですでに瀧精一が「中国の山水画について」の Part III（一九六号、一九〇六年九月）で『芥子園画伝』の山の皴法全てを図とともに説明していた[34]。翻訳のきっかけが同論にあったとも考えられる。著書では分量としては中国が中心になっていて、ジャイルズ Herbert Allen Giles（一八四五—一九三五、イギリス領事として上海各地に勤務。一八九七年からケンブリッジ大学中国語教授）の『中国絵画芸術史概論』[35]、や瀧の論を参照しつつ、思想的基盤（道教、仏教、儒教）との関わりを論じ影響力があった。

ペトリュッチの『極東の美術における自然の哲学』の特徴は、瀧の精神性を重んじた水墨画観を一層進めて、自然界に見出される哲学の表象の例としてこのジャンルを挙げていることである。もともと心理的な問題に関心の高かった彼らしい解釈である。「第十章 日本における絵画の成立と発展」では、足利時代に次のような絵画が盛んになったという。

大きくはっきりとした素描とはっきりとした輪郭線、力強さや毛筆による筆勢を求めた。色調においては神秘に満ちた明暗法であり、簡素さが暗示的な色調の明暗に加えられている。絵画はもはやものの再現ではない。宇宙の特権的な解説者である。画面構成は、一人の絵師の夢想の中で生じた世界の創造のようにして生まれる。(36)

そして具体例として「雪舟の風景画」(現、石橋美術館所蔵《四季山水図》の「秋幅」[図3―13])を挙げて、その解説で「素晴らしい宋元の絵画の雄大さや力強さを備えている。」「彼は東洋で最も影響力のある水墨画をものする絵師の一人である。山の頂上の堂々としたシルエットが風景を支配して、この画面に神秘的な性格を与えていて、同様に不可思議な内省的な趣が前景の樹木のねじれた幹に生じている。三と五の図版〔馬遠と閻次平〕と比べると、日本の絵師が受けた影響のほどがわかるだろう。雄大さの表現において、雪舟は中国の絵師の秘密を担った一人として系譜を継いでいる」(37)と称える。

雪舟の作に神秘的暗示的な要素を認めるのは、実はペトリュッチが校訂をしようとしたフェノロサの著作にもあった。たとえば「紀州徳川侯爵旧蔵、フェノロサ・コレクション所収、雪舟筆屏風図」の作品記述で、「明らかに牧谿様式をとどめる禅宗象徴主義の作品である〔中略〕。寄生植物が鉄の帯のように松の大きな枝に捲きついてくるのは、われわれの身に着けた習慣がわれわれをがんじ絡めに締めつけてくることを諷刺しているらしい、人間の魂を象徴する白鷺は、世界と人間の共同の敵、獰猛な鷹に追いかけられる」(38)とあった。ここに相互の影響を見るべきなのか、あるいは資質の一致なのか判断できないが、両者共に神秘性に惹かれる感性をもっていたのは否定できない。このようにして画家の精神性からさらに画面に現れた象徴主義的な傾向まで、深読みと言えるまでに解釈して神秘化していったのである。

フェノロサ同様日本画の絵筆を取った論者に、ヘンリー・パイク・ブイ Henry P. Bowie（一八四八―一九二〇、北米画家、実業家、北カルフォルニア日本協会共同創設者）がいる。フェノロサの初版が出る前年の一九一一年に『日本画の描法』[39]を著した。ブイは一八九三年に初来日し、翌年の再来日の折には西川桃嶺と久保田米僊に、三度目の来日で島田雪湖と墨仙（狩野派の橋本雅邦（一八三五―一九〇八）の弟子）に師事し、計九年京都と東京で日本画を学んだ。従って作品のコレクションもし文献もよく読んでいたが、それらに多くを頼っていた従来の日本美術史本とは一線を画する内容になっている。フェノロサとも会っており、その画作は見たことがないと断りながら、学識の高さは称えている。フェノロサの著書が鑑賞本位であり、独自の考察を深めていたのに比べて、ブイは「どんな日本の絵画も、その制作を規制する法則に習熟しなければ、けっして正しく理解し、鑑賞することができない」と言明して、より実践的な立場から水墨画の魅力を説いた。

『日本画の描法』では、日本の画で大変重要な価値が与えられている四点――「一、筆のはこびがあやつられる力（ふでの力）／。二、墨（墨色）のいろいろに変る光と影。／三、そのたわむれ（光と影）のつや。／四、生きている動き（生動）の理による芸術家の力の表示あらわれ」――を強調し[40]、書道での運筆の重要性から説き起こし、筆法、画材（筆・墨・硯・紙・顔料）、皴法や鉄線描など表現技法の説明、歴史的な流派それぞれによって伝えられた画風、天地人などの「画くばりの法則」、四君子などの画題、「意匠の法則」、さらに気韻生動[41]や「こころもち」「えそらごと」といった「日本画の美学の規範」について縷々解説する。縮図の訓練に触れて、鐔工の金家の技量の見事なことを賞賛してもいる。

筆勢ばかりでなく、墨の色つやからそれを描く画家のあり方まで詳述しているのは、こればかりは複製では伝わらない水墨画の魅力であり、ブイの書の特徴になっている。いわく――

この墨のシェーディング（影）のもつ効果は、筆が生む光と影のたわむれであり、それは、ほとんど神聖な天賦《ギフト》とさえみられている。

日本画では、それを、ぼくしょく（墨色）と呼び、「キヤロスキュロ」〔Chiaroscuro〕＝明暗＝に通ずるもので、墨の濃淡がかもし出す美しい効果である。〔中略〕その画家のかいた絵の墨の色、つや、かげ、にじみなどを見れば、製作時における作家の気分や精神状態がすぐわかる。それほど墨はそれを扱う画家の心と一つになっているのだし、物心一如とでもいうべき、敏感なものなのである。(42)

このように、精神性についても実際の作品から見て取れると考えている。だが禅の影響など宗教的な面については一切触れない。日本画家和亭を父に持つ瀧も筆法など細かく押さえていたが、幾分画家の存在自体を理想化しているかのような調子があった。それと比べると巨匠列伝のような記述の迫力は乏しいが、現実的でより腑に落ちる内容になっていた。

次に挙げるのは、ビニヨンである。前述の『極東の絵画』の一九一三年版では、序文にこの書での著者の関心は考古学的な探求や作品の真贋を問うのではなく、専ら東アジアの絵画の審美的価値と西洋人である自分たちにとっての意義を問うことにあると書いている。この傾向がさらに推し進められていたのが『龍の飛翔　中国と日本の美術に関する原資料に基づく理論と創作についての考察』[43]（一九一一年）である。ビニヨンはもともと詩人で劇作家で、後年イギリスの風景画と詩とをめぐって『イギリスの美術と詩における風景』を執筆するなど文学について造詣が深かった。『龍の飛翔』は『極東の絵画』とほぼ同時期になるが、小型の「東方の知恵シリーズ」の一冊ということもあり、彼ならではの水墨画解釈が顕著に表されている。一九一〇年開催の日英博覧会の影響も見すごせない。会場のガーデン倶楽部内の展示室には、伊達家所蔵の狩野正信や井上馨、松平容大ら所蔵の雪舟の山水画が展示された。パリから日本古美術の展示を見に訪れたレイモン・ケクランは「展示のために寺社や華族の館から根こそぎ持ってきた日本の絵画を目の当たりにすると、正直言って他の極東の国の絵画は比較に耐えられなくなる。大英博物館の、かつてアンダーソンが入手した日本の掛け物のコレクションが掛けてある展示室に入ると、賛美するのがためらわれる」[44]とまで書いている。ビニヨン自身もこの博覧会を堪能した一人であった。ものものしい副題こそ付いているが、『龍の飛翔』は親しみやすい文体で書かれていて、一般向けに水墨画のイメージを定着させるのには有効な書たり得た。

ビニヨンは、西洋人にとって大変引きつけられるが「奇妙」なものに思われる中国と日本の絵画を考える、という立場からジャイルズ、『古画備考』、瀧精一、友人でもあったペトリュッチの論を踏まえ、多くの逸話や説話、画論、ヨーロッパの事例を引用しながら説明する。前半部分に支柱が示されているので、以下主立った部分を概略すると、「第一章 中国絵画の六法〔謝赫の古画品録〕」では日本とヨーロッパでは写生の概念が異なり、ヨーロッパでは個別の中に普遍を把握する。中国では「精神的な要素と物質的な要素とを融合させることに苦心」し、画家の主観性や人となりさえも重要視される。「第二章 リズム」では、リズムとは人と世界のそれぞれに存するものであり、描くということはその外形を写すに止まらず、現実に見えるものも見えないものも含めて、その対象のリズムをも表すようなテーマを選ぶことになる。「第三章　人と自然の関係」では、「アジアの風景画をなす精神は我々とは大変異なっている。〔中略〕風の動きが画家自身の熱情となり、雲が彼の漂泊する思い、山の頂が彼の孤独への羨望となる。花々はその最も秘められた心を光の下に開花する」とし、先述の日英博覧会で展示された狩野正信の蓮の絵から「蓮はここでは切なる熟考の対象であり、ただ聖的な象徴としての添え物ではなく、花それ自体が理想的な存在を内包しており、泥濘や花瓶から光のもとに、素朴な純粋さというその宝を、それが生まれた水の上に広げているのである」という。[45]この作品は現在九州国立博物館蔵の《周茂叔愛蓮図》〔**図3—12**〕（旧伊達家所蔵）になる。宋の馬遠の様式を受け継いでいて遠方の山や靄の表現とは対照的に画面の下方は日本的な余白がなく、このように聖的で純粋で素朴に見えるかは疑問である。『真美大観』の第四冊の英語の解説では、「この絵は茂叔が彼の蓮池に船を浮かべているところを描いている。朝の優しい微風が柳の枝に吹き、遠方の木々はまだ靄に包まれている。彼が水上で静かに愉しんでいるさまがよく想像できる」とある。茂叔の唱えた「愛蓮説」については「泥より出て決して染まらず、葉と茎によりまっすぐに立っているが、中は空である。清らかで馥郁として愛らしく、触れるのに耐えられぬほど繊細で遠くより見つめるべきである」であり、日本語の解説もそうだが、絵そのものには過度の意味づけはしていない。[46]

このようにビニヨンの解説では、全体にわたって画家や描かれた人物の自然との一体感、自由な精神を強調しており、そうした画家の態度が絵の精神性を保証して、三次元の視覚世界の二次元への表象という西洋の写実絵画とは異なる、水墨画の造形の価値が存することを示したのである。なお『極東の絵画』は一九一二年に、チェルヌスキ美術館学芸員アンリ・ダルデンヌ・ド・ティザックによって『中仏友好協会誌』誌上に翻訳され、これがまた半世紀以上もたって、一九六八年にフラマリオン社から単行本（仏題は『日本と中国の絵画概説[47]』）として出て

図 3-12　狩野正信《周茂叔愛蓮図》
『真美大観』第四冊、1900年。(旧伊達家蔵で現在九州国立博物館所蔵) 本書口絵 p.10。

いる。先のペトリュッチの著書と併せて少なくともフランス語圏では、現代でも水墨画のイメージを形成する一助となっている。

以上、水墨画という造形ジャンルについて、そのイメージがいかに形成されてきたか、その一端を見てきた。コレクションの作品を高く評価するために日本の基本文献を参照したり、画商の影響や美術史の方法論を駆使していた段階から、日本側から英語版『國華』と『真美大観』の視覚と言葉による西洋向けの作品紹介がなされることで、理解が深まった。実物は見られず贋作の可能性もあり、これらに収められた複製が〈本物〉という認識が生じていた。もっとも禅寺以来の詩画軸の鑑賞の方法に触れられなかったのは、画賛と画の組み合わせによる表現の妙が伝わらなかったことを示している。雪舟と元信の中国の絵画に学びつつ模倣に止まらない筆力は賞賛。一方中国画については、画論も含めて日本の水墨の精神的技術的支柱として取り上げられた。が、限定的に日本に渡った「古渡」と呼ばれるようになる作品群に依っていたために、中国画の表現で伝わらなかったものもあった。そして西洋画とは別の論理が働いていることの説明が、精神性の強調、たとえば「気韻」や「写意」からさらに自然との一体感という画家と作品双方の精神性の評価に向かっていった。

それではトレッサンは、室町時代の水墨画をどのように見ていたのだろうか。彼のいわばミッションである、〈まだ知られていない日本の絵画について、審美的な観点も取り入れつつその背景も含めて詳しく説明する〉というのは、どのように実践されたのであろうか。

5　トレッサンの室町水墨画評価

トレッサンが室町水墨画を取り上げた論考は、以下の三本になる。(48) これらの他鐔の意匠への影響についても論じているが、これについては鐔の章でみることにする。

・一九〇五年『日本美術論　絵画と版画』、六世紀から明治期初めまでの絵画史中「五章 足利時代（一三三六―一五七三）の中国の影響下の絵画（復興《ルネサンス》宋・元）」。以下『日本美術論』と記す。
・一九一〇年「中国北宗の絵画の影響下での日本絵画の復興《ルネサンス》　十四世紀中頃から足利氏の没落（一五七三）まで」。以下、「日本絵画の復興」と記す。
・一九一三年『ラール・エ・レザルティスト特集号　東洋と極東の絵画　中国・日本・インド・メソポタミア・ペルシャ・イスラム系インド』の「中国の絵画」、「日本の絵画」、「インド・イスラム絵画」の三章中の「Ⅱ 日本絵画」で法隆寺金堂壁画から司馬江漢や歌川広重までを扱った中の「G」の項。以下、「東洋と極東の絵画」と記す。

執筆動機にはやまと絵のときと同じく、アメリカのフェノロサから酷評されたフランスでの浮世絵偏重や、桃山期の花鳥画以前の絵画についての認識不足、イギリスのアンダーソンの日本の古画への技術的な批判への反論と、鐔の意匠の源泉を知る意味もあった。詳細は後述するが、トレッサンは「東洋と極東の絵画」中「中国の絵画」の章の最初に「中国の作品に遠近法が欠けているとは、ずいぶん前から指摘されていたことだ。アンダーソン氏がその点に初歩的な不完全さを指摘できると思ったのは、〔中略〕早計な一般化からきている」[49]と名前を挙げて反論している。隣国ドイツでの、写真図版と漢字などの原語表記が充実した東洋美術に関する出版物への対抗意識もあったであろう。

ところでトレッサンの右記の三本では、次第に中国の絵画の比重が増している。日本が影響を受けたというレヴェルから、一九一〇年の雑誌発表論文でははじめに水墨画成立の前提となる中国絵画について長く紙面を割き、三年後の特集号では一章分になる。これは本章の最初に引用したビニヨンの言葉にあったように中国美術への関心が高まり、トレッサン自身も、日本美術を大陸の美術との関わりでとらえようとする志向が強まったことがある。一〇年の論で「北宗」というのは中国の北部すなわち「華北の流派」とも受け取れる。が、董其昌が唱えた南北宗の区別を踏まえていて、北宗には日本に大きな影響を与えた南宋院体画が含まれているのでここでは北宗と訳した。

むろん今日の水準からすれば、言及している作品の真贋への疑義や、いささか思いつきに近い比較の性急さなども指摘できる。また当時から問題視されていたように、英語やドイツ語の文献で通用になっていた、しかし専門とする中国学者には使われなくなった固有名詞のローマ字表記があった[50]。けれどもここではトレッサンの論考の達成度をみるのではなく、視覚文化史の一端として、限界も含めてその論考をインター・テクスチュアリティの観点から、ソースとなった情報の交錯のありようと、評価のためのロジックを明らかにすることを目的とする。なおトレッサンの論考はクロノロジカルで詳細な事項の列挙を特徴とするが、以下では絵師、技術、精神性の三点から見ていくことにする。

1　絵師

トレッサンの叙述のスタイルは、最初に時代背景とその美術への影響、ついで年代順に絵師の紹介を、エピソードの残っている場合はそれも交えて書き、さらに具体的に作品を挙げて表現の特色を説明する、というものである。これは『帝国美術略史』（以下部・節題のみ農商務省より一九〇一年刊行の『稿本日本帝国美術略史』のものを用いる）のパターン、すなわち各時代での第一節として「当代美術に及ぼせる社会の情況」、第二節として「当代美術の変遷及び特質」を置き、第三節のなかの「絵画」が列伝の形式になっているのを踏まえている。日本美術の紹介の場合、まずは日本という国についての紹介が必要になるのであるから、トレッサンが〈時代史＋画家説明〉のスタイルを採用するのは必然であった。例えば一章で挙げたベルソールの『日本の社会』からは、古代の日本と中国の関係について前者の後者への官僚組織や省庁の制度への影響について言及する際や、日本の自然について説明する際に引用している。メチニコフの『日本帝国』からは足利時代の国土の荒廃ぶりを語るために引用して、社会状況の美術作品への反映を示唆している。その上で系譜もしくは流派の伝承を丁寧に辿っている。これは日本の絵画史が、絵師を輩出した家（土佐、狩野等）の歴史と不可分であったことから注目したといえる。

先行研究として一九〇五年の『日本美術論』では、主に一九〇〇年の『帝国美術略史』での「宋元派」の章と、ゴンスの『日本美術』、バルブトーの『日本絵師の伝記――ピエール・バルブトー・コレクション所蔵作品による』と、ミジョンの『日本美術の傑作』を参考にしている。

『日本美術論』で特徴的なのは、元信に比して雪舟に関して記述が少ない点である。理由は、二つ考えられる。まず先に見た『帝国美術略史』での評価の低い扱い方があった。さらにトレッサンの『日本美術論』巻末での参考文献リストを見ると、日本真美協会と審美書院から刊行された『元信画集』の英文版二巻本 *Masterpieces by Motonobu with critical descriptions* が挙がっている。同書は一九〇四年のセントルイス万国博覧会の折に出品された。同時に『真美大観』全十冊、尾形光琳、伊藤若冲の作品集も出品。しかし『雪舟画集』は一九〇九年刊行になる。これは雪舟の没後四百年の再評価を受けて、一九〇九年から翌年にかけて関連の画集が出版されるという背景による。したがってトレッサンは、名声は知りつつも情報不足であった。勢い狩野元信の伝記に比重が置かれる。「中国の画家が驚嘆し弟子入りしたいと言った」という有名な伝説が引用されていて、これが『真美大観』と『元信画集』での英語の説明にそれぞれあることから、情報のソースにしていたことがわかる。

五年後の「日本絵画の復興」では図版を『國華』と『真美大観』から合計二一点掲載し、三月号で中国絵画の歴史と、それを学んだ日本の十名の絵師の可翁、祥啓、秀文、明兆、如拙、周文、小栗宗湛、能阿弥、芸阿弥、相阿弥について前論より丁寧に、様式の系譜付けを踏まえつつ代表的な作品を押さえている。四月号では雪舟、雪村（他の二人に比べ分量は少ない）、元信について詳述がある。これは『國華』の英文版によっている。

ここで改めて「絵師」（トレッサンのフランス語では peintre ＝画家）という存在についてこだわっている点に着目したい。ここに単なる職業画家でもなく、個人の独創性を貫くロマン派的な芸術家像でもないあり方をイメージしている。簡単に言えば絵師は「文人」であるということになる。ただしトレッサンはいたずらに日本の絵師たちを聖人や巨匠のように扱うのではなく（もちろん自分のコレクションの価値を高めるために作者を持ち上げる必要もなく）、複数の文献に依りながら、バランスのとれた解釈に持って行こうとしている。

文人画につながる絵師のあり方を、トレッサンは晩唐の張彦遠の『歴代名画記』と南宋の鄧椿の『画継』の言葉を引いて説明している。前者からは「美術の大家は大概知的エリートに属し、その作品は当然秀でた個性を表現している」「美術は技術の所産であるばかりでなく、本質的に創造的な精神に負っている」。後者からは「画は文芸の完成形である」の文を引き、そのうえで相国寺の僧でもあった周文について、テクニックの完成度よりもコンセプトの高さをその作品の特徴としていると書く。[51] 二つの文人論は瀧精一の英文版『國華』での"Bunjin-gwa Painting"（「文人画説」『國華』二一六号、一九〇八年五月に相応）から取っている。周文は一般に文人画家とはみなされず、トレッサンが誤解しているかのようである。だが、瀧は同論の最後で、日本では一般的な分類から江戸時代の南画系の田能村竹田や池大雅が文人画家で、周文や雪舟、光悦はそうでないとみなしているのは「はなはだ好ましくない誤った考え方[52]」と記す。文人画ではそれをよくするものが文芸に秀でて、専門の絵師でないことが重要だとも書いている。トレッサンの方では瀧の考え方を踏襲しながらも、むしろ中国での絵師の理想型に従って日本の絵師の創作の特徴を評価しようとしているのが特徴的である。

雪舟については記述の分量が圧倒的に増えている。その主な情報のソースは、『國華』一八四号の瀧精一論文"Characteristics of Japanese Painting Part III"（一九〇五年九月、「本邦の山水画に就きて」と「日本画の筆致に就きて」の二本をベースにして再構成）と『國華』二二三号（一九〇八年十二月）の濱田耕作の"Sesshû's Early Training"（日本語版での「雪舟の幼時と豪渓の奇勝」）になる。「「近代」の雪舟研究の起点[53]」といえる時期の論考である。これらを踏まえた上で、トレッサンは「日本絵画史上における最大の画家」ではあるのを認めつつも、過度の讃辞はない。これはフェノロサが『東洋美術史綱』で、雪舟を「精神の健全な、人に長たる器量人で多芸多才、特に画才に恵まれ、しかも火のごとき天才の持主であるため、瞬く間に頭角をあらわし、足利美術全制作の焦点を自己に集め、永久にその主峰として聳え立つこととなった[54]」と褒辞を連ねたのとは異なる。この慎重さはまずは自分のもしくは自分が関わったコレクションの絵を、言祝ぐ必要がある立場にはなかったということがある。そしてなにより、やはり『國華』

に学んでいた大英博物館のビニヨンの言に「日本での雪舟への諸手を挙げての賞賛を理解するのは容易ではない。実のところ最初は雪舟が偉大な存在になっている足利時代の絵画全体に寄せられる熱狂について、首をかしげたくなるものなのである」とあればなおのことといえよう。ビニヨンは雪舟の魅力を最終的には筆勢の力――「即座の、力強い、激しい」[55]――に認めている。が、このような溌墨の作品の審美的価値を納得してもらうために、この説明の後長々と中国や日本では魂を見出すことが芸術の目的であると述べ、その例証として茶の湯や東山文化の気風まで説明しなければならなかったのである。

トレッサンは、雪舟の学んだ宋の絵画との影響関係から作風をとらえようと試みる。そして図版に花鳥画一点《岩上叭哥鳥図》（三宅長策蔵）をおそらく雪村との比較のために挙げ、山水画三点《山水画巻》（原富太郎蔵）、《秋景山水図》＝《四季山水図》「秋幅」（黒田長成蔵、一九〇〇年パリ万博出品《四季山水図》の一点）［**図3―13**］、《破墨山水図》（帝室博物館蔵）を掲載している。技法については次節で検討するとして、ここではトレッサンの「要するに狩野元信同様、雪舟は日本の偉大な山水画の絵師であり、素晴らしい巧みな筆法をもち想像力に富んでいた」[56]という山水画家としての結論を挙げておく。

元信については複数の言説から、包括的にまとめようと試みている。いわく「昔の日本の批評家たちは、元信に極端なまでの賛辞を贈り、次のようにさえ書いている。「狩野元信の作品は余りに素晴らしく神の作ともいえるほどだ」これと現代では濱田耕作のような「風景画においては彼は雪舟に劣っている。花鳥画では雪村に及ばない。人物画では明兆や祥啓の域には届いていない」「素晴らしい才能の絵師ではあるが、天才ではない。という批判的評価もある」[57]という意見を並べる。本文に出典はないが、審美書院の *Masterpieces by Motonobu* での 'in all of which pictures his genius evidences an almost godlike power' の部分と、濱田耕作の "On Motonobu Kanô"（「狩野元信論」『國

図 3-13　雪舟《四季山水図》「秋幅」

The Kokka No. 184, 1905.（国立ギメ東洋美術館図書館所蔵）本書口絵 p.11。

KANO MOTONOBU. — LÉGENDE DE LA SECTE ZEN : LE PRÊTRE WEI-SHAN RENVERSE LE VASE DE PURETÉ.
Collection du temple Ryuanji en Yamashiro.

図 3-14　狩野元信《潙山禅師浄瓶踢倒図》

トレッサンの論考「日本絵画の復興」より。トレッサンはこの図版を *The Kokka* No. 213, 1908. から取った。

華』二一三号、一九〇八年二月）の二〇一頁から取っている。

これらを踏まえてトレッサンは、禅宗祖師図の《潙山禅師浄瓶踢倒図》（龍安寺蔵）［図3―14］、「瀟湘八景図洞庭秋月」（妙心寺東海庵蔵）、琴棋書画のうちの琴を描いた《携琴訪友図》（妙心寺霊雲院蔵）、やまと絵風の絵巻物《大江山画巻》（池田仲博蔵）と禅画、山水画、真体の障壁画、やまと絵風絵巻物と、周到に異なるタイプの作品を図版で挙げて分析して自分なりの評価を試みる。すなわち「彼の作品はきわめて大きく水墨に淡彩の風景の一続きと、白黒と着彩の花鳥画と、水墨画の伝説を描いた場面とやまと絵のスタイルのシリーズとが含まれる」、「彼は偉大な風景画家でありモノクロームの物語絵のよき絵師であるが、宋元の絵画と土佐派とを融合させた試みを思えば、革新者としては幸福であったとはいえない」とする。つまり元信に漢画とやまと絵の融合をみるのは常套であるとはいえ、幅の広さを認めながらもやまと絵風のスタイルについては感心していない。水墨画については、「彼の風景の画は日光が輝くものであっても雪に覆われていても、また霧に包まれていても常に深い静けさに満ちている」[58]とみる。大胆な判断としても、従来雪舟についてよくいわれた精神性や静謐な印象を、元信についても強調したのは一つの見識といえよう。

「東洋と極東の絵画」では、通史のなかの「Ⅱ　日本の絵画」の章一九頁のうちの三頁で、絵師の情報については「日本絵画の復興」の要約になっている。技法については変化があるので次項でみることにする。

2　技法

技法について一九〇五年の『日本美術論』では、やまと絵との比較から水墨画の特徴を述べ、具体的な作品の雰囲気を伝えようとしているにとどまる。すなわち前者での濃彩、細密、装飾性がなくなり、分析的でなく統合的、画面は簡素、墨のモノクロームを生かし、自由な筆法を重んじるようになったと指摘する。明兆のような過渡期の道釈画も押さえて、このスタイルの変化を通史的にみている。

『日本美術論』には図版がなく、バルブトーの売立てカタログで図版になっている作品や、ルーヴル美術館の所蔵品などを例にし、時には解説も引用している。一例を挙げると、相阿弥の蔬菜図について「バルブトー・コレクションは、土の上に置かれた胡瓜と茄子二本ずつの静物画を含んでいる。『このごく単純なモティーフを、相阿弥は幅広く柔軟でしかも確固たる筆裁きによって大変面白い作品にした』[59]と書いていて、これはほぼバルブトーの記述に忠実である。資料不足は明らかである。

一九一〇年の論では *The Kokka* を十全に活用している。瀧精一は "Characteristics of Japanese Painting" で、絵師が事物や風景のもっている本来の性質を、できるだけ少なくしかも力のある筆の動きで表現することに重きを置いたために必然性に生まれた表現を詳解している。さらに "On Chinese Landscape Painting Part I" (一九一号、一九〇六年四月) や "On Oriental India-Ink Painting" (二〇三号、一九〇七年四月) で、日本の絵画に西洋の遠近法はないが鳥瞰の視点はあり、明暗法はないがそれは実態の写生というより絵師が受けた印象を描くからである、と説いた。彩色法については中国での墨に五彩を認める言葉も引いている。技術が幼稚なのではなく、別の論理が働いていることを説明しなければならず、トレッサンもそれに共鳴しているが、この点はさらに次項でみていく。

トレッサンの「日本絵画の復興」では初めに『日本美術論』からの繰り返しで、土佐派系のやまと絵からの変化を解説する。ついで中国の絵画から受け継いだ山の描法について説明する。中国でも日本でも樹木と山の表現が風景画の要であり、中国の山の輪郭の表現は「一六項目」で示され、これは現実の風景にも対応していて必ずしも写実を無視したものではないと書く[60]。ここで中国の絵画からの影響を画材や画題からだけではなく、線によ

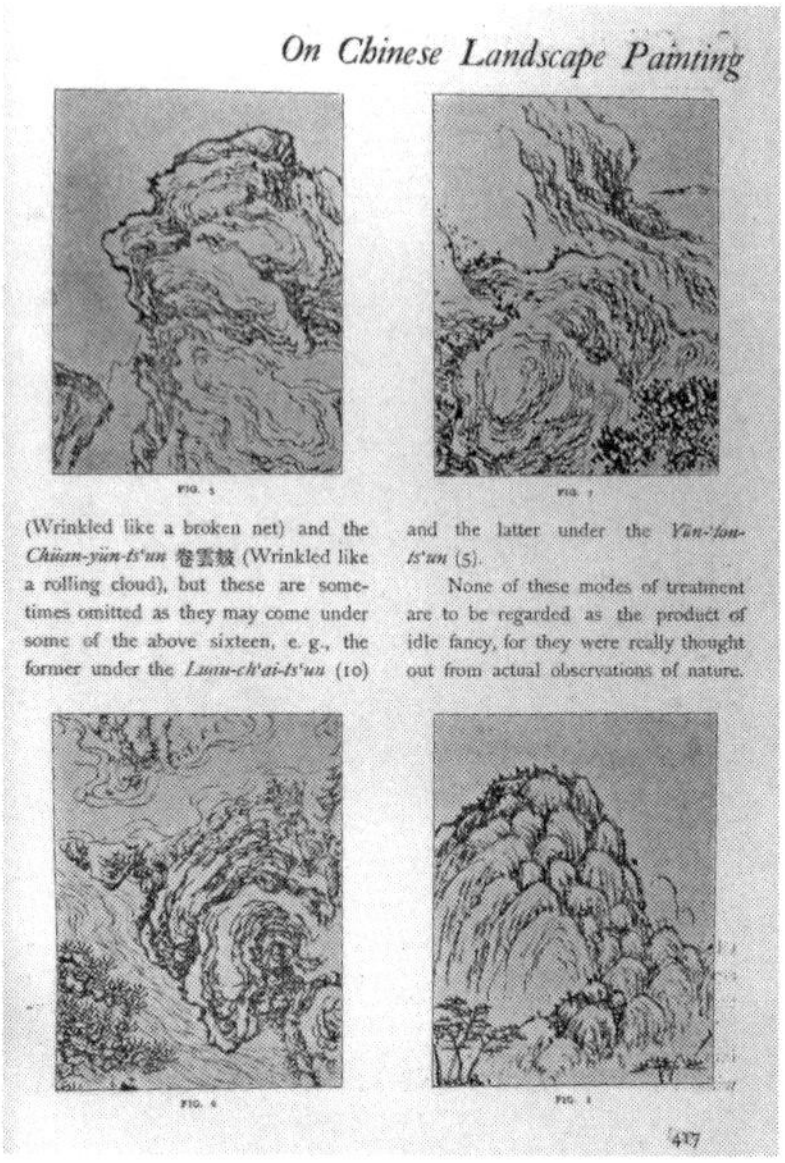
On Chinese Landscape Painting

FIG. 5

FIG. 7

(Wrinkled like a broken net) and the *Chüan-yün-ts'un* 卷雲皴 (Wrinkled like a rolling cloud), but these are sometimes omitted as they may come under some of the above sixteen, e. g., the former under the *Luan-ch'ai-ts'un* (10) and the latter under the *Yün-'tou-ts'un* (5).

None of these modes of treatment are to be regarded as the product of idle fancy, for they were really thought out from actual observations of nature.

FIG. 6

FIG. 8

417

図 3-15 『芥子園画伝』皴法の図

Sei-ichi Taki, "On Chinese Landscape Painting Part III", *The Kokka* No. 196, 1906. より。

（国立ギメ東洋美術館図書館所蔵）

る筆法という技術的な面から説明しようとした意図が読み取れる。図版にした山の皴法の図は、一九一〇年の論では、瀧精一の"On Chinese Landscape Painting Part III"（一九六号、一九〇六年九月）八頁で全てを図とともに説明しているのを受けている［図3―15］。『芥子園画伝』全三集のうち初集が山水画譜で、ここに山を描く筆墨法としての皴法の解説が図とともにある。瀧が皴法を持ち出したのは、筆捌きの妙を重んじる画法であるという説明を補強するためであったと考えられる。しかも山の皴法は、トレッサンの論考の流れでは、大陸からの影響の流れを分類的に説明するのに好都合な指標になっていた。それで取り入れたのである。

中国の絵画の傾向を北宗と南宗とに二分する考え方に、有名な明の董其昌の尚南貶北論がある。唐の王維に始まる南宗と、唐の李思訓や南宋の馬遠らが中心となった北宗とに大別して、宋の時代には強い筆遣いと壮大な画面を特徴とする北宗が支配的になったが、後に優美な南宗が主流になり南宗の系譜こそ中国絵画の正統であるとする。概ね地理上の区分に当てはまるが、一般にいわれる黄河と揚子江を起点にする「華北」「江南」とは位相が異なる概念である。「宗」の文字は、この語が禅宗での北宗と南宗の区別を発展させたためについたものを踏襲している。瀧精一は前記“On Oriental India-Ink Painting”で、自然主義にして観念的な北宗は力強さや崇高さを、一方南宗は上品さや優雅さを表現すると説明している。トレッサンも南北宗の違いを示しているが、慎重に優劣をつけることはしていない。

構図や明暗について中国の画論から、北宋の北宗系山水画家であった郭熙の『林泉高致集』からの引用で、「絵師が好んで、前景での細部と後景の視線を遮る境界のない遠方とを対照化させたり、永遠の中で動く弱い人間を表したりした。前景や後景といったプランや明暗の違いによる色価に注意しながら、量塊（マッス）を並列させた。中間色を好み黒白のコントラストから大きな効果を引き出した(61)」と書いている。これは精神性とも関わるので、次項でこうした作風をもたらした態度に言及する。この構図感覚は日本の絵師についての解説でも指摘がある。

紙幅の都合で雪舟と元信に限って、トレッサンが強調した技法を以下記す。

雪舟については如拙と周文に学び、豪渓の谷や槙谷川の風景（現、岡山県）や中国の風景に影響を受けている、と写生を無視していない点をまず押さえる。『國華』の青陵生（濱田耕作）の「雪舟の幼時と豪渓の奇勝」（一九〇八年十二月英文版“Sesshû's Early Training, by Kôsaku Hamada”）では、「日本絵画史上に於ける最大画家」であり、京都や鎌倉での修養を積んだ後に入明して中国の豪壮な風景を写し、さらに宋元の画家の作に学んだ山水画の見事さを称えている。これを受けている。トレッサンの個々の作品解説を要約すると、図14《秋景山水図》［図3—13］では遠景に山並を、前景に岩と樹木を配置して、宋の北宗の画風を示している。漁師の舟が葦の真ん中にあって明の、ことに十五世紀初めの戴進〔浙派山水画家〕を思い出させる、とある。前出のペトリュッチのように「神秘的な性格」や「不可思議な内省的な趣」を画面から読み取ろうとはしていない。雪舟の風景画はたいてい水墨画であり、図15〔《破墨山水図》〕のように淡彩が施されているものもある。斜め上から対象物の高さ、奥行き、幅を同程度に表すアイソメトリック〔等角投影法〕の遠近法を応用しようとして、日本の絵画では余り見られない空間への注視を奥行きに適合させ、輝く量塊を巧みに配分した、[62]と指摘する。このように布置も含めた構図に注目しており、フェノロサが『東洋美術史綱』で絶賛する線描や墨の濃淡や光沢については触れない、というより『國華』や『真美大観』の図版がいかに当時最高水準の印刷技術であったとしても、この時点では気づいて言語化するには至らなかったということだろう。

元信については中国の絵画と比べつつ、技法の特徴を明らかにしようと試みている。いわく「元信の風景画のシリーズの内、玉澗〔宋末・元初の画家〕に学んだ素晴らしい霊雲院〔妙心寺〕の八幅の掛け物がある。とがったり丸くなったりしている山々の頂に月光、寺院の屋根、ロバの背中、山道の散策が描かれている。この八点の絵では、雪の中の行軍を描くのに無彩色の地の部分を巧みに残している」。タイトルの記載がないが、《月夜山水図》を指している。トレッサンは続けて、もっと素晴らしい掛け物に「四つの娯楽の芸術〔琴棋書画〕」という若き日の元信の作があり、「中国の馬遠の影響が見られ、図版21でわかる。人物が琴を携えて橋を渡っていて音楽を象徴している。見事なのはやはり瀟湘八景で、中国の洞庭湖の畔を描いている。図20の絵は象徴的な詩情に満たされている」。「しっかりと表現された空気遠近法と、光と霧の効果、そして一筆のストロークの的確さが、元信の風景画の中で最も賞賛すべき点である」[63]、という。

一九一三年の「東洋と極東の絵画」では、構図の説明を一層進めている。いわく、――山水画というのは天地

図 3-16　大徳寺大仙院の相阿弥の襖絵

The Kokka No. 199, 1906. より。（国立ギメ東洋美術館図書館所蔵）

人の法則の上に成り立ち、「天」は最も重要な場所で山並みによって表される、「地」は補足的にたとえば岩の塊などによって表され、「人」は生きているものの部分で樹木や動物、人物などになる。この組み合わせは「多様性」のうちに「一つのまとまり」の構図を与えるために用いられる。この天地人の法則は、ヘンリー・パイク・ブイの『日本画の描法』の説明を用いて、「主題と、その補充的従属物や補足的細部」を含まなければならないことを説いている。「位置」は「画くばり」で、個々の要素間の「バランスの効果を求め[64]」るものである。

　同論では、皴法についてより具体的な説明をしている。これもブイの本から学んでいる。たとえば雪舟は北宗の画家のごつごつした筆遣いで、高い山をミョウバンの結晶のように描いた。中国の川辺のドロマイトのような山もあるが、単なる模倣ではなく、観念的な絵画に写実的な要素を加えた。相阿弥の山の丸みを帯びた輪郭には、南宗の麻の繊維に似た披麻皴や牛毛皴といった、曲線がポイントの皴法が認められる[65]。といった具合である。後者は瀧（筆名、無外子）の挿画解説「大仙院に於ける相阿弥の襖絵」（『國華』一九九号、一九〇六年十二月）［図3―16］を踏まえつつ、さらに自身による峻別を加えている。相阿弥の牧谿風のやわらかい皴法が、その後狩野元信に受け継がれて牧谿様という一つのスタイルになる。そうした見方の応用とも言えよう。

遠近法については、空気遠近法を南北両宗の違いから具体的に説明している。すなわち、プランに従って明るさを変えることで画面に成立する。山の塊は北宗の系統の雪舟では、奥行きの間隔を置いて並べて装飾的である。また軽い筆遣いで大気を描く。南宗のスタイルでは水平線は後退して、雨の日の煙った感じや月のほの白い光や美しい太陽の光線が画面に現われ、「銀色をした自然」[66]と化している。さらに雪舟や元信のような絵師達は、大体の輪郭を線で描き、相阿弥など南宗系の絵師は筆を並列して置いていく方法を採った、という。

要するに山水画の鑑賞の面で着眼点と形態のパターン、史的知識を得てよりこまやかな理解が進んだということになる。ここに西洋美術では歴史画や神話画より下位になる風景の絵画が、日本人の精神面と深く関わる造形表現になっているという理解があるのを見過ごすわけにはいかない。次にこの精神性についてのトレッサンの理解をみていく。

3　精神性

トレッサンは最初の『日本美術論』で室町時代の絵画の成立の背景に、まず禅宗がこの時代の文化に与えた影響を強調している。そしてこの鎌倉期に成立した宗派が、静謐なる自然のうちにあることと瞑想とを基本にしているために、絵師は何事にも簡素であり、風景の画（山水画）を描いたといういささか単純な説明がある。[67]一方で禅僧が中国に赴き、彼の地で中国の絵画ことに宋の時代の馬遠、梁楷、牧谿、夏珪、玉澗を学んだ史実にも触れている。
これは日本側からの仏語『帝国美術略史』での、茶の湯と禅宗とがこの時代の文化を育み、宋の文化を禅僧が伝えたという解説を受けている。同書では日本の文化の独自性を強調する表現が随所にみられる。例えば、老荘思想の影響が見られてもそれは「無為恬淡」という点が禅に類似しているに過ぎず、むしろ禅の教義に内包されていて、[68]禅宗はあくまで日本仏教という認識である。そして単なる中国の模倣ではなく、日本が独自に作り上げた精神性の深い文化として、茶の湯の存在を強調しているのである。もっともトレッサンは茶の湯については触れるにとどめて、もっぱら禅宗に力点を置いている。おそらく個々の道具については見聞きしていても、しつらえや茶事がイメージできなかったからであろう。
トレッサンの「日本絵画の復興」では、むしろ中国との関わりにおいて意味づけようとしている。最初に六頁分、影響を与えた中国の絵画と思想について費やしている。ここでは儒教も挙げていて、儒教の現実重視の思想が宋の時代の画家にはあり、これと自然の中での瞑想を尊ぶ態度が日本の十四世紀末から十五世紀の絵師たちの根本にあって、自然と向き合い色彩を極力抑えた包括的な表現に向かわせたとある。前記の『林泉高致集』を踏まえて「自然の魅力を寿ぎ静謐な田舎を見た後で、再び街の喧噪に身を置いたところで、教養ある人々が雑事に追われてほとんど自然や魅力を楽しむことが出来ないでいるのを得心することになる。そこで美術家は街の教養人が眺めることの出来ない美を、彼らに見せる努力をすべきとした」。そこで現実の要求に即した自然風景の絵画が制作された。「彼に浮かんだ思念を自然のさまざまな表情に表す」ことで、作品は哲学的でしばしば象徴的になったと説明している。[69]
トレッサンは同時に郭熙が風景を描く絵師に望んだこととして、「絵師たちに広く自由な精神を持ち、注意深くしかし些末なものにとらわれずに観察し、絶えず経験を積み、主題の本質のみを取り上げ下品にならないようにすることを推奨した」、「かくして自ずと絵師は主観的な作品を制作するようになった」、その結果写実より写意の表現を重んじて、きわめて哲学的かつ象徴的な画面になった、という。[70] これには典拠がある。瀧精一が“On Chinese Landscape Painting Part II”（一九三号、一九〇六年六月、日本語では「支那画に於ける山水一格の成立」中に引用）で『林泉高致集』のこの箇所を引用していた。そのうえで瀧は「山水画は自然を模倣するのではなく、その現れたところを再現する。リアリティではなく、その出現した姿を扱う」と、三三二から三三四頁にかけてまとめた。これが日本の絵師たちにどのように享受されたかは触れていない。けれども例の日本では写実ではなく写意を重んじ哲学的象徴的表現をするという、西洋の写実とは異なる価値観で表現がなされてきたことの裏付けにはなっている。

瀧の絵師像にばかり依拠しているわけではない。トレッサンは「東洋と極東の絵画」では、最初に「極東の美術は、我々の文明とはもう一方の極にある哲学や宗教のシステムに本質的に依ってたつ」と述べて、何よりも精神性の違いを前提とすることから始める。そして画家が扱う主題が二つあり、それは「人物の表現と外の世界の表現」で、それぞれに重要で取り入れている世界観での立場によって選んでいる、という。以下、道教と儒教と仏教の教えを概観して、観念的な造形表現を宗教や哲学から説明しようとする。これは西欧での中国研究、なかでもペトリュッチの『極東の美術における自然の哲学』に学んだ知識を生かしている。禅宗だけではなく、さまざまな思想を踏まえて、絵師が自身が描く自然や事物をどのように認識していたかをとらえようとする。

ここで注目したいのは、トレッサンが日本の絵師とその描く対象のいずれにも感じる精神性についてである。「日本絵画の復興」では、日本の絵師たちは彼らのモデルの中国でそうであったように風景を細かく表現することをせず、中国や故郷で賞賛していた風景を（ときにはおぼろげに）思い出し、その風景から引き起こされた「心境〔les états d'âme〕」を表そうとした、とある。この制作者が描く対象から引き起こされた「心境」というのは、『林泉高到集』にある「彼に浮かんだ思念を自然のさまざまな表情に表す」の文から敷衍したと考えられる。[71] また岡倉天心の『茶の本』での主張の反映も考えられる。すなわち「五章　芸術の鑑賞」で「大家らの気分〔the moods of masters〕を頑張って研究するものが大変少ないのは、嘆かわしいことだ」、というのを受けている可能性がある。

「東洋と極東の絵画」では描かれる対象の精神性にも注意を向けている。絵師たちが無生物を描いているときにも生物と同様の「内なる性情〔leur nature intime (kokoro mochi)〕」を深く感じるとして、例に「岩に絡みつく根や力強くあがる春の樹液」を挙げる。ここで（　）に入れて示した「kokoro mochi」という言葉を、トレッサンはこの論考の第一章の中国絵画でも用いていた。謝赫の『古画品録』にある六法の気韻生動などから「昔の絵画は形より精神にこだわり、外観の特性の彼方や上方にある美を探求した。これと同じ法が日本では心持ちという言葉で表されており、事物の内の本質的な性質の表現の探求に重きを置いている」。[72] さらに南宋の鄧椿が『画継』で、ものにも神があってそれを知ったり表現したりすることができるという「伝神」の考え方を述べている。

「心持ち」はトレッサンのこれまで見てきたのとは別の文章にも登場している。作品を評価する場合に技術的な観点からばかりでなく、「心持ち、すなわち作品をなす支配的な想念〔l'idée〕」を重んじるというのである。[73] 新プラトン主義を思わせる考え方であるが、次に挙げる瀧精一の「ideas」と同意である。作品のイデアとも言い換えられよう。このように「心持ち」の言葉には二通りの意味――描く対象の本性やそこから放たれる生気と、画題やコンセプトより観念的な、作品の根本をなし、作品を作品たらしめる志向性のようなもの――がある。ではこのような「心持ち」にトレッサンはどこで気づかされたのか。

これは一つには瀧が繰り返し英語での論考で主張している、日本画の持つ精神的な面から敷衍した発想と考えられる。引用するには限りがあるが、*The Kokka* の最初の論文「日本絵画の特徴」“Characteristics of Japanese Painting Part I”（一八二号、一九〇五年七月）に「絵画はまずもってその着想 ideas を表現するのを目的とする」とあること、そして「風景や鳥や花にはそれ自体に魂というものはないが、画家はそれらをより高貴なものに変えうる、すなわち画家の思いつきに応じて、人のもつ高尚で精神的な属性を添えるのである」、また「中国と日本の書」“Chinese and Japanese Calligraphy II”（一八五号、一九〇五年十月「日本画の筆致に就きて」）での「中国と日本では作者の感情の主観の表現を根本の目的とする」(74)（「日本画の筆致に就きて」の「支那日本の画は共に作者意想の投入を重んずること甚だしきものにして」が該当）を挙げておく。これはフェノロサが唱えた、画を成立させるための妙想（idea）にも通ずるといえる。そもそもフェノロサなどのように水墨画に対して用いる idealistic という語は、〈理想主義〉としばしば訳されるが、〈観念的〉あるいは〈想念による〉と解釈すべき場合もある。理想的な風景を描いたというより、制作者の着想や想念を二次元化した造形表現ということになる。

ヘンリー・パイク・ブイの『日本画の描法』からも想を得ているようだ。トレッサンは「東洋と極東の絵画」の「I 中国の絵画」の章で、謝赫の画の六法を説明する際にブイの説明を一部紹介するなど、この本をよく読んでいた。遺品には一冊をこの本にあてていたノートがある。ペトリュッチとは異なり、ブイの著書には何よりも実作者としての経験や弟子の立場から得た知識が披露されていた。それをよりよく理解したいというトレッサンの姿勢が(75)、ノートからは伝わる。元来「心持ち」の語は、橋本雅邦と黒田清輝が用いていたことで知られている。ブイは橋本雅邦の弟子であった島田墨仙から聞いたのであろう。ただしブイの方は「心もちというのは、景色の生きている精気のことである」（moving spirit of the scene）といい、また「情緒」（sentiment）であるという。前者は「気韻生動」を思わせるが、写実よりもそこに制作者の「芸術的自由」が作り出すフィクション（これがブイのいう

「えそらごと」があり、そこに「心もち」が表現される。つまり上記トレッサンの最後の意味に近い。また「筆の力」はブイが表現されたものにあふれる生命力の源泉として出てくる。「生きている動き」「こころもち」というのもあり、気韻生動の拡大解釈として作者の気迫のこもった創作とその技能の高さ、そしてそれよって作品に生命力があることを意味している。(76)

ここで注意したいのは、ブイはあくまで自身の絵師としての実体験、さらにいうならば彼の身体感覚に基づいて作り手の精神に及んでいることである。日本人の多くは身体と精神を切り離して考えることはせず、その日の気分、心の状態といったものが、華道や茶道、武道のようないわば身体によるパフォーマンスのみならず作品の創作という身体行動にも直結し、またそれが自ずと画面から読み取れるというのは、別に特別なことではない。しかし現象学以前の、身体と精神とを区別しさらに理性と感情とを分けて考える西欧の伝統に従えば、不可思議であり神秘的な感覚であったろう。フェノロサは自身が絵筆を持つ身ながら、その考察は哲学的考察からさらに神秘化への傾向を辿っていた。トレッサンの場合はそれには向かわない。むしろ制作者の立場に近づこうとしていたのは、彼の鐔の論考からも窺えるし、またブイの竹や蘭など四君子の絵の運筆をトレースしていたことからもわかる［図3—17］。あくまでも作品本意であった。

ちなみに瀧精一は“The Principles, Ch'i-Yün and Chuan-Shên, in Chinese Painting”（「気韻と伝神」*The Kokka* 二四四号、一九一〇年九月）という論考の六一頁で、「気韻と伝神」はどちらも「精神性の流露」であるが、「気韻」は画家の精神の主観的表現で、「伝神」はあらゆるものの有する精気の表出とみる。この「伝神」にトレッサンの「心持ち」の一番目が該当する。このように、瀧の英文の論考で spirit、idea、soul、sentiment といった言葉で表される概念が、トレッサンのなかで「心持ち」という単語と連動したのであろう。

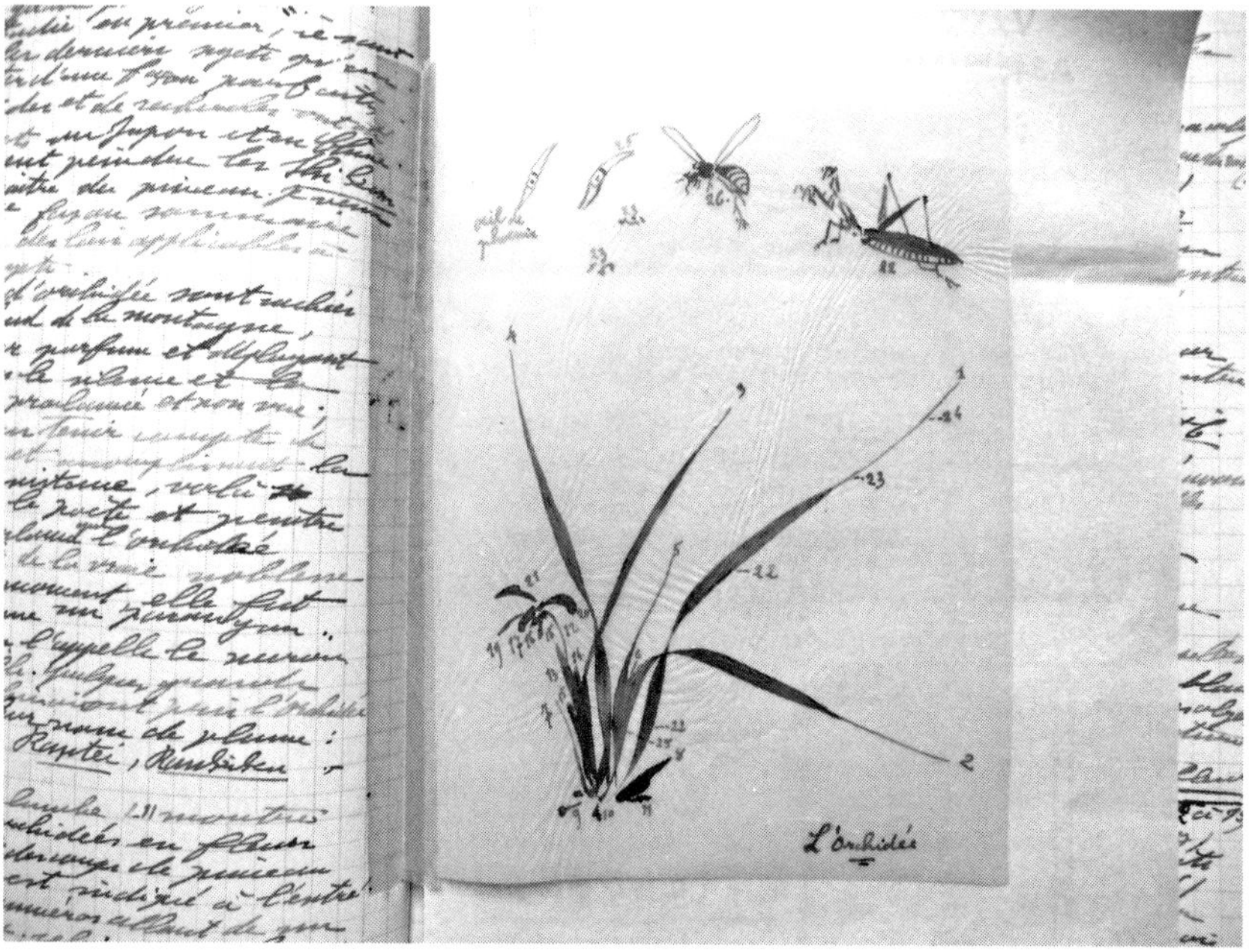

図 3-17　トレッサンによるヘンリー・P・ブイの『日本画の描法』のフランス語訳と図版のトレース

東洋画の代表的な画題である四君子のうちの蘭。

なお今一人「心持ち」という言葉を、日本画理解の鍵とした評者がいる。イギリス出身でアメリカで活躍した美術批評家のキャフィン Charles H. Caffin（一八五四―一九一八）は、橋本雅邦の作品をセントルイス万国博覧会で見、同万博にあわせて出版した英文冊子から「心持ち」の語を見いだしたという[77]。ここには「事物の生き生きとした特徴あるいは本質」とあった。キャフィンは自著『いかに絵画を学ぶか』の最終章でモネと雅邦とを取り上げた。「心持ち」を彼は「これがなくては絵画は美術作品にはならない」ものとして、心すなわち「うつろうものの中に一時的に表出される普遍的な精気の生動」の「表現」である、と説明している[78]。再版を重ねていたとはいえ、トレッサンが同書を読んでいたかはわからない。が、日本の絵画の理解において気韻生動の概念を梃子にしつつ、精神性の深い解釈へと向かう志向性の文脈の中に、トレッサンもいたということになる。とはいえビニヨンや、さらにフェノロサ流の「文学のように著者の声が聞かれ、個々の美術品の説明を通じて彼と美術との感激的な出会いを彷彿させ、その根底に哲学的な人生考察を含み」、「アメリカの読者に訴えるものがあった[79]」という方向には向かわない。資料に語らせて自分は語らないのがトレッサン流であった。

最後に一九一三年の「日本の風景画とその鐔の意匠における役割」の論文で、第三章の最初に自身の水墨画に対しての認識をまとめているのを挙げておく。

1．これまで以上に哲学的宗教的思想的に高度な思惟に基づき、これは特に救済の道として穏やかな瞑想を勧め、自然の中での静謐さを完全なイメージと見る禅宗の思想による。これを重視する風景画家たちにとって、作中の人物はしばしば点のように小さく表される。2．究極の簡素さの探求がある。墨（黒）とかすかなニュアンスとが、それ以前の〔やまと絵の〕濃彩の反動として用いられた。3．空気遠近法の格段の進歩がみられる。4．周文、雪舟、初期狩野派による風景画の法の最終的な定着がある。[80]

概ね瀧精一、ブイ、ペトリュッチ等から学んだ知識と、実作と図版による実感との統合から得たまとめである。その上で鐔の文様への応用として金家他複数の作例を挙げて、具体的に水墨画の主題や技法がどのように鐔の造形に活かされたかを辿る（次章参照）。作品をして語らせるその実践編である。

一九一〇年前後に日本の絵画の理解に思想的宗教的背景の理解が不可欠だという意識が、共通認識になりつつあったのは、日本美術通のエドゥアール・クラヴリの次の文章からも伝わってくる。

日本の美術について、一人の西洋人にとって、最初のそして必要不可欠の条件は、大和での独自の着想と老子、儒教、仏教の教義が出会い組み合わされている環境と折り合いをつけながら出来うる限り真っ新な心を持とうと努めることである。[81]

トレッサンは水墨画という表現が、西洋画のカノンとは異なる論理で成立している造形であることを説明するために、制作者の自然と向き合う態度や、写実とは異なる対象の表し方、作品の根本をなす想念を指摘した。そして中国の絵画の皴法などの表現法を学び、絵師がそれぞれに詩情を表した画面を具体的に紹介した。これは一面、日本での室町時代の水墨画と中国画論研究や元信論、没後四百年以来の雪舟再評価に追随するものでもあったが、より一層中国の絵画・画論との紐帯と技法面での達成を強調し、作品を作品たらしめる概念までを理解しようと試みたのである。

第5章

鐔をめぐる問題系

1　日欧の鐔研究

二〇一三年一月に実施されたセンター試験では、国語の問題文がひとしきり話題になった。第一問の小林秀雄の随筆「鐔」（一九六二年）で、表題になっている「鐔」なるものを理解してもらうために、注釈の他に刀のイラストを付けたのである。ここまでしなければならないようなアナクロニズムな文章を、入試問題に取り上げること自体おかしいなどといわれ、その後発表された平均点が低かったことも、「鐔」のせいのように喧伝された。見方を換えると、この一件で現代の日本でいかに鐔が知られていないかがわかったのである。

かえって欧米の工芸博物館や装飾美術館などで、大量の鐔の展示を目にした人は少なからずいるのではないだろうか。日本の工芸の技術を高く評価したハンブルク美術工芸博物館創設者のユストゥス・ブリンクマンが、一八八九年に『日本の美術と工芸』で刀装具に一章をあてたことからもわかるように、鐔は金工のみならず漆芸や象嵌、七宝などの技術の精髄でもあった。小型で堅牢なために輸出に際して陶磁器のような気遣いはない。廃刀令以後では士族階級のよい収入源にもなっただろう。金工師が輸出向けに製作したりもした。日本刀や甲冑ほど高価ではないが、サムライの所持品であったという格付けがあり、形も文様もヴァラエティに富んでいるので、さまざまに分類が出来て蒐集熱をそそる。その結果、国内以上に大量の鐔が出回ったのである。根付けや印籠とともに大変愛され、今日でも熱心な愛好家がいて、(1) インターネットや競売を通じてコレクションを日々充実させている。

もともと鐔は刀のバランスを取ったり、手元を守ったりするための実用目的で取り付けられたと言われる。が、次第に他の外装（拵《こしらえもの》）の目貫、縁頭、小柄・笄と意匠を合わせて取り合わせを楽しむようになった。しかしながらその分類や鑑定が本格的に行われるようになったのは、十九世紀も末になってからであった。刀剣は流派・門葉、時代や国の違いによる分類の研究があり、それが鑑定に活かされてきた。だが、鐔は江戸京都の他にも会津、加賀、水戸、肥後など地方に鐔師・金工師の集団があり、後藤家のように鐔師の家系で地方に広がった例もある。そして職人や鐔自体の移動があり、模倣もありといった具合にその作風の特徴を分類するのは容易ではない。さらに銘を後世で加える、古い鐔を土台に新しい文様を加えるケースなどがあって確定は困難を極めた。しかも鐔を分類するにはさまざまな知識が必要になってくる。形状（丸形、木瓜等）、耳・覆輪、材質（鉄、赤銅等）、彫の種類（高彫、肉合彫）透し彫りの種類、色絵象嵌、平地の処理の仕方といった技術的な面は勿論のこと、表された文様や図の種類や意味を読み取る必要が出てくる。たとえば兎が波の上をはねているのであれば謡曲の竹生島からの意匠であるとか、住之江や青海波、鶴丸、七福神や茶道具づくしといった図柄の知識が必須になる。

一九一五年末時点で、桑原羊次郎（一八六八―一九五六、実業家・政治家）は次のように現状を憂えている。桑原は『装剣金工談』（一九〇四年三月）や『刀剣金工総覧』（雄山閣、一九三七年八月）等の著者でもある。いささか長くなるが、本稿で取り上げるコレクターや研究家の同時代での評価を知ることもできるので、適宜「　」内で引用する。

「明治三十五六年の際光村利藻氏（一八七七―一九五五、実業家）が俄然と大蒐集を開始して」、「之れと殆ど同時に和田君（和田維四郎、一八五六―一九二〇、鉱物・地質学者、書誌学者）が大々的蒐集を開始し、又モスレー君（アレクサンダー・ゲオルク・モスレ）が非常なる勢いを以て金工品を蒐集して独逸に持返りし以来は、市場に一時金工品の跡を絶つたのである」。「予は確かに言ふが、金工品現在総数の九分が既に海外に散逸して其の一分が僅かに我国に止まると思ふのである」。「普通欧米金工嗜者は大概の工作人の雅号現代作風を承知して居るのである」。「然るに之に反して、其本国たる我国に於ける金工品に関する知識と云つたら実に御談しにならぬほどである」。「勝珉翁〔海野勝珉、一八四四―一九一五、彫金家〕は近来逝去せられ、秋山翁〔秋山久作、一八四四―一九三六〕和田君の嗜者にした処が既に六十歳以上である。実に後継者と見るべき研究者は一人もいないのである」。「実に遺憾の至りである」。「斯の如く金工品の大部分は、已に散逸しあつて、尚ほ年々輸出しつつあるのである、加之が研究も我国に於てよりも外国に於て寧ろ盛んであるのである」[2]。

桑原はアメリカに留学経験があり、一九一〇年の日英博覧会では美術部を担当した。欧米のコレクションの現状を実際に見聞しているので、その言葉には説得力がある。金工品はここでは刀装小道具の鐔や小柄などになる。桑原の文章のポイントは、蒐集と研究とが日本よりもむしろ欧米で盛んであること、国内では秋山久作と和田維四郎の研究成果が尊重されていること、一九〇二、三年にモスレが日本で相当量を入手したこと、この三点になる。いささか乱暴にまとめるならば、鐔の分類や歴史研究は日本と欧米とでは互角であり、情報交換をする必要が互いにあったのである。

秋山久作については第二部第4章で触れたが、さらに記すと、土佐藩十五代藩主側小性、海南学校校長〔現、高知県立高知小津高等学校〕、内務省出仕、奈良県警部長等の経歴がある。刀剣や刀装具の鑑定の世界では大御所であり、ことに鐔においては「分類名を確立させた」[3]パイオニアとして知られている。秋山自身の回想によれば、数えで十二、三歳の頃から鐔を集め始め一八八八、九年から友人たちにも蒐集を勧めたという[4]。これがおそらく蒐集から分類への過程で、見極める基準が出来ていったのであろう。秋山は一九〇〇年から刀剣会の機関誌『刀剣会誌』に「随感一束」の表題で随筆を連載し、折々に鐔をめぐって自身の見解も書き記している。時折外国で日本の美術商による誤った評価がそのまま流布しているのを嘆いているが、こうした事情も秋山に鐔の鑑定の重要性を認識させたと思われる。

トレッサンは一九一三年に刀剣会に入会する際に、同年四月末頃に秋山に入会願いの手紙を送った。このとき自身が編集執筆した甲冑、武具、刀装具のメーヌ・コレクションの目録を添えている。以来秋山に手紙で、鐔や参考となる書籍について問い合わせていた。トレッサンはギメ美術館准学芸員のアッカン宛てであろう手紙（一九一三年の末から翌年の二月までに書いた。第三部第2章参照のこと）の最後に、「日本の鐔の鑑定家の長老の一人である、秋山久作氏と直接連絡を取っています。素晴らしい方ですが、もう七十歳でフランス語がわかりません。秋山氏から出来る限り情報を得ようと努めており、氏の方でも最重要の情報の交換をしてくれます。氏は『刀剣会誌』（私が会員である東京の刀剣会）の最も重要な寄稿者の一人です」と書いている。

秋山からの手紙は一九一三年六月六日から一四年七月六日付までの十四通すべて、トレッサンからの手紙の返信が内容になっている。シベリア経由便の八通分の封筒もあり、住所は東京市四谷区荒木町。フランス語の文面と英語のとがあり、八通目以降はすべて英語である。日本語原文が添えられている場合もある。子息が英語を理解するので英語で書いてくれれば返事が早くできるとあることから、トレッサンの方でも英語でのやりとりがあった可能性もある。先のトレッサンの言葉が誇張でないのは、細かい質問に丁寧に答えていて、押形やリストなども添えて出来る限り情報を提供しようとしていることからわかる。

『刀剣会誌』には、トレッサンから秋山に宛てた最初の書簡の和訳が掲載されている。これはトレッサンの刀剣会入会の会員への報告に合わせている。内容は自己紹介、日本でもよく知られている鐔のコレクター（ベルリンのヤコビー、デュッセルドルフのエーダー、ヴォーティエ）が知人であること、『日仏協会誌』やベルリンの『東アジア誌』に寄稿していること、自分が序文を執筆した武具・刀剣・刀装具のコレクターであったメーヌ博士のコレクションの売立て目録を同封したことを説明している。そして目下日本の古書によって「日本画家事典」を執筆中であり、「鐔に関する日本の新著書」の教示を請うている。(5)

秋山の手紙は常に謙遜に満ちた調子で綴られている。最初の手紙では刀剣会への入会の件に始まり、月々の会費は五〇銭であるが、秋山が立替えておくので一年に一度六円を秋山に送ればよい、など細かい気遣いを見せている。その後トレッサンからは特定された鐔の購入の打診、トレッサンがよこした写真や押形による鐔の鑑定にも返事をしている。貴重な鐔が日本でも入手困難になっていること、写真や押形では鑑定が困難なことを説明しながらも、わかる範囲内で答えている。

トレッサンからの和田維四郎の『本邦装剣金工略誌』についての質問にも、丁寧に回答している。和田の同書について、トレッサンは要約と鐔の歴史研究のためのノートを作成し、(6)二二の鐔のトレースを添付して研究した。さらに得た知識をもとに「新たなる日本刀の鐔の歴史研究補考」を書いている。この中に「図一」として Prince Yamanouchi 所蔵の猪を透かし彫りにした鉄鐔を載せ、作品の説明に加えて秋山久作氏ご提供の押形であると記している。(7)秋山の一九一三年十月二十八日付書簡に所用が済み次第押形を送るとあり、「猪の装飾で八幡の文字の透かしのあるものは明珍家の作品である（この工房は五百年続いています）。この作は私の師匠の山内侯爵が昨年入手なさいました。これまで見つかったなかでは類を見ないよい状態なので大変に高価です」（原文仏文）［図3—18］とある。秋山書簡が直接トレッサンの論に反映している一例として挙げておく。

このように日本でもまだ確立していなかった鑑定に関して、フランス側から情報がもたらされ、相互補完的に

図 3-18　秋山久作がトレッサンに送った明珍作の鐔の押形

鐔研究がなされていた。その様子をさらに次章以降で具体的に見ていく。

2　トレッサンの鐔論考——その論点について

トレッサンは一九〇四年一月以降、コレクションをカード化していた。今日残る鐔の目録カード集から、どのように蒐集したものを分類していたかがわかる。トレッサンは室町末から十八、十九世紀作のものを中心に明珍、埋忠、正阿弥、後藤といった名鐔工の手になる作を所有していた。目録カードは一点につき一葉をあて、上半分に写真もしくはスケッチで鐔全体を表し、下方に大きさや種類、形、彫りや打ち方の特徴、直径、モティーフ、成立年代、鐔工の名や花押、銘や文様の意味、入手した年や価格などを書いている。雑誌に図版として掲載した場合はその誌名と発行年月など記載している。この他勉強のためか、ノートに多くの鐔の押形や写真を添付して情報を書き込んでもいた。一九一三年一月に、エドゥアール・メーヌのコレクション売立てカタログの編集もしている。これが本家の日本でも認められるほどに、眼力が鍛えられていた。

以下、トレッサンが書いた鐔に関する論考を列挙する。(8)

・一九〇六年『日本美術論　彫刻と彫金』。

・一九一〇―一二年「日本刀の鐔の変遷」。掲載誌は巴里日仏協会の機関誌『巴里日仏協会誌』で、連載終了後一冊にまとめて加筆訂正したので、現代の書誌情報によっては、これをもって一冊としている場合もある。

・一九一〇年「日本刀の鐔展　解説」一月二十日から二月二十日まで、ルーヴル美術館に隣接するマルサン館にある装飾美術館で「日本の鐔展」が開催された。トレッサンはキュレーションをすると同時に、カタログの解説も執筆している。図版を用いない歴史と技術の解説である。

・一九一〇年「日本刀の鐔」。右の鐔展に基づく。美術雑誌『アール・エ・デコラシオン』二月号掲載。二二点の鐔の写真図版を掲載し、文様の特徴や絵柄の説明もしている。

・一九一〇年『アール・エ・デコラシオン』六月号で、「日本刀の鐔」の論に関して読者より質問があり、その質問状とトレッサンの回答の両方が掲載された。

・一九一一年　パリの装飾美術館で開催された「刀装具と印籠」展の解説。

・一九一一年　アレクシス・ルアールのコレクションの売立てカタログの前文。但し、コレクションの解説という以上に歴史的な発展や鐔工のことなどで論を展開している。

・一九一二年「初期の鐔について」。『巴里日仏協会誌』掲載。

・一九一二年「日本刀の鐔の歴史をめぐる諸問題」。一九一二年十月創刊のベルリンの東アジア美術関係者による『東アジア誌』十月号に掲載。

・一九一三年『東アジア誌』一月号にトレッサンの「日本刀の鐔の変遷」をめぐってアンリ・L・ジョリが書いた批評に対しての反論。その直ぐ後の頁にジョリからの再論も掲載。

・一九一三年「日本の風景画とその鐔の意匠における役割」。『ルヴュ・ド・ラール・アンシアン・エ・モデルンヌ』の一月号と二月号。同誌にトレッサンはやまと絵と室町時代の漢画についての論考を、それぞれ二カ月分の連載で発表していた。その延長にあって総括的な意味合いも持つ。

・一九一三年『メーヌ・コレクション 甲冑、武具、刀装具等カタログ』。トレッサンに鐔の蒐集の手引きをした一人であるエドゥアール・メーヌの没後の、コレクション売立てカタログの解説。
・一九一四年『東アジア誌』一―三月合併号に「日本刀の鐔の歴史をめぐる諸問題（続）」。
・一九一四年「新たなる日本刀の鐔の歴史研究補考」。和田維四郎の『本邦装剣金工略誌』の要約と詳細な解説。『巴里日仏協会誌』四月号掲載。
・一九一四年『東アジア誌』六―九月合併号に、右の和田の著書の紹介と要約・解説。前の論考に比べると短く図版もないが、編集担当のヴィリアム・コーンの印のある初稿にトレッサンが書き入れをした校正の控えが残っている。
・一九一四年　未完の単行本『日本の彫金　鐔の意匠』。鐔の地域別流派別の歴史と製作の技術、文様の解読など、これまでの研究成果の集大成。一九一四年七月六日付のヴァネスト社からの手紙では、全三〇〇頁、口絵一一〇点、判型はオクタ―ヴォ、二五〇部印刷で販売価格は六〇フランが予定されていた。

トレッサンの論述の特徴は、歴史的に時代区分と流派とを作品に従って区分しようとしたこと、出来るだけ代表的と見られる鐔を取り上げて図版とともに解説しようとしたことである。図版として見栄えがするような作や、すでにイメージの定まった鐔工のいかにもそれらしい作を中心に取り上げるのとはこの点で大きく異なっていて、それゆえに史料的価値が高いと言える。

トレッサンが書いたものは書誌情報が豊富であり、最初に鐔について発表した『日本美術論』の二巻目「彫刻と彫金」でも、巻末に参考文献が章ごとに欧文書と和書とに分けて列挙されている。『萬宝全書』や『集古十種』『装剣奇賞』などの、刀装具や根付けなどの細密工芸に関する事典の意味を持つ基本文献の他は、和書は圧倒的に日本刀の文献が多い。実際に本文でも引用しているのは、右記三巻のほか榊原香山の『本邦刀剣考』（一七九五年）、江戸の栗原信充による『武器袖鏡』（全三冊、金花堂須原屋佐助 一八四三年）などがある。このほか一九〇〇年の『帝国美術略史』でも、刀装具について詳しい解説があった。

さらに前文で謝辞を示していることからわかるが、直接先達となるコレクターからも教示を受けている。名前の挙がっているのがメーヌの他フランス人ではレイモン・ケクラン、ルイ・ゴンス、アレクシス・ルアール、アンリ・ヴェヴェール、グスタフ・ヤコビーである。文献面でも欧米の鐔コレクターから情報を求めていて、ハンブルク美術工芸博物館の原震吉とユストゥス・ブリンクマンのもの、ベルリンのヤコビーのもの[9]が筆頭に挙げられる。フランスでは美術商の林忠正が、自身の鐔のコレクションをルーヴル美術館に寄贈した折に作成したカタログ[10]が、鑑定の基本になっていた。これには、十世紀から十九世紀にかけて製作された鐔八四点について解説と写真があった。しかしながら林の記述には問題点が多く、トレッサンも林の鐔の成立と変遷に関する時代の説明の根拠がどの文献にも見あたらない、と書いている。この他信玄鐔の由来など、林の解説がもたらした情報との齟齬があとあと問題化されている。

一九一〇年から三年にわたって『巴里日仏協会誌』に連載した「日本刀の鐔の変遷」では、図版として鐔の写真や押形（拓本のように鐔の形状や文様を写し取ったもの）、手書きの図などを挿入することが出来た。トレッサンは一九一〇年一、二月に装飾美術館で開催した鐔の展覧会で、フランスのコレクターが出品した鐔の多くを撮影したのであろう。そしてこのときからレイモン・ケクランや画家のラファエル・コラン、ドイツのオスカー・ミュンスターベルクやアレクサンダー・モスレのコレクションへの言及が増える。また漢字表記を入れることが可能になり、鐔の種類や銘の解説に役立てている。これが前著と大きく異なる点である。

執筆の動機は種々考えられる。トレッサンは連載の第一回で、日本から出ている鐔についての書物はむしろ指南書や手引き書といったもので懐中しやすく、それだけに製作の時代や作者についての情報の欠けていることを難じている。すでにフランス人コレクターが規範としていた林忠正の分類が恣意的であり、再分類が必要なことがわかっていた。トレッサンは序文で、この論があるいは一触即発の危険な状況を生み出すかもしれないが、これまで不分明にされていたものを明らかにするためだけのことだと、わざわざ断っている。内容は連載の第一回と二回とで「一　発生」、「二　甲冑師鐔」、「三　日本の復興時期《ルネサンス》（主に室町水墨画のこと）の絵画の影響を受けた鐔師と後藤家」、「四　外国の影響（十六世紀後半）」、「五　象嵌派」。第三回は改めて「日本刀の鐔の変遷　十七世紀初から今日まで」と題して「徳川の出現から元禄期初めまで」（「甲冑師の歴史　明珍と早乙女、畿内、因幡地方」「江戸と肥後地方の小透かし彫　江戸赤坂、肥後の鐔師、糸透かし彫」「正阿弥と埋忠」「伏見の影響に基づく象嵌、加賀地方、肥後地方（象嵌）」「丸彫と彦根彫の種類」「七宝」）、ついで「元禄期から一八六八年の明治維新まで」（「横谷家」「奈良派」「大森派」「江戸」「京都と諸地方」「京都の名人」「水戸派」「江戸の最後の金工師」）で、前稿に比べて象嵌や透かし、七宝などの技術的な面により注目している。

トレッサンは連載が終了後、全てをまとめて一冊の冊子とし、加筆訂正を手書きで入れたものを欧米の鐔のコレクターに送っている。これが第一次世界大戦前で、最も網羅的に鐔の歴史を詳述したものとして評価されている。[11] 鐔に限らず論考の抜刷りや連載をまとめた冊子（頁を通し番号に改めたりする）に加筆修正をして贈るのは、当時かなり盛んに行われていたようで、現在でもそうした論考が各国の図書館やコレクターの蔵書に保存されている。こうした論文のやりとりは情報源であり、かつ互いに刺激して研究と発表を促す要因になっていた。

トレッサンの場合、何よりロンドン在住のフランス人アンリ・L・ジョリの反応があった。トレッサンが連載

第一回の序文で言及しているが、一足早く『巴里日仏協会誌』に「日本の刀装具研究序説[12]」を発表していた。ジョリは編集担当のヴィリアム・コーンの依頼で、『東アジア誌』に英文でトレッサンの合冊になった「日本刀の鐔の変遷」の書評を書いた。ジョリの論評は大変細かく、日本の文献や欧米のコレクションの例を挙げながら、問題点を逐一挙げている。が、あえてまとめるならば論点は次の二点である。林忠正の目録の鐔の年代の多くが誤りであること。したがってそれに依拠しているトレッサンの記述にも誤りが多々あること。これをジョリは hayashism と皮肉っている。そして魚子（彫金技法の一つ）や七宝に対する評価など、技術面での評価に思い違いがあること。全体としてトレッサンの、日本語で言えば〈ご挨拶〉になるのだろうコレクターへの配慮と、鐔に関する知識不足が指摘されている。

これに対してのトレッサンの反論とジョリのそれに対する意見とが、同誌の次号に載った（一九一三年一月、双方ともフランス語）。トレッサンの側からはジョリの批評への謝辞と共に二点に自分の感想をまとめている。まずは二人の視点の相違である。トレッサンによれば、ジョリは「技術面や鐔に彫られた銘」に関心があり、美術品である鐔の美には興味がない。トレッサンにとって、技術は美術家が自身のコンセプトを作品に実現するための「方法」に過ぎない。重要なのは、日本の画家たちが真髄とする作品を支配する「kokoromochi」（心持ち）への注視である。作者の真心やインスピレーションの力や想像の力（トレッサンはこれを「esoragoto」絵空事とも書いている）を鑑賞すべきである。さらに自分の分析では、日本の社会の歴史と鐔の歴史とを関連づけており、初代金家の時代から始まる絵画のモティーフとの密接なつながりも示している。それをジョリ氏は無視している。トレッサンは一九〇九年から、日本の平安時代から室町時代にかけてのやまと絵や水墨画の歴史について、詳細な論を発表していた。日本の絵画が写実ではなく写意、すなわち画家の心に映じたものを二次元に表現するという考え方を学んでいた。その知識を鐔の分析にも応用していたという訳である。

もう一点は、今度の論は決定版ではなくすでに手入れをしていること、ただジョリの方でも魚子に関しては読み間違いがあり、信家に関しては首肯するものの、初代金家の製作時期についてはジョリの論に矛盾があるという。林に関しては鐔の年代を古く見積もったのは確かだが、同時に美しい品々をもたらしたことも伝える必要がある、と擁護する。事実トレッサンは、ジョリの最初の論評が載ったのと同じ号に「日本刀の鐔の歴史をめぐる諸問題」を発表しており、さらにその数カ月前に『巴里日仏協会誌』に「初期の鐔について」を掲載し、林の鐔の歴史についての記述を塗り替えるべく再分析をしている。

ジョリの文章では八点にわけてトレッサンに答え、時に自説を補強している。そのすべてを挙げるのは煩瑣になるので控えるが、その後も発展する問題系は、ジョリが鐔の研究は第一に歴史学的研究の範疇であって、日本の美術・工芸品の美を論じるならば日本人の視点を持たねばならず、技術に関してはヨーロッパ人でも日本人でも同等に扱えるとしていることである。また尊敬すべき植物学者はよき園芸家ではないだろうか、とも書いている。つまりヨーロッパ人としては年代の鑑定と技術面に知悉していることの重要性を説いている。金家については大初代、初代、二代の区別について、自身が編纂したノートンやホークショーのカタログや日本の『刀剣会誌』から例を引いて、少なくとも四代が天正期に活躍していたという。但しこの文章の最後にトレッサンと自分が異なる視点をもち、共通したり異なったりする文献によりながら鐔の研究をして、それぞれの結論に至っているとしても、最終的に結論は識者に判断をゆだねると書いている。

こうしたやりとりから、トレッサンは鐔のコレクターの第三世代（第二部3章参照）として、歴史的な厳密さと審美眼と、精神性にまで届くような考察を目指していたのだと考えられる。彼が自身の論文で言及した鐔の全てについて取り上げるのは、紙幅の都合で不可能である。以下の節ではまず金家鐔を中心に、歴史的な面でどのような議論が仏・英・独・日で交わされたのかを追う。ついでトレッサンの絵画論と合わせた解説から指摘した魅力について確認していく。

3　金家鐔をめぐる交錯

本節では金家鐔をめぐるトレッサンとモスレ、ジョリ、秋山そして間接的に和田維四郎の間での評価を見ていく。まずトレッサンが最後に発表した鐔に関する文章である、「新たなる日本刀の鐔の歴史研究補考」について触れておく。同論をトレッサンは一九一四年四月号の『巴里日仏協会誌』に載せた。トレッサンは前出のおそらくギメ美術館のアッカンに宛てた手紙で「次の協会の雑誌〔三四号、一九一四年四月〕に、和田氏の最近の著作についての大変重要な分析を載せます。私が日本語から翻訳したばかりの日本の刀装具についてであります。素晴らしい本でちょうど良い時期に出ました」と書いている、その論である。同論の抜刷りをトレッサンは、欧米のコレクターや美術館の日本工芸関係者に贈った（第二部第1章参照）。そのなかで当時ライプツィヒにいたモスレの返事を「　」に入れて適宜引用する（一九一四年七月五日付、本文はフランス語）。

「親愛なる侯爵

あなたがご親切にも送ってくださった「新たなる日本刀の鐔……」は実に興味深いもので、この難しい主題をあなたが上手にこなしたその手際に感服しました。本当にありがたく存じます」。

「私の最近の著作の『日本の美術品　モスレ・コレクション』[13]は、数日前に刊行されました。フランス語版の印刷は来週終了します。私は昨日最初の版を前田侯爵（加賀の大名）〔前田利為（一八八五―一九四二）〕にお見せしました。二十九歳の若い将校でドイツ語をドレスデンで勉強しておられますが、大変興味を持たれました。侯爵はおそらく最高の後藤の刀装具のコレクションを持っていらっしゃるので、ご自分のさまざまの宝を写真にして広めたいものだとおっしゃっていました。」

「お望みでしたら日本語で本の図版の版下に、鐔の銘などを書き入れて差し上げましょう。そうすればあなたが鑑定なさるのに容易でしょうから。

もし「新たなる日本刀の鐔……」の抜刷りを二つ以上お持ちでしたら、私の日本での友人で私の本を注文した人たちに贈っていただけませんか。ソウルにいらっしゃる朝鮮総督の寺内伯爵閣下と〔寺内正毅、一八五二―一九一九〕、カールスルーエのバーデンにいらっしゃるプロシアの公使のアイゼンデッヒャー元帥閣下です。〔カール・フォン・アイゼンデッヒャー Karl von Eisendecher（一八四一―一九三四）、海軍将官出身の外交官〕。寺内伯は陸軍大臣であったとき、日本で私のコレクションを見て蒐集を始めました。アイゼンデッヒャー元帥は公使〔一八七五―八二年在任〕として日本にいらっしゃいました。あなたが私からの勧めで抜き刷りを贈る由お書きくださいましたら、大変ありがたいです。」

「どうぞ侯爵夫人によろしくお伝えください。

敬具　モスレ」

モスレは武器を扱う商人として一八九四年末に来日し、のべ十三年を過ごした。その間、陸海軍の上層部と公私にわたる交流があり、おそらくその関係で武具や刀装具の充実したコレクションが出来たのであろう。モスレのコレクションは桑原が実際に見て「逐次順序正しく蒐集せられたる」「在外中の白眉」と感服している。[14] 手紙で言及のあった彼の刀装具のコレクション・カタログは大変豪華な大型本であるが、それをドイツ語、英語、フランス語の三言語ヴァージョンで出版している。ちなみにドイツ語の序文はモスレ本人が、英語とフランス語はジョリがそれぞれの国のコレクターを配慮し、若干内容を変えた文章を書いている。モスレは話題になっているトレッサンの論考を、次の手紙（七月十四日付）で前田侯爵にも送るよう頼んでいる。なおバーデンのアイゼンデッヒャーから、トレッサンの元に献本の謝意を示す手紙が届いている。

本節の冒頭で述べたように「新たなる日本刀の鐔の歴史研究補考」は、和田維四郎の『本邦装剣金工略誌』（安達仁造、一九一三年七月）の要約と解説に新たに諸論と図版を加えたものである。和田は古河財閥の創始者になる古河虎之助（一八八七―一九四〇）に、自身の鐔のコレクションを譲った。その際、コレクションを元に執筆したうちの一冊である。和本で私家版といってもよい。膨大な鉱物の標本をまとめ書誌学者としても知られた和田は、鐔も系統だって蒐集していた。内外の先行文献もおさえており、論評を加えている。前田や寺内は当然のことながら同書を入手するに当たって問題がなく、ましてフランス語での解説を読む必要はないはずである。にもかかわらず、モスレが献本を要請したのにには理由があった。

まずトレッサンは同書を読んで、自身の疑問を秋山久作に書き送っていた。序文によれば和田は執筆に際して秋山久作に助言を請うていた。従って同意もあれば見解を異にしたままのケースもあった。そうした両者の見解の相違を、トレッサンは自分の文章に引用していたのである。一例を挙げると、四四頁の脚注の5には、秋山からの一九一四年三月十六日付の手紙が引用されていて、「平安城透かし鐔は義教〔六代将軍足利義教〕以前の時代のもので、これは和田氏の本にあるとおりである」と訳し、「〔秋山〕氏によれば和田の本の図版10が典型的な鐔になる」と書いている。このほかにも秋山から贈られた押形を図版にしてコメントを加えたり（［図3―18］など）、さらにヤコビーやモスレや自身のコレクションも図版に入れたりしている。

貴重なのは図版の5に、松宮観山の『刀盤神品図鑑』（『刀盤譜』）に出ている、分銅をモティーフにした赤坂派の透かし鐔が載せられていることだ。『刀盤神品図鑑』は欧米では『装剣寄賞』（一七八一年）と並び称されていた文献である。その写本が、当時ストックホルム市立図書館の日本文献を集めたノルデンシェルド文庫Nordenskjöld Libraryに保存されていた。[15]今日では『刀盤譜』と『刀盤図譜』と『刀盤神品図鑑』とで若干の異同が確認されていて、また、題名とは別に大きく分けて三種類の写本があると見なされている。[16]このストックホルムの写本を前述のジョリが一九一二年に英訳し、パリの日仏協会の雑誌に発表した。[17]トレッサンはこれではなく、『刀盤譜』をベルリンのヤコビーから借りてノートに記録したのである。ヤコビーがどの写本を所持していたのかは不明であるが、実際に同写本を見たジョリの説明にある雑々書道堂（松宮観山のこと）の序文などから推測するに、一七四六年の異本の可能性が高い。[18]先述の透かし鐔に関して言えば、押形の形に微細な違いはあるものの、写本による大きな違いは認められない。このような貴重な版を用いての叙述が、付加価値として付いていたわけである。つまりトレッサンの「新たなる日本刀の鐔の歴史研究補考」は、鐔に関する最新のそして信頼するに足る研究書の要約であると同時に、さまざまな論評と例とを加えたものであったのだ。[19]

モスレ・コレクションについては、トレッサンはこれ以前から情報を得ていた。その中で金家鐔の一点が波紋を呼ぶことになるが、まず前提としてなぜ金家が問題になるのかをおさえておく。「日本刀の鐔の変遷」の連載二回目（一九一〇年六―九月号）での金家についての記述では、活躍の時期について諸説を紹介している。すなわち、一九〇〇年の仏語版『帝国日本美術略史』では「おそらく十五世紀前半に製作し」、林忠正によれば「確かな年代はわからないが、一五五〇年頃にはすでに有名であったらしい」とあり、ハンブルク美術工芸博物館の原震吉は十五世紀後半と推定しているようである。日本の書物には金家は初代信家の弟子であったので、十六世紀前半に生きていたことになるとみなしているものがある。ボストン美術館の岡部覚弥は「おそらく十六世紀の前半に製作していた」とみる。[20]そこでトレッサンは後藤祐乗や信家とのかかわりから、一四八〇年から一五三〇年をその最盛期と見積もる。このようにそもそも活躍年代自体謎が多かったのである。

金家鐔についてトレッサンは、一九一四年の初めに『東アジア誌』に発表した「日本刀の鐔の歴史をめぐる諸問題（続）[21]」でも、詳述している。この論では最初に銘を鑑定の基準にすることに疑義を呈している。後年に加えられたものもあれば、摩滅して消えかかった銘をその上から再度彫り直した場合すらある。それを判断の基準にするのは難しいというのが理由である。しかしながらすでに第二部でみたが、トレッサンとジョリとの間では大量の手紙が交わされており、それらでも金家鐔は議論の的になっていた。ジョリやそのほかこれまでに挙げた彼が参照した書物に促されてであろう、この論では金家について「大初代」「名人初代」「二代」の区別をつけようとしている。ことに参照しているのが秋山久作の『刀剣会誌』二二号（一九〇二年）、八四号（〇七年）、九八号（〇八年）の論考で、大初代の活躍した時期を一四四七年から五七年としている。そして秋山が分類したそれぞれの作風に和田維四郎の書から得た情報も加えて、形状や材質、モティーフなどを書いている。

ただしトレッサンの真骨頂は金家が山水の図を鐔という小さな面に表した、その妙を分析する点にある。たとえば自身の所蔵品である鐔について次のように書いている。

非常に進んだ風景の表現の見本として、図版6の鐔［図3―19］の分析を許されたい。この構図は魅力的

図 3-19　トレッサン所蔵鐔、金家派文人の意匠
「日本の風景画とその鐔の意匠における役割」1913 年の fig. 9。

で日本の山水画の規則をすべて備えているのがわかる。まず三つの基本的にして象徴的な要素、天地人がある。ここでは山が天という主要な部分を、樹木が地、そして人物が場面を生き生きとさせる要素として「添えられて」いる。構成する部分のバランスが規則の一番目に応じている。これは「keishô 形勝」（扱われている主題にかなった形）〔応物象形を指していると考えられる〕という規則で、描かれている対象をその地方の状況や季節や一日の異なった時間によって整えるもので、注意深い観察がなされている。この鐔は輪郭の部分を薄明るくする方法をとっていて、これは山の上の月がその光を斜めに落とし、そして見事な具合に中国の文人の顔と衣服とによって出来たとがった部分に「引っかかって」いる。絵画が日本の鐔に与えた影響がはっきりと見て取れるのである。(22)

トレッサンはこの論で図版として挙げた鐔の中から、

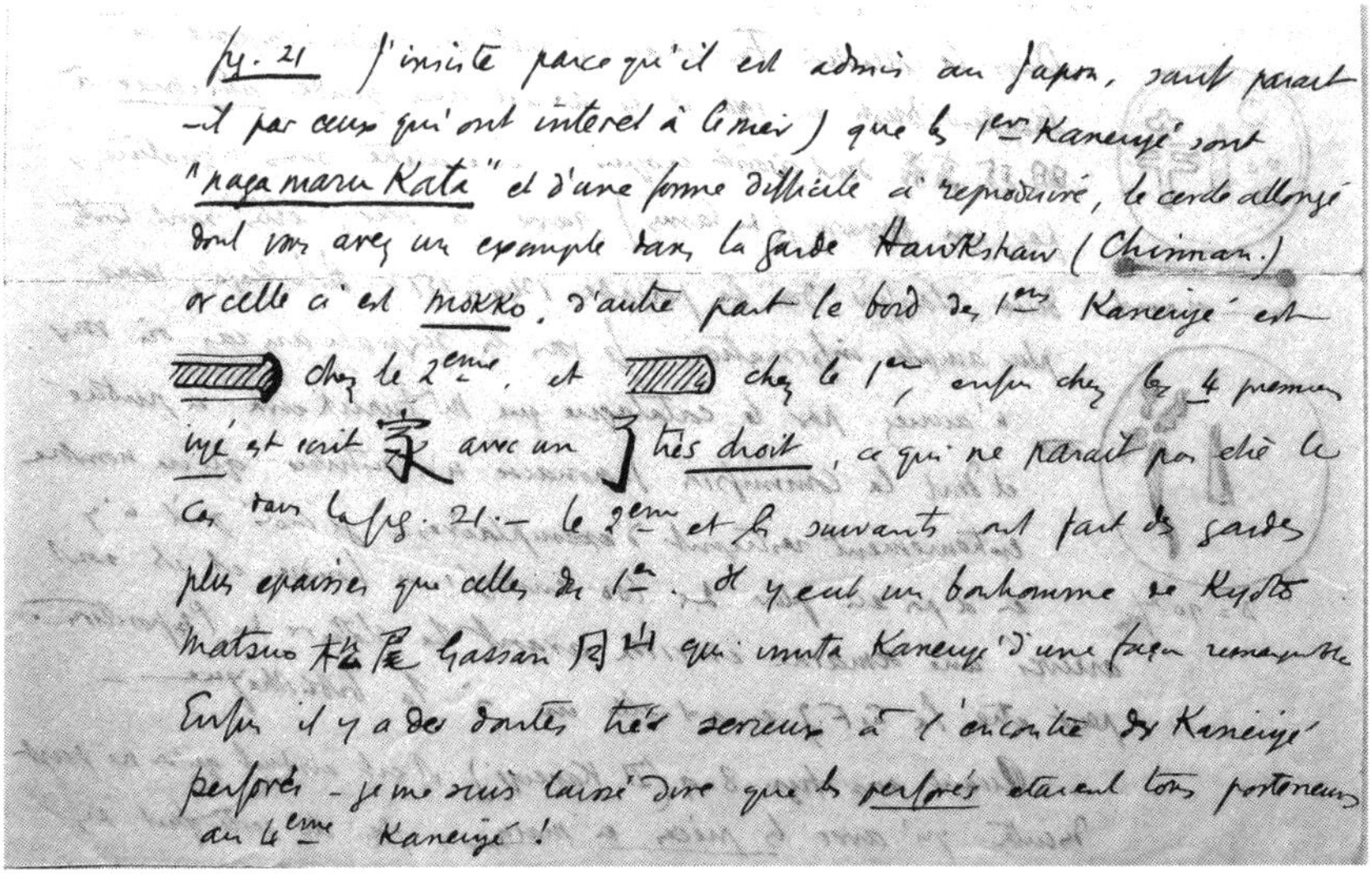

fig. 21 j'insiste parce qu'il est admis au Japon, sauf paraît-
-il par ceux qui ont intérêt à le nier) que les 1ers Kaneiyé sont
"naga maru Kata" et d'une forme difficile à reproduire, le cercle allongé
dont vous avez un exemple dans la garde Hawkshaw (Chinman.)
or celle ci est mokko. d'autre part le bord des 1ers Kaneiyé est
chez le 2ème, et chez le 1er, enfin chez les 4 premiers
iyé est écrit 家 avec un 了 très droit, ce qui ne paraît pas être le
cas dans la fig. 21. — le 2ème et les suivants ont fait des gardes
plus épaisses que celles du 1er. Il y eut un bonhomme de Kyoto
Matsuo 松尾 Gassan 月山 qui imita Kaneiye d'une façon remarquable
Enfin il y a des doutes très sérieux à l'encontre des Kaneiyé
perforés — je me suis laissé dire que les perforés étaient tous postérieurs
au 4ème Kaneiyé!

図 3-20　ジョリからトレッサン宛て書簡（1912年5月29日付）

モスレのコレクションの《猿猴捕月図》の一点についても［図3―22］、秋山に問い合わせたようだ。この図は、手長猿が水に映った月を捉えようとして水に落ちて溺れてしまうという中国の故事をもとにしており、絵画でもよく表される。鐔への応用では、手をのばした猿の丸い体と鐔の形が合っていて愛らしい図柄になる。

だがトレッサンが気にしていたのは、銘の金家の文字にあったようだ。というのもジョリがその手紙（一九一二年五月二十六日付）の中で、「最初の四代の金家は家の文字の了をまっすぐに書いている。これは図版の21のものとは異なる」と書いていたのである［図3―20］。図版21は、「日本刀の鐔の変遷」のなかの図版のうち画家のラファエル・コランの所蔵品で、初代金家とみなされていた。トレッサンはこの指摘を受け、「日本刀の鐔の歴史をめぐる諸問題（続）」でジョリの論として紹介している。(23) しかし和田の本で二代金家の二つの鐔（図版十七と十八）を見た後、考えを少し改めたようだ。すなわち「新たなる日本刀の鐔の歴史研究補考」では脚注の一つで「垂直ではなくアングルがある」[24]と書いている。この点について決着をつけるためにも、秋山に一三枚の写真を送り、その中にモスレの初代金家の鐔を入れたのである。

秋山はこれについて、一九一四年五月二十一日付の手紙でエピソードを書いている。要約すると肥後の西垣という鐔工から頼まれて、これと同じ鐔を鑑定したが偽物であった。しかしこの鐔は鐔工の死後、家族によってドイツで売却された、ということである。これはモスレがそのカタログに記載し、トレッサンも自分の論文で引いているのと同じ人名（西垣四郎作のこと）である。であればこれは偽物だったということになる。なお、この秋山からの手紙のエピソードの横の余白にはトレッサンの字で「モスレの猿の鐔」と薄く書き込みがしてある。さらに秋山の方では、『刀剣会誌』に長期にわたって連載している「随感一束」で、トレッサンの書簡を踏まえて書いている文章が出てくる。そしてトレッサン宛の一九一四年七月六日付の手紙で「今月の『刀剣会誌』に特別に、欧米で鐔を研究している人たちからの問い合わせについて、自分の意見を述べました。お読み戴けると思います」（原文英文）と示唆した。これは『刀剣会誌』一六五号（一九一四年七月）の「随感一束」の文章で、「今日遠く海外より、鐔の押形を送致し、野翁の卑見を求めらるる方のあるは、蓋彼奸商の播種したる苗の、結びたる実にはあらざるなきかを疑ふ、左に野翁の卑見を述て参考にせんとす」[25]、云々とある。加えて真作の金家の《猿猴捕月図》を同じく七月号の『刀剣会誌』の扉写真に挙げている。[26]自身の随筆の頁では、金家の銘は初代から五代まで「此五人は家の字皆一様にして些の相違ある事なし」[27]と書いている。七月六日付書簡では金家の銘は、「家」の文字のウ冠の下が蜘蛛の形のようだとも説明している［図3―21］。この観点からは、ジョリの説は秋山とは異なっていたということになる。

なお一九一四年五月号で、秋山はフランスからの書簡に同封された四枚の鐔の写真について言及している。こ

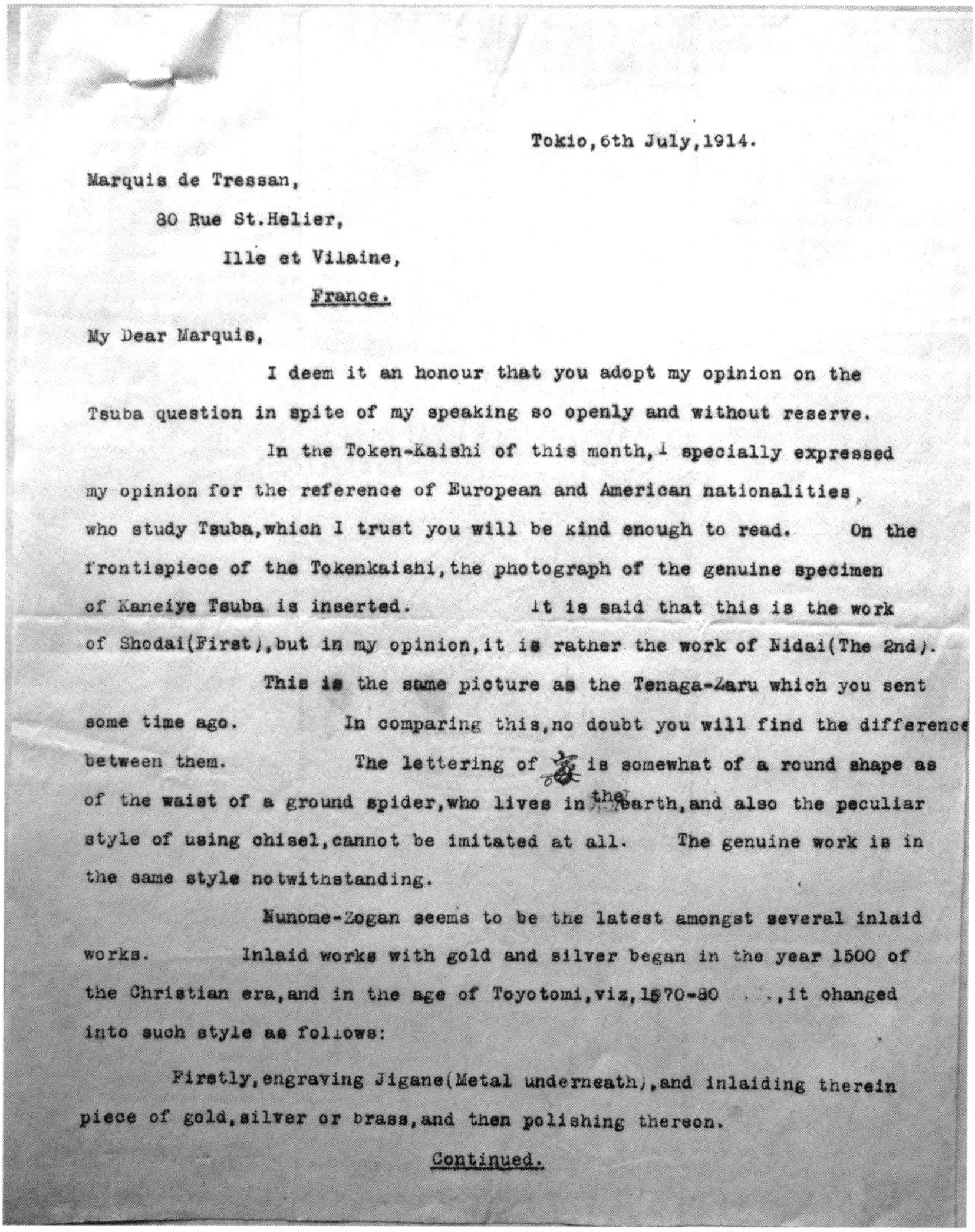

Tokio,6th July,1914.

Marquis de Tressan,

80 Rue St.Helier,

Ille et Vilaine,

France.

My Dear Marquis,

I deem it an honour that you adopt my opinion on the Tsuba question in spite of my speaking so openly and without reserve.

In the Token-Kaishi of this month, I specially expressed my opinion for the reference of European and American nationalities, who study Tsuba, which I trust you will be kind enough to read. On the frontispiece of the Tokenkaishi, the photograph of the genuine specimen of Kaneiye Tsuba is inserted. It is said that this is the work of Shodai(First), but in my opinion, it is rather the work of Nidai(The 2nd).

This is the same picture as the Tenaga-Zaru which you sent some time ago. In comparing this, no doubt you will find the difference between them. The lettering of 家 is somewhat of a round shape as of the waist of a ground spider, who lives in the earth, and also the peculiar style of using chisel, cannot be imitated at all. The genuine work is in the same style notwithstanding.

Nunome-Zogan seems to be the latest amongst several inlaid works. Inlaid works with gold and silver began in the year 1500 of the Christian era, and in the age of Toyotomi, viz, 1570-80 . ., it changed into such style as follows:

Firstly, engraving Jigane(Metal underneath), and inlaiding therein piece of gold, silver or brass, and then polishing thereon.

Continued.

図 3-21　秋山久作からトレッサン宛て書簡（1914 年 7 月 6 日付）

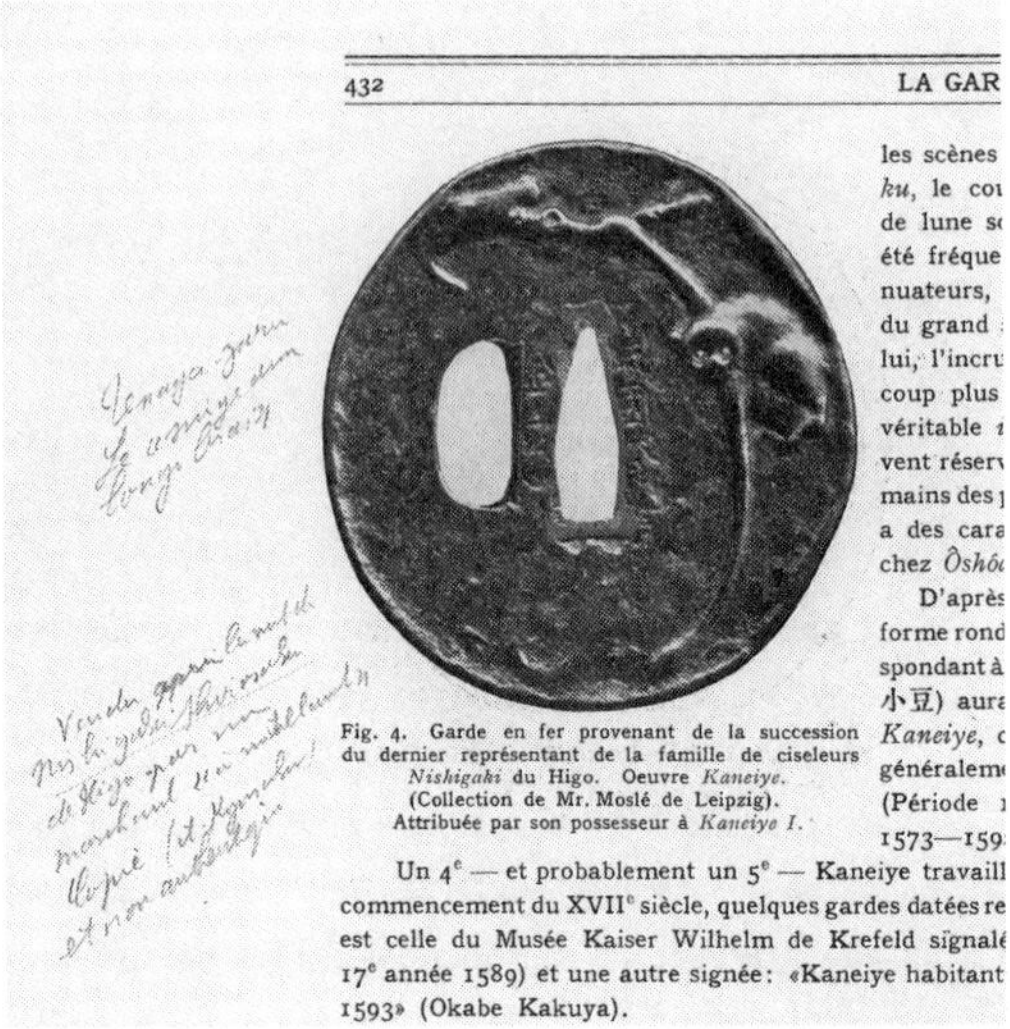
432 LA GAR

les scènes
ku, le cou
de lune s
été fréque
nuateurs,
du grand
lui, l'incru
coup plus
véritable
vent réserv
mains des
a des cara
chez Ôshô
D'après
forme rond
spondant à
小豆) aura
Kaneiye,
généralem
(Période
1573—159

Fig. 4. Garde en fer provenant de la succession du dernier représentant de la famille de ciseleurs *Nishigaki* du Higo. Oeuvre *Kaneiye*. (Collection de Mr. Moslé de Leipzig). Attribuée par son possesseur à *Kaneiye I*.

Un 4e — et probablement un 5e — Kaneiye travaill
commencement du XVIIe siècle, quelques gardes datées re
est celle du Musée Kaiser Wilhelm de Krefeld signalé
17e année 1589) et une autre signée: «Kaneiye habitant
1593» (Okabe Kakuya).

図 3-22　モスレ所蔵の金家の《猿猴捕月図》

トレッサン「日本刀の鐔の歴史をめぐる諸問題（続）」1914 年の fig. 4。これは抜刷りで、トレッサンによる秋山久作からの教示の書込みがある。

れはトレッサンからの手紙に間違いない。三枚が金家相当で、なかでも「長丸に橋弁慶」すなわち表が「五条の橋」で裏が「引舟」になっているものは大津の町人から出ており、フランス人に売却したという「名人初代」の作と見て、「日本の高名品なりしと云ふ事を持主の承知して、特に愛玩せらるるならば作者も光栄の極みなる可し」[28]と締めくくっている。

トレッサンは第一次世界大戦勃発直後に出征した。が、幸いなことに秋山の手紙も『刀剣会誌』もその前に届いたようで、今日遺品にある「日本刀の鐔の歴史をめぐる諸問題（続）」の抜刷りには、秋山による訂正が書き加えられている［**図3―22**］。

今日海外では銘の漢字の形による鑑定も一部で続いているが、日本では「大初代」「名人初代」の区別はつけず、金家とその一族の製作、あるいは金家そのものを一つの工房の名とみなすのが主流になっている。そして江戸時代以前の鐔については細かい作者の特定より、鐔そのものの文様や絵柄の鑑賞、二面を利用した構図の妙などの分析に重点が置かれる傾向がある。[29] トレッサンの絵風を味わおうとする態度は、むしろ現代の日本に通じるものであったといえるだろう。

トレッサンの鐔の歴史研究は今日なお批判的にも肯定的にも参考にされている。彼の功績については、次の岡倉天心の美術史編成が、労苦の多い作品整理の実践から始まっている事実について述べた見解が、そのまま当てはまる。

たとえ今日さまざまな批判がなされるにしても、この時期の途方もない努力がなければ、批判さえ成り立たないということ、このことを私たちは忘れてはならないだろう。[30]

4 鐔の絵画的な文様をめぐって

一九一三年に「日本の風景画とその鐔の意匠における役割」を『ルヴュ・ド・ラール・アンシアン・エ・モデルンヌ』（以下『RAAM』）に発表した。これまでの日本の絵画の考察の延長に、鐔の意匠を考察しようとしていたことは、次の冒頭の文章からもよくわかる。

日本の応用芸術の研究は、一般に言う芸術分野それぞれ、ことに絵画についての深い知識なしには不可能である。彫金や漆芸の作品についても同様である。こうした工芸品をその特殊な技術の細かい点を子細に調べるのにとどめて、それだけで研究にしようとすると、何も解らないといった羽目に陥る危険がある。神業の部分が抜け落ちてしまう。これは明らかに絵画に想を得、絵画と足並みを揃えて変化していったスタイルなのである。[31]

この論考は表題が表しているように、主に風景画との関わりで年代を追って辿っている。が、《鳥獣人物戯画》や水墨画でも花鳥画に描かれた例を挙げており、つまり風景画というのは自然の中で見られるもの全般を扱った絵画作品を指している。これはトレッサンの日本人と自然に関する認識から来ている。すでに一九一〇年の鐔展に際して執筆した『アール・エ・デコラシオン』（以下『AD』）での論考で、次のように書いている。いわく、日本では「原や森や水にある創造物で、動くものも動かないもの、なかでも生きている自然も表現することによって彼らの自然への愛情を表してきた。[32]」さらに三年後の、『RAAM』での論では、最初の五頁にわたって日本の自然界のものの表現についての考察がある。要約すると、日本の絵画は欧米に比して、人物の写実的な表現よりも風景画や花鳥画に重きを置き、人物はとても小さく描かれる。この傾向は儒教が人々が個人的な要求の満足を目指すのではなく、それぞれが持って生まれた運命を全うすることを重んじたからである。また仏教の教えでは、あらゆるものへの慈悲と自然への愛を説いた。したがって極東の絵画では風景画が主になり、哲学者や文人の製作物になったとみる。このあと気韻生動や陰陽のバランス、絵空事の製作論なども説明しているが、本章ではそれらは省略する。

なかでも金家は第一級の名人で、絵画の構図（絵風）を最初に取り入れた鐔工として知られており、トレッサンにとってはそのモティーフの分析が自分の論の特徴でもあるだけに、見過ごせない論点であった。トレッサンは一九一〇年の「日本刀の鐔の変遷」の連載二回目で、金家鐔について「最初に周文や雪舟の山水画の構図を金

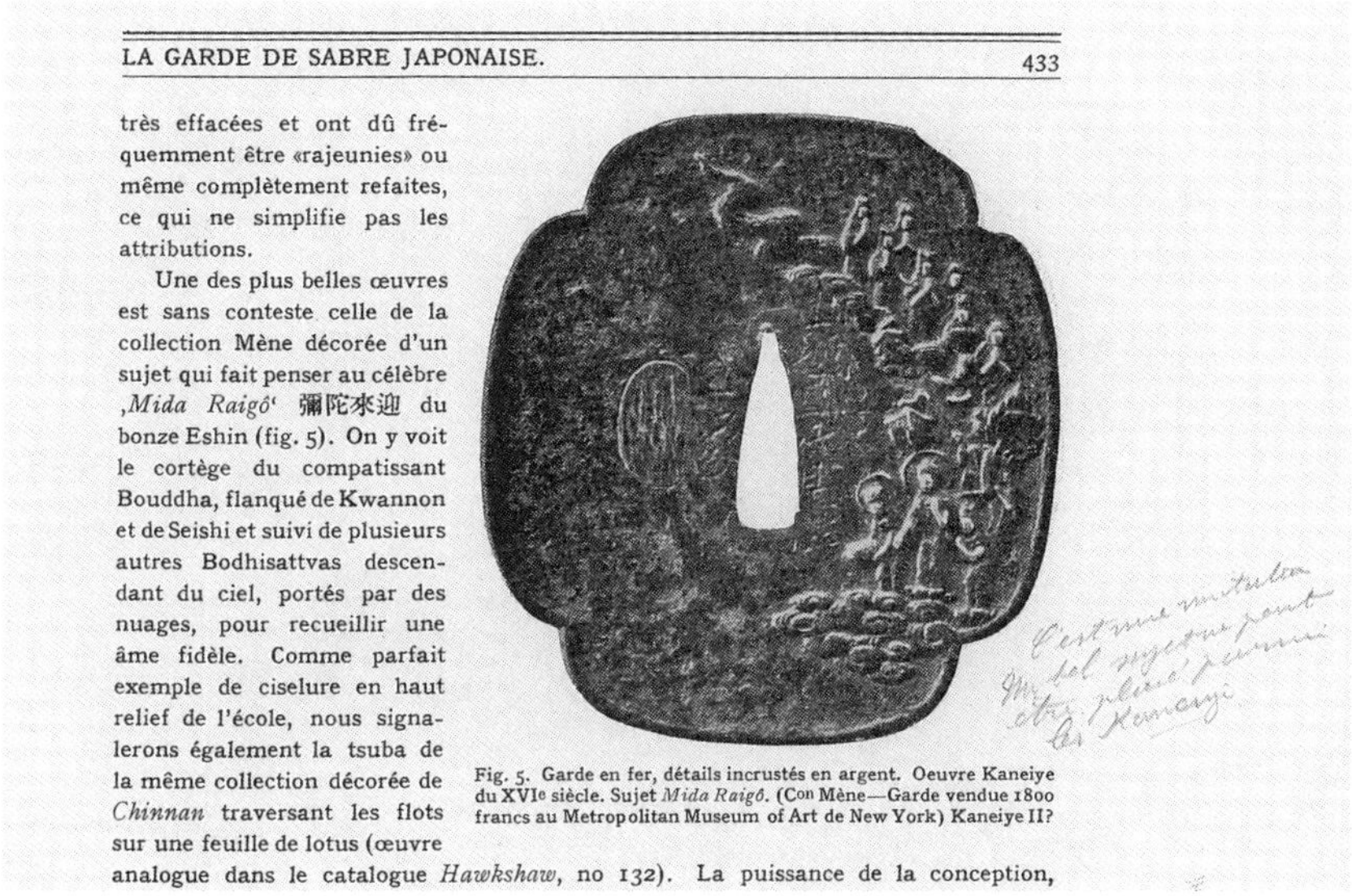
LA GARDE DE SABRE JAPONAISE. 433

très effacées et ont dû fréquemment être «rajeunies» ou même complètement refaites, ce qui ne simplifie pas les attributions.

Une des plus belles œuvres est sans conteste celle de la collection Mène décorée d'un sujet qui fait penser au célèbre ,*Mida Raigô*' **彌陀來迎** du bonze Eshin (fig. 5). On y voit le cortège du compatissant Bouddha, flanqué de Kwannon et de Seishi et suivi de plusieurs autres Bodhisattvas descendant du ciel, portés par des nuages, pour recueillir une âme fidèle. Comme parfait exemple de ciselure en haut relief de l'école, nous signalerons également la tsuba de la même collection décorée de *Chinnan* traversant les flots sur une feuille de lotus (œuvre analogue dans le catalogue *Hawkshaw*, no 132). La puissance de la conception,

Fig. 5. Garde en fer, détails incrustés en argent. Oeuvre Kaneiye du XVIe siècle. Sujet *Mida Raigô*. (Con Mène—Garde vendue 1800 francs au Metropolitan Museum of Art de New York) Kaneiye II?

図 3-23　メーヌ・コレクション鐔、金家派《阿弥陀来迎図》

「日本刀の鐔をめぐる諸問題（続）」1914 年の fig. 5。これは抜刷りで、トレッサンによる秋山久作からの教示の書込みがある。

工の品に活かした鐔工」で、彫金の道具を絵筆のように自在に動かして、小川の流れや鳥の羽を描く。薄肉彫りを多く用い、鳥のくちばしや目に僅かに金の象嵌を施すことがある。透かし彫りは初期の鐔に似ていると紹介した。この時点で金家の二代[33]は主題として周文の大河に落ちる夕日や、狩野元信の四季の山水図、秋の雁の群れが三角をなして蓮や葦のほとりに降りてくる場面、絵画を簡略化つまり構図の一部をとり滝の上のひなびた橋、海辺の岩上の一羽の鳥、木々に囲まれた岩が目立つ湖の畔の漁師小屋などを表現していることを説明している。また水墨画のような中国の哲学者や日本の古い伝説の人物の表現の例で、謡曲の「高砂の尉と姥」をモティーフにした鐔や、中国の文人の山や月光の中の散策の図柄の鐔を挙げる。人物の頭部は銀で象嵌されて精神的な趣がある。そして「金家の才能は仏教の精神と深く結びついていて、その静謐さは禅の瞑想的な性格と通ずるものがある[34]」と、精神面での特徴にも言及する。実作としてメーヌ・コレクションの中で表面が雲に乗って降臨する十三の阿弥陀などが彫られた鐔を紹介している［図3―23］。「日本刀の鐔の歴史をめぐる諸問題（続）」に、これは阿弥陀来迎図でおそらく二代金家の作であり、ニューヨークのメトロポリタン美術館に一八〇〇フランで売却されたことが記されている。薄肉彫りの表面では阿弥陀仏が観音や菩薩を引き連れて雲に乗り、衆生を救うために下りてくる「早来迎」ともいわれる図になる。裏は高肉彫りで鬼が籠を持っている。その中にはされこうべや骨が見えていて、傍らには地獄の釜があるという非常に凝った図柄である。

これらの記述からもわかるように、どのようなモティーフをどのように鐔に表現しているのか、またモティーフの起源や製作者の精神などに関心があった。トレッサンが参考にしていた文献の中で、『装剣奇賞』（全七巻）は美術商の稲葉通龍（新右衛門、一七四〇―一八六）の著作で、天命元（一七八一）年に大坂の「心斎橋筋安堂寺町」から出版があった。トレッサンは鐔の型一枚一枚を写し取って、ノートに貼り説明を書き込んでいた。が、鐔の文様の種類に関しては五巻目の終わりに杜若の文様などが示されている程度で、典拠となった『伊勢物語』への言及はない。江戸時代から大正期には、由来は自明であり不要であったのだろう。要するにトレッサンの情報源は多数の著書に依っている、ないし日本人に直接聞いたと考えるのが自然である。

一九一三年の論考では、金家には「最高のレヴェルでの暗示の技」があって、「ほんのわずかなものを示しながらも、我々の精神にもっと見たいという気持ちを起こさせ、想像力をかき立てる」。「山水」といわれる風景画の法をかねそなえていて、構図においては「天地人」の法則に従っている。「位置と意匠」については「僅かな要素で調和のとれた全体を作り上げる」。輪郭をぼかす表現から、「秀れた絵師の筆の荘厳かつしなやかな筆の技を十全に有している」という。山の表現についても皴法のうち「牛毛皴」が使われていて、衣の襞も「衣紋十八

図3-24　トレッサン所蔵　鐔、肥前若芝の雪景色を描いた鐔
「日本の風景画とその鐔の意匠における役割」1913年の fig. 14。

描」が認められ、「筆の力」が感じられると説明する。[35]これらの用語はブイの『日本画の描法』から学んでいる。

金家の他にも、横谷宗珉の狩野探幽を模した鐔（宗珉が英一蝶と交流のあったことも指摘）、十八世紀末の肥前の若芝については彼が明清の文人画から多くを学び、金家の表現を突き詰めたこと、その薄肉彫で金と銀との布目象嵌を施した鐔における壇ノ浦の構図、銀で布目象嵌によって文人画的な雪で銀色になった山の風景を表したもの［**図3―24**］、同時期の義乗作月烏図における赤銅（黒）をかぶせた四分一による墨象嵌で、「月夜のすてきな小風景に施されており、水の流れに鴉がくちばしを入れ、流れの上を燕が飛び、草の間を魚が泳いでいる」[36]様を表現している作などを説明している。トレッサンは気づいていないようだが、雪景図は東山御物であった南宋の梁楷の《雪景山水図》（現、東京国立博物館蔵）なども想起させ、一つの主題が面々と受け継がれて応用されていったその一端を窺うことが出来

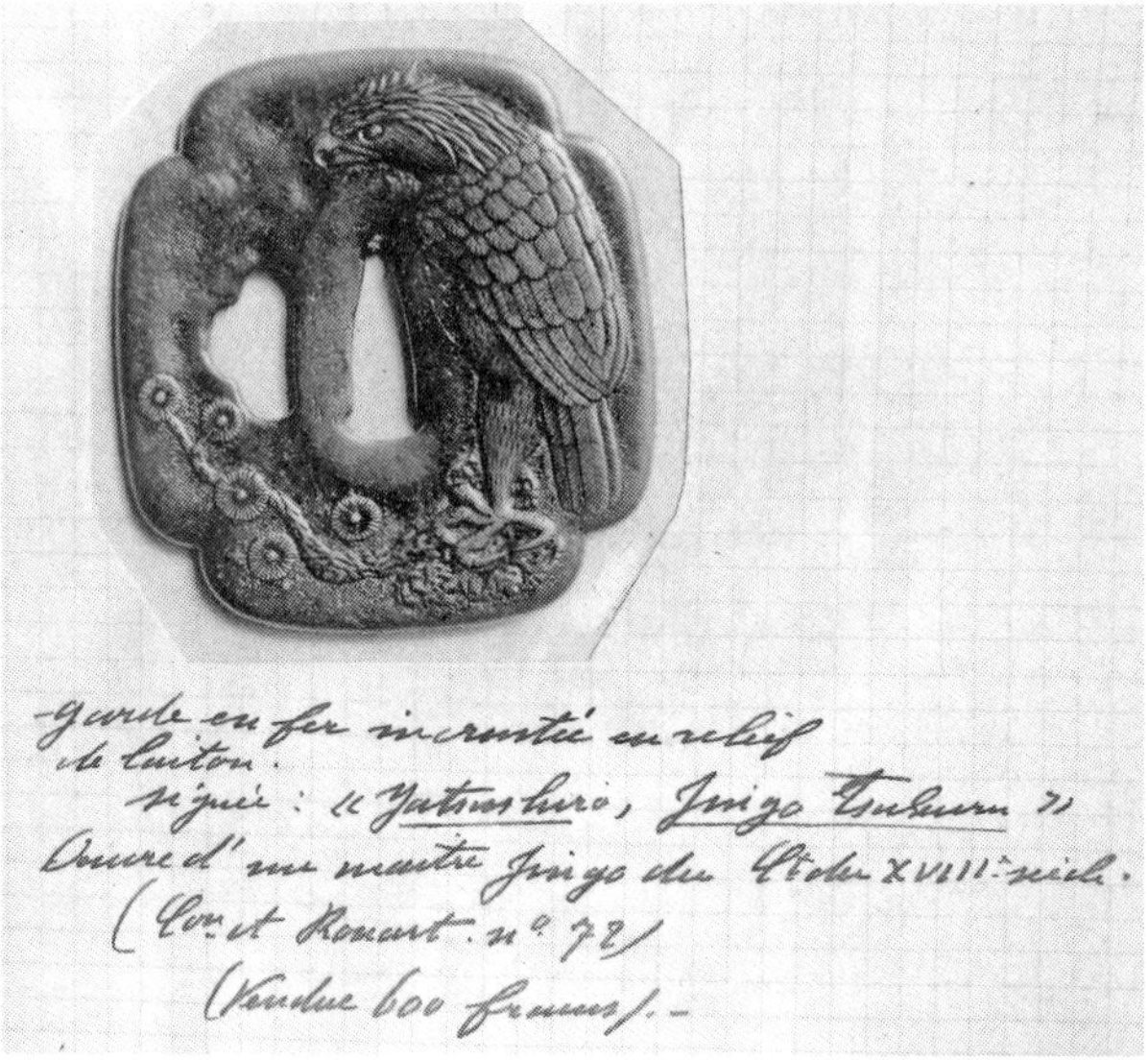

図 3-25　トレッサン所蔵　鐔、肥後志水派《松上猛禽図》
トレッサンの鐔のカード。旧ルアール所蔵品。

る。

一九一〇年の『ＡＤ』での論では、この他にも括猿と花尽くしの小透かしや、透かし鐔で渦巻き、鶴丸、雁つなぎ、春日山、粟穂（十七世紀の平田派で黄と緑の七宝がある）、蕪、菖蒲があり、彫りや象嵌のあるものでは鳳凰、水辺の鷺（十九世紀前半の大月派の長親の作、鉄の地に金二種と赤銅とで象嵌）、枝垂桜（鉄の地に黄銅で象嵌、伏見派）、松上猛禽（肥後の志水派）［図3―25］などがある。信玄鐔と兜鉢、鬼を打ち出したものもある。

『ＲＡＡＭ』で図版にしている鐔は、『ＡＤ』の掲載のものと一部重なるが、新たに小透かしで勝虫（トンボ）、鎌倉彫で瑞雲風景、金、銀、銅の布目象嵌（但し薄肉象嵌にも見える）、透かし鐔で住吉（雲、水車、三笠の松、鳥居）と宇治（橋の下に水車）、鉄鐔で青銅を象嵌した帆船と波の文様、斬新な作風で知られる土屋安親作の十八世紀大型の鐔で春の富士などがある。

取り上げられている鐔で、伝説や物語にちなむ意匠を以下に挙げる。

図 3-26　ビング所蔵鐔、《波乗兎》
「日本刀の鐔」1910 年の fig. 11。

・「波乗兎」　トレッサンはこれを「波の上を脚の爪をたてて走っていく。兎は月に住んでいると見なされていて、ここでは波の拡がりに月の光が暗示されている。」（『ＡＤ』）と説明している。一般に日本では波は水なので火除けの守り、兎は子孫繁栄や豊穣をもたらすめでたい瑞獣と見なされている。また謡曲「竹生島」で、「月海上に浮かんで兎も波を奔るか　面白の島の景色や」を踏まえて織物、漆器、金工などの文様に用いられてきた。トレッサンは「有名な十二世紀の鳥羽僧正の kakemono〔巻物の誤り〕から下りてきたようで、人の情熱を動物に託して風刺するのを楽しむラ・フォンテーヌ式の表現だ」とも書いて、共通する動物による諷刺のユーモラスな表現を見出している。鳥羽僧正の《鳥獣人物戯画》については、やまと絵論でも高く評価していた。

『ＡＤ』では美術商のビングが所有していた（十

六世紀末）一点と、自身の一点（平安城象嵌タイプの黄銅の平象嵌、十七世紀）を図版に挙げている。トレッサンのは全体に楕円同心円型に波をあしらい、三羽の兎が時計回りに走っている。ビングのものは透かし鐔で、波の流れの動きと兎の長い耳とが重なって見えて、丸い鐔の中で三羽の兎が流れにのって、互いに見合いながら生き生きと駆けている。その流動感、躍動感が見事である［**図3―26**］。

・**「八橋」**　これは杜若に橋という、有名な『伊勢物語』の第九段「東下り」にちなむ。トレッサンは自身の八橋文様の鐔（十六世紀末）を挙げている。シンメトリーが端正な透かし鐔である。これはたびたび図版にして紹介している［**図2―8b**］。トレッサンのコレクションのカードでは十世紀の『伊勢物語』の「東の地方への旅」の章だということが記されている［**図3―27**］。さらに『RAAM』の論考の図版6になっている杜若と橋の鐔で、「八橋」が三河の地であり「上にすえて詠め」という題目で作歌したことなどを記し、こうした文芸作品の引用や和歌の作り方もいとわずに伝えている。すなわち「三河の国、八橋といふ所にいたりぬ。そこを八橋といひけるは、水ゆく河の蜘蛛手なれば、橋を八つ渡せるによりてなむ八橋といひける」という下りで、「その沢に、かきつばたいとおもしろく咲きたり。それを見て、ある人のいはく、「かきつばたという五文字を、句の上に据ゑて、旅の心をよめ」といひければよめる」にちなむ。杜若の曲線と雁行する橋の幾何学的直線とが、モダンともいえるシンプルで優美な線の文様になっている。なお『RAAM』には別のアシンメトリーの透かし鐔で、杜若と雁行橋の一部を表しているものもある。

・**「野晒」**　「文人画の文学性をも表している鐔」（『AD』）として挙げているのが野ざらしの図柄である［**図3―28**］。通常は薄にされこうべと卒塔婆の組み合わせになっている。トレッサン所有の一点が図版になっており、加賀鐔で鉄の地に赤銅と黄銅と銀で象嵌がある。いわゆる「加賀象嵌」である。解説には、ある詩人が芭蕉

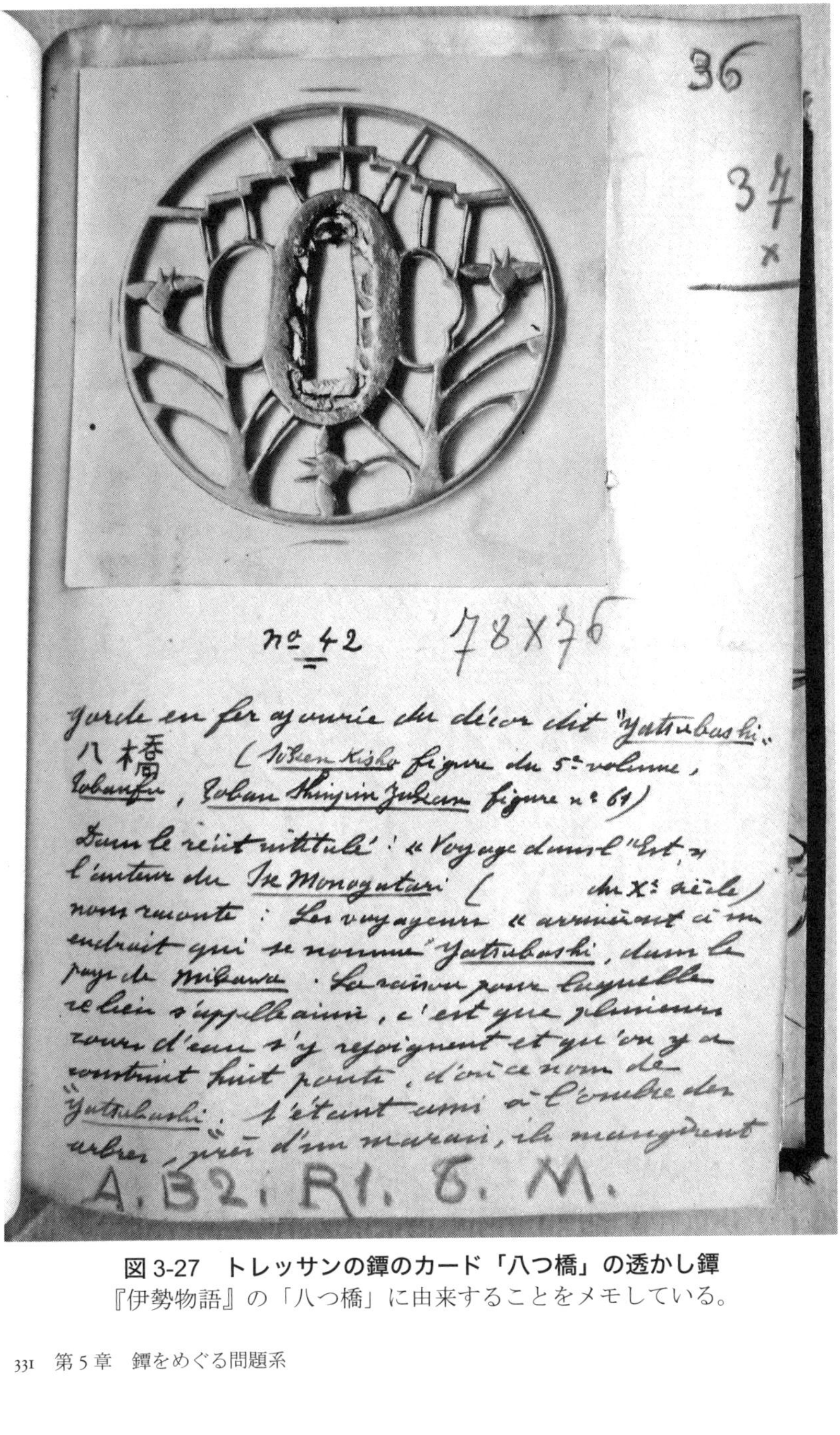

図 3-27　トレッサンの鐔のカード「八つ橋」の透かし鐔

『伊勢物語』の「八つ橋」に由来することをメモしている。

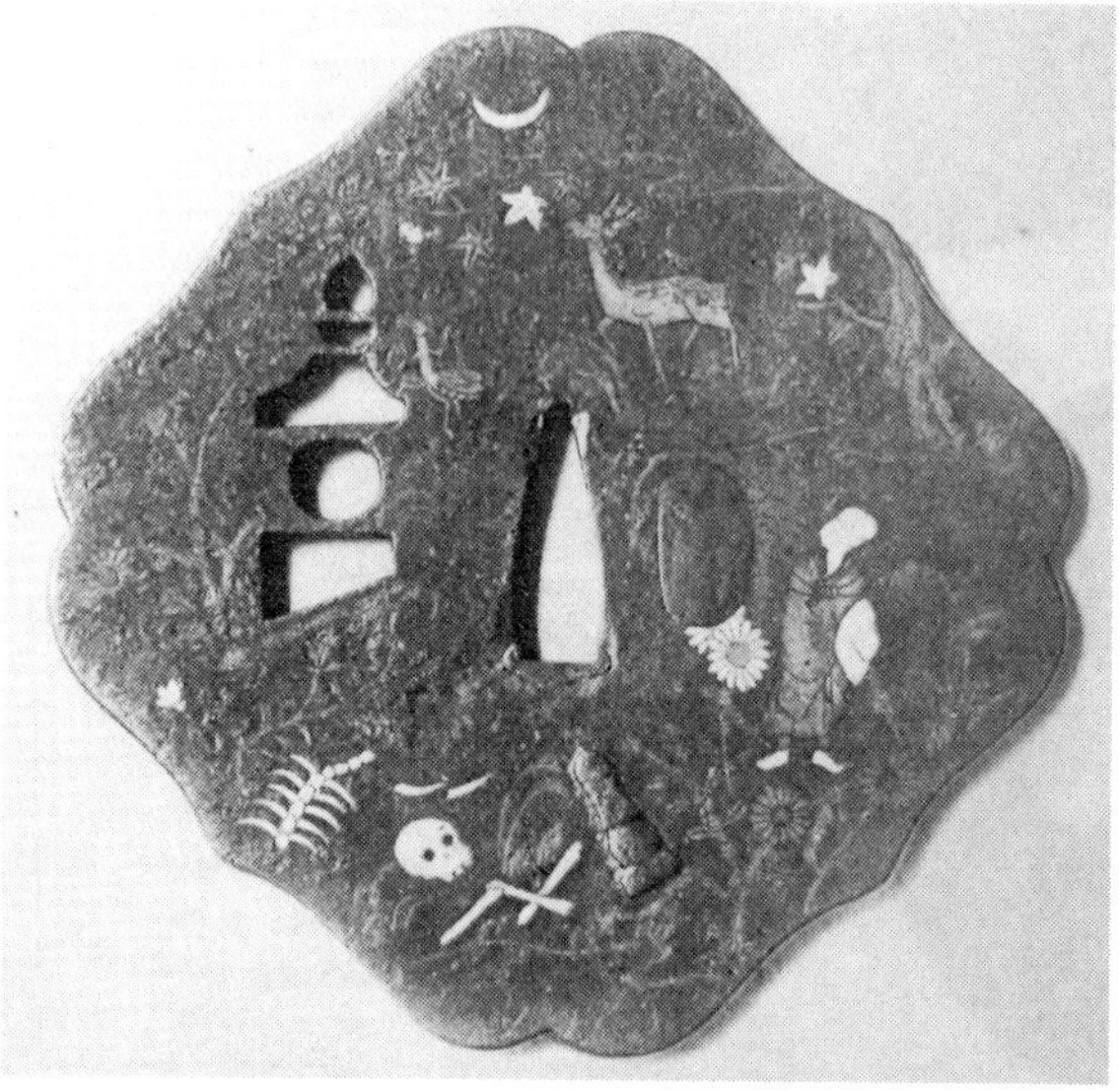

図 3-28　トレッサン所蔵鐔、加賀「野晒」
「日本刀の鐔」1910 年の fig. 15。

の詠んだ秋の物憂さにひかれていて、公園を歩いている。「つわものたちの栄光の夢もどこにいったのか、今では月が彼らの骨を白く照らしている」とある。もちろん芭蕉のは「夏草や兵どもが夢の跡」であって、秋の愁いというボードレールやヴェルレーヌに通じる、フランスの感性に置き換わっている。文様として表面に鹿や萩、紅葉などがあるので、「奥山に紅葉踏み分けなく鹿の、声聞くときぞ秋は悲しき」を踏まえていたとも考えられる。「野晒」の文様は、死を覚悟した武人の覚悟の程を表現したとも言われる。象嵌が豪華でトレッサンはたびたび図版にしている。トレッサン自身が戦場で命を落としているのは偶然であるが、彼の鐔のコレクションは必要不可欠の武器の一部であることからも、他のコレクターにはない意味があったと言えよう。

・「高砂」　風景は装飾的にまとめられていて、毛氈法によって松を表すのに車輪の形状でもってしている。トレッサンは「「高砂」を表す夫婦が、「面白い素朴な感じで仕事に励んでいる」様が、風景を生き生きとさせている。これはバウキスというギリシャ神話の人物を思わせる。夫のピレモンとともにゼウスとヘルメスを手厚くもてなした百姓女の話である」（『RAAM』）と書いている。「高砂」は有名な謡曲で、播磨の国の高砂の浦の老凪（実は松の精）が木陰を掃き清めていて、高砂の松と住吉の松のように夫婦のむつまじく老いていくことを寿ぐ。トレッサンは欧米人によく知られた例を挙げて親近感を誘っている。

・**『太平記』**『巴里日仏協会誌』連載最終回に、物語を踏まえた図柄の鐔が掲載されている。これは赤銅に金と銀とで象嵌を施しており、本間孫四郎の「遠矢射て名誉を顕す」の伝説にちなむ。船に隠れていた敵に大声で呼びかけて驚かした。いわく「ここにあなた方が必要な食料がある。」同時に彼は器用に矢を放ち、鷹の一種のみさごという鳥の羽に命中し、これが敵の足下に落ちた。十八世紀前半の奈良利光の作。この伝説は『太平記』の巻十六の八にある。

次にトレッサンは気づいていないが、物語性の強い文様として四点を挙げておく。

・**「壇ノ浦合戦」**『RAAM』図13の鐔になる。トレッサンはモティーフについては言及していない。が、『平家物語』の壇ノ浦の戦いの場面からとった図柄に見える。ただしここでは船の他に松や東屋など岸辺の風景も取り込まれている。

・**「宇治」**『RAAM』の図5の平安城透かし鐔は、橋と水車と船の舵の組み合わせで、これは『源氏物語』の宇治十帖にちなむ。

・「十牛図」の「得牛図」を思わせる図も『RAAM』にある。十牛図は禅の悟りにいたる道筋を牛を主題とした一〇枚の絵で表したもので中国から伝わった。「得牛図」は無理矢理に牛をつかまえようとして、縄で

図 3-29　旧トレッサン所蔵鐔、京都明珍「卒塔婆」。口絵。©PIASA

角を引いている図である。図版からではわかりにくいのだが、角に縄を掛けているのではないが、生け捕りにしようとしている様子が描かれている。

・「鍾馗《しょうき》」『巴里日仏協会誌』連載の最終回で、初代の横谷宗珉の作として鍾馗が馬に向かって鬼を探していることを告げている図の鐔。この他獅子が子を崖から落とす図、複数の獅子が遊ぶ図、布袋が船に乗って水に映る月の影を捉えようとしている図などの、物語性のある鐔も挙げている。

以下の三点は図版はないが、トレッサンが紹介している伝説などに題材をとった文様の鐔である。

・「孟宗」「儒教の十二の孝心」を表した鐔も紹介している。これは中国で、古今の孝子二四人を選定した「二十四孝」の誤りだろう。トレッサンが紹介しているのは「ある青年がそのお腹のすいた両親に与えるために筍を掘り起こしている」図で、寒中に親のために筍を探して供した「孟宗」を表している。

最後に『太平記』にちなんだ鐔を一点挙げる［図3―29］。これは「日本刀の鐔の変遷」の連載の最初の号に図版20として掲載した明珍（京都）の一点である。トレッサンは十四世紀前半としているが、現在ではそれ以降とする見方が有力である。卒塔婆を五本並べた意匠の透かし鐔で、「南無阿弥陀仏」の文字が彫ってある。この鐔はまた、オスカー・ミュンスターベルクが『日本美術の歴史』第三巻二〇〇頁で、図一四四に挙げている。トレッサンは『集古十種』（松平定信編、一八〇〇年頃）に依拠して、「一三三三年の吉野の戦いで亡くなった村上義光」の所持していた鐔に類似した作で、オリジナルの方は『集古十種』が出た当時は吉野の寺に保存されていた、と説明している。[37] これは『太平記』巻第七の「吉野城軍事」に依る。村上義光が護良親王軍を説得し落ち延びさせ、自身は幕府軍を欺くために親王の鎧を着て身代わりとなって切腹し、敵にはらわたを投げつけて自刃した、という物語がある。日本画の画題にもなっている。

この卒塔婆の鐔は、一九三三年の売立ての際に競売に掛かり、それから八〇年してまたもやオテル・ドゥルオに出品された。[38] 実際にはもっと新しい時代の作だという推定がなされながらも、当初二万から二万五千ユーロという評価額がつき、最終的に八二九ユーロで落ち着いた。トレッサンも村上義光のように、戦場で命を落とした。しかし彼の所持していた鐔の方は、二十一世紀になっても市場で注目され、議論を生んでいるのである。

トレッサンの鐔の文様に関する論考からは、彼が鐔という小さな品を通して日本人の感性や文化のコードを読み解こうとした思いが伝わってくる。あえてトレッサンの多く集めていた鐔のタイプを挙げるとすると、色味の少ないそれだけに地色の金属の美しさがわかるもの、素朴だが愛らしいものが比較的多い。これは彼の好みの他に、歴史的に重要と思われるタイプを取りそろえようとしたことがある。

好みといえば、おそらく二十世紀後半頃までは、少なくともフランス人好みと目されるタイプがあった。古い鉄鐔で透かし模様や毛彫りによるあっさりとした絵柄のもので、複雑華麗に漆や金泥や象嵌で模様を施したタイプはイギリス人好み、と言われたりした。これにはまずフランスでの鐔のコレクションに道筋をつけた林忠正と、トレッサンの影響がある。林コレクションのカタログは後に年代を古く見積もったと非難を浴びるが、実際に彼が集めた鐔がいわゆる渋い鉄鐔だったのである。同様にハンブルク美術工芸博物館所蔵の鐔も、林忠正によってもたらされたものであるために、鉄の透かし鐔が多くを占める。鐔の美しさは応用芸術品のデザインにヒントを与えたのみならず、技術面でも多くの示唆を与えていた。[39] かく時代と国境を越えて実用と審美的な欲求と、歴史的な興味をそそる日本を代表するいわば総合工芸なのである。

おわりに

タイトルの「日本美術」と「ジャポニスム」という言葉から本書を手に取られた方は、イメージとはかなり異なる内容に途惑われたかもしれない。おおよそ〈華麗〉でもなく〈エキゾチック〉でもないノートや手紙、資料カード、修復されていない作品の図版などが散見し、人物名も沢山出てくるが肖像写真は殆どない。第一次世界大戦やフランス史に興味のある方にとって、戦場に消えた若きフランス人将校トレッサン侯爵というロマネスクを喚起する主要人物も、研究姿勢は愚直一方で、書き残したものは情報量こそ豊かであるが読み物としての面白味に乏しい。だがこれらの資料こそが、第一次世界大戦前の日本研究《ジャポノロジー》へと至る過渡期の日本美術研究の現場を表象しているのであり、そして現場はいつであっても混沌としていて、これに向き合わずに見栄えのするものだけ取り上げていても実態は見えてこない。

美術・工芸作品の研究史の研究というテーマは、美術史研究でもあるし比較文学研究にもなるが、造形作品そのものを分析しているのではなく、フィクションであれノンフィクションであれ文学作品を対象にしているのでもない。美術社会学やニュー・アートヒストリーと呼ばれる研究分野はあるが、一人の美術家や一つのメディアを対象にする場合が多い。学際的研究というのは、専門家が集まって共同研究というかたちでそれぞれの専門の立場から研究結果を披露するものであり、一人で枠外に踏み込んで研究をする論者は孤独な立場に立たされることなる。

　とはいえ本書での研究方法は、筆者が早稲田大学の院生時代に学んだ基本を踏まえての実践になっている。ある文学作品を分析する場合、その発表形体である初出の状態を確認すること、すなわちどのような雑誌や新聞に掲載され、それがどのような性格のメディアであるかを確認して同時代評もおさえること。これが必須事項であった。インターネットもなければ復刻本もまだそれほどなく、大学図書館相互での文献のやりとりも出来なかった時代である。加えて著名人のみならず、今日では忘れられたが当時よい仕事をしていた作家たち、属していた結社、彼らを支えていた出版人も見過ごさないこと。挿絵や装幀にも目を配り、画家や美術史家たちとの交流も重視すること。かくして筆者は編集担当者たちや巴里日仏協会の活動に目を向け、国の内外で変色した埃だらけの資料から興味深い内容を見つけるに至った。さらに大学院で目指されていたことの一つに、手紙や日記などを翻刻しそこに出てくる固有名詞に注釈がつけられるようになる、というのがあった。特別な訓練があった訳ではないが、これが出来ないと博士課程の入学試験を突破できない。国立ギメ東洋美術館図書館で重なって貼り付けられた手紙の〈塊〉を見たときも、トレッサンの遺品を前にしたときも一瞬唖然としたが、とにかく浄写する、そして固有名詞に注釈をつけるという作業を思いついたのはひとえに若い頃の刷り込みによる。学恩限りなし、である。

　ところでジョルジュ・ド・トレッサンにしてもオスカー・ミュンスターベルクにしても、第一次世界大戦勃発百周年関連で、ここ二年ほどの間で情報がインターネットで見つかるようになった。しかし筆者が調査し始めたときは前者は没年月、後者は生年しかわからなかった。それでも遺品にたどり着いて整理し、子孫も知らなかった旧蔵書の所蔵先を調査した。実は父や祖父の本業とは言い難い美術史家としての業績は看過されていた。それが調査出来た経緯を語ればそれだけで一章分になりかねないので控える。ただ一言添えておくと、筆者がトレッサンを知ったきっかけは永井荷風の『江戸芸術論』での引用であり、トレッサンが使用していた書物と共通するものが多数あったことから、東北大学附属図書館の旧ミュンスターベルク所蔵文献に行き当たったのだった。

以後調べた結果を元に論文を書き続けた。本書の参考文献に挙げた拙論だけでも優に一冊分になったが、これらに手を入れたくらいでは、忘れられた日本美術研究家たちを過不足なく紹介するのは難しいと判断した。戦火や震災を免れた資料であっても、それを紹介しただけでは学問的な価値を実証できない。そもそも何故どのような経緯で、どのような視点と構成で日本美術史を書いたのか。彼らが生きていた時代的な制約も社会的な環境も、その功績もそして限界も現代の日本人に伝わるようにしたいという思いから、本書の三部構成ができあがった。第一部は日本美術史研究での制度史研究の成果やジャポニスムの各国史の研究、復刻版など、先達の研究に負うところが大きい。が、筆者も出来うる限り実際に美術館・博物館に足を運び機関誌を調査して、新たな情報と見解を付け加えさせていただいた。第二部以降も拙論を元にしているものの、大幅に加筆している。論争などにも言及したのは、彼らの執筆の背景や後代での評価にすら関わってくる事柄だからである。各章で多少書き方が異なっているのは内容がそうさせたという面もあり、各部間での重複も避けられなかったものがあるのでご容赦いただきたい。図版は紀要掲載時とは変更しているものがあるので、参照していただければ幸いである。トレッサンを中心に著作のある人物と機関に絞ったために、シャルル・カルティエ＝ブレッソンなど地方での充実したコレクションには触れなかった。しかし鐔など従来取り上げられなかった分野があるので、今後の調査を期したい。書誌やローマ字による中国語表記の読み取りに関し、万が一遺漏があればご教示いただきたい。

今後は本書の延長ということでは、まずミュンスターベルクの旧蔵書のリストを世に出すことを考えている。

最近では海外でも国内でも、日本研究関連の外国人の旧蔵書目録の作成が進んでいる。それらと合わせてみたときにより価値が鮮明になるであろう。そして本書でも多少応用してはいるが、文学研究のテクスト読解やインター・テクスチュアリティの分析手法を今後もう少し範囲を広げていきたい。欧米で論文とも批評とも決めがたい、それ故本書では論考と記したタイプの文章はまだまだあり、実はこれらが日本美術・工芸のイメージを海外で形成していった。そうした言葉を未熟ないし文学的と切り捨てるのではなく、歴史的な背景も押さえた上で実証的に評価をしていくための方法を探っていきたいと思っている。

以下、本書の元になった調査や出版の過程でお世話になった方々への謝意を述べさせていただく。

一次資料の入手関係でお世話になった Dr. Norbert Murie 氏、Gilles et Laurence de Ripert d'Alauzier 氏、Isabelle Vasseur 氏、Béatrice de Tressan 氏、Marjorie Munsterberg 氏、トレッサンの書簡を見せて下さった国立ギメ東洋美術館図書館司書の長谷川・Sockeel 正子氏、ミュンスターベルク旧蔵書の調査のために資料を提示して下さるなど便宜を図っていただいた東北大学学術資源研究公開センター・総合学術博物館の小川知幸先生、鐔と鐔研究史の魅力を教えて下さった Dr. Alain Briot 先生、レンヌの歴史についてご教示賜った Marc Humbert 先生、フランスの軍制度について貴重な情報を提供して下さった伊藤幸次先生、筆者の前の職場であるフランス国立東洋言語文化研究院にあるBULAC図書館司書の Pascal Hurth 氏、手書きの文字や難解なドイツ語の文章の解読につきあってくれた Jean-Jacques Labia 氏、英語関係では Mary Picone 氏に御礼申し上げる。皆さまのお力添えなしには成り立たなかった研究でした。

そして筆者に論文や口頭での発表の機会を与えて下さったジャポニスム学会、早稲田大学比較文学研究室、東京文化財研究所、*Arts Asiatiques* 編集部、レンヌ第二大学の Patricia Plaud-Dilhuit 先生、出版のために無理を聞いて下さった尾形明子先生、有難うございました。震災後の大変な時期に難しい資料を出納してくださった東北大学附属図書館本館第一閲覧課の当時課長であった藤野曜子氏と第一閲覧課、第二閲覧課のスタッフの方々、国際交流基金ライブラリーの皆様、筆者の依頼で邦文や英文の紹介状をたびたび用意して下さった相模女子大学附属図書館のレファレンス係のみなさんにも御礼申し上げたい。またこれまでの拙著では私的な謝辞は控えてきたが、今回だけは重なる海外出張の留守を支えて下さったナナ・ガーデンの吉澤加津美さんと、『季刊銀花』を創刊号から揃えるような環境で育ててくれた母に、本当に有難うと一言贈ることをお許し願いたい。

大学院生時代から憧れていた骨太の出版社の藤原書店から、本書を出すことが出来たことを大変嬉しく思う。最後になりましたが、藤原良雄社主と編集担当の小枝冬実さんに深甚の感謝を申し上げます。

南　明日香

本書はＪＰＳ科研費・基盤研究Ｃ（美学・美術史）21520111 及び J24520019 の助成による研究成果である。
This work was supported by the Grant-in-Aid for Scientific Research (C), JPS KAKENHI Grant Number 21520111 & JPS KAKENHI Grant Number 24520119.
本書の出版のために、二〇一四年度相模女子大学学術図書刊行助成をいただいた。

http://www.piasa.fr/lots/22205/past.

(39) 鐔の意義について、ノラ・フォン・アッヘンバッハの次の言葉は貴重である。「美学的、装飾的側面に加え、鍔はドイツ工芸に技術的な影響も残した。作家たちは、特に小型の作品やメダリオンのための新しい鋳造法を見つけ出そうとしていた。」「ハンブルク工芸美術館の所蔵作品と林」『林忠正――ジャポニスムと文化交流』前掲書。引用は145頁。

ランスの鐔研究家のアラン・ブリオ氏が、同原本と写本について以下の論文などで取り上げている。ことに後者では鐔や刀盤の用語について詳細な考察がなされている。Alain Briot, « Les Tsuba étoilées », *Bulletin Association franco-japonaise* n° 24, avril 1989; « Disons tout haut ce que l'on pense tsuba », *Bulletin Association franco-japonaise* n° 52, avril 1996.

(17) Joly 1912d.

(18) 前掲著『刀盤賞鑒口訣――鐔研究の手引と鑑賞』の斎藤直芳「刀盤賞鑒口訣の蛇足」に依る。

(19) 驚くべきことに、このトレッサンの論文が80年以上たって英語に翻訳されている。M. le Marquis de Tressan, translated by Christine Dispas, *New Contributions to the Study of the History of the Japanese Sword Guard*, Northern California Japanese Sword Club, 1996.

(20) Oakabe Kakuya, *Japanese Sword Guards*, Boston Museum of Fine Arts, 1907.

(21) Tressan 1914a.

(22) Tressan 1914a p. 433, 434.

(23) Tressan 1914a p. 432.

(24) Tressan 1914b p. 48, note (2).

(25) 秋山久作「随感一束」『刀剣会誌』165号、1914年7月。引用は10頁。

(26) 秋山久作「随感一束」、「猿猴捕月図」『刀剣会誌』165号、1914年7月の扉写真。

(27) 秋山久作「随感一束」『刀剣会誌』165号、1914年7月。引用は14頁。

(28) 秋山久作「随感一束」『刀剣会誌』163号、1914年5月。引用は8頁。

(29) 2012年3月に里文出版から刊行された林盈六『鐔　意匠と技の美』と福士繁雄『刀装具鑑賞画題事典』は、鐔史を詳細に踏まえているが、優れた鑑賞のための書になっている。また宮崎友見子の一連の論文(「鐔における絵画的表現」『刀剣と歴史』3回連載(672)(673)(674) 2006年7、9、11月、「鐔における絵画的表現」『美術科研究23』2005年度、「刀の装飾空間」『美術科研究25』2006年度)、若山泡沫、飯田一雄『鐔小道具鑑定事典　改訂版』(光芸出版、2009年3月)も鐔の造形の特長を活かした文様や絵を分析している。ただし科学的金属分析による新たな研究に依って鑑定から研究へと改めて進める動きもあることを言い添えておく。Cf. 藤澤明、北田正弘、中條広一郎他「江戸時代後期に製作された鐔に用いられた金属の組成と製作技法」(『文化財保存修復学会誌』2009年7月)、川見典久・杉本欣久編著『所蔵品選集鐔』(黒川古文化研究所、2012年10月)。

(30) 岩城見一「序言」岩城見一編『芸術/葛藤の現場――近代日本芸術思想のコンテクスト』晃洋書房、2002年3月(シリーズ・近代日本の知 第4巻)。引用は3頁。

(31) Tressan 1913c, p. 17.

(32) Tressan 1910b, p. 68

(33) おそらくこの原稿の直後に執筆された装飾美術館での鐔展カタログのための文章では、二代金家について「天正期1573-1591頃」という具体的な活躍年代を記し、古い日本の伝説を好み、メーヌの阿弥陀の意匠の鐔についても二代の作としている。

(34) Tressan 1910-12 (juin-septembre 1910), p. 21, 22.

(35) Tressan 1913c, pp. 132-134.

(36) Tressan 1913c, p. 140.

(37) Tressan 1910, p. 16.

(38) 2012年6月14日、ドゥルオ・リシュリューで開催の「アジア美術」の競売である。Cf.

(78) Charles H. Caffin, *How to study pictures*, New York, The Century Co., 1905, p. 489.
(79) 中根和子「19世紀から20世紀にかけてのアメリカにおける日本美術研究」『美術フォーラム21』vol. 5、2001年12月。引用は120頁。
(80) Tressan 1913c, p. 129.
(81) エドゥアール・クラヴリによるコーン著『様式分析――日本絵画研究序説』*Stilanalysen als Einführung in die japanische Malerei*, Berlin, Osterheld & Co. 1908書評での言葉。*BSFJP* n° 26-27, juin-juillet 1912. 引用は p. 197。

第5章　鐔をめぐる問題系

(1) 今日でもコレクターが絶えていないのは、各国の日本関係の雑誌やアジア関係の骨董雑誌で鐔の記事があることでもわかるが、日本でも著名な個人コレクターとして、マーケティング学者のフィリップ・コトラーを挙げておく。「フィリップ・コトラー㉑　私の履歴書　日本の思い出」、『日本経済新聞』2013年12月21日朝刊。
(2) 桑原羊次郎「装剣金工品之将来」『刀剣会誌』183号、1916年1月。引用は3-6頁。
(3) 牛歩老人「武将と愛刀（9）」『刀剣と歴史』2002年11月。引用は13頁。
(4) 秋山久作「随感一束」199号、1917年4月。
(5) 無署名「新会員侯爵トレツサン君」『刀剣会誌』153号、1913年6月。引用は40頁。
(6) Tressan, Catalogue de la collection Wada (Tsunashiro) actuellement à W. T. Furukawa.
(7) Tressan 1914a, p. 45.
(8) 以下順に巻末書誌に従って記す。Tressan 1906, 1910-12, 1910a, 1910b, 1911a, 1911b, 1912d, 1912f, 1913b, 1913c, 1913e, 1914a, 1914b, 1914c, 1914d.
(9) Justus Brinckmann, Shinkichi Hara, *Die Meister der japanischen Schwertzierathen: ueberblick ihrer Geschichte, Verzeichniss der Meister mit Daten ueber ihr Leben und mit ihren Namen in der Urschrift*, Jahrbuch der hamburgischen wissenschaftlichen Anstalten, XX; Beiheft, Gedruckt in der Reichsdruckerei zu Berlin, 1902; Gustav Jacoby, *Japanische Schwertzieraten: Beschreibung einer Kunstgeschichtlich geordneten Sammlung, mit Charakteristiken der Künstler und Schulen*, Leipzig, K.W. Hiersemann, 1904.
(10) *Catalogue de la collection des gardes de sabre japonaises: au Musée du Louvre don de Tadamasa Hayashi de Tôkiô*, op. cit.
(11) シカゴのコレクターで『日本刀装金工大事典』*The index of Japanese sword fittings and associated artists* v. 3, Ellwangen: Nihon Art Publishers, 2001. の著書もあるロバート・ハインズ Robert E. Haynes など。Cf. http://www.shibuiswords.com/tsubaid.htm。ハインズは今世紀に入り、金家鐔を含むモスレ・コレクションを購入したことも書き添えておく。
(12) Joly 1909.
(13) *Japanische Kunstwerke, Waffen, Schwertzieraten, Lacke, Gewebe, Bilder, Holzschnitte der Sammlung Moslé*, G E.A. Seemann 1914.
(14) 桑原羊次郎「装剣金工鑑定法汎論（15）」『刀剣会誌』171号、1914年12月。引用は7頁。
(15) ノルデンシェルド文庫は、日本語学者でトレッサンもその教本で学習していたレオン・ド・ロニの監修によって、1883年に目録ができていた。
(16) 松宮観山『刀盤賞鑒口訣――鐔研究の手引と鑑賞』美術刀剣出版、1967年。及び同書の解説川口陟「松宮観山伝」と斎藤直芳「刀盤賞鑒口訣の蛇足」に依る。また夙にフ

(50) 中国学者のヴィクトール・コランが『中仏友好協会誌』でこの綴りの問題について指摘している。しかし内容については若干無味乾燥としながらも否定していない。V. Collin « La renaissaince de la peinture japonaise sous l'influence de l'Ecole chinoise du Nord, du milieu du XIVe siècle) la chute dezs Ashikaga (1573), par le comte Georges de TRESSAN. Revue de l'Art ancien et moderne », *BAAFCh* vol. 2 n° 3, juillet 1910, p. 299, 300.

(51) Tressan 1910c, p. 206.

(52) Sei-ichi Taki, "Bunjin-gwa Painting"; *The Kokka* n° 216, May 1908, p. 292. 瀧の中国水墨画に関する観念的な議論については宮崎法子「日本近代のなかの中国絵画史研究」『語る現在、語られる過去　日本の美術史学100年』前掲書参照。

(53) 島尾新「雪舟研究の現状と課題」『國華』1275号、2002年1月。引用は p. 19。

(54) フェノロサ『東洋美術史綱』前掲書。引用は下巻の23頁。

(55) Laurence Binoyon, *The Painting in the Far East*, op. cit., p. 173, p. 175.

(56) Tressan 1910c, p. 264.

(57) Tressan 1910c, p. 268.

(58) Tressan 1910c, p. 268.

(59) Tressan 1905g, p. 92.

(60) Tressan 1910c, p. 193.

(61) Tressan 1910c, p. 194.

(62) Tressan 1910c, p 261, p. 262, p. 263. p. 272.

(63) Tressan 1910c, p. 269, p. 270, p. 273.

(64) Tressan 1913h, p. 73, p. 69, p. 68.

(65) Tressan 1910c, p. 34.

(66) Tressan 1913h, p. 36. この表現は原文でも括弧でくくられていて引用のように用いられている。が、出典は不明、フェノロサの論には雪舟の山水画について、世界があたかも銀で作られているように（原著82頁）、という表現はある。

(67) Tressan 1905g, p. 88.

(68) *Histoire de l'art du Japon*, op. cit., p. 146

(69) Tressan 1910c, p. 194.

(70) Tressan 1910c, p. 193, 194.

(71) Tressan 1910c, p. 194.

(72) Tressan 1913h, p. 36, p3.

(73) Tressan 1913b, p. 485, 486. Tressan 1913f. p. 139 にも同様の説明がある。

(74) Sei-ichi Taki, "Characteristics of Japanese Painting Part I", p. 8, p. 12; "Chinese and Japanese Calligraphy II"

(75) トレッサンは1913年の論考で、ブイのことを「故ラフカディオ・ハーンとともに日本人の繊細な心理を最もよく知る著者」として挙げている。Tressan 1913c, p. 18.

(76) Henry P. Bowie, *On the laws of Japanese painting: an introduction to the study of the art of Japan*, op. cit, p. 80.「筆の力」は p. 55、「こころもち」は p. 56, 99, 101, 102にも出てくる。

(77) 志邨匠子「二十世紀初頭アメリカにおける日本美術受容——チャールズ・H・キャフィンの橋本雅邦論をめぐって」『美術史研究 37』1999年12月に依る。本稿ではキャフィンの考える「心持ち」の邦訳を同論より若干変えている。

(34) Sei-ichi TAKI, "Characteristics of Japanese Painting Part III", op. cit., p. 8. なお邦文「山岳説」には皴法の説明はあるが図版は無い。これは当時の『國華』の読者には不要であったからであろう。

(35) Herbert Allen Giles, *An Introduction to the History of Chinese Pictorial Art*, Shanghai, Kelly & Walsh, ld., 1905.

(36) Petrucci 1910b, p. 107.

(37) Petrucci 1910b, between p. 104-105, plancheX.

(38) フェノロサ『東洋美術史綱』前掲書。引用は下巻133頁。

(39) Henry P. Bowie, *On the laws of Japanese painting: an introduction to the study of the art of Japan*, San Francisco, P. Elder, New York, Dover publications, inc, 1911. 引用は子息の平野威馬雄訳『日本画の描法』涛書房、1972年10月に依る。

(40) ブイ『日本画の描法』前掲書。引用は19、44、45、101頁。

(41) ここで今更ながらにはなるが、ブイも挙げている有名な「気韻生動」の概念について整理しておく。これは5世紀後半から6世紀前半に、南斉の画家の謝赫が『古画品録』で唱えた「画の六法」のうちの一つ。当初は描かれた事物に生き生きとした生命感があることを意味した。後にはブイも用いていたように、これが画家の人間性や精神性が画面に表れていることと、拡大解釈されもした。現代風にいえば「オーラがある」とでもなり、それが作品自体から感じられるものから作者が作品を通じて発している「オーラ」に転じたのである。画論は絵師たちの間では読んで解釈するものではなく、それぞれが体験に基づいて納得できるかたちでの言葉、たとえば「こころもち」などにし、弟子に語り伝えていったのであろう。

(42) ブイ『日本画の描法』前掲書。引用は33頁、62頁。

(43) Laurence Binyon, *The Flight of the Dragon - An Essay on the Theory and Practice of Art in China and Japan Bases on Original Sources*, London, E J. Murray, 1911.

(44) Raymond Kœchlin, « Correspondance d'Angleterre », *Gazette des Beaux-Arts*, octobre 1910, p. 324.

(45) Laurence Binyon, *The Flight of the dragon*, op. cit., p. 24, p. 27.

(46) なおペトリュッチやビニヨン同様ジャイルズの著書に依拠して、さらに精神的解釈を推し進めた論考にクルト・グラーザーの『東アジアの美術――思考と具象の周辺』前掲書がある。同書は夙に『國華』でインド美術史家の岩崎眞澄が批判したように（岩崎眞澄「グラーゼル氏の「東亜の芸術」」（上）（下）『國華』343号、1918年12月、346号、191年3月）、西洋哲学の概念を応用して「伝神」と「気韻」をそれぞれ此岸と彼岸の芸術概念にし、前者を絵巻物、後者を水墨画に代表させて論じているために、極めて独創的な論述になっている。グラーザーは元々ハインリヒ・ヴェルフリンの門下で、ハンス・ホルバインで博士論文を書いた美術史家であったために、概念的図式と観念的な分析に終わったようだ。グラーザーの論述を本書でのトレッサンらと同列に論じるのは、論の拡散を招くので、言及にとどめておく。

(47) Laurence Binyon, traduit de l'anglais par d'Ardenne de Tizac, *Introduction à la peinture de la Chine et du Japon*, Paris, Flammarion, 1968.

(48) 巻末参考文献で以下の通り。Tressan 1905g, Tressan 1910c, Tressan 1913h.

(49) Tressan 1913h, p. 5.

Paintings in The British Museum, Longmans, 1886.

(9) アンダーソンが参考にした日本美術参考文献の洋書については村角紀子「ウィリアム・アンダーソンと『仏像図彙』――〈日本美術史〉形成期における欧文日本研究書の位置」『美術史』173号、2012年12月。

(10) 馬渕明子『『日本絵画芸術』および関連文献集成』「別冊解説」エディション・シナプス、2007年。引用は6頁。

(11) William Anderson, *The pictorial arts of Japan: with a brief historical sketch of the associated arts, and some remarks upon the pictorial art of the Chinese and Koreans*, S. Low, Marston, Searle, & Rivington, 1886, p. 44.

(12) William Anderson, *The Pictorial Arts of Japan*, op. cit., p. 49.

(13) William Anderson, *The Pictorial Arts of Japan*, op. cit., p. 52.

(14) fig. 1: Kano Motonobu, "The Rishi Chung-Li Küan", William Anderson, *The Pictorial Arts of Japan*, op. cit., between p. 52-53.

(15) Laurence Binyon, *Painting of the Far East* op. cit., p. 182.

(16) *Histoire de l'art du Japon*, op. cit., p. 153, p. 14.

(17) 岡倉天心『日本美術史』前掲書。引用は p. 339。

(18) 島尾新・山下裕二「対談 水墨画の過去・現在・未来」『別冊太陽　日本のこころ 124 水墨画発見』2003年8月。引用は139頁。

(19) 脇本楽之軒「國華讃歎」『國華』600号1940年11月。引用は372頁。

(20) 矢代幸雄「國華の世界的存在」前掲論文。引用は366頁。但しウェイリーの著書は Arthur Waley, *An introduction to the study of Chinese painting*, London, Ernest Benn, 1923.

(21) Sei-ichi TAKI, "Characteristics of Japanese Painting", op. cit., Part I: p. 8, Part III: p. 67, p. 111.

(22) Sei-ichi TAKI, "Characteristics of Japanese Painting", op. cit., Part III: p. 75, p. 67. Part IV: p. 112.

(23) Sei-ichi TAKI, "On Oriental India-Ink painting", *The Kokka* n° 203 1907 April, p. 652.

(24) Sei-ichi TAKI, "Characteristics of Japanese Painting", op. cit., Part I: p. 7, Part II, p. 333.

(25) Sei-ichi TAKI, "The Principles, Chi-Yün and Chuan-Shên, in Chinese Painting", p. 73.

(26) Arthur Morrison, *The Painters of Japan*, London, Edinburgh, T.C. & E.C.Jack, Ltd. 1911.

(27) Kakuzo Okakura, *The Book of tea*, New York, Fox Duffiled & Co., 1906.

(28) Arthur Morrison, *The Painters of Japan*, op. cit., p. 90, p. 121.

(29) Arthur Morrison, *The Painters of Japan*, op. cit., p. 108.

(30) William Cohn, „Fujiwara no Mitsunaga und Sesshu, ihre Kunst und ihre Zeit", *Monatshefte für Kunstwissenschaft*, p. 298, p. 300, p. 297.

(31) フェノロサ『東洋美術史綱』前掲書。引用は下巻84頁、121頁、123頁、148頁、149頁。

(32) なお久世夏奈子氏の調査で1900年代が『國華』での古渡の第一ピーク、1910年代から20年代は、新来の中国絵画の掲載が始まると同時に、古渡の作品掲載の第二、第三のピークであり、30年以降は古渡の作品掲載が終息に向かったという。「『國華』にみる古渡の中国絵画――近代日本における「宋元画」と文人画評価の成立」『日本研究』47号2013年3月。

(33) 展覧会図録『室町将軍家の至宝を探る』徳川美術館、2008年10月、引用は「ごあいさつ」より。

からの引用をしている。なお1908年の単行本の参考文献には、トレッサンの二巻本『日本美術論』とミュンスターベルクの『日本美術史』三巻本を挙げていることを付け加えておく。

(32) フェノロサ『東洋美術史綱』前掲書。引用は上巻311頁。

(33) William Cohn, „Fujiwara no Mitsunaga und Sesshu, ihre Kunst und ihre Zeit“, op. cit., p. 284, p. 287, 288.

(34) Tressan 1909, p. 130, p. 291.

(35)「手袋の指」の比喩はペルツィンスキーの『北斎』1904年で北斎が描く霞の形状を西洋の手袋の指先のようだと書いたのに基づいているようだ (Friedrich Perzyński, *Hokusai*, op. cit..)。なお、すやり霞はクルト・グラーザーも指のかたちの雲と指摘していたが、これは単なる類型化したけばけばしい装飾の一つにすぎないと酷評している。Curt Glaser, *Die Kunst Ostasiens: der Umkreis ihres Denkens und Gestaltens*, Insel-Verlag 1913, p. 51.

(36) Tressan 1909, p. 140, p. 138, p. 68, p. 71.

(37) Tressan 1909, p. 17.

(38) Tressan 1909, p. 140.

(39) Tressan 1909, p. 141, p. 142.

(40) Laurence Binyon, *Painting in the Far East*, op. cit., plate XV, p. 125, 126.

(41) Tressan 1913h, p. 29, p. 30.

(42) Tressan 1909, p. 137, p. 134.

(43) Laurence Binyon, *Painting in the Far East*, op. cit., p. 128.

(44) 佐野みどり「王朝の美術」『日本美術全集 8　王朝絵巻と装飾経　平安の絵画・工芸II』講談社、1990年8月。引用は169頁。

第4章　室町水墨画評価――漢画の技術と精神をめぐって

(1) 矢代幸雄『水墨画』岩波新書、1969年12月。引用は2頁。

(2) Laurence Binyon, *Painting in the Far East*, second edition, 1913, op. cit., p. vii.

(3) 雪舟の西洋での受容に関しては野呂昭子「フランス・イギリスにおける雪舟の認識をめぐって――1860年代から1920年代まで　前編・資料編」(『日本女子大学　人間社会研究科紀要　第14号』2008年3月) での引用、図版資料が先行研究としてあり、本論でも資料が一部重複することをお断りしておく。

(4) Louis Gonse, *L'Art japonais*, op. cit., p. 189, 190.

(5) Louis Gonse, *L'Art japonais*, op. cit., p. 191, figure p. 193.

(6) Louis Gonse, *L'Art japonais*, op. cit., p. 195, p. 204.

(7) Pierre Barboutau, *Biographies des artistes japonais dont les œuvres figurent dans la collection Pierre Barboutau*, Paris: S. Bing, 1904. バルブトーについてはすでに 高山晶氏の研究がある。関連箇所を引用する「〔同書は〕明治20年代までに出版された日本絵画史や日本人絵師の伝記・系図などに関する複数の刊行物をフランス語に翻訳・抜粋した資料に加えて、総数1167点のバルブトー・コレクションの目録と図版、そしてそのコレクションのオークション情報を総合した出版物」。『ピエール・バルブトー――知られざるオリエンタリスト』慶應義塾大学出版会、2008年3月。引用は124頁。

(8) William Anderson, *A Descriptive and Historical Catalogue of a Collection of Japanese and Chinese*

(11) Petrucci 1907.
(12) Tressan 1905g, p. 74, 75.
(13) Tressan 1905g, p. 81.
(14) Tressan 1905g, p. 76.
(15) フェノロサ『東洋美術史綱』前掲書。引用は上巻290頁。
(16) フェノロサのやまと絵観についてはチェルシー・フォックスウェル「明治維新を越えたやまと絵――住吉広賢とフェノロサ」下原美保編著『近世やまと絵再考　日・英・米それぞれの視点から』前掲書。
(17) Tressan 1905g, p. 76, p. 81, 71. Louis Gonse, *L'Art Japonais*, op. cit., p. 179.
(18) Charles Gillot, *Objets d'art et peintures d'Extrême-Orient*, Paris, Galerie Durand-Ruel, février 1904.
(19) Tressan 1905g, p. 70, p. 142, p. 85.
(20) アンダーソンとモリソンの画論受容から見るやまと絵観については石川千佳子「英米における版本の蒐集と賀詞・画論の受容について――W・アンダーソンとA・モリソンの日本絵画史論を導きに」(下原美保編著『近世やまと絵再考　日・英・米それぞれの視点から』前掲書)に言及がある。
(21)『秘蔵日本美術大観 1』前掲書の有賀祥隆の解説(248頁)に依ると、禅僧の間で好まれた「詩禅一致の思想」を象徴した図像の一つのタイプで、室町中期の禅僧万里集九の詩集『梅花無盡蔵』での言及から、明からもたらされた画像を手本にした写しと考えられており、15世紀後半の制作で、漢画の様式の名品とみている。現在大英博物館では、この天神像は明国で日本人向けまたは日本人からの注文で作成したものとみなされていて、2014年に開催された「明展」Ming: 50 years that changed China(2014年9月18日-15年1月5日)では、展示室の最後の壁を飾ったことを記しておく。
(22) Arthur Morrison, *The Painters of Japan*, op. cit., p. 42.
(23) Petrucci 1912c. p. 5.
(24) Tressan 1909.
(25) Gaston Migeon, *Au Japon: promenades aux sanctuaires de l'art*, Paris, Hachette, 1908.
(26) Tressan 1912e.
(27) Tressan 1913h.
(28) 瀧は滞欧中の1913年に巴里日仏協会に寄せた英文の論文で、日本の二大絵画としてやまと絵と漢画を説明している。« Les Deux Grandes Ecoles de la Peinture japonaise: Yamatoyé et Kangwa. Par M. Sei-ichi TAKI », *BSFJP* n° 30 juillet 1913, pp. 7-9。
(29) Sei-ichi TAKI, « Characteristics of Japanese Painting, Part I », *The Kokka* n°182, July 1905, p. 14, 15.
(30) オツトキユンメル「日本に於ける紀年的新出版」前掲論文。引用は31頁。
(31) William Cohn, „Fujiwara no Mitsunaga und Sesshu, ihre Kunst und ihre Zeit", op. cit., p. 291, 292. コーンはこの前年に『様式分析――日本絵画研究序説』*Stilanalysen als Einführung in die japanische Malerei*, Berlin, Osterheld & Co. 1908を刊行している。やはり『國華』『真美大観』に情報を追っており、これはエドゥアール・クラヴリが書評(*BSFJP*, n° 26-27, juin-juillet 1912, pp. 193-200.)で述べているように、スタイルの単純な比較分析である。これと比べて翌年発表の光長と雪舟についての論の方が作品に即しているので、本書ではこちら

(16) François Benoît, *L'Architecture: l'orient médiéval et moderne,* coll.Manuels d'histoire de l'art, Paris, Ed. H. Laurens, 1912.

(17) Alfred Foucher, *L'Art greco-bouddhique du Gandhara: étude sur les origines de l'influence classique dans l'art bouddhique de l'Inde et de l'Extrême-Orient*, EFEO, Paris, E. Leroux, 1905.

(18) 山田利明「仏教東漸——東方学をめぐる歴史的研究について」、福井文雅篇『東方学の新視点』五曜書房、2003年10月。引用は10頁。

(19) 松本文三郎「仏像の美的研究」『哲學研究』1巻2号、1916年及び前掲山田論文、8、9頁。

(20) « l'Art Bouddhique au Musée Cernuschi par M. H. d'Ardenne de Tizac conservateur du Musée Cernuschi », *BSFJP* n° 30, juillet 1913, p. 29.

(21) フェノロサ『東洋美術史綱』前掲書。引用は上巻156頁。

(22) フェノロサ講演「奈良ノ諸君ニ告グ」1888年6月5日。

(23) 奈良平城京は「シルクロードの終着駅」と見る東漸説については、先駆的研究に井上章一『法隆寺への精神史』(前掲書)がある。

(24) Georges Perrot, *Histoire de l'art dans l'antiquité, Tome VIII: La Grèce archaïque: La sculpture*, Paris, Hachette, 1903.

(25) Albert Grünwedel, *Altbuddhistische Kultstätten in Chinesisch Turkistan. Bericht über archäologische Arbeiten von 1906 bis 1907 bei Kuca, Qara Sahr und in der Oase Turfan.* Berlin, Georg Reimer 1912.

(26) 瀧精一「印度芸術の東亜に及ぼせる影響に就て(上)」『國華』311号、1916年4月。引用は313頁。

(27) 鈴木廣之「和辻哲郎『古寺巡礼』——偏在する「美」」前掲論文。引用は7頁。

(28) 和辻哲郎『古寺巡礼』岩波書店、1919年5月。

第3章　やまと絵評価——稚拙か、日本本来の美か

(1)「やまと絵」(大和絵、倭絵)の範囲は一般的に次のように考えられている。これは時代によって変化している。平安時代には唐朝の絵画である唐絵(からえ)の技法を受け継ぎながら、日本風の主題を描いた世俗画の屏風障子絵であり、鎌倉時代から室町時代にかけては宋や元の影響を受けた漢画に対して、平安時代以来の伝統的な様式の絵画をやまと絵とみなす。この時期には小ぶりの肖像画や絵巻なども含む。江戸時代になると土佐派やその系列の住吉派の作から、さらに俵屋宗達や尾形光琳らの琳派まで広く指すようになり、幕末には「復古大和絵」も冷泉為恭らによって興った。明治期以降はこうした全体を踏まえている、というのが定説である。

(2) William Anderson, *The pictorial arts of Japan*, op. cit., p. 31.

(3) フェノロサ『東洋美術史綱』前掲書。引用は上巻313頁。フェノロサとアンダーソンは友人関係であったので、この言葉は単なる想像とはいえない。

(4) Tressan 1905g; Tressan 1909; Tressan 1912e; Tressan 1913h.

(5) Tressan 1905g, p. 13.

(6) 岡倉天心『日本美術史』平凡社ライブラリー、平凡社、2001年1月に依る。

(7) フェノロサ『東洋美術史綱』前掲書。引用は上巻273頁。

(8) Léon Metchnikoff, *L'Empire japonais*, Genève, imprimerie orientale de « l'Atsume Gusa », 1878, 1881.

(9) Tressan 1905g, pp. 72-85.

(10) Tressan 1905g, p. 80.

(4) Louis Gonse, *L'Art japonais*, 2e éd. corrigée et abrégée en un vol., Paris, A. Quantin, 1886.
(5) 古田亮氏によれば中村不折は「今西洋でも光琳のものといふと非常な騒ぎで、世界に於ける装飾画家として一番高い位置に置いてある。仏蘭西の装飾画家としての大家グラッセー及びベルネーユの徒も光琳を殆ど神様のやうにいふて居る」(「一蝶と光琳」『日本美術』89号、1906年7月)。「大正初年における宗達の再評価をめぐって」『美術フォーラム21』vol. 28。引用は85頁。
(6) 宮島新一「桃山時代から江戸時代初期の宮廷画家」『宮廷画壇史の研究』至文堂、1996年2月。引用は230頁。
(7) フランス極東学院の活動については、藤原貞朗氏の労作『オリエンタリストの憂鬱——植民地主義時代のフランス東洋学者とアンコール遺跡の考古学』めこん、2008年11月を参照のこと。

第2章　仏教美術と中央アジアの莫高窟調査成果

(1) 藤原貞朗翻訳・解題「アンリ・フォシヨン著「日本の版画と十九世紀後半期の西欧絵画」」『五浦論叢　15号』2008年11月。引用は p. 190。
(2) この章の東洋学者については以下の文献を参照。斎藤忠『石窟寺院の研究——インド・中国・韓国・日本の系譜を求めて』第一書房、1999年10月、高田時雄編著『東洋学の系譜　[欧米篇]』大修館書店、1996年12月、藤原貞朗『オリエンタリストの憂鬱』前掲書、菊地章太『フランス東洋学ことはじめ　ボスフォラスのかなたへ』研文出版、2007年9月、ロデリック・ウィットフィールド編『西域美術　大英博物館スタイン・コレクション』一巻、二巻、講談社、1982年3月、9月、ジャック・ジエス編『西域美術　ギメ美術館ペリオコレクション』講談社、1994年6月、国立情報学研究所—ディジタル・シルクロード・プロジェクト『東洋文庫所蔵』貴重書デジタルアーカイブ　http://dsr.nii.ac.jp/toyobunko/creator/albert_gr%C3%BCnwedel.html.ja、ペリオ関係での相互の情報の違いは EFEO の HP での情報。http://www.efeo.fr/biographies/notices/pelliot.htm によった。
(3) « Trois ans dans la haute Asia, Mission Pelliot », *L'Illustration* 12 mars 1910.
(4) 井上章一『法隆寺への精神史』弘文堂、1994年2月。引用は43頁。
(5) « La Peinture chinoise au Musée Guimet par Tchang Yi-Tchou et J. Hackin », *Annales du Musée Guimet Bibliothèque d'art 4ème*, 1910, p. 39.
(6) Mission Pelliot, *Les grottes de Touen-Houang: peintures et sculptures bouddhiques des époques des Wei, des T'ang et des Song*, Paris, Librairie Paul Geuthner, 1914-1921.
(7) Chavannes, *Mission archéologique dans la Chine septentrionale*, op. cit.
(8) Tressan 1912c.
(9) Tressan 1913e.
(10) Claude Eugène Maître, « L'art du Yamato », *Revue de l'art ancien et moderne*, jan.-fév. 1901.
(11) William Cohn, „Bildnerei der Nara Periode", *Ostasiatische Zeitschrift* n° 3, Oktober 1912.
(12) Albert Maybon, « l'Art bouddhique du Turkestan oriental, La Mission Pelliot (1906-1909) », *L'Art décoratif*, n° 143, août 1910.
(13) フェノロサ『東洋美術史綱』前掲書。引用は107頁と122頁。
(14) Tressan 1913f.
(15) Petrucci 1911.

12冊、1921年1、2、4、6月。引用は1921年6月、430頁。

(63) Petrucci 1907. 瀧の論文については第三部3、4章で詳述。

(64) 瀧精一「ペトルッチィ君の訃を聞きて」前掲論文。引用は147頁。

(65) ジョリの生涯については、以下の文献を参照。A. J. K., « Obituary », *Transactions and proceedings of The Japan Society*, London vol. XVII, 1920, p/ x.; W. P. Y., « Obituary Notices: Henri Louis Joly », *Journal of the Royal Asiatic Society*, N° 4 October 1920, pp. 669-671.

(66) Joly 1908.

(67) Chevalier de l'Ordre de la Couronne.

(68) 桑原羊次郎「装剣金工鑑定法汎論（15)」『刀剣会誌』171号、1914年12月。引用は3、4頁。

(69) Tressan 1911b.

(70) トレッサンはキュンメルの著書の鐔の解説について、批評をしている（1911b)。こうした互いの文章への注目が書簡の背景にあった。

(71) Joly 1912c.

(72) Tressan 1913b; Joly 1913a.

(73) Tressan 1912f, p. 280.

(74) 問題になっているのは新井白石『本朝軍器考（巻之八)』(1736年）と稲葉通龍の『鮫皮精義』(1785年）の、「いなだほぎたろう」との共訳になる。現在復刻版が出ているほどのレヴェルであったにもかかわらず書評を拒否しているのは、トレッサンとの論争に疲れていたからかもしれない。

(75) « Une estampe d'Utamaro à sujet chinois », *BAAFCh* vol. 4 n° 3, juillet 1912, pp. 324-337.

(76) Joly 1912e.

(77) Tressan 1913d.

(78) Joly 1913b.

(79) Tressan 1914a, p. 435.

(80) 主著でトレッサンも参考にした文献を挙げる。Gustav Jacoby, *Die Schwertzieraten (Schwertzierathen) der Provinz Higo*. Bearbeitet nach dem japanischen Werke Higo Kinkoroku des S. Nagaya, January 1, 1905.

第三部　二十世紀初頭の日本美術・工芸論――トレッサンを中心に

第1章　トレッサン『日本美術論』の叙述

(1)『稿本日本帝国美術略史』、そのフランス語版 *Histoire de l'Art du Japon*、ゴンスの『日本美術』、アンダーソンの『日本絵画芸術』のそれぞれの章立てが、馬渕明子「1900年パリ万国博覧会と *Histoire de l'Art du Japon* をめぐって」(『語る現在、語られる過去　日本の美術史学100年』前掲書）で資料として紹介されている（54、55頁）。また安松みゆき氏が「ドイツ近代における日本美術史の進展とその時代区分」『別府大学紀要 51』2010年2月で、1939年のベルリンでの日本古美術展覧会とパリ万博、1909年と12年の日本・東アジア美術展覧会との時代区分の違いについて論じている。

(2) E. D. « Biblipgraphie: Notes sur l'art japonais, par Teï-San sic.. La Peinture et la Gravure », *La Revue de l'art ancien et moderne* n° 110, mai 1906., p. 399, 400.

(3) Fenollosa Ernest, "Review of the Chapter on Painting in Gonse's 'L'Art japonais'", *Japan Weekly Mail*, Yokohama, 12th July 1884; Boston, James R. Osgood and Co, 1885.

本の美術史家に）」『思想』第32号、1924年6月。

（40）鈴木廣之「和辻哲郎『古寺巡礼』――偏在する「美」」『美術研究』379号、2003年3月、10頁。引用は17頁。

（41）ペトリュッチの生涯については註（44）のビニヨンの文章の他に、下記を参照。Edouard Chavannes, « Nécrologie de Rahaël Petrucci », *T'oung Pao* XVII, 1916, pp. 391-393; Philippe Sénéchal et Claire Barbillon（dir.）*Dictionnaire critique des historiens de l'art actifs en France de la Révolution à la Première Guerre mondiale*, « PETRUCCI, Raphaël（14 octobre 1872, Naples – 17 février 1917, Paris）», Éric Lefebvre, conservateur du patrimoine, musée Cernuschi, Mise à jour le 12 janvier http://www.inha.fr/fr/ressources/publications/dictionnaire-critique-des-historiens-de-l-art/petrucci-raphael.html; Aurel Stein, *Serindia* « ChapterXXIII », the Clarendon Press, 1921 p. 833-836. 書簡の引用についてはブリティッシュ・ライブラリー Loan MS 103-9、103-11に保存されている書簡に依る。なお、二村淳子氏が口頭発表「美術における「極東」――ラファエル・ペトリュッチとベトナム美術」で、ペトリュッチの伝記と著作を紹介している（日本比較文学会東京支部四月例会、2014年4月19日）。

（42）瀧精一「ペトルッチィ君の訃を聞きて」『國華』329号、1917年10月。引用は148頁。

（43）Hugo Munsterberg, *Dictionary of Chinese and Japanese art*, New York, Hacker Art Books, 1981, 354 p.

（44）Laurence Binyon, "Biographical note", in. Raphaël Petrucci, translated by Frances Seaver *Chinese painters: A critical study*, New York, Brentano's 1920, p. 7, 8, 9.

（45）Petrucci 1907. ペトリュッチがレイモン・ケクランに寄贈した版を、現在パリの装飾美術館図書館が所蔵。献辞の日付は1907年2月で、交友の広さがわかる。

（46）ビニヨン宛1909年10月6日付書簡等に言及がある。

（47）Petrucci 1910b.

（48）Petrucci 1914b.

（49）Petrucci 1921a, Petrucci 1921b.

（50）Noël Péri, « E. F. FENOLLOSA–Epochs of Chinese and Japanese art; an outline of East Asiatic design. », *Bulletin de l'École française d'Extrême-Orient* vol. 13 n° 7, 1913, pp. 56-58.

（51）矢代幸雄『日本美術の恩人たち』前掲書。引用は178頁。

（52）Mary Fenollosa, "Foreword", in E. F. Fenollosa, *Epochs of Chinese and Japanese art; an outline of East Asiatic design*, op. cit., p. v, vi.

（53）Loan MS 103-4。

（54）Petrucci 1914a. 原著は Stewart Duck, *Arts ans crafts of old Japan*, Chicago, A. C. McClurg & Co., 1905.

（55）Petrucci 1918.

（56）Petrucci 1912b.

（57）Petrucci 1910b.

（58）Petrucci 1910b, between p. 144, 145.

（59）Petrucci 1909a.

（60）Petrucci 1902.

（61）『國華』206号、1907年1月、27-31頁。207号、8月、56-60頁。

（62）丸尾彰三郎「ペトルツチの「支那の画家」の紹介及批評」『國華』第31編7、8、10、アルノルル・ヴィシエル Arnold Vissière（1858-1930）と後の作家のパスカル・フォルテュニ（Pascal Forthuny、帝国東洋語学校卒業、生没年不明）。

(21) S. R., « Oskar Münsterberg Chinesische Kunstgeschichte. » *Revue Archéologique* vol. 4 n° 15, p. 455, janvier 1911; « M. Münsterberg et les arts de l'Extrême-Orient. », *Revue Archéologique* vol. 4 n°18, juillet 1911, p. 371. 筆者は考古学者のサロモン・レナシュ Salomon Reinach（1858-1932）。

(22) Münsterberg 1911a.

(23) Édouard Chavannes, « Bulletin Critique: Oskar Münsterberg, Chinesische Kunstgeschichte erster Band » *T'oung Pao* XI, 1910, p. 303-305; « Bulletin Critique: Oskar Münsterberg, Chinesische Kunstgeschichte zweister Band », *T'oung Pao* XI, 1910, p. 132-133.

(24) Édouard Chavannes, *Mission archéologique dans la Chine Septentrionale* Tom. 1, Paris, Ernest Leroux, 1913-15.

(25) Friedrich Perzyński, *Hokusai, Künstler-Monographien 68*, Bielefeld und Berlin, Verlag von Velhagen & Klasing, 1904; *Korin und seine Zeit*, Berlin, Verlag, 1908; *Japanische Masken: Nō und Kyōgen* 2 Bd., Berlin, W. de Gruyter, 1925. 2. Bd.

(26) Münsterberg 1911e.

(27) Friedrich Perzyński, „Oskar Münsterberg, Chinesische Kunstgeschichte. Band I", *Monastshefte für Kunstwissenschaft* 4 Jahrg. Heft 5, 1911, p. 236-239; „Berichtigung einer "Berichtigung"", *Monastshefte für Kunstwissenschaft* 4 Jahrg. Heft 9, 1911, p. 430-432.

(28) 東北大学附属図書館編『東北大学附属図書館本館所蔵 新訂貴重図書目録 洋書篇』（2004年）に著者名と発行年、主題が挙げられている。

(29) 東北大学史料館データ番号「図書館05-1」と「図書館05-2」が該当史料。

(30)「第二部　部局史　第一九編　附属図書館」『東北大学五十年史 下』東北大学、1960年1月。引用は1732頁。

(31) Münsterberg 1908a.

(32) 村角紀子「ウィリアム・アンダーソンと『仏像図彙』——〈日本美術史〉形成期における欧文日本研究書の位置」『美術史』173号、2012年10月。引用は54頁。

(33) ロニの蒐集した文献の性格については、前記拙稿「十九世紀末の日本研究——レオン・ド=ロニ文庫」を参照されたい。

(34) 小宮豊隆『ベルリン日記』（角川書店、1966年11月）に、ベルリンで震災と火災の一報を聞いて動揺した様子や、児島喜久雄と書店で美術史の書籍など購入した様子などが綴られている。

(35) 創設時の書籍の購入については東北大学法文学部略史編纂委員会『法文学部略史』（1953年3月）と『東北大学五十年史 下』「第二部　部局史　第一九編　附属図書館」（前掲書）を参照。引用は『東北大学五十年史 下』1687頁。

(36) 二人がパリなどで親しく行き来していた様子は、それぞれの回想と三輪福松「留学時代の太田正雄と児島喜久雄」（『木下杢太郎全集 月報14』岩波書店、1982年6月）に詳しい。なお第一次『木下杢太郎全集』の編集委員の一人が児島喜久雄である。

(37)『木下杢太郎日記 第2巻』岩波書店、1980年1月。引用は415頁。

(38) 東北大学史料館データ番号「図書館14　留学教官購入図書生産関係書類」。

(39) クルト・グラーゼル、和辻哲郎訳「欧羅巴に於ける東洋美術研究の課題と方法（日

(4) オスカー・ミュンスターベルクの経歴については、マージョリ・ムンスターバーグ氏の提供による、ヒューゴ・ムンスターバーグが執筆した未発表原稿とオスカーの英語による手記に基づく。

(5) Haus Münsterberg: http://www.stadtdetmold.de/3975.html.

(6) Münsterberg 1896a.

(7) 1908年12月19日の項に「午前中は民族学博物館。午後は、中国美術史の本を近々出版するというミュンスターベルク博士のところへ。」とある（若林操子監修、池上弘子翻訳『ベルツ日本再訪　草津・ビーティヒハイム遺稿／日記篇』東海大学出版会、2000年9月。引用は304頁。

(8) Paul Graupe Antiquariat, *Verzeichnis der Bibliothek über Ostasien und Seine Kunst des Dr. Oskar Münsterberg.* 発行年月は記載されていない。『東アジア誌』の1924年7-9月号の文献情報欄にこのリストの記載がある。*Ostaziatische Zeitschrift* XI-3, Juli-September 1924, p. 241.

(9) François Monod, « Bibliographie: histoire de l'art de l'Extrême-Orient », *Art et Décoration supplément*, octobre 1907, p. 1, 2.

(10) Münsterberg 1911b.

(11) ペトリュッチはその2年後、ブリュッセルの自宅にミュンスターベルクが訪問したときのことを、ビニヨンに書き送っている（5月29日付）。ミュンスターベルクは6世紀の日本に芸術家がいるか否かということで、自説を披露したらしい。ペトリュッチはその頃、ポール・ペリオやスタインの中央アジアでの発掘の結果を目にしていたので、そうした説には驚くばかりであった。「運命はミュンスターベルクにブリュッセルに来させ、私に会いたいと思わせた。なんという男だ。」と始め、「要するにミュンスターベルクは何もかも知っていて、何もかも見ていて、何もかもお見通しなんでしょう！」と皮肉たっぷりに書いて、彼には自分のコレクションを見せてやらなかったこと、帰ろうとしたときはほっとしたと締めくくっている。なおトレッサンは自著を贈り、ミュンスターベルクの方では、トレッサンの所蔵の鐔を自著の『日本美術史』3巻目の図版に挿入している。

(12) William Cohn, "Review", *Oriental Art* vol. 4 Nr.1, Spring 1958, p. 34.

(13) Otto Kümmel, „Neue Japanische Monumental Publikationen", *Zeitschrift für bildende Kunst* Neue Folge20, Heft5 1910, p. 125.

(14) ミュンスターベルクのキュンメル批判である「ベルリンの東洋美術館」についてはすでに安松みゆき氏の指摘があるが（「ドイツ近代における日本美術観――東洋美術史家ミュンスターベルクのキュンメル批判を基にして」『別府大学紀要第53号』2012年3月）、本稿では書誌上の情報が異なっていることをお断りしておく。

(15) Münsterberg 1910.

(16) Otto Kümmel, *Kunstgewerbe in Japan*, Berlin, Richard Carl Schmidt & Co., 1911.

(17) Münsterberg 1911g.

(18) Aschwin Lippe, « in MEMORIUM: Otto Kümmel », *Ars Orientalis*, vol. 1 1954, p. 262-264. 本段落でのキュンメルの経歴は、このリッペ（1914-88）の追悼文に依る。

(19) Münsterberg 1910-12, p. 4.

(20) A. Vissière, « Chinesische Kunstgeschichte. Von Oskar Münsterberg Band I », *BAAFCh* vol. 3, n° 3, juillet 1911, p. 283-284; Pascal Forthuny, « Chinesische Kunstgeschichte. Von Oskar Münsterberg Band II », *BAAFCh* vol. 5, n° 2, avril 1913, p. 186-188. 評者は帝国東洋語学校の中国学の教授

d'exercices de lecture et d'un aperçu du style sinico-japonais, Paris, Maisonneuve et Cie, 1865.

(15) Edouard Clavery, *L'Art des estampes japonaises en couleur 1680-1935 aperçu historique et critique,* Neuilly sur Seine, Génie français, 1935, p. 93. クラヴリはトレッサンの書評である「歌川派日本の版画」Tressan 1913g を挙げている。これもまた書評の域を超えて、ブイの著作などを引きながら、「黒の版画」「手で彩色を加えた版画」「色刷り版画」等版画印刷の歴史など技術面での大変詳しい説明があるが、「事典」の方を指しているとみた方がよい。

第3章　コレクターたちとの交流、および1910-13年の展覧会運営

(1) トレッサンは館長のブリンクマンとは交流があったようで、ブリンクマンの書いたもの、ことに日本人の原震吉と著した刀装具関係の書物やカタログを参考文献に挙げている。またコペンハーゲンの美術館にも謝意を表しているのは、同美術館とブリンクマンのつながりによるものかもしれない。

(2) Tressan 1912c, p. 73, 74.

(3) Tressan 1910a.

(4) Louis Gonse, *L'Art japonais,* Paris, A. Quantin, 1883, 2 vol. 1883.『日本美術』は1886年に訂正を加えた一巻本が出版され、フランスだけでも第三版1891年、四版1900年、五版04年、六版26年、リプリントが2004年に出ているロングセラーとなっている。ゴンスについては以下の文献参照。François Gonse, « Louis Gonse (1841-1921) et le Japon », *Gazette des Beaux-Arts,* Paris, février 1992; « L'Art japonais publié par Louis Gonse en 1883 », *Japon Pluriel 2,* Arles, éd. Philippe Picquier, 1998.

(5) 木々康子「林忠正と日本の近代」『林忠正　ジャポニスムと文化交流』前掲書。引用は20、21頁。

(6) Tressan 1912c.

(7) 展覧会解説は巻末書誌で順に Tressan 1910a, 1911a, 1912a, 1913a.

(8) Tressan 1910b.

(9) Tressan 1910a, p. 24.

(10) Tressan 1912c.

(11) « Cinquième Exposition d'Estampes Japonaises: Conférence –Promenade de M. Raymond Kœchlin », *BSFJ* n° 29, avril 1913, p. 101.

第4章　『日本美術論』の誕生まで

(1) Tressan 1905g, p. 13.

第5章　ミュンスターベルク、R・ペトリュッチ、H・L・ジョリについて

(1) 正木直彦「外遊所感」『美術之日本』1911年1月号。引用は32、33頁。

(2) Joly 1908.

(3) 桑原羊次郎『浮世絵師人名辞書』教文館、1923年1月の最初の頁に「此書題字を求めず。故に予が滞欧米中、日本浮世絵愛好者百余名より、予に寄せられたる書簡中、最も知名の士、数人を選び、其署名を掲げて、以て題字に代ふと同時に、愉快なりし会遊を追懐するの記念とす。」と書いており、ペトリュッチとジョリの名前が、ビニヨンやフリーア、モリソン、モスレらと共に挙がっている。桑原については第三部5章を参照のこと。

(18) ヴェヴェールの浮世絵コレクション約八千点は、1918年に松方幸次郎が買い受け、現在東京国立博物館に所蔵されている。

(19) Albert James Koop and Hogitarô Inada, *Japanese names and how to read them; a manuel for art collections and students*『銘字便覧』, London, Eastern press, 1923.

(20) Sir Arthur Harry Church, *Japanese Sword Guards*, Privately Printed, 1914.

(21) Tressan 1912c.

(22) *Œeuvres d'art japonais-Armures, armes diverses, laques, étoffes, estampes. Collection Moslé* 2 vol., Leipzig, Seemann, 1914.

(23) Tressan 1914a.

(24) アルカンボーについての情報は『日仏協会誌』の1917年1-9月号の追悼文に依る *BSFJP* n°38-38 janvier-septembre 1917, Nécrologie p. 60, 61。 署名 H. C. による。この号が1月から9月のどの間に出ているのか不明であるので、生年没年共に不確かである。記事に依れば病を得て程なく亡くなったという。

第2章　日本美術研究への道

(1) Tressan 1912g. 同文は「メーヌ博士」への追悼文である。「霊的な矢」というのは仏教説話体系ジャータカ中の法王ノルサンの冒険の物語で、美しいイドクマを得るために五人の求婚者達が放った矢を指しているようである。うち一本が五色の布となりイドクマの首に巻き付いたという話。トレッサンはジャータカは読んでいた。

(2) メーヌの詳しい履歴と書誌については以下の文献を参照のこと。Victor Collin, « Le Docteur Edouart Mène », *Bulletin de l'Association amicale franco-chinoise*（infra. *BAAFCh*）vol. V n°1, janvier 1913, pp. 72-78.（Nécrologie）.

(3) Tressan 1913e.

(4) ジャン=ジャック・オリガス「フランスの日本研究」、『ヨーロッパにおける日本研究』国際交流基金、1987年5月。引用は120頁。

(5) *Catalogue de la Collection des gardes de sabre japonaises au Musée du Louvre: Don de M. Tadamasa Hayashi de Tôkiô*, op. cit.

(6) レオン・ド・ロニの業績については拙稿「十九世紀末の日本研究――レオン・ド=ロニ文庫」、和田桂子他編『両大戦間の日仏文化交流』ゆまに書房、2015年3月を参照されたい。

(7) Léon de Rosny, *Dictionnaire des signes idéographiques de la Chine, avec leur prononciation usitée en Chine et au Japon et leur explication en français*, Paris, B. Duprat, 1864; *Introduction à l'étude de la langue Japonaise*, Paris, Maisonneuve, 1856.

(8) Léon de Rosny, *Dictionnaire des signes idéographiques de la Chine*, op. cit.

(9) Cf. 展覧会図録『山下新太郎展』ブリヂストン美術館、2004年4月。

(10) Cf. 古画備考研究会編『原本『古画備考』のネットワーク』思文閣出版、2013年2月。

(11) Tressan 1914a.

(12) Tressan 1905g, p. 7.

(13) Woldemar von Seidlitz, *Geschichte des japanischen Farbenholzschnitts*, G. Kühlmann, 1897. Trad. P. André Lemoisne, *Les estampes japonaises*, Paris Hachette, 1911.

(14) Léon de Rosny, *Grammaire japonaise accompagnée d'une notice sur les différentes écritures japonaises*

(23) Sei-ichi Taki, « Les Deux Grandes écoles de la Peinture japonaise, Yamatoyé et Kangwa », *Bulletin de la Société franco-japonaise de Paris* (infra. *BSFJP*), n° 30, juillet 1913.

第二部　ジョルジュ・ド・トレッサン——陸軍将校が日本美術研究家になるまで

第1章　トレッサンの生涯

(1) トレッサンとその父の経歴についてはフランス陸軍のアーカイヴに依る（Ministère de la Guerre, cote: GR 5YE 100533; 6yF96589 de la Vergne de Tressan）、フランスの軍隊の制度については、伊藤幸次氏のご教示を得た。

(2) Henri Antoine Gérard de Tressan, *Souvenirs du comte de Tressan, Louis Elizabeth de la Vergne*, Versailles, H. Lebon.

(3) Tressan 1904-1905.

(4) この鐔について解説しておく。門の形状がそのまま角型の鐔になっていて、トレッサンが「日本の作家はイメージ豊かな表現、もしくは表現力の高いイメージを用いるのを好む。このことから興味深い例を一つ出すに止めておく。」として挙げている。「ある城塞の門の形をした鐔はとがった釘で補強されている。「どんな人物がこの門を開けるのか。阿弥陀仏の加護を求めるのは人生に疲れた老人である。」とあり、「この真の意味は「門を開ける」というのは「この刀を抜け」ということ」としている（Tressan 1910）。1907年4月ヴェニエ氏から購入した。

(5) « Déjeuner du 20 mars 1909 », *BSFJP* vol. 14, mars 1909, p. 125.

(6) 外務省外交史料館文書「外国人叙勲雑件仏国人之部」二三八一版。

(7) レンヌについては以下の文献を参照。Xavier Ferrieu, *Histoire de Rennes*, Paris, Gisserot, 2001; (dir.) Gauthier Aubert, Alain Croix et Michel Denis; iconographie réunie par Jean-Yves Veillard, *Histoire de Rennes*, Rennes, éd. Apogée, Presses universitaires de Rennes, 2010.

(8) ドレフュスはエコール・ポリテクニック出身で、陸軍大学校卒、陸軍司令部付き士官に任官した。なおレンヌは軍事基地として整えられていたために、1899年の8月と9月にドレフュス会議の第二次訴訟が開かれた。

(9) Antoine Prost, *Si nous vivons en 1913*, Paris, éd. Grasset, 2014.

(10) *Journal officiel de la République française*, 24 octobre 1914.

(11) Croix de Guerre 1914-1918 avec deux palmes.

(12) 順に「彙報　死亡」『東アジア誌』1915年1-3月合併号503、504頁 *Ostasiatische Zeitschrift* Jah. 3 Heft 4, Januar-März 1915。但しこの彙報欄の最後に「1915年4月30日編集終了」とある。「総会報告」『巴里日仏協会誌』36・37合併号、1916年1月 -9月号 *BSFJP* n° 36-37, janvier - septembre 1916. で、この前の号は1914年7月 -1915年10月号になる。

(13) Norbert Murie, *Octave Morillot: Peintre de la Polynésie*, Courbevoie, ACR Editions, 2005.

(14) Tressan 1911c.

(15) *Collection de M. le Marquis de Tressan, Gardes de sabres japonaises* (tsuba) *du XXIXᵉ au IXᵉ siècle Kozuka – Fuchi – Kashira, Céramique de la Chine et du Japon, Masque de No, Ouvrages d'art sur l'extrême-orient*. Vente à Paris, Hotel Drouot, les 29 30 et 31 mai 1933, 68 p..

(16) Théodore Duret, *Livres et albums illustrés du Japon*, Paris, 1900. Jacoby, *Japanische Schwertzieraten*, 2 vol. Leipzig, 1905.

(17) Tressan 1914b.

An Illustrated Catalogue of Japanese Modern Fine Arts Displayed at The Japan-British Exhibition London, Tokyo, Shimbi Shoin, 1910.

(10) 審美書院のロンドンの支店の住所はハイ・ホルボーン（104, High Holborn, W.C.）で、パリは五区のトゥーイエ街九番地（9, rue Touilller）にあった。但し1911年の田島更迭後存続したかは不明。

(11)「審美書院の極東美術展覧会（十一月六日独逸フホシツヱ、ツアイトウング新聞朝刊）」『美術之日本』1911年1月号。引用は30頁。

(12) オツトキユンメル「日本に於ける紀年的新出版」『美術之日本』1910年5月。引用は31頁。出典記載はないが原文は « Neue Japanische Monumental Publikationen », *Zeitschrift für bildende Kunst* Neue Folge20, Heft5 1910, pp. 125-128.

(13)「日本之部」は第1冊から7冊までで、1909年に初版、13年に再版が出ている。「支那之部」は初版は1910年から13年、再版が8、9冊は1913年、10から12冊は18年に出ている。南宋元初の絵画が多い。13、14冊は「支那彫刻」で、15冊は「日本彫刻」で初版が1920年に出ている。「支那彫刻」には龍門などの莫高窟を撮った写真も多数含まれる。これを入れるために1920年になったのかとも考えられる。『東洋美術大観』の編集については溝口禎次郎、大村西崖、窪田勘六の談話筆記を記録した『美術之日本』1918年7月号を参照。

(14) Binyon, *Painting in the Far East: an introduction to the history of pictorial art in Asia, especially China and Japan,* op., cit., p. viii.

(15) 小川一眞の写真の芸術性については、岡塚章子氏が「まだ記録撮影、資料撮影の様式や方法が確立していなかった時代であったからこそ、小川は被写体（宝物）に向き合った時、調査という目的を持った写真撮影の場でありながらも、そこに自身が見出した「美」を写真で捉えようとしたにちがいない。」と解釈している。「再考　明治期の写真——小川一真への視線」『現代の眼』528号、2001年6-8月号。引用は6頁。

(16) Cf. 村角紀子「審美書院の美術全集にみる「日本美術史」の形成」『近代画説8号』1999年12月。

(17)『國華』の沿革に関しては山川武祐編『国華社史（略）』1978年5月、及び水尾比呂志『國華の軌跡——名品探索百十年』國華社、朝日新聞社、2003年1月参照。

(18) THE KOKKA Co. Publishers' Notice, January, 1902.

(19) 東京文化財研究所 HP「物故者記事　瀧精一」、2014年4月14日更新。さらに瀧と『國華』については瀧の後で戦後主幹を務めた藤懸静也（1881-1958）の「瀧博士の追憶上下」（『國華』651・652号、1946年6月・7月号）を参照。ただし、英文作成については説明がない。

(20) 瀧を中心とした1910年前後の日本での東洋美術研究への関心については藤原貞朗「日本の東洋美術史と瀧精一——中国美術史編纂をめぐる国際的・学際的競合」（稲賀繁美編著『東洋意識　夢想と現実のあいだ　1887-1953』ミネルヴァ書房、2012年4月）を、『國華』における中国絵画の紹介については久世夏奈子「『國華』にみる新来の中国絵画——近代日本における中国美術観の一事例として」（『國華』1395号、2012年1月）を参照されたい。

(21) Sei-ichi Taki, *Three essays on Oriental painting*, London, Beenaed Quaeitch, 1910.

(22) Sei-ichi Taki, "Characteristics of Japanese Painting Part IV", *The Kokka*, n°185, October 1905, p. 112.

Chrstophe Marquet, « Emmanuel Tronquois (1855-1918), un pionnier des études sur l'art japonais. Sa collection de peintures et de livres illustrés d'Edo et de Meiji », *Ebisu* 29, automne-hiver 2002.

(13) 森仁史「[資料紹介]『稿本日本帝国美術略史』の成立と位相」『近代画説 10号』2001年12月に依る。なお日本語原稿『日本帝国美術略史稿』は、1901年7月刊行で印刷所が異なる(堀田印刷)。

(14) 高木博志『近代天皇制の文化史的研究』前掲書。引用は345-347頁。高木氏は『稿本日本帝国美術略史』の古代美術史で取り上げられた遺品が「文化財としての帝室御物」と古社寺保存法に基づいて国宝指定を受けたものばかりであることを指摘し、「美術行政として施行された古社寺保存法を反映した美術史であった」(375頁) と述べている。つまり国外向けと国内向けとで、同じ作品を国の宝と位置づけたことになる。

(15) 同書の時代区分も含めた特色については、馬渕明子『ジャポニスムの系譜　第三回配本　巴里万国博覧会臨時事務局編　日本美術史　別冊附録』エディション・シナプス、2005年10月、及び「1900年パリ万国博覧会と *Histoire de l'Art du Japon* をめぐって」東京国立文化財研究所編『語る現在、語られる過去　日本の美術史学100年』平凡社、1999年5月の解説がある。

(16) 佐藤道信『明治国家と近代美術——美の政治学』前掲書、125-128頁。なお本文中で挙げた、最後の個人著作は多くがほぼ大正期後半以降に刊行されているので、本書では佐藤氏の挙げた一から三までに注目する。

第3章　日本美術・工芸史研究のための史料

(1) 矢代幸雄「國華の世界的存在」『國華』600号、1940年11月。引用は366頁。さらに「序——美術史と美術」『日本美術の再検討』新潮社、1978年8月。もっとも矢代が英文版『國華』について「この時代に在りては、論文の紹介よりも名作の複製が具眼者に訴へ之を啓蒙し美術的関心を持たせることの方が当面の必要にて」(366頁) と書いていても、実際のところこの英文での論文が与えた影響がどれほど大きかったのかは、本書第三部でみていくことにする。

(2) 具体的な『國華』『真美大観』フランス語版の『帝国美術略史』の美術書としての図版の製作法とそのインパクトについては、岡塚章子「明治期の美術写真出版物『國華』『真美大観』『Histoire de l'Art du Japon』を中心に」『美術フォーラム21』vol. 4、2001年6月参照。

(3) Laurence Binyon, *Painting in the Far East: an introduction to the history of pictorial art in Asia, especially China and Japan*, E. Arnold, 2nd ed 1913, preface, p. viii.

(4) 辻善之助「感想と希望」『國華』600号、1940年11月。引用は363頁。

(5) 國華社制作部村山旬吾「國華第六百号発行に際して」『國華』600号、同前。引用は376頁。

(6) 角田拓朗「『國華』の確立——瀧精一・辰井梅吉体制下の模索」『美術フォーラム21』vol. 28、2013年。引用は48、49頁。また『國華』が岡倉世代の執筆者を廃して瀧精一体制を固めて学術雑誌としての性格を強めていく過程、瀧が英文版を出した意図については、角田拓朗「動乱の國華社——『國華』変質の舞台裏」『近代画説 22号』2013年12月。

(7) William Cohn, „Fujiwara no Mitsunaga und Sesshu, ihre Kunst und ihre Zeit", *Monatshefte für Kunstwissenschaft* II Jahr. Heft 6, 1909, pp. 281-301.

(8) 谷信一「美術・美術史界回想雑記 (3)」『萌春316号』1982年1月。引用は513頁。

(9) *An Illustrated Catalogue of Japanese Old Fine Arts Displayed at The Japan-British Exhibition London;*

『ジャポニスム研究33号別冊』2014年3月。

(44) フリーアからビニヨン宛の書簡についてはBritish Library, Loan MS 103-4に依る。

(45) Oskar Münsterberg, „Die Ostasiatischen Museen in Paris“, *Internationale Wochenschrift für Wissenschaft kunst und Technik*, 2 Jahrg Nr. 48, 28 November 1908, pp. 1521-1536. 巻末書誌 Münsterberg 1908b.

第2章　日本での対外政策としての美術と工芸

(1) Philippe Sichel, *Notes d'un bibeloteur au Japon, avec une préface de Edmond de Goncourt*, E. Dentu, 1883, p. 83, 84.

(2) 日本美術の制度史は北澤憲昭氏『眼の神殿——「美術」受容史ノート』(美術出版社、1989年9月) や佐藤道信氏『明治国家と近代美術——美の政治学』(吉川弘文館、1999年4月)、『〈日本美術〉誕生　近代日本の「ことば」と戦略』(講談社選書メチエ92、講談社、1996年12月) 等の一連の労作よって広く浸透し、続く研究者たちによって大変進んだ分野である。本文で挙げた特集タイトルは『美術フォーラム21』28号、2013年11月での特集になる。

(3) 瀬木慎一「林忠正と三人の重要人物」、国際シンポジウム実行委員会編『林忠正 ジャポニスムと文化交流』前掲書。引用は105頁。

(4) Cf. 樋口いずみ「1878年パリ万国博覧会と日本の教育部門への参加」『早稲田大学大学院教育学研究科紀要別冊16-2』2008年3月。

(5) この博覧会全体の特性については、今日「産業主義、商品経済の謳歌、ナショナリズム、帝国主義」(北澤憲昭「美術と工業——1900年パリ万国博覧会の日本」『千九百年巴里万国博覧会臨時博覧会事務局報告』農商務省、1902年3月・復刻版フジミ書房、2000年6月の「解説」。日本の古美術館については以下の文献を参照。Alfred Picard, *Rapport général administratif et technique*, t.5, Imprimerie nationale, 1903, p.66. 万博についてはこの他展覧会図録『世紀の祭典万国博覧会の美術』東京国立博物館、2004年7月参照。

(6) 吉田典子「1900年パリ万国博覧会——政治・文化・表象」『国際文化学』2000年9月。本文の次段落モランの引用は吉田論文19頁に依る。

(7) Cf. 松原龍一「パリで開催された2つの万国博覧会と近代日本工芸 1900-1930年」『京都国立近代美術館研究論集 第4号』2012年3月「パリ日本文化会館開催近代日本工芸1900-1930年——伝統と変革のはざまに展　記念国際シンポジウム“東西文化の磁場”」。

(8) Cf. 丹尾安典「パリ万国博覧会と日本美術」日本美術院百年史編集室編『日本美術院百年史』第2巻、1990年12月、及び「1900年パリ万博と本邦美術」明治美術学会編『日本近代美術と西洋』中央公論美術出版、1992年4月。

(9) Cf. 北澤憲昭「「工芸」概念の成り立ち」『境界の美術史——「美術」形成史ノート』ブリュッケ、2000年6月。山梨絵美子「林忠正と日本における「美術」および「工芸」の概念の確立」『林忠正　ジャポニスムと文化交流』前掲書。

(10) 井上馨の欧化主義と国粋的側面、日本の古美術と西洋画への向き合い方については、宮崎克己『西洋絵画の到来』前掲書、101-109頁を参照。

(11) *Histoire de l'art du Japon*, éd. Commission impériale du Japon à l'Exposition universelle de Paris, Paris, M. de Brunoff, 1900.

(12) トロンコワの履歴と業績については本書「はじめに」の註 (8) の論の他、以下を参照。

アジアチッシエ、ツァイトシリフトの如きもので、寧ろ其雑誌の戦争の為めに亡びたるを再興するの形に於て作らるゝのである。」（無署名『國華』334号、1928年3月。引用は316頁）という同時代の証言も尊重するものである。

(33)『國華』202号にキュンメルとグローセが来日し、「近々東洋美術の一大歴史を編纂するの計画をなしつゝあるものなり」（一九〇七年三月雑録欄「外人の東洋美術史編纂」。引用は617頁）とある。この計画の具体的な内容は不明。

(34) この情報は註（31）の文献によっている。但し木々康子『林忠正――浮世絵を越えて日本美術のすべてを』（ミネルヴァ書房、2009年4月）によれば1902、3年の競売でフランスの美術館やコレクターが落札できなかった作品を林の親友であったグローセが「落札して、ドイツに運」び、「それが、ベルリン東洋美術館の核となったと言われている」（前掲書183頁）とある。グローセと林の交流については同書の他、木々康子編『林忠正宛書簡・資料集』高頭麻子訳、信山社出版、2003年12月を参照のこと。

(35) Cf. 安永麻里絵「フォルクヴァング美術館展示史研究――非西欧美術へのまなざしと「心理的親縁性」の概念をめぐって（「美術に関する調査研究の助成」研究報告）」『鹿島美術財団年報 30』2012年と、口頭発表「フォルクヴァング美術館の日本美術初期コレクションとドイツにおけるジャポニスム受容」（ジャポニスム学会2012年度第2回例会2102年7月28日、於日本女子大学）と、同学会ホームページを参照。

(36) この段落は馬渕明子「オーストリア――綜合的ジャポニスムの一例」『ジャポニスム入門』前掲書、ヨハネス・ヴィーニンガー「ウィーン国立工芸美術館の日本美術コレクションについて」『日本美術大観 11』講談社、1994年5月を参照。

(37) アメリカのジャポニスムについては岡部昌幸「アメリカ――東回りとフェミニズムのジャポニスム」『ジャポニスム入門』前掲書を参照。またこの時期のエステティック・ムーブメントについては、中島朋子「アメリカのエステティック・ムーブメントにおける日本の美術工芸品の受容」『近代画説 19号』2010年12月を参照。

(38) 数多くのボストン美術館関係の文献の中でも、ジャポニスム関連のコレクションについては、2014年開催（世田谷美術館、京都市美術館、名古屋ボストン美術館）の展覧会「華麗なるジャポニスム展」と同展展覧会図録を参照のこと。

(39) 富田幸次郎「ボストン美術館五十年」『藝術新潮』1958年8月号。引用は279頁。

(40) Ernest Franchisco Fenollosa, *Epochs of Chinese & Japanese art; an outline of East Asiatic design*, London: W. Heinemann, 1912, second version 1913. 第二版をもとに再版を繰り返しており、1921、31、61、63、77、2000年に出ている。本書での引用は森東吾訳『東洋美術史綱』上下巻、東京美術、1978年12月・1981年7月に依る。村形明子氏の説明によると執筆の意図は、「文献中心の好古趣味が内外にはびこり、西洋的偏見が東洋人の人間性の理解を妨げている時、東西美術の共通点を強調し、世界的見地から東洋美術史を著述することが、フェノロサにとって緊急の課題であった。」（「E・F・フェノロサ『東洋美術史綱』」『国文学　解釈と鑑賞』1995年5月号。引用は65頁）。

(41) 小泉晋弥「覚三が天心になるまで」「海外勤務時代」『別冊太陽　日本のこころ 209 岡倉天心』前掲書。引用は140頁。

(42) Cf. アン・ニシムラ・モース「正当性の提唱――岡倉覚三とボストン美術館日本コレクション」展覧会図録『岡倉天心とボストン美術館』1999年10月名古屋ボストン美術館。

(43) Cf. 板倉聖哲「欧米美術館における中国絵画コレクション――ボストン美術館を例に」

de Hans de Winiwalter, Fernelmont, EME Modulaires, 2007. なおリエージュのウィニワルテールからトレッサンに宛てた、論文の献本への謝意や論文の交換についてなどを記した手紙が残っている（1914年6月24日付）。

(22) Cf. クラウディア・デランク『ドイツにおける〈日本＝像〉ユーゲントシュティールからバウハウスまで』水藤龍彦・池田祐子訳、思文閣出版、2004年7月、ノラ・フォン・アッヘンバッハ「ハンブルク工芸美術館の所蔵作品と林」、国際シンポジウム実行委員会編『林忠正 ジャポニスムと文化交流』（日本女子大学叢書 3）ブリュッケ、2007年2月。

(23) 展覧会図録、中島徳博、シュピールマン・ハイツ編『ジャポニスムとアール・ヌーボー――ハンブルク装飾工芸美術館所蔵』兵庫県近代美術他、1981年1月を参照。ブリンクマンについては水藤龍彦「ウィーン万国博覧会（1873）とユストゥス・ブリンクマン」『英語文化学会論集 19』2010年及び「（研究ノート）ユストゥス・ブリンクマン（1843-1915）研究序説――ドイツにおける日本美術の受容の一例として」『追手門学院大学文学部紀要41号』2005年12月、針貝綾「ハンブルク美術工芸博物館史――ブリンクマン館長時代のコレクションと工芸振興」『長崎大学教育学部紀要 人文科学 70』2005年3月を参照。

(24) 展覧会図録、中島徳博、シュピールマン・ハイツ編『ジャポニスムとアール・ヌーボー――ハンブルク装飾工芸美術館所蔵』前掲書。引用は11頁。

(25) ドイツ語版のタイトルは『日本的フォルムの宝庫』*Japanischer Formenschatz*, Leipzig, E.A. Seemann. 英語版はロンドンで出版された。*Artistic Japan: illustrations and essays*, London, S. Low, Marston, Searle & Rivington.

(26) Justus Brinckmann, *Kunst und Handwerk in Japan*, Berlin, R. Wagner, 1889.

(27) フェノロサがゴンスの浮世絵偏重の著書に対して書いた批判に関する、ブリンクマンの見解については、水藤龍彦「ユストゥス・ブリンクマン『日本の美術と工芸』（1889）を読む（下）ゴンス vs フェノロサ論争を中心に」『英語文化学会論集　21』2012年の考察がある。

(28) この段落の情報は桑原節子「ドイツ――ユーゲンシントシュティールのグラフィックと工芸」『ジャポニスム入門』とクラウディア・デランク『ドイツにおける〈日本＝像〉』（いずれも前掲書）に依る。またベルリンの日本美術については、ハルムート・ヴァルラーヴェンス「第三章　ベルリンの日本美術」『東京・ベルリン、一九世紀―二〇世紀における両都市の関係』シュプリンガー社、1997年。

(29) Friedrich Deneken, *Japanische Motive Für Flächenverzierung: Ein Formenschatz für Das Kunstgewerbe*, Verlag von Julius Becker, Berlin, 1897. クラウディア・デランク『ドイツにおける〈日本＝像〉』、前掲書でも紹介がある。

(30) 桑原節子「ドイツ――ユーゲントシュティールのグラフィックと工芸」『ジャポニスム入門』前掲書。引用は137頁。

(31) ヴィリバルト・ファイト「ベルリン東洋美術館コレクションの沿革」『秘蔵日本美術大観 7』講談社、1992年2月。引用は9頁。

(32) 1926年創設の東亜美術協会の機関誌になっていた同題の雑誌の訳語『東亜雑誌』1924-43と区別するために、本書では『東アジア誌』（1. Jahrg., Heft 1: Apr. 1912-10. Jahrg., Heft 1, Apr. 1922/März 1923）。とする。これは同時代のエッセイ「米国に於ける東洋美術の研究」で「即ちその刊行物〔シカゴのアジア人類学者ラウファー主導で新たに計画されている東洋美術研究雑誌のこと〕は恰も戦争まで独逸に於て発行せられた所のオスト

some remarks upon the pictorial art of the Chinese and Koreans, London, Sampson Low, Marston, Searle, & Rivington, 1886.

(8) ローレンス・スミス「日本絵画の宝庫・大英博物館」『秘蔵日本美術大観1』前掲著。引用は1頁。

(9) 平田禿木「はしがき」『西人の浮世絵観』七丈書院、1942年5月。引用は2、3頁。

(10) ティモシー・クラーク「アンダーソンとモリソン——日本絵画コレクションの功労者」『秘蔵日本美術大観 1』前掲書。引用は14頁。

(11) 小山騰「アーサー・モリソンと日本」『英学史研究（27）』1994年及び展覧会図録『生誕一四〇年記念　下村観山展』横浜美術館、2013年12月。

(12) Arthur Morrison, *The Painters of Japan*, London, T.C. & E.C. Jack, 1911, 2vol.

(13) 矢代幸雄『日本美術の恩人たち』文藝春秋新社、1961年9月。引用は66頁。

(14) Laurence Binyon, *Painting in the Far East: an introduction to the history of pictorial art in Asia especially China and Japan*, London, Edward Arnold, 1908.

(15) 装飾美術中央連合の沿革については以下の文献を参照。Yvonne Brunhammer, *Le beau dans l'utile: un musée pour les arts décoratifs*, Découvertes Gallimard, 145. Mémoire des lieux, Gallimard, 1992; Réjane Bargiel, Jean-Luc Larribau, *Les Arts décoratifs, une histoire en images*, Paris, Les Arts décoratifs, 2006. またシエノーの講演については三浦篤「フランス・一八九〇年以前——絵画と工芸の革新」『ジャポニスム入門』前掲書参照。

(16) Tressan 1913g の抜刷りの一冊に « Hommage de l'auteur à la Bibliothèque des Arts Décoratifs Mqs. de Tressan » という図書館への献辞がある。この抜刷りにはトレッサン自身による訂正や追加の書き込みがある。

(17) Gaston Migeon, *Chefs-d'œuvre d'art japonais*, Paris, D.A. Longuet, 1905. なおミジョンの活動と回想録の執筆者ケクランについては以下の文献を参照。馬渕明子「シシェル、ケクラン、ミジョン、シェノー——日本美術受容に関する四人の功績」『復刻版　ジャポニスムの系譜　ジャポニスム期の美術評論家・美術商およびコレクターの著作』別冊日本語解説、エディション・シナプス、2009年1月、ロール・シュワルツ=アレナレス「ガストン・ミジョン（1861-1930）ルーブル美術館初の極東美術コレクション学芸員」『比較日本学研究センター研究年報』第3号、2007年3月。

(18) *Catalogue de la Collection des gardes de sabre japonaises au Musée du Louvre: Don de M. Tadamasa Hayashi de Tôkiô*, Paris, T. Hayashi, 1894.

(19) 本節での引用とギメについての情報は、フランシス・マクワン、尾本圭子『日本の開国　エミール・ギメ——あるフランス人の見た明治』（知の発見叢書 54）尾本圭子訳、創元社、1996年2月、Keiko Omoto, Francis Macouin, *Quand le Japon s'ouvre au monde*, Gallimard, 1990）に依る（引用は「第四章　日本紹介に熱中するギメとレガメー」より）。なお同書では「ギメ博物館」としているが、本論では日本で一般に知られているギメ美術館という館名を用いることにする。

(20) Cf. L. de Milloué, *Petit guide illustré au Musée Guimet*, 1910.

(21) ベルギーの美術工芸作品のジャポニスムについては高木陽子「ベルギー——前衛芸術とジャポニスム」『ジャポニスム入門』前掲書、ウィニワルテールのコレクションを通して見たベルギーの19世紀末からの日本美術受容については以下の文献を参照のこと。Julie Bawin, *La collection au temps du japonisme, Le Japonisme en Belgique à travers les collection*

イデンティティ、研究費受給体制」『カリスタ——美学・藝術論研究 18』2011年。

(10) Raymond Kœchlin, *Souvenirs d'un vieil amateur d'art de l'Extrême-0rint*, Chalon-sur-Saône, 1930, p. 38.

(11) 原勝郎「仏國貴族の日本美術史」『國華』274号、1913年3月。引用は232頁。

(12) 永井荷風『江戸芸術論』(春陽堂、1920年3月) 中の、「欧米人の浮世絵研究」で「1905年仏人 Marquis de Tressan 亭山なる雅号を以て Notes sur l'art japonais (『日本美術史《ママ》』) 二巻を著す。」「仏人テイザンの『日本美術史』序論中左の一節は興味あるが故に併せ訳して左に録す」(137頁)、「衰頽期の浮世絵」で「今西洋人の緒論を参照するに仏蘭西人 Teisan は曰く」(170頁)、「泰西人の見たる葛飾北斎」で「仏蘭西人テイザン著す所の日本美術論は北斎の生涯及画風を総括して甚正鵠を得たるものなり。左に抄訳して泰西人の北斎観を代表せしめんと欲す」(85頁)。

(13) やまと絵と水墨画という分類は、古典的な定義である「宋元絵画の伝来影響によって成立した水墨画を主流とする、いわゆる漢画の系統に対立する古典的絵画、平安時代に唐朝絵画の影響によって成立した主として世俗画の系統をさす、ひろい意味の様式語的側面を強調とした概念として規定される」(梅津次郎「大和繪」『繪巻物叢考』中央公論美術出版、1968年6月。引用は506頁) を受けている。

(14) 島尾新「雪舟研究の現状と課題」『國華』275号、2002年1月。「作品研究の対象」を「真筆」に限定するのではなく、「どのように見られ・使われ・語られてきたか、という連続性の中で捉えよう」とする立場からの用語。引用は22頁。

第一部 〈日本美術史〉創成の時代——欧米と日本それぞれの取り組み

第1章 欧米での受容——〈日本美術〉の受け入れ先

(1) 稲賀繁美「ミッション・イン・ボストン」『別冊太陽 日本のこころ 209 岡倉天心』2013年6月。引用は36頁。

(2) Raymond Kœchlin, « Conférence », *Bulletin de la Société industrielle de Mulhause*, 1902.

(3) ローレンス・スミス「日本絵画の宝庫・大英博物館」『秘蔵日本美術大観1』講談社、1992年5月。引用は10頁。19世紀後半からのイギリスでの日本美術・工芸品の受容とその絵画、デザイン、造園などへの影響は以下の文献を参照。渡辺俊夫「イギリス——ゴシック・リヴァイヴァルから日本風庭園まで」ジャポニスム学会編 (編集委員、馬渕明子、三浦篤、岡部昌幸)『ジャポニスム入門』思文閣出版、2000年11月。

(4) イギリスでは自然科学や産業デザインの美術館がエクセター (1865年)、ブライトン (1873年)、リヴァプール (1877年)、バーミンガム (1885年)、リーズ (1888年) と開設した。Cf. 荒川裕子「ヴィクトリア朝におけるミュージアム思想——ジョン・ラスキンの「セント・ジョージ・ミュージアム」を中心に［I］」『法政大学キャリアデザイン学部紀要 3』2006年3月。

(5) Cf. ロジーナ・バックランド、村上万里子訳「知られざる近世やまと絵の考察——大英博物館所蔵品を中心に」下原美保編著『近世やまと絵再考——日・英・米それぞれの視点から』前掲書。

(6) William Anderson, *Descriptive and Historical Catalogue of a Collection of Japanese and Chinese Paintings in the British Museum*, London, Longmans, 1886.

(7) William Anderson, *The pictorial arts of Japan: with a brief historical sketch of the associated arts, and*

註

はじめに

(1) ブームとしてのジャポニスムの衰退については、宮崎克己『西洋絵画の到来——日本人を魅了したモネ、ルノワール、セザンヌなど』日本経済新聞出版社、2007年（148頁）、及び『芸術新潮　特集もっと素敵にジャポニスム』2014年7月（51頁）参照。

(2) ジャポニスムとジャポネズリーの違いについては、次の馬渕明子氏の定義を参照のこと。すなわち「ジャポニスム」は「西洋人が日本の文化を元に文化的営為として作り上げたもの、もしくはその現象」であり、「ジャポネズリー」というのは、「日本の物そのものを集めて生活に取り入れたりする趣味。そこに直接には西洋人の手が加わっていないもの」、つまり、物そのものに頼り日本の芸術に対して好意を表現する、興味を表現する、そういう行為全体、あるいは趣旨全体」になる。馬渕明子講演記録「ジャポニスムの全貌——ホイッスラーから何が始まったのか」『ジャポニスム研究 34号別冊』2015年3月。

(3) 高木博志『近代天皇制の文化史的研究——天皇就任儀礼・年中行事・文化財』校倉書房、1997年2月。引用は345頁。

(4) 明治期に成立した日本美術史が、「日本のみならず、英・米を中心とした研究者やコレクター、古美術商らの相互交流によって形作られたものであった」という前提に立った協同研究に「YAMATO-E からみる日・英・米の日本美術史観に関する比較研究（平成20-22年度科学研究費基盤研究（B））」とその成果論文集の下原美保編著『近世やまと絵再考——日・英・米それぞれの視点から』ブリュッケ、2013年10月がある。本書第三部ではより具体的に、参照された文献の活用のされ方などを見て行く。

(5) アンナ・ジャクソン、ジュリア・ハット「ヴィクトリア・アルバート博物館の日本美術コレクション」『秘蔵日本美術大観 4』講談社、1994年2月。引用は178頁。

(6) ヴィリバルト・ファイト「ベルリン東洋美術館コレクションの沿革」『秘蔵日本美術大観 7』講談社、1992年2月。引用は10頁。

(7) 矢代幸雄もまた、フランスの東洋美術の研究について1961年の時点で次のように回想している。「フランスの日本美術好みは、浮世絵版画に凝滞し停頓して、あまりそれより先に進まなかつた、という恨みが無いでもない。それには、フランスの学者側の東洋研究が、画家や文人側の浮世絵版画による日本趣味とは別に、主力を中国研究に向けて行つたという事情もあつた。」（『日本美術の恩人たち』文藝春秋新社、1961年9月。引用は152頁）。

(8) クリストフ・マルケ「エマニュエル・トロンコワの和本コレクション——19世紀フランスにおける江戸出版文化史を構築する試み」石毛弓他編『大手前大学比較文化研究叢書 10、日仏文学・美術の交流——「トロンコワ・コレクション」とその周辺』思文閣出版、2014年3月。引用は130頁。近年わずかであるが「忘れられた在野の日本学者」たちの研究が行われている。それぞれ本書の該当箇所での註、及び参考文献を参照されたい。

(9) Cf. 太田智己「1910-50年代日本における美術史学の展開——学術インフラ、学問的ア

若山泡沫・飯田一雄『鐔小道具鑑定事典　改訂版』光芸出版、2009年3月。

南明日香「トレッサン書簡にみる20世紀初頭の日本美術研究ネットワーク鐔を中心に」『相模女子大学紀要 vol. 74A』2011年3月。

南明日香「ジョルジュ・ド・トレッサンの鐔研究における文様と物語絵」『相模国文』39号、2012年3月。

川見典久・杉本欣久編著『所蔵品選集鐔』黒川古文化研究所、2012年10月。

林盈六『鐔　意匠と技の美』里文出版、2013年3月。

福士繁雄『刀装具鑑賞画題事典』里文出版、2013年3月。

南明日香「20世紀初頭の鐔研究――ジョルジュ・ド・トレッサンを中心に」『相模女子大学紀要 vol. 76A』2013年3月。

Geschichte, Verzeichniss der Meister mit Daten ueber ihr Leben und mit ihren Namen in der Urschrift, Jahrbuch der hamburgischen wissenschaftlichen Anstalten, XX Beiheft, Berlin, Gedruckt in der Reichsdruckerei, 1902.

Gustav Jacoby, *Japanische Schwertzieraten: Beschreibung einer Kunstgeschichtlich geordneten Sammlung, mit Charakteristiken der Künstler und Schulen*, Leipzig, K. W. Hiersemann, 1904.

Gustav Jacoby, *Die Schwertzieraten der Provinz Higo. Bearbeitet nach dem japanischen Werke Higo Kinkoroku des S. Nagaya*, Hamburg, L. Gräfe & Sillem, 1905.

Oakabe Kakuya, *Japanese Sword Guards*, Boston Museum of Fine Arts, 1907.

Œuvres d'art japonais-Armures, armes diverses, laques, étoffes, estampes. Collection Moslé 2 vol., Leipzig, Seemann, 1914.

Japanische kunstwerke, waffen, schwertzieraten, lacke, gewebe, bilder, holzschnitte der sammlung Moslé, G E. A. Seemann 1914.

Tsuba, and Japanese sword fittings in the collection of the Cooper-Hewitt Museum, the Smithsonian Institution's National Museum of Design, c1980.

Alain Briot, « Les Tsuba étoilées », *Bulletin Association franco-japonaise* n° 24, avril 1989.

Alain Briot, « Disons tout haut ce que l'on pense tsuba », *Bulletin Association franco-japonaise* n° 52, avril 1996.

Robert E. Haynes ロバート・ハインズ『日本刀装金工大事典』*The index of Japanese sword fittings and associated artists* v. 3, Ellwangen: Nihon Art Publishers, 2001. http://www.shibuiswords.com/tsubaid.htm。

Asuka Minami, traduit par AlainBriot, « Les études sur tsuba au début du XXe siècle: Georges de Tressan et son entourage », *Bulletin l'association franco japonaise*, n° 118, automne 1913, n° 119 hiver, 2013.

桑原羊次郎「装剣金工鑑定法汎論（十五）」『刀剣会誌』171号、1914年12月。

桑原羊次郎「装剣金工品之将来」『刀剣会誌』183号、1916年1月。

秋山久作「随感一束」199号、1917年4月。

桑原羊次郎『日本装劍金工史』荻原星文館、1941年10月。

松宮観山『刀盤賞鑒口訣――鐔研究の手引と鑑賞』美術刀剣出版、1967年1月。

東京国立博物館編『東京国立博物館図版目録 鐔篇』東京美術、1979年。

小笠原信夫編『日本刀装具集成――コペンハーゲン工芸美術館蔵』全2巻、1983年。

展覧会図録『鏨で描く――日本刀刀装具にみる絵画の世界』大阪市立博物館、1997年10月。

牛歩老人「武将と愛刀（九）」『刀剣と歴史』2002年11月。

宮崎友見子「鐔における絵画的表現」『美術科研究 23』2005年。

『骨董緑青　特集・金工鐔名品集――幕末・明治の名工の技と美』vol. 28、マリア書房、2006年3月。

宮崎友見子「鐔における絵画的表現」『刀剣と歴史』672、673、674、2006年7、9、11月。

宮崎友見子「刀の装飾空間　その展開と表現」『美術科研究25』2007年。

村田理如『幕末・明治の鐔・刀装金工――清水三年坂美術館コレクション』マリア書房、2008年10月。

藤澤明・北田正弘・中條広一郎他「江戸時代後期に製作された鐔に用いられた金属の組成と製作技法」『文化財保存修復学会誌』2009年7月。

戸田禎佑『日本美術の見方　中国との比較による』角川書店、1997年2月。

赤沢英二編『日本美術全集 第16巻　室町の水墨画――雪舟 / 雪村 / 元信』学習研究社、1999年6月。

志邨匠子「二十世紀初頭アメリカにおける日本美術受容――チャールズ・H・キャフィンの橋本雅邦論をめぐって」『美術史研究 37』1999年12月。

山本英男『日本の美術 485　初期狩野派――正信・元信』至文堂、2006年10月。

展覧会図録『没後500年特別展「雪舟」』東京国立博物館、2002年。

島尾新「雪舟研究の現状と課題」『國華』2002年1月。

山下裕二編『別冊太陽　日本のこころ 124　水墨画発見』平凡社、2003年8月。

古原宏伸『中国画論の研究』中央公論美術出版社、2003年8月。

宮崎法子『花鳥・山水画を読み解く　中国絵画の意味』角川叢書 24、角川書店、2003年6月。

安村敏信、山本英男、山下善也『別冊太陽　日本のこころ 131　狩野派決定版』平凡社、2004年10月。

板倉聖哲編『南宋絵画――才情雅致の世界』根津美術館、2004年4月。

板倉聖哲編『明代絵画と雪舟』根津美術館、2005年7月。

野呂昭子「フランス・イギリスにおける雪舟の認識をめぐって――1860年代から1920年代まで　前編・資料編」『日本女子大学　人間社会研究科紀要』第14号、2008年3月。

小川裕充『臥遊　中国山水画――その世界』中央公論美術出版、2008年10月。

展覧会図録『室町将軍家の至宝を探る』徳川美術館、2008年10月。

野呂昭子「フランス・イギリスにおける雪舟の認識をめぐって――1860年代から1920年代まで（後編・論文編）」『日本女子大学大学院人間社会研究科紀要 15』2009年3月。

鈴木敬『中国絵画史　上・中之一・中之二・下』新装版、吉川弘文館、2011年8月。

小川裕充「日本における中国絵画史研究の動向とその展望――宋元時代を中心に 改訂増補版（上）（下）」『美術史学』31・32、33号、2011、2012年。

南明日香「ジョルジュ・トレッサンの室町時代の絵画論――水墨画はどのように評価し得たか」『ジャポニスム研究』32号、2012年11月。

『歴代名画記』東洋文庫305、311、張彦遠・長広敏雄訳注、平凡社、1977年3月、7月。

宇佐美文理『『歴代名画記』――「気」の芸術論』岩波書店、2010年1月。

展覧会図録『筆墨の美――水墨画の本質に迫る』静嘉堂文庫美術館、2009年11月。

曽布川寛・関西中国書画コレクション研究会『中国書画探訪――関西の収蔵家とその名品』二玄社、2011年1月。

南明日香「西洋における水墨画の受容――コレクション紹介と文献絵画史の時代」『ジャポニスム研究』33号別冊、2014年3月。

展覧会図録『東山御物の美――足利将軍家の至宝』三井記念美術館、2014年10月。

東アジア絵画史研究文献目録（東京大学東洋文化研究所　東アジア美術研究室・東洋学研究情報センター http://cpdb.ioc.u-tokyo.ac.jp/bunken/bunken.html。

IX　鐔関係

T. Hayashi, *Catalogue de la collection des gardes de sabre japonaises: au Musée du Louvre don de Tadamasa Hayashi de Tôkiô*, Paris, Impr. par Gillot 1894.
Justus Brinckmann, Shinkichi Hara, *Die Meister der japanischen Schwertzierathen: ueberblick ihrer*

南明日香「ジョルジュ・ド・トレッサンの日本絵画史――やまと絵評価をめぐって」『ジャポニスム研究』30号、2010年12月。

村重寧（監修）『別冊太陽　日本のこころ 201　やまと絵』平凡社、2012年10月。

辻惟雄「狩野派の誕生と交流――正信・元信・永徳」『聚美』3号、2012年4月。

下原美保編著『近世やまと絵再考　日・英・米それぞれの視点から』ブリュッケ、2013年10月。

泉武夫責任編集『日本美術全集 5　平安時代 2　王朝絵巻と貴族のいとなみ』小学館、2014年3月。

島尾新責任編集『日本美術全集 9　室町時代水墨画とやまと絵』小学館、2014年10月。

Ⅷ　室町水墨画と中国絵画関係

Masterpieces by Motonobu: with critical descriptions and a biographical sketch of the artist, 2 vol., Tokyo, Shimbi Shoin, 1904.
Charles H. Caffin, *How to study pictures: by means of a series of comparisons of paintings and painters from cimabue to monet, with historical and biographical summaries and appreciations of the painters' motives and methods*, New York, Century Co., 1905.
Herbert Allen Giles, *An Introduction to the History of Chinese Pictorial Art*, Shanghai, Kelly & Walsh, ld., 1905.
Seiichi Taki, "Characteristics of Japanese Painting Part I-IV", *The Kokka*, July–October 1905.
Seiichi Taki, "On Chinese Landscape Painting", *The Kokka*, April, June, September 1906.
Kakuzo Okakura, *The Book of tea*, New York, Fox Duffiled & Co., 1906.
Seiichi Taki, "Chinese and Japanese Calligraphy", *The Kokka*, November, December 1906, February 1907.
Seiichi Taki, "On Oriental India-Ink painting", *The Kokka*, April 1907.
Kôsaku Hamada, "Sesshû's Early Training", *The Kokka*, December 1908.
Kôsaku Hamada, "On Motonobu Kanô", *The Kokka*, December 1908.
Seigai Omura, *History of Japanese pictorial art. With explanatory notes on and critical descriptions of Masterpieces selected from the fins arts*, Tokyo, Shimbi Shoin, 1909.
Masterpieces by Sesshu, Tokyo, Shimbi Shoin, 1910.
Sei-ichi TAKI, "The Principles, Chi-Yün and Chuan-Shên, in Chinese Painting", *The Kokka*, September 1910.
Henry P. Bowie, *On the laws of Japanese painting: an introduction to the study of the art of Japan*, San Francisco: P. Elder, New York, Dover publications, inc, 1911.
Ernst Grosse, *Die Ostasiatische Tuschmalerei*, Berlin, Bruna Cassier Verlag, 1922; traduction de Charlotte Marchand, *Le lavis en Extrême Orient*, G. Crès [19--] L'Art de l'Orient.
内藤湖南『支那絵画史』弘文堂、1938年10月、ちくま学芸文庫、2002年4月。
矢代幸雄『水墨画』岩波新書、岩波書店、1969年12月。
島尾新「雪舟等楊の研究（1）――雪舟のイメージ戦略」『美術研究』351号、1992年。
王概他『現代語訳　芥子園画伝』草薙奈津子訳注、芸艸堂、1993年1月。
島尾新『日本の美術 338　水墨画：能阿弥から狩野派へ』至文堂、1994年7月。
展覧会図録『室町時代の狩野派』京都国立博物館、1996年。

« l'Art Bouddhique au Musée Cernuschi par M. H. d'Ardenne de Tizac conservateur du Musée Cernuschi », *BSFJP* n° 30, juillet 1913.

Mission Pelliot, *Les grottes de Touen-Houang: peintures et sculptures bouddhiques des époques des Wei, des T'ang et des Song*, Paris, Librairie Paul Geuthner, 1914-1921.

松本文三郎「仏像の美的研究」『哲學研究』1巻2号、1916年。

ロデリック・ウィットフィールド編集『西域美術　大英博物館スタイン・コレクション』1巻、2巻、講談社、1982年3月、9月。

井上章一『法隆寺への精神史』弘文堂、1994年2月。

『西域美術　ギメ美術館ペリオコレクション』講談社、1994年6月。

高田時雄編著『東洋学の系譜［欧米編］』大修館書店、1996年12月。

斎藤忠『石窟寺院の研究――インド・中国・韓国・日本の系譜を求めて』第一書房、1999年10月。

鈴木廣之「和辻哲郎『古寺巡礼』――偏在する「美」」『美術研究』379号、2003年3月。

山田利明「仏教東漸――東方学をめぐる歴史的研究について」福井文雅編『東方学の新視点』五曜書房、2003年10月。

菊地章太『フランス東洋学ことはじめ　ボスフォラスのかなたへ』研文出版、2007年9月。

南明日香「ギメ美術館宛トレッサン書簡にみる日本美術研究の諸相」早稲田大学比較文学研究室『比較文学年誌』45号、2009年3月。

鈴木廣之「仏像はいつ、彫刻になったか？――一八七〇年代のモノの変容」『美術フォーラム21』vol. 20、2009年11月。

長岡龍作責任編集『日本美術全集2　法隆寺と奈良の寺院』小学館、2012年12月。

浅井和春責任編集『日本美術全集3　東大寺・正倉院と興福寺』小学館、2013年9月。

国立情報学研究所-ディジタル・シルクロード・プロジェクト『東洋文庫所蔵』貴重書デジタルアーカイブ http://dsr.nii.ac.jp/toyobunko/creator/albert_gr%C3%BCnwedel.html.ja。

Ⅶ　院政期やまと絵関係

Seiichi Taki, "Characteristics of Japanese Painting Part I-IV", The Kokka, July–October 1905.
Kôsaku Hamada, "The Heike and the Fine arts", *The Kokka*, May 1907.
Kôsaku Hamada, "The Ye-makimono of the Latter Part of the Fujiwara Period" *The Kokka*, September 1907.
William Cohn, *Stilanalysen als Einführung in die japanische Malerei*, Berlin, Osterheld & Co. 1908.
William Cohn, „Fujiwara no Mitsunaga und Sesshu, ihre Kunst und ihre Zeit", *Monatshefte für Kunstwissenschaft* II Jahr. Heft 6, 1909.
Sei-ichi Taki, « Les Deux Grandes écoles de la Peinture japonaise, Yamatoyé et Kangwa », *BSFJP* n° 30, juillet 1913.
梅津次郎「大和繪」『繪巻物叢考』中央公論美術出版、1968年6月。
『日本美術全集8　王朝絵巻と装飾経』講談社、1990年8月。
辻惟雄『戦国時代狩野派の研究』吉川弘文堂、1994年2月。
宮島新一『宮廷画壇史の研究』至文堂、1996年2月。
秋山光和『日本絵巻物の研究上、下』中央公論美術出版、2000年5月、12月。
高岸輝「美術史の一五世紀」『日本史研究』2008年2月。

史の成立と発展——フランス及びイギリスの主要な日本美術コレクションの果たした役割)」『お茶の水女子大学比較日本学研究センター研究年報』4号、2008年3月。

高山晶『ピエール・バルブトー——知られざるオリエンタリスト』慶應義塾大学出版会、2008年3月。

彬子女王「標本から美術へ——十九世紀の日本美術品蒐集、特にアンダーソン・コレクションの意義について」『國華』1360号、2009年2月。

木々康子『林忠正——浮世絵を越えて日本美術のすべてを』ミネルヴァ日本評伝選、ミネルヴァ書房、2009年4月。

水藤龍彦「ウィーン万国博覧会(1873)とユストゥス・ブリンクマン」『英語文化学会論集19』2010年。

展覧会図録『福井の宝　島田墨仙展』福井県立美術館、2011年3月。

水藤龍彦「ユストゥス・ブリンクマン『日本の美術と工芸』(1889)を読む(下)ゴンス vs フェノロサ論争を中心に」『英語文化学会論集 21』2012年。

村角紀子「ウィリアム・アンダーソンと『仏像図彙』——〈日本美術史〉形成期における欧文日本研究書の位置」『美術史』173号、2012年10月。

展覧会図録『生誕一四〇年記念　下村観山展』横浜美術館、2013年12月。

クリストフ・マルケ「エマニュエル・トロンコワの和本コレクション——19世紀フランスにおける江戸出版文化史を構築する試み」石毛弓他編『大手前大学比較文化研究叢書10、日仏文学・美術の交流——「トロンコワ・コレクション」とその周辺』思文閣出版、2014年3月。

南明日香「十九世紀末の日本研究レオン・ド・ロニ文庫」和田啓子、松崎=プティマンジャン・碩子編『両大戦間の日仏文化交流』ゆまに書房、2015年3月予定。

VI　仏教美術と中央アジアの莫高窟調査関係

Claude Eugène Maître, « L'art du Yamato », *Revue de l'art ancien et moderne*, jan.-fév. 1901.
Georges Perrot, *Histoire de l'art dans l'antiquité, Tome VIII: La Grèce archaïque: La sculpture*, Paris, Hachette, 1903.
Alfred Foucher, *L'Art greco-bouddhique du Gandhara: étude sur les origines de l'influence classique dans l'art bouddhique de l'Inde et de l'Extrême-Orient*, Paris, E. Leroux, 1905.
Kôsaku Hamada, "Sculpture of the Tempyo Era Part I & II", *The Kokka*, August, September 1905.
Kôsaku Hamada, "Sculpture of the Suiko Period", *The Kokka*, December 1906.
William Cohn, "Bildnerei der Nara Periode", *Ostasiatische Zeitschrift* n° 3, Oktober 1912.
Albert Maybon, « l'Art bouddhique du Turkestan oriental, La Mission Pelliot (1906-1909) », *L'Art décoratif*, n° 143, août 1910.
François Benoît, *L'Architecture: l'orient médiéval et moderne,* coll. Manuels d'histoire de l'art, Paris, Ed. H. Laurens, 1912.
Albert Grünwedel, *Altbuddhistische Kultstätten in Chinesisch Turkistan. Bericht über archäologische Arbeiten von 1906 bis 1907 bei Kuca, Qara Sahr und in der Oase Turfan.* Berlin, Georg Reimer 1912.
Édouard Chavannes, *Mission archéologique dans la Chine Septetrionale* Tom. 1, Paris, Ernest Leroux, 1913-15.

Chrstophe Marquet, « Emmanuel Tronquois (1855-1918), un pionnier des études sur l'art japonais. Sa collection de peintures et de livres illustrés d'Edo et de Meiji », *Ebisu* 29, automne-hiver 2002.

Julie Bawin, *La collection au temps du japonisme, Le Japonisme en Belgique à travers les collection de Hans de Winiwalter*, Fernelmont, Eme Modulaires, 2007.

Association André et Berthe Noufflard HP. André et Berthe Noufflard « Madame Langweil 1861-1958 », http://www.noufflard.fr/madame_langweil.html, 2009.

B. Fabre-Muller, P. Leboulleux, Ph. Rothstein (dir.), *Léon de Rosny 1837-1914:De l'Orient à l'Amérique*, Lille, Presses universitaires du Septentrion, 2014.

British Library, Loan MS 103.

フェノロサ講演「奈良ノ諸君ニ告グ」1888年6月5日。

「根氏日本美術」『日本美術協会報告』1993年3月 -1894年4月。

アンデルソン『日本美術全書　沿革門・応用門』全2巻、末松兼澄補訳、八尾商店、1896年、1897年。

無署名「外人の東洋美術史編纂」『國華』202号、1907年3月。

無署名「外人の日本美術研究」『國華』204号、1907年5月。

岩崎真澄「グラーゼル氏の「東亜の芸術」(上)(下)」『國華』343、346号、1918年12月、1919年3月。

アーネスト・フェノロサ『東洋美術史綱』上下巻、森東吾訳、東京美術、1978年12月、1981年7月。

アーネスト・F・フェノロサ、山口静一編『フェノロサ美術論集』中央公論美術出版、1988年9月。

展覧会図録『アメリカのジャポニスム展　青い目の浮世絵師たち』世田谷美術館、1990年。

展覧会図録『屏風絵名品展——ボストン美術館秘蔵フェノロサ・コレクション』奈良県立美術館編集、NHKプロモーション、1991年。

小山騰「アーサー・モリソンと日本」『英学史研究 27』1994年。

村形明子「E・F・フェノロサ「東洋美術史綱」——日本は「東洋のギリシャ」と感嘆」『国文学　解釈と鑑賞』60巻5号、1995年5月。

フランシス・マクワン・尾本圭子『日本の開国　エミール・ギメ——あるフランス人の見た明治』知の発見叢書54、尾本圭子訳、創元社、1996年2月。

岡倉天心『日本美術史』平凡社ライブラリー、平凡社、2001年1月。

木々康子編『林忠正宛書簡・資料集』高頭麻子訳、信山社出版、2003年12月。

針貝綾「ハンブルク美術工芸博物館史——ブリンクマン館長時代のコレクションと工芸振興」『長崎大学教育学部紀要 人文科学 70』2005年3月。

木下長宏『岡倉天心——物ニ観ズレバ竟ニ吾無シ』ミネルヴァ書房、2005年3月。

水藤龍彦「(研究ノート) ユストゥス・ブリンクマン (1843-1915) 研究序説——ドイツにおける日本美術の受容の一例として」『追手門学院人学文学部紀要』41号、2005年12月。

ロール・シュワルツ=アレナレス「ガストン・ミジョン (1861-1930) ルーブル美術館初の極東美術コレクション学芸員」『比較日本学研究センター研究年報』3号、2007年3月。

F・ペルツィンスキー『日本の仮面——能と狂言』吉田次郎訳、西野春夫解説、法政大学出版局、2007年5月。

彬子女王「ウィリアム・アンダーソン・コレクション再考 (ヨーロッパにおける日本美術

Collection Gillot Objets d'art et peintures d'Extrême-Orient: dont la vente aura lieu: du lundi 8 février au samedi 13 février 1904 inclus dans les Galeries de MM. Durand-Ruel, rue Lepelletier, 11 et rue Laffitte, 16, Paris, 1904.

Charles Gillot, *Objets d'art et peintures d'Extrême-Orient*, Paris, Galerie Durand-Ruel, février 1904.

Friedrich Perzyński, *Hokusai*, Künstler-Monographien 68, Bielefeld und Berlin, Verlag von Velhagen & Klasing, 1904.

Raymond Kœchlin, « la collection Gillot », *Les Arts* n° 23, novembre 1905.

Gaston Migeon, *Chefs-d'œuvre d'art japonais*, Paris, D. A. Longuet, 1905.

Collection S. Bing: objets d'art et peintures du Japon et de la Chine dont la vente aura lieu du lundi 7 au samedi 12 mai 1906 inclus dans les Galeries de MM. Durand-Ruel, rue Lepelletier 11 et rue Laffitte 16, Paris, 1906.

Maurice Tourneux, « Philippe Burty », Gazette des Beaux-arts, mai 1907.

Gaston Migeon, *Au Japon: promenades aux sanctuaires de l'art*, Paris, Hachette, 1908.

Friedrich Perzyński, *Korin und seine Zeit*, Berlin, Verlag, 1908.

Otto Kümmel, „Neue Japanische Monumental Publikationen", *Zeitschrift für bildende Kunst*, Neue Folge20, Heft5 1910.

Otto Kümmel, *Kunstgewerbe in Japan*, Berlin, Richard Carl Schmidt & Co., 1911.

Woldemar von Seidlitz, *Geschichte des japanischen Farbenholzschnitts*, G. Kühlmann, 1897. Trad. P. André Lemoisne, *Les estampes japonaises*, Paris Hachette, 1911.

Arthur Morrison, *The Painters of Japan*, London, Edinburgh, T. C. & E. C. Jack, Ltd. 1911.

Laurence Binyon, *The Flight of the Dragon-An Essay on the Theory and Practice of Art in China and Japan Bases on Original Sources*, London, E J. Murray, 1911.

Otto Kümmel, *Kunstgewerbe in Japan*, Berlin, Richard Carl Schmidt & Co., 1911.

Victor Collin, « Le Docteur Edouart Mène », *BAAFCh* vol. V n° 1, janvier 1913.

Laurence Binyon, *Painting in the Far East: an introduction to the history of pictorial art in Asia especially China and Japan*, London, Edward Arnold, 1908. 2nd ed 1913.

Victor Collin, « Le Docteur Edouart Mène », *BAAFCh* vol. V n° 1, janvier 1913.

Ernest Franchisco Fenollosa, *Epochs of Chinese & Japanese art: an outline of East Asiatic design*, London, W. Heinemann, 1912, second version 1913.

Noël Péri, « E. F. FENOLLOSA–Epochs of Chinese and Japanese art ; an outline of East Asiatic design. », *Bulletin de l'École française d'Extrême-Orient* vol. 13 n° 7, 1913.

Aschwin Lippe « Otto Kümmel », *Ars Orientalis* vol. 1, 1954.

Collection de Mme Langweil. Objets d'art de la Chine, céramique, pierres dures, bronzes...: Vente à Paris, Galerie Charpentier et H. Drouot 4-5 juin 1959, Paris, Shiffer, 1959.

Laurence Binyon, traduit de l'anglais par d'Ardenne de Tizac, *Introduction à la peinture de la Chine et du Japon*, Paris, Flammarion, 1968.

François Gonse, « Louis Gonse (1841-1921) et le Japon », *Gazette des Beaux-Arts*, février 1992.

François Gonse, « *L'Art japonais* publié par Louis Gonse en 1883 », *Japon Pluriel 2*, Arles, éd. Philippe Picquier, 1998.

Henri Cernuschi (1821-1896) homme politique, financier et collectionneur d'art asiatique Ebisu, n° 19. Actes du colloque du 20 juin 1998 Maison franco-japonaise, Tokyo, 1998.

A. Vachet, "A Few points about the life and work of Raphaël Petrucci", *Wedingen* 4, 1921.
François Cheng, « présentation », in Petrucci *La philosophie de la nature dans l'art d'Extrême-Orient*, You-Feng, 1998.
Philippe Sénéchal et Claire Barbillon (dir.) INHA, *Dictionnaire critique des historiens de l'art actifs en France de la Révolution à la Première Guerre mondiale*, « PETRUCCI, Raphaël (14 octobre 1872, Naples – 17 février 1917, Paris) », Éric Lefebvre, conservateur du patrimoine, musée Cernuschi, http://www.inha.fr/fr/ressources/publications/dictionnaire-critique-des-historiens-de-l-art/petrucci-raphael.html.
無署名「欧人の日本美術観　日本絵画の特色（二）ベルギー国社会学会学芸協賛員エル、ペトルッチ氏」『國華』206号、207号、1907年7月号、8月号。
瀧精一「ペトルッチィ君の訃を聞きて」『國華』329号、1917年10月。
丸尾彰三郎「ペトルツチの「支那の画家」の紹介及批評」『國華』368、369、371、373号、1921年1、2、4、6月。
川上涇「謝赫六法の欧米訳語」『美術研究』165号、1952年3月。

3　H・L・ジョリ関係

A. J. K., « Obituary », *Transactions and proceedings of The Japan Society, London* vol. XVII, 1920.
W. P. Y., « Obituary Notices: Henri Louis Joly », *Journal of the Royal Asiatic Society*, Nr. 4 October 1920.
« Nécrologie » *BSFJP* n° 46, octobre-décembre 1920, p. 85.
正木直彦「外遊所感」『美術之日本』1911年1月号。
桑原羊次郎『浮世絵師人名辞書』教文館、1923年1月。

4　その他のコレクター研究家関係

Léon de Rosny, *Grammaire japonaise accompagnée d'une notice sur les différentes écritures japonaises d'exercices de lecture et d'un aperçu du style sinico-japonais,* Paris, Maisonneuve et Cie, 1865.
Louis Gonse, *L'Art japonais*, Paris, A. Quantin, 1883, 2 vol. 1883.
Ernest Fenollosa, "Review of the Chapter on Painting in Gonse's 'L'Art japonais'"; *Japan Weekly Mail*, Yokohama, 12th July 1884 ; Boston, James R. Osgood and Co, 1885.
William Anderson, *The pictorial arts of Japan: with a brief historical sketch of the associated arts, and some remarks upon the pictorial art of the Chinese and Koreans*, London, Sampson Low, Marston, Searle, & Rivington, 1886.
William Anderson, *Descriptive and Historical Catalogue of a Collection of Japanese and Chinese Paintings in the British Museum*, Longmans, 1886.
Justus Brinckmann, *Kunst und Handwerk in Japan*, Berlin, R. Wagner, 1889.
Objets d'art japonais et chinois qui seront vendus à Paris dans les Galeries Durand-Ruel, du lundi 23 au samedi 28 mars 1891.
Catalogue de la Collection des gardes de sabre japonaises au Musée du Louvre: Don de M. Tadamasa Hayashi de Tôkiô, Paris, T. Hayashi, 1894.
Théodore Duret, *Livres et albums illustrés du Japon*, Paris, 1900.
Pierre Barboutau, *Biographies des artistes japonais dont les œuvres figurent dans la collection Pierre Barboutau*, Paris: S. Bing, 1904.

A. Vissière, « Chinesische Kunstgeschichte. Von Oskar Münsterberg Band I", *BAAFCh* vol. 3, n° 3, juillet 1911.

S. R., « Oskar Münsterberg Chinesische Kunstgeschichte. » *Revue Archéologique* vol. 4 n° 15, p. 455, janvier 1911; « M. Münsterberg et les arts de l'Extrême-Orient. », *Revue Archéologique* vol. 4 n° 18, juillet 1911.

Friedrich Perzyński, „Oskar Münsterberg, Chinesische Kunstgeschichte. Band I" *Monastshefte für Kunstwissenschaft* 4 Jahrg. Heft 5, 1911. „Berichtigung einer "Berichtigung"", *Monastshefte für Kunstwissenschaft* 4 Jahrg. Heft 9, 1911.

Oskar Münsterberg, *Notes of the family foundation*, c1918.

Paul Graupe Antiquariat, *Verzeichnis der Bibliothek über Ostasien und Seine Kunst des Dr. Oskar Münsterberg*, Berlin, 1925.

William Cohn, "Review", *Oriental Art* vol. 4 Nr. 1, Spring 1958.

Hugo Munsterberg, *Memories of my father, Oskar Münsterberg & his story*, c1992.

Haus Münsterberg: http://www.stadtdetmold.de/3975.html.

神奈川近代文学館「木下杢太郎文庫」(分類番号 K01)。

『東北大学五十年史 下』東北大学、1960年1月。

『木下杢太郎日記 第2巻』岩波書店、1980年1月。

三輪福松「留学時代の太田正雄と児島喜久雄」(『木下杢太郎全集 月報14』岩波書店、1982年6月。

若林操子監修『ベルツ日本再訪　草津・ビーティヒハイム遺稿／日記篇』池上弘子翻訳、東海大学出版会、2000年9月。

東北大学附属図書館編『東北大学附属図書館本館所蔵 新訂貴重図書目録 洋書編』2004年。

安松みゆき「ドイツ第三帝国下の日本美術史研究とユダヤ人研究者」『別府大学大学院紀要 10』2008年3月。

池田久代「岡倉覚三とヒューゴ・ムンスターバーグ　セントルイス万国博覧会における東西の邂逅」『鵬』2010年4月。

安松みゆき「ドイツ近代における日本美術観――東洋美術史家ミュンスターベルクのキュンメル批判を基にして」『別府大学紀要』第53号、2012年3月。

南明日香「東洋美術史家ヒューゴ・ムンスターバーグ(1916-1995)の軌跡」『相模女子大学紀要 vol. 77A』2014年3月。

2　R・ペトリュッチ関係

British Library, Western Manuscripts, The Archive of Laurence Binyon (1869-1943), Loan MS Loan MS 103-4, 103-9, 103-11.

Roger Fly, « *La Philosophie de la Nature dans l'art d'Extrême Orient* », *The Burlington Magazine for Connoisseurs*, vol. 19 n° 98, May 1911.

E. C. « Les Peintures chinoise, par Raphaël Petrucci, 1 vol. », *BSFJP* n° 28 décembre 1912.

Edouard Chavannes, « Nécrologie de Rahaël Petrucci », *T'oung Pao* XVII, 1916.

Laurence Binyon, "Biographical note", in. Raphaël Petrucci, translated by Frances Seaver *Chinese painters: A critical study*, New York, Brentano's 1920.

Aurel Stein, *Serindia* « ChapterXXIII », the Clarendon Press, 1921.

BSFJP n° 33 avril 1914.
H. Barbier, « La Peinture en Orient et en Extrême-Orient, par M. Le Marquis de Tressan, numéro spécial de la revue d'art ancine et moderne l'art et les artistes », *BSFJP* n° 31-33, octobre-janvier 1914.
Journal officiel de la République française, 24 octobre 1914.
„Todesfälle", *Ostasiatische Zeitschrift* Jah. 3 Heft 4, Januar-März 1915.
« Seizièmz Assemblée Générale Annuelle de la Société franco-japonaise de Paris (juedi 13 avril 1916) Présidence de M. Bertin, Président », *BSFJP* n° 36-37, janvier-septembre 1916.
Le Journal des débats: politiques et littéraires, 28, 29, 30 mai 1933.
L'Echo de Paris, 22, 30, 31 mai, 1er juin 1933.
Xavier Ferrieu, *Histoire de Rennes*, Gisserot, 2001.
Norbert Murie, *Octave Morillot: Peintre de la Polynésie*, Courbevoie, ACR Editions, 2005.
Gauthier Aubert, Alain Croix, Michel Denis (dir.) ; iconographie réunie par Jean-Yves Veillard, *Histoire de Rennes*, Rennes, éd. Apogée, Presses universitaires de Rennes, 2010.
Asuka Minami, « Un precurseur de l'histoire de l'art japonais en France: Georges de Tressan (1877-1914) », *Arts Asiatiques* vol. 65-2010, avril 2011.
Antoine Prost, *Si nous vivons en 1913*, Paris, éd. Grasset, 2014.
Asuka Minami, « Georges de Tressan (1877-1914): Officier, historien des arts japonais, collectionneur de gardes de sabre », Patricia Plaud-Dilhuit (dir.) *Territoires du japonisme*, Rennes, Presses universitaires de Rennes, novembre 2014.
外務省外交史料館文書「外国人叙勲雑件仏国人之部」二三八一版。1907年12月28日付。
原勝郎「仏國貴族の日本美術史」『國華』274号、1913年3月。
無署名『新会員侯爵トレツサン君』『刀剣会誌』153号、1913年6月。
梨本伊都子［原著］、小田部雄次『梨本宮伊都子妃の日記――皇族妃の見た明治・大正・昭和』小学館、1991年11月。
展覧会図録『山下新太郎展』ブリヂストン美術館、2004年4月。
『日仏絵はがきの語る100年前――秘蔵・青梅きもの博物館梨本宮妃殿下コレクション』ONE'S プランニングオフィス企画・編集青梅きもの博物館、2005年10月。
南明日香「ジョルジュ・ド・トレッサンの『浮世絵画家と版木師の辞典』およびレオン・ド・ロニの日本語教本の影響」『相模国文』36号、2009年3月。
小田部雄次『皇族――天皇家の近現代史』中公新書、中央公論新社、2009年6月。
南明日香「ジョルジュ・ド・トレッサン著『日本美術論』の刊行まで」『相模女子大学紀要 vol. 73A』2010年3月。

V　日本美術コレクターと研究家に関して

1　O・ミュンスターベルク関係

Edouard Chavannes, "Bulletin Critique: Oskar Münsterberg, Chinesische Kunstgeschichte erster Band" & "Bulletin Critique: Oskar Münsterberg, Chinesische Kunstgeschichte zweister Band", *T'oung Pao* XI, 1910.
Pascal Forthuny, « Chinesische Kunstgeschichte. Von Oskar Münsterberg Band II", *BAAFCh* vol. 5, n° 2, avril 1913.

藤懸静也「瀧博士の追憶上・下」『國華』651号、652号、1946年6月、7月号。

山川武祐編『国華社史（略）（国華第壱阡号記念）』『國華』1000号、1977年5月。

谷信一「美術・美術史界回想雑記（三）」『萌春』316号、1982年1月。

村角紀子「審美書院の美術全集にみる「日本美術史」の形成」『近代画説』8号、1999年12月。

岡塚章子「明治期の美術写真出版物『國華』『真美大観』『Histoire de l'Art du Japon』を中心に」『美術フォーラム21』vol. 4、2001年6月。

岡塚章子「再考　明治期の写真――小川一真への視線」『現代の眼』528号、2001年6月。

森仁史「資料紹介『稿本日本帝国美術略史』の成立と位相」『近代画説』10号、2001年12月。

水尾比呂志『名品探索百十年　國華の軌跡』朝日新聞社、國華社、2003年1月。

太田智己「一九一〇～五〇年代日本における美術史学の展開――学術インフラ、学問的アイデンティティ、研究費受給体制」『カリスタ――美学・藝術論研究 18』2011年。

久世夏奈子「『國華』にみる新来の中国絵画――近代日本における中国美術観の一事例として」『國華』1395号、2012年1月。

藤原貞朗「日本の東洋美術史と瀧精一――中国美術史編纂をめぐる国際的・学際的競合」稲賀繁美編著『東洋意識――夢想と現実のあいだ　1887-1953』ミネルヴァ書房、2012年4月。

久世夏奈子「『國華』にみる古渡の中国絵画――近代日本における「宋元画」と文人画評価の成立」『日本研究』47号、2013年3月。

角田拓朗「『國華』の確立――瀧精一・辰井梅吉体制下の模索」『美術フォーラム21』vol. 28、2013年11月。

角田拓朗「動乱の國華社――『國華』変質の舞台裏」『近代画説』22号、2013年12月。

Ⅳ　ジョルジュ・ド・トレッサンの生涯とその活動に関して

Ministère de la Guerre, cote: GR 5YE 100533; 6yF96589 de la Vergne de Tressan.
遺品（書籍、鐔、書籍、加筆修正のある抜刷り、校正の書き込みのある初稿ゲラ、草稿、ノート、コレクション・カード、浮世絵関係カード、写真、ガラス乾板、プログラム、書簡、夫人によるメモ書き等）、個人蔵。
E. D. « Notes sur l'art japonais par Teï-San. La Peinture et la Gravure. », *Revue de l'art ancin et moderne* n° 110, mai 1906.
Fraçois Monod, « Bibliographie: histoire de l'art de l'Extrême-Orient », *Art et Décoration supplément*, octobre 1907.
« Notes bibliographiques: M. le comte de Tressan », *Bulletin de l'Ecole française d'Extrême-Orient*, n° 9 1909.
V. Collin « La Renaissance de la peinture japonaise sous l'influence de l'Ecole shinoise du Nord, du milieu du XIVe siècle à la chute des Ashikaga（1573）par le comte Georges de Tressan. », *BAAFCh* vol. 2 n° 3, juillet 1910.
« Notes bibliographiques », *Bulletin de l'Ecole française d'Extrême-Orient,* Année 1912 Volume 12, Numéro 12, p. 144-145.
« Cinquième Exposition d'Estampes Japonaises: Conférence –Promenade de M. Raymond Kœchlin », *BSFJ* n° 29, avril 1913.
V. F. Weber, « Ostasiatische Zeitschrift（l'Extrême-Orient.）Fascicule de Janvier-Mars 1914（II, 4）»,

Catalogue illustré de gravures en couleurs reproduisant des peintures anciennes du Japon par la Shimbi Shoin à Tokyo; English version, *An Illustrated Catalogue of single sheet pictures post Cards, menu-Cards, and calendars*, 1910.

Marc Gaillard, *Paris, Les expositions universelles de 1855-1937*, Les Presses Franciliennes, septembre 2003.

吉田光邦編『図説万国博覧会史――1851-1942』思文閣出版、1985年3月。

北澤憲昭『眼の神殿――「美術」受容史ノート』美術出版社、1989年9月。

丹尾安典「パリ万国博覧会と日本美術」日本美術院百年史編集室編『日本美術院百年史』第二巻、1990年12月。

丹尾安典「1900年パリ万博と本邦美術」明治美術学会編『日本近代美術と西洋』中央公論美術出版、1992年4月。

佐藤道信『明治国家と近代美術――美の政治学』吉川弘文館、1994年4月。

佐藤道信『〈日本美術〉誕生　近代日本の「ことば」と戦略』講談社選書メチエ 92、講談社、1996年12月。

高木博志『近代天皇制の文化史的研究――天皇就任儀礼・年中行事・文化財』校倉書房、1997年2月。

東京国立文化財研究所編『語る現在、語られる過去　日本の美術史学100年』平凡社、1999年5月。

北澤憲昭『境界の美術史――「美術」形成史ノート』ブリュッケ、2000年6月。

農商務省『千九百年巴里万国博覧会臨時博覧会事務局報告』1902年3月。復刻版・北澤憲昭解説、フジミ書房、2000年6月。

吉田典子「1900年パリ万国博覧会――政治・文化・表象」『国際文化学』2000年9月。

岡倉天心『日本美術史』平凡社ライブラリー、2001年1月。

展覧会図録『世紀の祭典万国博覧会の美術　2005年日本国際博覧会開催記念展――パリ・ウィーン・シカゴ万博に見る東西の名品』東京国立博物館他編、NHKプロモーション、日本経済新聞社、2004年7月。

宮崎克己『西洋絵画の到来　日本人を魅了したモネ、ルノワール、セザンヌなど』日本経済新聞出版社、2007年11月。

樋口いずみ「1878年パリ万国博覧会と日本の教育部門への参加」『早稲田大学大学院教育学研究科紀要別冊 16-2』2008年3月。

『京都国立近代美術館研究論集』第四号「パリ日本文化会館開催近代日本工芸1900-1930年――伝統と変革のはざまに展記念国際シンポジウム東西文化の磁場」2013年3月。

『美術フォーラム21　日本美術史はいかにしてつくられたか』vol. 28、2013年11月。

2　審美書院と國華社関係

『真美大観』*Selected Relics of Japanese Art* 全20冊、審美書院、1899-1908年。

『東洋美術大観』*Selected Masterpieces from the Fine Arts of the Far East* 全15冊、審美書院、1908-1918年。

オツトキユンメル「日本に於ける紀年的新出版」『美術之日本』1910年5月。

「審美書院の極東美術展覧会（十一月六日独逸フォシツシエ、ツアイトウング新聞朝刊）」『美術之日本』1911年1月号。

小野文子『美の交流　イギリスのジャポニスム』技報堂出版、2008年6月。

藤原貞朗『オリエンタリストの憂鬱――植民地主義時代のフランス東洋学者とアンコール遺跡の考古学』めこん、2008年11月。

加藤弘子「19世紀末の大英博物館における日本美術展示について――アンダーソン・コレクションによる「中国日本絵画展」」『東京藝術大学美術学部論叢 5』2009年3月。

安松みゆき「ドイツ近代における日本美術史の進展とその時代区分」『別府大学紀要 51』2010年2月。

展覧会図録『ハンブルク浮世絵コレクション展――日独交流150周年記念』日本経済新聞社、2010年。

中島朋子「アメリカのエステティック・ムーブメントにおける日本の美術工芸品の受容」『近代画説』19号、2010年12月。

ワシーリー・モロジャコフ『ジャポニズムのロシア――知られざる日露文化関係史』村野克明訳、藤原書店、2011年6月。

安永麻里絵「フォルクヴァング美術館展示史研究――非西欧美術へのまなざしと「心理的親縁性」の概念をめぐって（「美術に関する調査研究の助成」研究報告）」『鹿島美術財団年報 30』2012年。

南明日香「フランス語に翻訳された「日本文化」」和田桂子・松崎碩子・和田博文編『満鉄と日仏文化交流史フランス・ジャポン』ゆまに書房、2012年9月。

展覧会図録『ボストン美術館日本美術の至宝』東京国立博物館他、NHK プロモーション、2012年3月。

古画備考研究会編『原本『古画備考』のネットワーク』思文閣出版、2013年2月。

ジャポニスム学会『アメリカのジャポニスム――日米文化交流の歩みと知られざる偉人・執行弘道第2回畠山公開シンポジウム報告書』2013年4月。

『別冊太陽　日本のこころ 209　岡倉天心』平凡社、2013年6月。

朽木ゆり子『東洋の至宝を世界に売った美術商――ハウス・オブ・ヤマナカ』新潮文庫、2013年9月。

展覧会図録「華麗なるジャポニスム展」世田谷美術館、京都市美術館、名古屋ボストン美術館、NHK プロモーション、2014年6月。

『芸術新潮　特集もっと素敵にジャポニスム』新潮社、2014年7月。

Ⅲ　日本の対外向けの美術と工芸の紹介関係

1　博覧会関係と制度史研究

Ernest Cheneau, “Le Japon à Paris”, *Gazette des Beaux-Arts,* 1er septeùbre 1878.
Histoire de l’art du Japon, éd. Commission impériale du Japon à l’Exposition universelle de Paris, Paris, M. de Brunoff, 1900.
Alfred Picard, *Exposition universelle internationale de 1900: Rapport général administratif et technique*, tome cinquième, Imprimerie nationale, 1903.
An Illustrated Catalogue of Japanese Old Fine Arts Displayed at The Japan-British Exhibition London ; *An Illustrated Catalogue of Japanese Modern Fine Arts Displayed at The Japan-British Exhibition London*, Tokyo, Shimbi Shoin, 1910.
Sei-ichi Taki, *Three essays on Oriental painting*, London, Beenaed Quaeitch, 1910.

年5月。

ヴォルフガンク・ブレン、マリー=ルイーゼ・ゲールナ編『東京・ベルリン、19世紀～20世紀における両都市の関係』藤野哲子・関川富士子日本語版編集、ベルリン日独センター、シュプリンガー社、1997年。

ウォレン・I・コーエン『アメリカが見た東アジア美術』川嶌一穂訳、スカイドア、1999年9月。

稲賀繁美『絵画の東方――オリエンタリズムからジャポニスムへ』名古屋大学出版会、1999年10月。

藤原貞朗「アンリ・フォシヨンの浮世絵解釈とジャポニスム以後の日本美術史編纂」『美術フォーラム21』vol. 1、1999年11月。

編集・解説馬渕明子『ジャポニスムの系譜』シリーズ（復刻版と別冊日本語解説）：『初期英語文献集成』全6巻、1999年。ルイ・ゴンス著『日本美術』全2巻、エディション・シナプス2003年2月。『巴里万国博覧会臨時事務局編　日本美術史』2005年10月。ウィリアム・アンダーソン『日本絵画芸術』および関連文献集成 全3巻、2007年11月。『ジャポニスム期の美術評論家・美術商およびコレクターの著作』2009年1月。『フランス人コレクターの日本美術品売立目録』2011年11月。

隠岐由紀子「19世紀に日本からヨーロッパに輸入された美術の実態とその影響について――ライデン国立民族学美術館、ウィーン国立工芸美術館、パリ・チェルヌスキ美術館等、調査報告（「美術に関する調査研究の助成」研究報告）」『鹿島美術財団年報（17）』2000年11月。

ユーリウス・フォン・シュロッサー『美術史「ウィーン学派」』細井雄介訳、中央公論美術出版、2000年11月。

ジャポニスム学会『ジャポニスム入門』（編集委員、馬淵明子・三浦篤・岡部昌幸）、思文閣出版、2000年11月。

メラニー・トレーデ「「古典主義」とカノン形成　17世紀日本絵画についての美術史言説」『美術フォーラム21』高松麻里訳、vol. 5、2001年12月。

中根和子「19世紀から20世紀にかけてのアメリカにおける日本美術研究」『美術フォーラム21』vol. 5、2001年12月。

フリーダ・フィッシャー『明治日本美術紀行――ドイツ人女性美術史家の日記』安藤勉訳、講談社学術文庫、2002年7月。

クラウディア・デランク『ドイツにおける〈日本＝像〉』水藤龍彦・池田祐子訳、思文閣出版、2004年7月。

荒川裕子「ヴィクトリア朝におけるミュージアム思想――ジョン・ラスキンの「セント・ジョージ・ミュージアム」を中心に［Ｉ］」『法政大学キャリアデザイン学部紀要 3』2006年3月。

馬渕明子『ジャポニスム――幻想の日本』新装版再刊、ブリュッケ、2004年7月。

藤原貞朗「東洋美術史学の起源における歴史観・文化的価値観・分析方法をめぐる日本と欧米の競合について（総合的検討）」『人文学科論集 45』2006年3月。

小山ブリジット『夢見た日本――エドモン・ド・ゴンクールと林忠正』高頭麻子・三宅京子訳、平凡社、2006年7月。

林忠正シンポジウム実行委員会編『林忠正　ジャポニスムと文化交流』（日本女子大学叢書 3）、ブリュッケ、2007年2月。

Raymond Kœchlin, « Conférence », *Bulletin de la Société industrielle de Mulhause*, 1902.
Raymond Kœchlin, « Correspondance d'Angleterre », *Gazette des Beaux-Arts*, octobre 1910.
L. de Milloué, *Petit guide illustré au Musée Guimet*, 1910.
Raymond Kœchlin. *Souvenirs d'un vieil amateur d'art de l'Extrême-Orient*, Chalon-sur-Saône, impr. française et orientale E. Bertrand, 1930.
Edouard Clavery, *L'Art des estampes japonaises en couleur 1680-1935 aperçu historique et critique*, Neuilly sur Seine, Génie français, 1935.
Bernard Frank, « Les études japonaises », *Journal asiatique*, t. 261, 1973.
Phylis Floyd, "Documentary Evidence for the Availability of Japanese Imagery in Europe in Nineteenth-Century Public Collections", *The Art Bulletin*, vol. 68 n° 1 March 1986.
Gabriel P. Weisberg, Yvonne M. L. Weisberg, *Japonisme: an annotated bibliography Jane Voorhees Zimmerli Art Museum, Rutgers-The State University of New Jersey*, Garland Pub. 1990.
Yvonne Brunhammer, *Le beau dans l'utile: un musée pour les arts décoratifs,* Découvertes Gallimard, 145. Mémoire des lieux, Gallimard, 1992.
Réjane Bargiel, Jean-Luc Larribau, *Les Arts décoratifs, une histoire en images*, Paris, Les Arts décoratifs, 2006.
Patricia Plaud-Dilhuit（dir.）, *Territoires du japonasme*, Presses universitaires de Rennes, 2014.
Japonismes, Paris, Flammarion, 2014.
無署名「米国に於ける東洋美術の研究」『國華』334号、1918年3月。
永井荷風『江戸芸術論』春陽堂、1920年3月。
平田禿木『西人の浮世絵観』七丈書院、1942年5月。
矢代幸雄『世界に於ける日本美術の位置』東京堂、1948年9月。
富田幸次郎「ボストン美術館五十年」『藝術新潮』1958年8月号。
矢代幸雄『日本美術の恩人たち』文藝春秋新社、1961年9月。
大島清次『ジャポニスム 印象派と浮世絵の周辺』美術公論社、1980年5月。
展覧会図録『ジャポニスムとアール・ヌーボー　ハンブルク装飾工芸美術館所蔵』兵庫県近代美術館他、1981年1月。
河村一夫「明治四十三年開催の日英博覧会について（上）（下）」『政治経済史学』189号、190号、1981年3月、1982年3月。
展覧会図録『ジャポニスム展――19世紀西洋美術への日本の影響』国立西洋美術館、1988年。グラン・パレとの共同開催。主催はRéunion des musées nationaux 他。Ministère de la culture et de la communication, Editions de la Réunion des musées nationaux。
瀬木慎一『日本美術の流出』駸々堂出版、1985年6月。
国際交流基金編『ヨーロッパにおける日本研究』Directory series 12、国際交流基金、1987年5月。
展覧会図録『ベルリン東洋美術館名品展』京都国立博物館、ベルリン東洋美術館、毎日放送編集ホワイトPR、1991年。
平山郁夫、小林忠編著『秘蔵日本美術大観 1』講談社、1992年5月。『秘蔵日本美術大観 8』1992年11月。『秘蔵日本美術大観 4』1994年2月。『秘蔵日本美術大観 7』1992年2月。『秘蔵日本美術大観 11』1994年5月。『秘蔵日本美術大観 12』1994年11月。
展覧会図録『岡倉天心とボストン美術館』名古屋ボストン美術館、1995年10月。
ウード・クルターマン『美術史学の歴史』勝國興・高阪一治訳、中央公論美術出版、1996

主要参考文献

複数の項目にわたる文献は主たる内容から分類した。

I　本書全般に関わる資料

1　定期刊行物

Bing, *Japon artistique: documents d'art et d'industrie*, Paris, Marpon et Flammarion; *Japanischer Formenschatz*, Leipzig, E. A. Seemann; *Artistic Japan: illustrations and essays*, London, S. Low, Marston, Searle & Rivington, 1888-1891.

Transactions and Proceedings of the Japan Society, London, 1892-1939/1941.

Kunstchronik. Wochenschrift für Kunst und Kunstgewerbe, Leipzig, 1890-1917.

Bulletin de la Société franco-japonaise de Paris, Paris, 1903-1934.（infra. *BSFJ*）.

The Kokka: an illustrated monthly journal of the fine and applied arts of Japan and other eastern countries, 1905-1918.

Bulletin de l'Association amicale franco-chinoise, Paris, Impr. P. Dupont, 1907-1915, 1922.（infra. *BAAFCh*）.

Ostasiatische Zeitschrift, Berlin, Osterheld & co., 1912-1924.（infra. *O.Z.*）.

Ars Asiatica, Paris, 1914-1935.

2　人物履歴関係

Chercheurs d'Asie: Répertoire biographique des membres scientifiques de l'École française d'Extrême-Orient, http://www.efeo.fr/biographies/cherch.htm.

EHESS, François Pouillon, avec Jean Ferreux et Lucette Valensi（2001-2006）, Guy Barthèlemy, Sylvette Larzul, Alain Messaoudi（2006-2012）（dir.）, Dictionnaire des orientalistes de langue française, http://dictionnairedesorientalistes.ehess.fr/.

INHA, Philippe Sénéchal et Claire Barbillon（dir.）Dictionnaire critique des historiens de l'art actifs en France de la Révolution à la Première Guerre mondiale http://www.inha.fr/fr/ressources/publications/dictionnaire-critique-des-historiens-de-l-art.html.

Wolfgang und Christine Klose, Biographische Notizen zu Personen, die zwischen 1905 und 1925 für die Ostasiatische Kunstabteilung der Berliner Museen bedeutungsvoll waren, http://www.w-ch-klose.de/html/ostasien_in_berlin.html.

東京文化財研究所「東文研アーカイブデータベース物故者記事」http://www.tobunken.go.jp/materials/bukko。

II　ジャポニスム期の日本美術の受容関係

Léon Metchnikoff, *L'Empire japonais*, Genève, imprimerie orientale de « l'Atsume Gusa », 1878, 1881.

Philippe Sichel, *Notes d'un bibeloteur au Japon, avec une préface de Edmond de Goncourt*, E. Dentu, 1883.

1912-1913: "Subjects in Japanese art", *Transactions and proceedings of the Japan Society,* London, v. 11.: Trench, Trübner, & Co. Ltd, 1912/1913, p. 18..

1913a: "Réponse à Mr. De Tressan", *O.Z.* I-4, Januar 1913, pp. 486-488.

1913b: « Question et réponse: Réponse de M. H. L. Joly à M. le Marquis de Tressan. Karamaru – Karamaro ? », *BSFJP* n° 30, juillet 1913, p. 181, 182. (Londres, 27 juillet 1913.)

1913c: *Catalogue of the H. Seymour Trower collection of Japanese art,* London, Glendining & Co.; Hollywood, 1913, 128. p; reprint 1975.

1913d: Inada Hogitaro & Henri L Joly, *Hakuseki Arai* The sword book in Honchō gunkikō *and* the Book of samé Kō hi sei gi*of Inaba Tsūriō*, private print 1913, 209 p.. Holland Pr., 1962; 1975; 1979.

1913-1914: *W. L. Behrens collection I-IV. W. L. Behrens collection*, London, Glendining 1913-1914 vol. 1 209 p., vol. 2 124 p., vol. 3. 125. P..

1914a: « Note sur les montures de sabre archaïques », *Bulletin de l'Association amicale franco-chinoise*, vol. VI n° 3, juillet 1914, p. 177, 178.

1914b: *Japanese sword guards. Some tsuba in the collection of Sir Arthur H. Church, etc.* (The selection of the pieces illustrated and the revision of their descriptions have been carried out with the help of Mr. Henri L. Joly.) . Church, Arthur Herbert, Sir, K. C. V. O., private print, 1914, 89 p.

1914c: "Random notes on dances, masks, and the early forms of the theater in Japan", *Transactions and proceedings of the Japan Society,* London, v. 11, vol. XI, 1914, 48 p.. (Conference 1th December 1912.)

1914d: « Note sur le fer et le style namban », *BSFJP* n° 33, avril 1914, pp. 39-41..

1914e: "Introduction of *Japanese Works of Art: Armour/Weapons/Sword-fittings/Lacquer/Pictures/ Textiles/ Colour-Prints selected from the Moslé Collection*", 2 vol., Leipzig: Publ. E. A. Seemann, 1914 vol. 1, pp. 1-102, vol. 2, pp. 103-204.

1916: Henri L Joly; Kumasaku Tomita, *Japanese art & handicraft: an illustrated record of the loan exhibition held in aid of the British Red Cross in October-November,* Red Cross Society, 1915; reprint London: Robert G. Sawers PublishingRutland, Vt.: Tuttle, 1976, 215 p..

1919: *Shosankenshu: list of names, kakihan, collected from sword-mounts, etc: supplementary to Shinkichi Hara's 'Meister der japanishen Schwertzierathen'.* privalte circulation 1919, 132 unnumbered leaves; reprint London, Holland Press, 1963; 1985, Amended ed.

2009: "A Brief History of Japanese Sword Fittings Artisans". An English translation of the "Hompō Sōken Kinkō Ryakushi", by Wada Tsunashirō, translated from Japanese by Henri L. Joly and Alan L. Harvie. 229 p., Northern California Japanese Sword Club, 2009.

1921: *Catalogue of Fine Collection of tsuba, netsuke, sword fittings, inro, swords, etc. The property of the late Henri L. Joly, Esq.*. Messers. Glendining & Co., Limited, June 6th – 9th 1921.

1916e: « Shôtoku Taishi », *Journal asiatique*, t. I, 1916, p. 364, 365.

1918: traduction et commentaires, *Encyclopédie de la peinture chinoise par Kie tseu yuan houa tchouan: Les enseignements de la peinture du jardin grand comme un grain de Moutarde*, Leiden, Maison E. J. Bril, Paris, Henri Laurens, 1918, 531 p., Préface Edouard Chavanne; Reprint, Editions You-Heng, 2000.

1921a: Rapahël Petrucci & Laurence Binyon, "Essays on the Buddhist Paintings from the Caves of the Thousand Buddhas, Tun-huang" in Aurel Stein (dir.) *Serindia: detailed report of explorations, Central Asia and westernmost China* t. III, Oxford at the Clarendon Press, 1921, pp. 1192-1431.

(1921b: *The Thousand Buddhas: ancient Buddhist paintings from the cave-temples of Tung-huang on the western frontier of China*, recovered and described by Aurel Stein, B. Quaritch, 1921.)

(1913: *Epochs of Chinese and Japanese art: an outline history of East Asiatic design* / by Ernest F. Fenollosa; Revised edition with copious notes by Professor Petrucci, London, 1913, W. Heinemann.)

1981: éd. J. A. Floyd, *A Comprehensive Collection Japanese Prints for Med by Late Raphael Petrucci*, Amsterdam, Christie's Amsterdam, 14 Avril 1981, 58 p..

Henri L. Joly

1907: "Bakemono: a paper"; *Transactions and proceedings of the Japan Society*, London, 1909. Conference the 4th December 1907, 34 p..

1908: *Legend in Japanese art: a description of historical episodes, legendary characters, folklore, myths, religious symbolism, illustrated in the arts of old Japan*, London, John Lane the Bodley Head, 1908, 453 p.. Reprint Rutland, Vt., Tuttle, 1967; prepared by John Barr Tompkins, Dorothy Campbell Tompkins *People, places, and things in Henri Joly's Legend in Japanese art: an analytical index*, Description Alexandria, VA: Kirin Books & Art, c1978. 217 p..

1909: « Introduction à l'étude des montures de sabres », *BSFJP* n° 15, 1909, 56 p..; Henri L Joly W M Hawley "Introduction to the study of Japanese sword mounts", Hollywood, CA: Hawley Publications, 1991.

1910a: « Deux conférence faites à Londres I.-Les Bakemono (fantôme et revenants) II.-Superstitions populaires au Japon », *BSFJP* n° 18, mars 1910, p. 89-97.

1910b: *Japanese sword-mounts; a descriptive catalogue of the collection of J. C. Hawkshaw...* comp. and illustrated by Henri L. Joly, 1910, London, 300 p..

1912a: "Japanese Superstitions", *Transactions and proceedings of the Japan Society*, London, 1912. (Conference des Nouvelles 14 février 1910.)

1912b: *Japanese sword fittings: a descriptive catalogue of the collection of G. H. Naunton*; esq. comp. and illustrated by Henri L. Joly by Naunton, George Herbert, London, private print, the Tokio printing co., Reading, 1912, 317 p.; reprint London, Holland Press, 1973.

1912c: « le Marquis de Tressan, *l'Evolution de la garde de sabre japonaise*, extrait du Bulletin de la Société franco-japonaise de Paris. 1910-1912 », *O. Z.* I-3, Oktober 1912, pp. 365-373. (English.)

1912d: « Note sur le manuscrit (Toban shinpin zukan) de la Bibliotheque de Nordenskiold. », *BSFJP* n° 28., décembre. 1912, pp. 53-65. (Londre, septembre 1911.)

1912e: « Question et réponse: I. Notes sur Karamato 蔦唐丸 ; II. Estampes à sujets chinois », *BSFJP* n° 29, décembre 1912, p. 173, 184.

1911c: « Chronique d'archéologie extrême-orientale: [L'origine continentale des "Hanuira." Les débuts de l'art bouddhique. Les découvertes du Turkestan chinois et l'art bouddhique du Japon...] ». sept.-déc. *BSFJP* n° 23-24, sept.-déc. 1911, pp. 49-59.

1912a: « Le Kie tseu yuan houa tchouan », *T'oung-pao* n° 13, février 1912, pp. 43-96, 155-204, 313-350.

1912b: « La Constitution de l'évolution de la peinture au Japon », *BSFJP* n° 25, mars 1912, Commentaire et résumé par Edouard Clavery, citations de *La Philosophie de la Nature dans l'Art d'Extrême-Orient*. p. 109-119 (pp. 109-113, présentation et commentaire de Ed. Clavery, de p. 113, Ch. X La constitution et l'évolution de la peinture au Japon).

1912c: « Deux chroniques d'archéologie extrême-orientale [Sur HishiKawa Moronobu... L'art japonais sous le régne de l'empereur Mutsu-Hito...] », *BSFJP* n° 25, p. 121-126; n° 26-27, pp. 103-110; n° 28, pp. 77-80.

1912d: « Coréan Pottery », London, *The Burlington Magazine for Connoisseurs* vol. 22, n° 116, November 1912, p. 82-88.

1912e: « Sur l'algèbre chinoise », *T'oung-pao*, v. 13, Leide, Brill, 1912, pp. 559-564.

1912f: *Les Peintres chinois, étude critique,* H. Laurens, 1912, 1913, 1927, coll. Les Grands Artistes, leur vie, leur œuvre, 127 p..; *Chinese Painters a critical study*, translated by Francis Seaver with a bibliographical note by Laurence Binyon, New York, Brentano's publishers, 1920.

1913a: « Morceaux choisis d'esthétiques chinoise. Traduits et commentés par R. Petrucci. », *O.Z.* I-, Januar 1913, pp. 395-402.

1913b: « La peinture de figures en Chine et Une exposition d'oeuvres d'art d'Extreme Orient », *Gazette des Beaux-arts* IX n° 667, janvier 1913, pp. 1-10.

1913-1914: « Kou Kai tche, peintre chinois du IVe siècle Tchao Mong-Fou, peintre chinois du XIIIe et du XIVe siècle », *La Revue de l'art ancien et moderne*, tome 34, 1913, pp. 171-185; tome 35, 1914, pp. 169-182.

1914a: revu et adapté de l'anglais, préface de *Les Arts et Métiers de l'Ancien Japon* de Stewart Dick, Bruxelles, Vromant, 1914. Le chapitre IX les étoffes est rédigé par Petrucci; Reprint Editions You Feng 2006.

1914b: Édouard Chavannes, Raphaël Petrucci, « La Peinture chinoise au musée Cernuschi (avril-juin 1912) », *Ars asiatica* 1, Bruxelles, G. Van Oest, 1914, 98 p..

1916a: « L'Épigraphie des bronzes rituels de la Chine ancienne ». *Journal asiatique* janvier –février 1916, t. I, pp. 5-76.

1916b: « Les Peintures bouddhiques de Touen-Houang (Mission Stein) ». conférence faites au Musée Guimet 1914 in *Annales du Musée Guimet, Bibliothèque de vulgarisation*, t. XLI, Paris, E. Leroux, 1916, pp. 115-140.

1916c: « Rajput Painting », *The Burlington Magazine for Connoisseurs*, vol. 29, n° 158, London, May 1916, pp. 74-77, 79.

1916d: « Une exposition d'oeuvre d'art d'Extrême-Orient Bronzes antiques, poteries, jades. Portraits funéraires Chinois », (exposition organisée par Mme Languweil au profit de l'oeuvre « La Renaissance des foyer en Alsace », hôtel privé de la rue de Varenne (5 mais – 20 juin 1916)), *Gazette des Beaux-Arts* XII n° 688, août 1916, pp. 317-332.

Deutsches Historisches Museum, Inv.-Nr.: Do 52/2119.
Verzeichnis der Bibliothek über Ostasien und Seine Kunst des Dr. Oscar Münsterberg, Paul Graupe Antiquariat, c1925.

Raphaël Petrucci

1897: Constant (Dr) Hillemand & Raphael Petrucci « Théorie de l'hérédité. Théorie de l'Immunité: Pathogénie et physiologie pathologique générales », Steinheil, *Manuel de Pathologie Générale de Moynac (5. éd.)*, mai-juillet 1897. 98 p..

1901: traduit sur l'édition italienne, corrigée et augmentée par Raphaël Petrucci, *Les émotions* par Giuseppe Sergi, (1841-1936), 1 vol., Bibliothèque internationale de psychologie expérimentale normale et pathologique; t. 24, Paris, O. Doin, 1901, 460 p..

1902: « La psychologie d'un peintre. Edouard Huberti », Versailles, *Revue occidentale*, mai 1902, 23 p.

1905: « Les origines naturelles de la propriété: essai de sociologie comparée », Bruxelles: Misch & Thron, 1905, 261 p. (Instituts Solvay. Travaux de l'Institut de sociologie. *Notes & mémoires.*

1906: « Origine polyphylétique, homotypie & non comparabilité directe des sociétés animales », Bruxelles, Instituts Solvay. Travaux de l'Institut de sociologie. *Notes & Mémoires*, 1906, 134 p..

1907: *Les Caractéristiques de la peinture japonaise*, *Revue de l'Uiniversité de Bruxelles* janvier-février 1907, Liège 1907. 42 p.

1908a: « L'oeuvre poétique de Michel Ange Buonorotti », *Revue universitaire de Bruxelles*, mars 1908, pp. 425-460.

1908b: « Essai sur une théorie de la vie », Préface de Ernest Solvay, G. Steinheil, 1908, 184 p..

1909a: *Le Sentiment de la beauté au XIXᵉ siècle*, Extrait *des Mémoires publiés par la Classe des lettres et des sciences morales et politiques et de de la Classe des beaux-arts de l'Académie royale de Belgique*. Deuxième série t. VI, Bruxelles, 1909, 84 p..

1909b: *L'Art d'Extrême-Orient*. Extension de l'Université libre de Bruxelles, Bruxelles Maeck-Jaminon, 1909, 40 p..

1910a: « Les Documents de la mission Chavannes », *La Revue de l'université de Bruxelles*, avril-mai 1910, pp. 481-509.

1910b: *La Philosophie de la nature dans l'art d'Extrême-Orient: illustré d'après les originaux des maîtres du paysage des VIII au XVIIIᵉ siècle* Paris: Librairie Renouard/H. Laurens, 1910; H. Laurens, 1911; préface de François Cheng, You Feng, 1998, 160 p. Prix Stanislas Julien de l'Académie des Inscriptions.

1910c: « La Peinture, la Sculpture et l'Architecture en France de 1870 à 1900 », *La Civilisation française depuis 1870*, Extension de l'Université libre de Bruxelles, Bruxelles, Maeck-Jaminon, 1910, pp. 29-33.

1910d: "Buddhist art in the Far east and the documents from Chinese Turkistan by R. Petrucci.", *The Burlington Magazine for Connoisseurs*, vol. 18 n° XCIII, December 1910, pp. 138-144.

1911a: « L'Art bouddhique en Extrême-Orient, d'après les découvertes récentes », *Gazette des Beaux-Arts*, septembre 1911, pp. 193-213.

1911b: « The Pelliot Mission to Chinese Tyrkestan », *The Burlington Magazine for Connoisseurs*, vol. 19, n° 100, London, July 1911, pp. 210-218.

1905b: ‚Japanische Töpferein', *Westermanns Monatshefte* (97-588), pp. 876-894.

1905c: ‚Japanische Stoffe: Ausgewählte Abschnitte aus der japanischen Kunstgeschichte', *Westermanns Monatshefte* (97-591), pp. 454-467.

1908a: *Japans Kunst*, Braunschweig, George Westermann.

1908b: ‚Die Ostasiatischen Museen in Paris', Berlin, *Internationale Wochenschrift für Wissenschaft kunst und Technik* (2-28), pp. 1521-1536.

1908c: ‚Fremdländische Einflüsse in der ostasiatischen Kunst', *Kunst und Kunsthandwerk* (11-6, 7), pp. 297-332.

1909a: ‚Ausstellung chinesischer Gemälde in der Königl. Akademie der Künste zu Berlin', Leiptzig, *Kunstchronik* (20-13), pp. 193-199.

1909b: ‚Chinesische Figurenmalerei', Westermanns Monatshefte (101-629), pp. 686-695.

1909c: « Influences occidentales dans l'art de l'Extrême-Orient », tr. Arnold van Gennepe, Paris: Revue des études Ethnographiques et Sociologiques (1909);'Occidental influences in the Art of Far East'. tr. Helen M Wright, *Records of the Past* (8-6) 1909, pp. 270-303.

1909d: ‚Zwei chinesische Maler'. Leiptzig, *Zeischriht für bildende Kunst* (20-1; 20-2), pp. 16-21; pp. 30-34.

1910: *Das Ostasiatische Museum in Berlin,* Leipzig, Privatdruck, 33 p..

1910-1912: *Chinesische Kunstgeschichte.* 2 vol., Esslingen a. N.: P. Neff. 1910, 1912, 363 p.; 515 p..

1911a: ‚Zur chinesischen Kunstgeschichte', *Frankfurter Allgemeine Zeitung*, Frankfurt, 9 April 1911.

1911b: ‚Leonardo da Vinci und die chinesische Landschaftsmalrei', Leipzig, *Orientalisches Archiv.* (1-2), pp. 92-100.

1911c: ‚Chinesische Malerei', München, *März, Halbmonatsschrift für deutsche Kultur* (5-23), pp. 408-412.

1911d: ‚Die Darstellung von Europäern in der japanischen Kunst', *Orientalisches Archiv.* (1-4), pp. 196-214.

1911e: ‚Berichtigung', Leipzig, *Monatshefte für Kunstwissenschaft* (4-7), pp. 338-340.

1911f: ‚Leipzig. Chinesische Bronzenausstellung im Kunstgewerbemuseum', *Kunst und Kunsthandwerk* (14-5), pp. 321-323.

1911g: ‚Kümmel, Das Kunstgewerbe in Japan', *Kunst und Kunsthandwerk* (14-6, 7), pp. 415-420.

1911h: ‚Zu den 'Zahnstochern' und 'Netz-email' der Sammlung Figdor in Wien', *Kunst und Kunsthandwerk* (14-10), pp. 539-545.

1912: ‚Early Christian Missions in Japan and Their Influence on its Art', Chicago, *The Open Court* (26-12), p. 726.

1914a: ‚Chinesische Kunst in America', Leipzig, *Der Cicerone* (6-5, 6), pp. 1-36.

1914b: ‚Gibt es eine autochthone chinesische Kunst?', Braunschweig, Verlag von F. Vieweg, *Korrespondenz-Blatt der Deutschen Gesellschaft für Anthropologie, Enthnologie und Urgeschichte* (45-6, 7), pp. 1-10.

1914c: ‚Über die Entwicklung der chinesischen Ornamente'. (details are unknown).

1918: *Neu-Deutschlands Wirtschaft: Betrachtungen im vierten Jahre des Weltkrieges*, Berlin, Karl Curtius.

1919: *Hohe Arbeitslöhne: eine wirtschaftliche Notwendigkeit*, Berlin, E. Berger.

Copy of the manuscript: ‚Kriegstagebuch nach dem Zusammenbruch der Front am 5. November 1918':

1914a: « Quelques problèmes relatifs à l'histoire de la garde de sabre japonaise (suite) », *O.Z.* II-4, Januar-März, pp. 426-444.

1914b: « Nouvelles contribution à l'étude de l'histoire de la garde de sabre japonaise » *BSFJP* n° 33, avril pp. 44-92. (à la fin de texte « Marquis de Tressan, Membre de la *Tokenkwai* (Société des amis des sabres) de Tôkyô. Décembre 1913 ».)

1996: trad. Christine Dispas (Ph. D), « New Contributions to the Study of the History of the Japanese Sword Guard », the California, Northern California Japanese Sword Club, Novembre 1996, 63 p..

1914c: « Hompô Sôken kinkô ryakushi, Mr. WADA Tsunashirô (1913) », *O.Z.* II-2 juli-september 1914, pp. 260-263. (Besperechungen)

1914d: *La ciselure japonaise: le décor des gardes de sabre, Bruxelles,* Van Oest, hiver 1914, 300p., inédit.

1915: « Dictionnaire des peintres d'ukiyoye et de maîtres de la gravure du Japon », *BSFJP* n° 34-35, juillet 1914-octobre 1915, pp. 37-75.

1933: *Gardes de sabres japonaises (Tsuba) du XIV*[e] *au XIX*[e] *siècle Kozuka, Fuchi, Kashira. Céramique de la Chine et du Japon: Vente à Paris,* Hotel Drouot, les 29 30 et 31 mai 1933, 68 p..

Oskar Münsterberg

1895a: ‚Die Reform Chinas. ein historisch-politischer und volkswirtschaftlicher Beitrag zur Kenntniss Ostasiens', Berlin, H. Walther, pp. 1-78.

1895b: ‚Bayern und Asien im XVI., XVII. und XVIII. Jahrhundert', Leipzig, *Ostasiatisches Kunstgewerbe in seinen Beziehungen zu Europa, Zeitschrift des Münchener Alterthums-Vereins* (4), pp. 5-30.

1895c: *Japans Edelmetall-Handel von 1542-1854, Inaugural-Dissertation zur Erlangung der philosophischen Doktorwirde. von Oscar Münsterberg,* Stuttgart, Druck der Union deutsche Verlags-Gesellschaft, pp. 1-38.

1896a: *Japans auswärtiger Handel von 1542 bis 1854, bearbeitet nach Quellenberichten von Dr. Oscar Münsterberg. Münchener volkswirtschaftliche Studien, herausgegeben von Lujo Brentano und Walther Lotz* 10, Stuttgart, J. G. Cotta, 350 p..

1896b: *Die Japanische Kunst und das japanische Land, ein Beitrag zur Kunstwissenschaft,* Leipzig, K. W. Hiersemann, 63 p..

1900-1901: ‚Zum Vorschlag des Atelier-Ausstellungshauses', Wien, *Kunst und Kunsthandwerk* (51), pp. 256-257.

1901: ‚Die geschichte Chinas: die zeit bis 1800', dir. Joseph Kürchner, in *China, Schilderungen aus Leben und Geschichte Krieg und Sieg Ein Denkmal den Streitern und der Weltpolotik,* Leipzig, Derlag von Hermann Zieger, pp. 422-527.

1904a: ‚Japanische Kunst: Die bedingungen der Kunstentwickl ung', Braunschweig, *Westermanns Monatshefte* (95-568), pp. 542-559.

1904b: ‚Die Bildhauerkunst und Malerei im alten Japan I & II', *Westermanns Monatshefte* (96-572; 96-573), pp. 233-249; pp. 385-405.

1904c: ‚Japanische Ornamentik'. *Westermanns Monatshefte* (96-575), pp. 671-699.

1904d: ‚Altjapanische Lackarbeiten', *Westermanns Monatshefte* (97-578), pp. 283-306.

1904, 05, 07: *Japanische Kunstgeschichte,* Braunschweig, George Westermann, 3 vol..

1905a: ‚Japanische Metallarbeiten' *Westermanns Monatshefte* (97-585), pp. 350-370.

1911d: « Otto Kümmel, Kunstgewerbe in Japan », *BSFJP* n° 23-24, sept.-déc. 1911. p. 123. (Compte rendu)

1912a: « Exposition de laque japonais », catalogue d'exposition, Paris, le Musée des Arts décoratifs, du 11 janvier au 12 février, pp. 3-11 (reparu dans le*BSFJP* n° 25, mars, pp. 206-217).

1912b: « *The Painters of Japan*, 2 vol. de Arthur Morrison, Jack and Edinburgh 1911 », *BSFJP* n° 25, mars, pp. 215-217. (Compte rendu)

1912c: « Les récentes expositions de Paris consacrées à l'art d'Extrême-Orient », Berlin, *Ostasiatische Zeitschrift* (infra *O.Z.*) I-1, April, pp. 56-78.

1912d: « Au sujet des gardes dites primitives », *BSFJP* n° 26-27, juin-septembre, p. 99-101.

1912e: « L'Évolution de la peinture japonaise du VIe au XIVe siècles », *Revue des Deux mondes*, 1er septembre, pp. 196-227.

1912f: « Quelques problèmes relatifs à l'histoire de la garde de sabre japonaise », *O.Z.* I-3, Oktober, p. 271-297.

1912g: « M. le Dr. Édouard Mène, vice président de la Société », *BSFJP* n° 28, décembre, pp. 165-166. (Nécrologie.)

1913a: « Exposition de masques japonais de netzukz, de petites sculptures », catalogue d'exposition, le Musée des Arts décoratifs, du 6 janvier au 16 février 1913, 4 p.; « Cinquième Exposition d'Estampes Japonaises: Conférence –Promenade de M. Raymond Kœchlin », *BSFJ* n° 29, avril 1913, pp. 101-103.

1913b: « Réponse », *O.Z.* I-4, Januar, p. 485, 486. (réponse à Henri L. Joly *O.Z.* I-3, Oktober 1912, dans les pages suivantes du I-4, « Réponse à Mr. De Tressan » de Joly, pp. 486-488.)

1913c: « Le Paysage japonais et son rôle dans le décor des gardes de sabre », *La Revue de l'art ancien et moderne* n° 190, janvier, pp. 17-28; n° 191, février, pp. 129-140.

1913d: « Questions et réponse: réponse à la « Note sur Karamaro » de M. H. L. Joly », *BSFJP* n° 29, avril, p. 139, 140.

1913e: *Catalogue des armures japonases des XVIe, VIIe et XVIIIe siècles. Casques, Chapeaux et masques de guerre. Armes diverses: Fers de Flèches, Sabres et Poignards, Fusils, Lances. Gardes de sabres. Kozuka. Kogaï. Fuchi-Kashira. Menuki. Objets en fer ciselé et repoussé. Emaux cloisonnés chinois. Laques du Japon. Pierres dures. Meubles et étoffes. Composant la Collection du Dr. Edouard MENE*, Paris, Hôtel Drouot, le 21 avril et du 22 au 26 avril 1913, p. 5, 6.

1913f: « Les influences étrangères dans l'histoire de la formation de l'art japonais: VIe siècle – milieu du Xe », in *Annales du Musée Guimet, bibliothèque de vulgarisation* tome XL, Hachette, p. 35-143. L'annonce de la conférence et le résumé français anonyme: « La Formation de l'art japonais sous les influences étrangères (VIe-IXe siècle), *O.Z.* II-1, April, pp. 120, 121.

1913g: « L'École Utagawa », « L'estampe japonaise », *BSFJP* n° 30, juillet, pp. 113-131. (Compte rendu sur *Toyokuni und Seine Zeit* vol. 1 de Friedrich Succo, München, 1913; *Japanese Coulour-prints and their designers* de Frederick William Gookin, New York, The Japan Society, 1913).

1913h: *Numéro spécial La peinture en Orient et en Extrême-Orient, Chine, Japon, Mésopotamie, Perse, Inde musulmane, L'Art et les artistes* n° 103, octobre, 56 p.

1913i: « Documents japonais relatifs à l'histoire de l'Estampe », *BSFJP* n° 31-32, octobre 1913-janvier 1914, pp. 87-94.

書 誌
(執筆目録とコレクション売立てカタログ)

断りのない場合発行地はパリであり、既出の場合記載は省略。

Georges de Tressan

1904-1905: « La pénétration française en Afrique – ses caractéristiques et ses résultats », *Revue coloniale* n° 19-33, octobre 1904-décembre 1905 (15 fois).

1905a: « Notes sur l'art japonais: Les sources d'insipration de l'art japonais », *Mercure de France* n° 182, 15 janvier, pp. 169-185.

1905b: « Notes sur l'art japonais: l'évolution de la peinture japonaise des origines au XVIIIe Siècle », *Mercure de France* n° 184, 15 février, pp. 507-528.

1905c: « Notes sur l'art japonais: Les écoles de peinture moderne et la gravure-l'oukiyo-yé, des origines au milieu du XVIIe siècle », *Mercure de France* n° 190, 15 mai, pp. 215-235.

1905d: « Notes sur l'art japonais: Les japonais écoles de peinture moderne et la gravure », *Mercure de France* n° 193, 1er juillet, pp. 31-52.

1905e: « Notes sur l'art japonais: Les écoles de peinture moderne et la gravure–Hokusaï et son école », *Mercure de France* n° 199 1er octobre, pp. 364-381.

1905f: « Notes sur l'art japonais: Les écoles de peinture moderne et la gravure », *Mercure de France* n° 200, 15 octobre, pp. 524-542. (Livre1905g jusqu'à la page 252.)

1905g: *Notes sur l'art japonais: la peinture et la gravure*, Paris, Société du Mercure de France, 331 p.. (Préface juin 1905.)

1906: *Notes sur l'art japonais: la sculpture et la ciselure*, Paris, Société du Mercure de France, 331 p.

1909: « La Naissance de la peinture laïque japonaise et son évolution du VIe au XIVe siècles », *La Revue de l'art ancien et moderne* n° 148, juillet, pp. 5-18; n° 149, août, pp. 129-146.

1910-1912: « L'Évolution de la garde de sabre japonaise », *Bulletin de la Société franco-japonaise de Paris*, (infra *BSFJP*) n° 18, mars 1910, pp. 53-73; n° 19-20, juin-septembre 1910, p. 7-35; n° 22, juin 1911, pp. 25-73; n° 25, mars 1912, pp. 43-78.

1910a: « Notice: Exposition de gardes de sabre japonaises », catalogue d'exposition, le Musée des Arts décoratifs, du 20 janvier au 20 février, pp. 2-26.

1910b: « Gardes de sabre japonaise », *Art et décoration* n° 27, février, pp. 65-72.

1910c: « La Renaissance de la peinture japonaise sous l'influence de l'école chinoise du Nord; du milieu du XIVe siècle à la chute des Ashikaga (1573) », *La Revue de l'art ancien et moderne* n° 156, mars, pp. 191-208; n° 157, avril, pp. 259-274.

1910d: « Correspondance », *Supplément d'Art et décoration* n° 31, juin, p. 5, 6.

1911a: « Garniture de sabre et d'inrô japonais », catalogue d'exposition, le Musée des Arts décoratifs, Paris, du 10 janvier au 12 février, pp. 3-8.

1911b: « Préface: Catalogue de la troisième vente de la collection de Alexis Rouart, gardes de sabre japonaises, sabres, inros, etc. », Paris, Hôtel Drouot, du 1er au 6 mai, pp. 5-9.

1911c: « Tahiti l'Illuminée », *L'Art et les artistes*, vol. 7, août, pp. 209-213.

や 行

ら 行

わ 行

ま行

た 行

な 行

は 行

さ　行

人名索引

あ 行

か 行

Crossing the Borders in Japanese Art History: A History of Cultural Exchange in the Era from Japonisme to Japanology

Asuka MINAMI

Table of contents

著者紹介

南 明日香（みなみ・あすか）

1961年生。早稲田大学第一文学部日本文学専攻卒業、同大学大学院文学研究科博士課程満期退学、フランス国立東洋言語文化研究院で博士号を取得。早稲田大学比較文学研究室助手、フランス国立東洋言語文化研究院教官を経て、現在相模女子大学学芸学部教授。専門は日仏比較文学・比較文化。著書に『永井荷風のニューヨーク・パリ・東京　造景の言葉』（翰林書房）、『荷風と明治の都市景観』（三省堂）、『ル・コルビュジエは生きている』（王国社）、編著書に『パリという首都風景の誕生』（ぎょうせい）、翻訳書にミカエル・リュケン著『20世紀の日本美術　同化と差異の軌跡』（三好企画）。ジャポニスム学会、日本近代文学会、日本比較文学会、フランス日本研究学会（SFEJ）所属。

国境《こっきょう》を越《こ》えた日本美術史《にほんびじゅつし》

――ジャポニスムからジャポノロジーへの交流誌《こうりゅうし》 *1880–1920*――

2015年2月28日　初版第1刷発行 ©

著　者　南　明日香

発行者　藤原良雄

発行所　株式会社　藤原書店

〒162-0041　東京都新宿区早稲田鶴巻町523

電　話　03（5272）0301

FAX　03（5272）0450

振　替　00160－4－17013

info@fujiwara-shoten.co.jp

印刷・製本　中央精版印刷

落丁本・乱丁本はお取替えいたします

定価はカバーに表示してあります

Printed in Japan

ISBN978-4-86578-012-3